Harro Heuser · Als die Götter lachen lernten

Harro Heuser

Als die Götter lachen lernten

Griechische Denker verändern die Welt

Piper
München Zürich

ISBN 3-492-03495-0

Gesamtherstellung: Clausen & Bosse, Leck
Printed in Germany

INHALT

Für Elisabeth, die Griechin im Nebelnorden

VORWORT

> DER FREUND: So erzähle uns doch von diesem Gespräch.
> SOKRATES: Sehr gern, und ich bin euch dankbar, wenn ihr mir zuhört.
>
> PLATON

Es ist schön, an einem späten Septembertag mit ausgestreckter Seele im Hafen des samischen Pythagorion zu sitzen, an einem jener seidigen Tage, an denen die Sonne warm und nicht mehr brennend ist und ein leichter Wind vom Meere her alles hinwegweht, was um und in uns noch drückend sein mag. Es muß an einem solchen Tag gewesen sein, daß Äsop um 600 v. Chr. auf Samos die Verse gedichtet hat:

> Schön ist, was die Natur dir gewährt: Mond, Himmel und Sterne,
> Sonne und Länder und Meer, Quellen und Flüsse und Seen,
> Aber nur Leiden und Angst ist das übrige.

Schön ist es auch im Innern der Insel mit ihren weichen Hängen und dunklen Zypressen. Man trifft unendlich gastfreundliche Menschen, Bauern, die einem schon von ferne Nüsse anbieten, Waldarbeiter, die einen nicht weiterwandern lassen, bevor man nicht Tomaten und Käse von ihnen genommen hat. Man kommt ins Gespräch mit einer fernen Vergangenheit, die mächtiger als jede andere Vergangenheit unsere Gegenwart geprägt hat und unsere Zukunft prägen wird. Schon in Pythagorion ist man, wie könnte es anders sein, über die Zeiten hinweg mit Pythagoras, dem größten Samier, ins Gespräch gekommen, mit einem jener seltenen Menschen, die ganzen Kulturen die Richtung geben und neben denen Fürsten, Feldherrn und Politrevolutionäre nur wenig zählen. Man kommt ins Gespräch mit Aristarch, dem samischen Kopernikus, der als erster die Erde um die Sonne gehen ließ, und mit Epikur von Samos, der die Menschen mit Demokrits Atomlehre und einer schmalen Diät aus Brot, Käse und Wein schon auf dieser Erde glücklich machen wollte und den Kirchenvätern ein Greuel, Luther ein Schimpfwort und Marx ein Dissertationsthema gewesen ist. Auf Samos ist man mitten in der Geistesgeschichte, dort, wo einige ihrer großen Texte stehen.

Über die Höhen von Samos wandernd, ahnt man im Norden das nahe Chios, die Insel Homers, des ersten und echtesten der vielen »Väter des Abendlandes«. Ein wenig über Chios hinaus liegt Lesbos, die Insel der »zehnten Muse« Sappho, die schon im 6. Jahrhundert v. Chr. die Männerwerte umgedreht hat mit der Strophe:

> Einer meint: die Reiter, ein anderer: Fußvolk,
> Mancher: Schiffe seien auf dunkler Erde
> Hier das Schönste, ich aber das, wonach man
> Trachtet in Liebe.

Auf dem Festland, etwa fünfzig Kilometer nordöstlich von Samos, liegt Ephesos, die Stadt Heraklits, jenes mächtigen Denkers, dem so umwertend wie Sappho zumute gewesen sein mag, als er schrieb: »Nicht soll man als Kind seiner Eltern handeln« (nicht so, wie es das bloße Herkommen befiehlt). Es ist viel Umwertendes und Umstürzendes in einem kleinen Kreis um Samos herum geschehen, am meisten in Milet, etwa neunzig Kilometer südöstlich von Samos, in der Stadt jenes Thales, von dessen Philosophie rund siebenhundert Jahre später Plutarch meinte, daß damals sie allein »spekulierend über die Grenze des praktischen Lebens hinausgegriffen« habe. Das Gewicht dieses Satzes können erst wir Heutigen ermessen, deren Welt bis in jede Faser hinein bestimmt ist von der »Spekulation über die Grenze des praktischen Lebens hinaus«, will heißen: von einer frei forschenden Wissenschaft. Diese Art Wissenschaft hat in Milet begonnen. Es ist eine hübsche Zugabe, daß diese Schicksalsstadt der Menschheit auch die Heimat der »milesischen Geschichten« ist, muntere Geschichten im Geiste des Boccaccio.

All das – und vieles mehr – kommt einem in den Sinn, wenn man über die Höhen von Samos wandert. Und hiervon möchte ich unter dem Leitgedanken »Die Griechen sind unter uns« ein weniges erzählen. Freilich nicht so, daß ich nun bis in die Einzelheiten hinein die alten Lehren ausbreite – das hieße, dem Leser viel Absurdes und Abgestandenes aufzubürden. Zum Glück ist mir noch rechtzeitig ein heilsamer Satz Goethes in die Hände gefallen: »Das Närrischste ist doch, daß jeder glaubt überliefern zu müssen, was man gewußt zu haben glaubt.« Ich will nicht überliefern, »was man gewußt zu haben glaubt«, sondern lieber von dem Umstürzlerischen *und* Aufbauenden der alten Denker berichten, auch von ihrem Leben oder wenigstens von den Legenden und Anekdoten über ihr Leben – denn mehr als Legendarisches und Anekdotisches hat man uns meistens nicht aufbewahrt. Da diese Menschen nicht in einem leeren Raum gelebt haben, will ich auch den historischen, sozialen und politischen Hintergrund ihrer Existenz mit einigen wenigen Strichen umreißen. Und weil mir das Zukunftsmächtige des griechischen Denkens besonders am Herzen liegt, habe ich viele Linien in die Neuzeit und Gegenwart hinein gezogen. Der Satz des großen Historikers Droysen, der als Motto über dem ersten Kapitel steht, ist auch das Motto das ganzen Buches: »Das, was war, interessiert uns nicht darum, weil es war, sondern weil es in gewisser Weise noch ist, indem es wirkt.«

Bingen, im November 1991 Harro Heuser

Lachende Götter, neue Natur:

HOMER

> Das, was war, interessiert uns nicht darum, weil es war, sondern weil es in gewisser Weise noch ist, indem es wirkt.
>
> JOHANN GUSTAV DROYSEN

»[Ionien hat] von der ganzen uns bekannten Erde das herrlichste Klima. Weder die nördlicher gelegenen noch die südlicher gelegenen Länder können sich mit Ionien vergleichen.«[1] So Herodot, »der Vater der Geschichte«, aus dem südlich von Ionien gelegenen Halikarnassos. Im 5. Jahrhundert v. Chr. konnte er noch nicht ahnen, was wir heute wissen –: daß nicht nur des Klimas wegen die anderen Länder sich nicht mit Ionien vergleichen können. Denn Ionien ist das große Erdbebengebiet des Geistes, das Vorspiel und die Abbreviatur Europas. Hier hat Homer seine Lieder gesungen, hier hat die früheste Lyrik das Individuum entdeckt, hier sind in stiller Urzeugung die weltverändernden Wissenschaften und unter entsetzlichen Wehen die ersten Demokratien entstanden. Im 17. Jahrhundert hat Europa sich wieder auf den Weg nach Ionien gemacht. Vielleicht kommt es eines Tages dort an.

Ionien ist der schmale Küstenstreifen, heute türkisch, der sich *grosso modo* von Smyrna im Norden über Ephesos nach Milet im Süden zieht, dazu die vorgelagerten Inseln Chios und Samos, das Ganze nur halb so groß wie Schleswig-Holstein. Politisch gesehen, war es seit etwa 800 v. Chr. eine »Dodekapolis«, ein Bund von zwölf Städten, die lose kooperierten und rücksichtslos rivalisierten. Ursprünglich aber hatten die Ionier in der Peloponnes gelebt und hatten sich's wohlergehen lassen im Glanz der mykenischen Kultur. Um 1200 v. Chr. zerbrach der Traum vom Glück in einer jähen Katastrophe. Ägyptische Quellen erzählen dunkel von

»Seevölkern«, die in einem furchtbaren Sturm mordend und raubend über die Länder des östlichen Mittelmeers zogen: »Kein Volk konnte ihnen widerstehen.« Die Hauptstadt der Hethiter in Anatolien ging ebenso in Flammen auf wie die Burgen von Mykene und Tiryns in der Peloponnes. Die Dorer, die im Nordwesten Griechenlands ein dumpfes Dasein absolvierten, brachen in den Wirren dieser Blutzeit nach Süden auf, drangen in die Peloponnes ein und benahmen sich dort, wie muskulöse Barbaren sich immer zu benehmen pflegen. Sie gründeten u. a. Sparta und inszenierten auf diesem Hinterhof ein Leben, dessen Hauptingredienzien Todesmut und Schwarze Suppe waren.

Die Ionier aber flohen. Sie flohen nach Attika, auf die Kykladen, nach Chios und Samos und auf das kleinasiatische Festland. Eingepfercht in schmale Schiffe, abgerissen und hungrig, hielten diese *boat people* Ausschau nach guten Plätzen für einen neuen Anfang. Aber gute Plätze waren rar und in der Regel schon längst besetzt. Also wurden die Vertriebenen zu Vertreibern. In Milet erschlugen sie die Männer und bemächtigten sich der Frauen. So begann die Karriere dieser Stadt als »Zierde Ioniens« und Geburtsort der Wissenschaft.

Die Flüchtlinge verloren nicht nur Haus und Hof. Sie verloren ihre ortsgebundenen Heimatgötter und ihre ortsgebundenen Kulte. Sie verloren die Gräber ihrer Ahnen und konnten die verlassenen Toten nicht mehr nähren und tränken. Und sollten sie denn selbst noch in dem neuen Land die Verstorbenen nach altem Brauch der Erde anvertrauen? Würden die geschlagenen und gedemütigten Vorbewohner nicht die einzige Rache nehmen, die ihnen jetzt noch blieb: Würden sie nicht die Gräber schänden und die Leichname den Tieren des Feldes zum Fraß vorwerfen? Besser war es, die Toten nicht zu begraben, sondern zu verbrennen – das aber hieß dann auch, die uralte Vorstellung von einem Weiterleben des Gestorbenen unter der Erde aufzugeben und das Denken aus der Verfallenheit an chthonische Dunkelmächte, an umtriebige Gespenster und mächtige Totenseelen zu lösen. Diese Schauerdinge jedenfalls nahmen durch die Feuerbestattung eine Wendung zum Besseren:

> ... die mächtige Kraft des lodernden Feuers vernichtet
> Alles, sobald der Geist die bleichen Gebeine verlassen;
> Aber die Seele fliegt dahin wie ein flatterndes Traumbild.[2]

»Wie ein flatterndes Traumbild« – ohne Lust und Laune, um Mitternacht herumzuspuken.

Aus den Trümmern ihrer peloponnesischen Existenz und fern von alten Gräbern und Göttern, aus Entwurzelung und Entheimatung schufen die kleinasiatischen Ionier etwas bisher nie Vorhandenes: eine ironische Rationalität, einen nüchternen Realismus und einen prononcierten Willen zum Diesseits. Im übrigen hatte die Flucht erbarmungslos für eine Auswahl der Wagemutigsten und Stärksten gesorgt – ganz so, wie es in einem alten amerikanischen Lied über die Einwanderer aus Europa heißt: »Der Feigling trat die Reise nicht an, der Schwächling starb unterwegs.« Mit all dem sind die Ionier der Dodekapolis das Zukunftsvolk *par excellence* geworden und durch viele Mittelalter hindurch bis heute geblieben.

Greifbar wird uns der helle ionische Geist zum ersten Mal – und gleich vollendet – in Homer. Vom Leben dieses Mannes in der Morgenfrühe Europas ist nur Legendarisches überliefert. Er mag um 770 v. Chr. in der Gegend von Smyrna geboren sein, auf weiten Reisen wird er Griechenland kennengelernt haben, an den Höfen des ionischen Adels soll er die Lieder vom Ruhm der Helden aus der verlorenen mykenischen Heimat gesungen und daraus um 730 v. Chr. die *Ilias*, später, als alter Mann, vielleicht auch die *Odyssee* geformt haben. Blind soll er gewesen sein, doch angesichts der Kraft und Klarheit seiner Bilder mag man das nicht glauben. Um 700 wird ihm, »entkräftet von glücklichem Alter, süß und sanft der Tod genaht« sein, so wie er selbst es dem umgetriebenen Odysseus tröstlich verheißen ließ.

Keinen Dichter hat man höher gepriesen, keinen schärfer gerügt. Platon gibt die allgemeingriechische Meinung mit den Worten wieder, Homer sei »der größte Dichter überhaupt«, mehr als das: Er habe Griechenland *erzogen* und man müsse sein ganzes Leben nach ihm gestalten.[3] Was den Philosophen freilich nicht an der Empfehlung hindert, man solle homerische Poeten aufs rascheste aus dem Staat entfernen; zur Schonung ihrer Gefühle möge man sie dabei reichlich mit Komplimenten und Salböl bedenken, es auch an Ehrenkränzen nicht fehlen lassen – nur eben *entfernen* solle man sie. Ein anderer Philosoph, Heraklit von Ephesos, ist weniger feinfühlig und rät kurzangebunden, Homer einfach davonzuprügeln.[4]

Warum dieser lebhafte Drang zum Ausweisen und Ausprügeln? Grausten sich die beiden Philosophen etwa vor Texten wie »Peiroos stieß ihm den Speer in den Nabel, und alle Gedärme stürzten heraus auf die Erde«?[5] Schwerlich, an derartiges war man gewöhnt. Aber es gab im Homer viel Schlimmeres: Es gab die Sache mit den Göttern und ihrer lockeren Moral.

Herodot versichert an der berühmten Stelle (2,53), erst Homer und Hesiod hätten den Griechen die Götter zurechtgemacht. An einer nicht minder berühmten Stelle meint der bissige Wanderphilosoph Xenophanes aus dem ionischen Kolophon, dabei seien allerdings Götter zweiter Wahl herausgekommen, denn alles Schimpfliche hätten die beiden Dichter ihren theologischen Kreationen angehängt: Stehlen, Ehebrechen und Betrügen.[6] Ein Blick auf das Ehebrechen mag genügen. Im 14. Gesang der *Ilias* will Hera aus militärtaktischen Erwägungen die Aufmerksamkeit ihres Gatten Zeus vom trojanischen Schlachtfeld ablenken. Sie setzt dabei auf das verläßliche Liebesbedürfnis des Göttervaters, putzt sich also aufs prächtigste heraus, läßt sich überdies, um nichts zu versäumen, von Aphrodite auch noch jenen Gürtel geben, in dem die Liebesgöttin »alle verführenden Gaben bewahrte, ... lockende Mittel, das Herz des größten Weisen zu fangen« (das will etwas heißen) – und so präpariert schreitet sie zur Entflammung des Obergottes. Zeus erliegt widerstandslos ihren ausgearbeiteten Reizen und macht ihr die Heftigkeit seines Triebs in Tönen klar, die das Schlüpfrigste im Boccaccio weit überbieten: Tief greift er in den Schatz seiner ehebrecherischen Erinnerungen, zählt eine lange Liste verflossener Geliebten her und versichert *con fuoco*, keines dieser bezaubernden Frauenzimmer habe ihn je so sehr erregt wie gerade jetzt die eigene Gattin. Selbst heutzutage würde nicht jede Lebensgefährtin eine Liebeserklärung dieser Sorte ungerügt durchgehen lassen. Die Schutzgöttin der Ehe aber macht nicht viel Worte, ergibt sich mit Fleiß dem kunstvoll libidinisierten Liebhaber und schaltet ihn *via* Sinnenrausch glücklich aus dem Kampfgeschehen aus. Noch pikanter ist die Geschichte vom entgleisten Beilager des Kriegsgottes Ares mit Aphrodite im 8. Gesang der *Odyssee*. Der mißgestaltete Hephaistos – ausgerechnet *er* der Gatte der rundum angenehmen Aphrodite – hat dafür gesorgt, daß die beiden auf ihrem Lotterbett durch ein tückisches Netz gefesselt und immobilisiert werden. Unverklemmt fordert der Gehörnte die anderen Götter zur Besichtigung der olympischen Sexualpanne auf. Halbwegs sittenfeste Götter würden sich nun über die ertappten Sünder wenigstens ein wenig entrüsten, Homers Geisteskinder erheben statt dessen nur ein »unauslöschlich Gelächter«, und sie lachen aufs neue, als Hermes lüstern anmerkt, er würde sogar dreimal stärkere Fesseln in Kauf nehmen, wenn er bei der »goldenen Aphrodite« schlafen könnte. Es wird viel gelacht im Olymp, und man darf wetten, daß auch den ionischen Aristokraten vor Lachen die Tränen kamen, wenn ihnen die Sänger nach dem Abendessen diese Geschichten auftischten.

Die rechte Gottesfurcht wird sich dabei nicht eingestellt haben. Sie wird auch an jener Stelle der *Ilias* ausgeblieben sein, wo Ares seine Mitgöttin Athene wenig galant eine »Fliege des Hundes« nennt, Athene ihm als kurzgefaßte Antwort ein zackiges Felsstück in den Nacken wirft und zu allem Überfluß auch noch Aphrodite verprügelt, als diese dem arg gebeutelten Kriegsgott zu Hilfe eilt; Zeus genießt diese Lebhaftigkeiten »mit lachendem Herzen«.[7] Das Lachen vergeht ihm jedoch mit Regelmäßigkeit in der Nähe seiner Gattin Hera, einem »rasenden Weib«, »frecher als alle« (Zeus). Sie wiederum »haßt ihn tief in innerster Seele«; das ist begreiflich, immerhin droht er ihr gelegentlich Prügel an, und einmal hatte er sie gar zwischen den Wolken aufgehängt und ihre Füße wie ein ausstudierter Folterknecht mit Ambossen beschwert. Als Musterbild harmonischen Familienlebens konnte sich das oberste Götterpaar nicht empfehlen.

Zweieinhalb Jahrtausende später wird Jacob Burckhardt im Klageton des Xenophanes sagen, Zeus und die übrigen Götter hätten sich von Homer gar nicht mehr erholt.[8] Sagen wir es anders: Dank Homer haben sich die Ionier von den Göttern erholt. Dieser Dichter war ein »Aufklärer«, er hat dem Denken Wege gewiesen, auf denen wir noch heute gehen (oder gehen sollten) – und nur in seiner Eigenschaft als Aufklärer und Wegweiser will ich ihn hier betrachten (wohl wissend, wie sehr ich den gewaltigen Epiker und Tragiker damit verkürze).

Sherlock Holmes weist einmal einen Polizeiinspektor auf das eigenartige Benehmen eines Hundes während der Tatnacht hin. Der Inspektor, verständnislos: »Der Hund tat doch gar nichts.« Holmes: *»Das ist ja das Merkwürdige.«*[9] Wie ein zweiter Sherlock Holmes muß man aufmerksam registrieren, was Homer *nicht* tut. Er erzählt nichts oder nur weniges – und dieses wenige mißbilligend – von den Scheußund Schauerlichkeiten der alten Mythen. Die widerlichen Tiergottheiten der Altvordern werden mit Schweigen übergangen; Homers Götter sind »humanisiert«: Sie sind die schönsten Menschen, die man sich denken kann. Ausgeblendet bleibt der grausige Einfall des Atreus, die Kinder seines Bruders Thyestes zu schlachten und dem Vater zum Mahl vorzusetzen; ausgeblendet bleibt der gräßliche Vorschlag des Kalchas, Iphigenie der Göttin Artemis zu opfern, um die meteorologischen Bedingungen für die Ausfahrt der Flotte zu verbessern – das alles bleibt ausgeblendet, obwohl es sehr gut in den Rahmen der *Ilias* gepaßt hätte, denn Atreus ist Agamemnons Vater und Iphigenie Agamemnons Tochter, und Agamemnon selbst ist der Heerkönig der Achaier vor Troja. Noch Herodot berichtet an vielen Stellen von Menschenschlachtungen zu den verschiedensten Zwekken, diätetischen und theologischen: Die Massageten schlachten ihre Greise, um sie zu verspeisen (und diese sehen darin »ein hohes Glück«), die Skythen tun ihrem verstorbenen König die fromme Ehre an, eine seiner Frauen, seinen Mundschenk, seinen Koch und etliche vom minderen Personal mit ihm zu begraben.[10] Homer schweigt sich über solche Bräuche aus. Er berichtet auch nicht von der ägyptischen Sitte, beim Gastmahl zwecks Steigerung der Lebensfreude das hölzerne Bild einer Leiche (»aufs beste geformt und bemalt«) den Zechgenossen aufmunternd vors Gesicht zu halten.[11] Lieber erstattet er ein anerkennendes Gutachten über die ägyptische Medizin.[12]

Auch bei Homer, der ja an den überlieferten Mythos gebunden war, kommt ein Menschenopfer vor: Achilleus schlachtet in maßlosem Grimm über den Tod seines Freundes Patroklos zwölf junge Trojaner. Von dieser grausigen Untat ist der Dichter aufs peinlichste berührt: Da er sie nicht völlig verschweigen kann, huscht er in einem *Nebensatz* über sie hinweg und schließt mit einer vernichtenden Bewertung ab: »So Böses ersann er im Herzen.«[13] In der *Odyssee* verzehrt der »ruchlos wilde« Kyklop Polyphemos einige Gefährten des Odysseus zum Nachtmahl, aber Homer läßt keinen Zweifel daran, daß er von diesem Menü nichts hält. Die »erste Aufklärung« ist Homers lautlose Reinigung der Mythen von altväterischen Scheußlichkeiten. Der genaue Gegensatz zu Homer sind unsere Horrorfilme.

Aber damit nicht genug. Uralt ist der Glaube an die Unsterblichkeit der Seele, uralt denn auch die Macht, die dank dieses Glaubens die unterirdischen Gottheiten über den

Menschen ausüben. Homer entmachtet das chthonische Etablissement durch das naheliegende Verfahren, die Seele selbst abzuschaffen oder besser: sie bis zur Unkenntlichkeit zu verdünnen. Denn es gibt ja bei ihm tatsächlich eine »Seele«, eine Rest- und Konzessionsseele als gutmütiges Zugeständnis an den Volksglauben. Diese *psyche* ist ein auffallend armseliges Ding, das sich während des Lebens überhaupt nicht rührt und nur *eine* Aufgabe, eine sehr bescheidene, zu haben scheint: just im Augenblick des Todes aus dem Menschen zu entweichen und dann als *eidolon*, als Schatten- oder Traumbild desselben, eine Schatten- oder Traumexistenz im Totenland zu führen, eine »Existenz«, die man nicht so nennen sollte und keineswegs mit einer gediegenen Unsterblichkeit verwechseln darf. Achilleus jedenfalls möchte lieber Knecht eines armen Mannes auf der Erde als König über die gehaltlosen *eidola* in der Unterwelt sein. Bei dem unbändigen Stolz dieses Recken will das etwas heißen.

Den ewigen Heimzahlungsgelüsten, daß nach dem Tode die Bösen bestraft und die Guten belohnt werden (*nach* dem Tode, weil die Operation *vor* dem Tode so selten glückt), diesen populären Sehnsüchten gibt freilich auch Homer ein klein wenig nach, aber nur beiläufig und nur im Falle der *extraordinären* Bösen und der *extraordinären* Guten: Den Meineidigen nämlich wird es »unter der Erde« von den Erinnyen eingetränkt, die Favoriten der Götter hingegen gelangen in das fern im Westen gelegene Elysion, »wo das Leben selig und leicht den Menschen dahinfließt«.[14]

Von diesen Ausnahmen abgesehen, gilt der Satz: »Mit dem Tod ist alles aus«, anders gesagt: »Dieses eine Leben auf dieser Erde ist das einzige.« Nur dieses eine Leben kann gelebt, gestaltet, genossen und erlitten werden. Das ist die oft gerühmte und noch öfter gerügte »Diesseitigkeit« Homers und seiner Ionier.

Wie erfüllt sich nun ein Leben auf Erden ohne Fluchtburgen im Himmel? Welchem Ziel, welchem *telos* soll der ganz und gar diesseitige Mensch denn nun zustreben? Auf diese »Sinnfrage« gibt Homer zwei handfeste Antworten. Die erste geht auf den Ruhm: Der tüchtige Mann soll danach streben, »immer der erste zu sein und vorzuragen den andern«.[15] Er kann es im Kriege tun oder beim sportlichen Wettkampf, nach Homers Zeit auch bei poetischen, rednerischen und musikalischen Wettbewerben, bis hin zum Wettbewerb der Trompeter in Olympia. Der Gedanke des Wettstreits, des *agon*, wird das ganze griechische Leben prägen, bis tief hinab in die Niederungen der Gier nach schierer Notorietät und Schlagzeilenglorie. 365 v. Chr. wird Herostrat eines der Sieben Weltwunder, den Artemistempel zu Ephesos, in Brand stecken, nur um seinen Namen in die Mäuler der Leute zu bringen. Was ihm gelungen ist: Noch heute reden wir von »Herostratentum«.

Die zweite Antwort Homers auf die Frage nach dem *telos* ist ziviler:

> Wüßt ich mir wahrlich doch kein schöneres, besseres Endziel
> [*telos*],
> Als wenn froher Sinn die ganze Gemeinde beseligt,
> Wenn sie reihweis sitzen beim Schmaus im Hause und innig
> Lauschen dem Sänger; es stehen vor ihnen die Tische beladen
> Voll von Wein und Fleisch, einschöpft vom Kruge der
> Mundschenk
> Jungen Wein und trägt ihn herbei und füllt die Pokale.
> Ja, das dünkt mir wohl die seligste Wonne des Herzens.[16]

Abzuwehren ist jetzt der Verdacht, es handele sich bei Homer um einen gargantuesken Lotterbuben. Wie dieser »königliche Dichter« (so der finster-fromme Dante[17]) die *conditio humana* schildert – Vergänglichkeit und Elend, aber tapferes Tragen dieser Lasten –, das hat man nicht mehr zu überbieten gewußt. Als das Schönste im Homer galten schon den Alten die nüchtern-traurigen Verse

Ganz wie der Blätter Geschlecht, so sind die Geschlechter der
Menschen,
Streut doch der Wind auf den Boden die einen Blätter, die
andern
Treibt der grünende Wald zur Zeit des knospenden Frühlings,
So von der Menschen Geschlecht wächst eins, das andere
schwindet.[18]

Nicht weniger schön aber sind die nüchtern-tapferen Worte:

Nichts Vergänglichers nährt die Erde als grade den Menschen
Von dem allen, was weit auf Erden wandelt und atmet.
Meint er doch, er könne kein künftig Übel erleiden,
Solang Götter ihn stärken und seine Glieder sich regen.
Aber beladen ihn dann die seligen Götter mit Trübsal,
Trägt er auch das, so sehr er sich sträubt, mit standhaftem
Herzen.[19]

Vergänglichkeit und Elend gehören so wesensmäßig zu den »sterblichen«, den »kummerbeladenen« Menschen, daß gerade diese beiden Defekte den eigentlichen Unterschied zwischen ihnen und den »unsterblichen«, den »leidlosen« Göttern ausmachen. Und doch –: Als die Nymphe Kalypso dem Odysseus Unsterblichkeit und ewige Jugend verspricht, wenn er auf immer bei ihr bleiben und um ein weniges williger als bisher ihr Lager teilen wolle, da lehnt der Umworbene rundweg ab: Zu stark ist sein Heimweh nach Ithaka und die Sehnsucht nach Penelopeia, seiner sterblichen Gattin. Odysseus hätte aufs kommodeste »das Kraut gegen den Tod« gewinnen können – aber der »Dulder« hat abgewunken und statt dessen ja gesagt zur Eingeschränktheit des Menschen. Der 5. Gesang der *Odyssee* hätte allein schon genügt, Homer unsterblich zu machen.

Nun darf man nicht glauben, dem homerischen Menschen sei Sterben eine lustige Sache gewesen, oder es habe ihm gar teutonische Todessehnsucht den Verstand getrübt. Ganz im Gegenteil: Sterben heißt, das »liebe Leben« zu verlieren und »von grausigem Dunkel umfangen« zu werden. Aber das ändert nichts daran, daß der Tod ohne Aufstand angenommen wird als ein *natürlicher* Vorgang, der zum »sterblichen Menschen« so unabtrennbar gehört wie der Schlaf, »der leibliche Bruder des Todes«. Und so kann sich denn Odysseus von Arete mit Worten verabschieden, die heutzutage eine grobe Verletzung der Etikette wären: »Königin, lebe mir wohl auf immer, bis dich das Alter und das Ende beschleichen, die allen Menschen bevorstehn.«[20]

Mag sein, daß dem homerischen Menschen das Sterben ein wenig leichter gefallen ist als uns, weil ihm der Tod nicht »der Sünde Sold« war, kein Gericht auf ihn wartete (eigentlich gar nichts auf ihn wartete) und die Verbrennung der Leiche zwei Dinge von vornherein ausschloß: einen Hamlet, der den ausgegrabenen Schädel Yoricks mit den Worten studiert »Mir wird ganz übel«, und das Grauen des Ernst Bloch vor der Verwesung im finsteren Grab: »Und es ist ein so unvorstellbar Anderes, blind, kalt, faulig zu werden, mit eingefallenen Augen und tief drunten im engen, schwarzen, luftlosen, fest verzinkten Sarg.«[21]

Homers diesseitiger Geist läßt erstmals aus dem narkotischen Dunst von Mythos und Magie etwas aufsteigen, das wenig später in Milet festere Konturen gewinnen und dann unser Leben im Guten und Bösen mächtiger bestimmen wird als alles andere sonst – mächtiger als die endlose Blutkirmes der Kriege und Revolutionen, mächtiger auch als die fleißig und ineffizient am Menschen herumwerkelnden Religionen: die nur im Medium der Diesseitigkeit mögliche Vorstellung einer *durch sich selbst* existierenden, *autonomen* Natur. Und damit auch die Vorstellung, die Natur könne vom Menschen *erkannt* werden – denn *erkennen* kann man nur das durch sich selbst Bestehende, das nicht heute oder morgen oder übermorgen durch »unberechenbare« Eingriffe von außen willkürlich gestört und aus der Bahn geworfen wird. Nur eine *erkannte* Natur aber läßt sich in den Dienst des Menschen stellen. Denn diese übergewaltige Natur kann der lächerlich kleine Mensch nur »beherrschen«, indem er sich ihr *unterwirft*; dazu aber muß er ihre *Gesetze* kennen – und um die Gesetze zu erforschen, muß er gegen allen chaotischen Animismus und Geisterglauben erst einmal den ungeheuren Gedanken fassen, die Natur sei überhaupt *gesetzlich geordnet*, sei *irgendwie* gesetzlich geordnet, aber eben *geordnet*, und nicht der Spielball von Göttern, Dämonen und weiteren Zauberentitäten minderen Ranges. Diese unendlich folgenreiche »Entzauberung der Welt« (Max Weber) hebt an in Ionien, und sie wird auf den Weg gebracht durch Homer und seine entzaubernde Diesseitigkeit.

Die Entzauberung beginnt damit, daß etwas *nicht* geschieht: Es ertönt keine Stimme, die mit magischer Kraft die Welt aus dem Nichts ins Dasein ruft. Statt dieses von Polynesien über Ägypten bis nach Guatemala verbreiteten Vokalzaubers findet sich bei Homer nur die trockene Feststellung, *Okeanos* sei der Ursprung und Anfang sämtlicher Dinge.[22] Nun gut, ist denn Okeanos nicht ein *Gott*, der Gott der strömenden Wasser? Ist also die Welt nicht doch irgendwie aus einem *Gott* entsprungen, wenn auch ohne Stimmaufwand? Aber dann müßte Okeanos nichts weniger als eine sich selbst gebärende Monstrosität sein, denn die zitierte *Ilias*stelle wird eingerahmt von der zweimaligen Behauptung, Okeanos sei auch der Ursprung der *Götter*.[23] (Die Ägypter freilich konnten mit solch einem Extremgott aufwarten.) Man kann den Gedanken nicht abwehren, daß Homer hier den Okeanos gar nicht mehr als Gott, sondern nur noch als dessen Element, das *Wasser*, gedacht hat und daß er so den berühmten Satz des Thales vorwegnimmt (mit dem die abendländische Philosophie begonnen haben soll), *der Ursprung aller Dinge sei das Wasser*. Die Vermutung ist nicht neu; Aristoteles berichtet, daß schon einige antike Denker sie geäußert hätten, und Plutarch legt ohne Bedenken den Thaletischen Wassersatz dem Homer in den Mund.[24]

Die Frage nach dem *Ursprung* der Dinge hat sich seit jeher den Menschen aufgedrängt; sie wird von allen Völkern und von allen Kindern gestellt. Erst beim Versuch einer

Antwort scheiden sich die Geister – je nachdem, ob der Ursprung in göttlichen Akten oder in natürlichen Gegebenheiten gesucht wird. Erst die zweite Antwort konstituiert die Autonomie der Natur. Es scheint, daß wir sie Homer verdanken. Die ionischen Naturphilosophen brauchten sie nur noch weiterzudenken. Wie das geschah, werden wir sehen.

Die Frage, woraus der Okeanos selbst entstanden sei, übergeht Homer mit Schweigen; auch Thales wird nicht sagen, woher denn das Wasser kommt. Ist das Verlegenheit? Wissen die beiden nicht weiter? Oder hegen sie nicht vielmehr den Gedanken, der Urstoff müsse seit ewigen Zeiten, anfangslos, vorhanden sein, weil ihn andernfalls nur eine anstößige Magie aus dem Nichts hervorgezaubert haben könnte? Drückt sich in diesem Schweigen vielleicht nicht schon aus, was spätere Griechen laut sagen werden, daß nichts aus nichts entsteht und in nichts zergeht – also das, was noch viel später einer der fundamentalsten Sätze der Physik und Chemie sein wird: der Satz von der Erhaltung der Materie (der dann 1905 in dem noch umfassenderen Satz von der Erhaltung der Energie aufgehen wird)? Es sind gerade solche »Erhaltungssätze«, die am deutlichsten die autonome Existenz der Natur zum Ausdruck bringen. Zu Recht hat der große Altphilologe Ulrich v. Wilamowitz-Moellendorff darauf hingewiesen, daß eine *Wissenschaft* von der Natur überall dort nicht entstehen konnte, wo man an eine *Erschaffung* der Welt glaubte.

Doch es geht hier nicht darum, alten Dichtern und Denkern »Erkenntnisse« unterzuschieben, schon gar nicht die einer modernen Naturwissenschaft; das wäre ein lächerliches Unterfangen. Es geht um etwas ungleich Wichtigeres, aus dem »Erkenntnisse« nach genügend langer Zeit in fast unheimlicher Weise wie von selbst entstehen: Es geht um eine völlige Umkehr der Blick- und Denkrichtung – weg von unberechenbaren Machinationen unberechenbarer Mächte, hin zum »Projekt geordnete Natur«. Diese ionische Kehre ist die radikalste Wendung in der menschlichen

Geschichte, und sie hat die radikalsten Folgen gehabt. An ihrem Anfang steht Homer.

Aber gibt es denn bei Homer nicht Götter *en masse*? Sind sie nicht allvermögend und allwissend? Spielen sie nicht ständig – manchmal mit falschen Karten – auf der Erde mit? Das ist wohl so – und doch nicht ganz. Zunächst ist das homerische Sakralensemble keineswegs so groß, wie es sein könnte. In einem erneuten Akt aufklärerischer Reinigung hat Homer aus einem Sammelsurium zahlloser Lokalgötter ein Kollegium weniger Universalgötter gemacht: Viele Duodezpotentaten sind entlassen, und – höchst bezeichnend – chthonische und zum Irrationalismus disponierte Gottheiten wie die Erdgöttin Demeter und der Weingott Dionysos sind kühl an den Rand gedrängt (später wird man gerade ihnen die wichtigsten Mysterien und Kulte einrichten). Hier ist schon jener Geist der »Idealisierung«, der Abweisung kruder Zufälligkeiten und Herkunftspartikularitäten am Werk, der später einen der großen Ruhmestitel des griechischen Denkens schaffen wird: die Euklidische Geometrie mit ihren reinlichen Dreiecken und Kreisen. Die Allmacht der restlichen Olympier wird zwar von Homer mehrfach herausgestrichen, er kann es aber damit nicht ganz ernst gemeint haben. Nicht nur hat die Moira, das Schicksal, immer ein Wort mitzureden – die Götter selbst neutralisieren ihre individuellen Omnipotenzen wechselseitig durch Hader und Zänkereien, die schon das Altertum als besonders »unziemlich« empfunden hat, und das stürmische Menschenkind Diomedes schlägt gar die Göttin Aphrodite mit einem Menschenspeer in die Flucht. Auch mit der Allwissenheit kann es nicht weit her gewesen sein, sonst wäre der lüsterne Ares nicht in die Falle des Hephaistos geraten und Hera hätte Zeus nicht um Offenlegung seiner Pläne zu bitten brauchen – worauf der Gatte ihr ruppig bedeutet, sie brauche nicht jeden seiner Entschlüsse zu kennen.[25]

Aber noch wichtiger, weil bezeichnender für den heraufdämmernden Begriff einer autonomen Natur: *Wenn* die Götter denn schon einmal ein »Wunder« tun, so tun sie es in einer gewissermaßen *natürlichen* Weise, sie inszenieren eigentlich gar kein Wunder, sondern bedienen sich nur geschickt ihrer größeren Kräfte. Athene lenkt Hektors Lanze mit ihrem Atem von Achilleus ab, »ganz gelinde nur blasend«.[26] Apollon und Poseidon zerstören die Mauer um das achaische Lager, ohne ein zweckdienliches Abrakadabra zu murmeln –: Sie lassen lieber ganze neun Tage lang die Ströme des Ida gegen den Wall anbranden und werfen Holz und Steine eigenhändig in die Wogen;[27] jeder Schamane hätte es besser gekonnt. Von veritablen Wundern, die unnatürlich mit der Natur umspringen, will Homer nichts wissen. Als Agamemnon am Morgen eines Angriffstages Zeus bittet, die Sonne nicht sinken zu lassen, bevor nicht Troja zerstört sei, da hört der Göttervater nicht hin auf dieses naturwidrige Ansinnen; bei anderer Gelegenheit, wo längeres Tageslicht zu längerem Dreinschlagen erwünscht gewesen wäre, läßt Hera die Sonne zwar nur »widerstrebend« untergehen, läßt sie aber eben doch untergehen.[28] Ganz anders Jahwe: Auf Josuas Bitte hin hält er die Sonne über Gibeon an, »bis daß sich das Volk [Israel] an seinen Feinden rächete«.[29] Schließlich: Als Hera denn doch einmal gegen alle Natur handelt und einem Pferd zu prophetischem Behuf menschliche Sprache verleiht, da greifen sofort die Erinnyen ein und verschließen ihm den Mund.[30] Es sind dieselben Erinnyen, die zweihundert Jahre später bei Heraklit von Ephesos darauf achten werden, daß die Sonne »nicht ihre Maße überschreitet«.[31] Die Erinnyen hüten etwas, das zwar nicht dem Namen, aber eben doch der Sache nach bei Homer schon aufdämmert: die in sich selbst ruhende Ordnung der Natur. Sie hüten das »Naturgesetz« notfalls sogar *gegen* die Olympier.

Das alles wäre nicht möglich ohne die ironische Distanz zu den Göttern, die Homer oder besser: die der ionische Geist geschaffen hat, ein Geist, dem nach der Flucht aus der Heimat und dem Verlust provinzieller Mythen und Kulte gar nichts anderes übrigblieb, als frei und vorurteilslos und damit denn auch ironisch zu werden gegen eine unfreie und mit Vorurteilen randvoll gefüllte Welt. Thomas Mann hat einmal gesagt, Goethe setze die Ironie gleich mit dem *Abstand*, den die Kunst von ihrem Objekt nimmt, und hat dies zu der Behauptung gesteigert, *Objektivität sei Ironie.*[32] Goethe selbst hat der Ironie nicht nur eine Rolle in der Kunst zugewiesen, sondern merkwürdigerweise auch in der Naturforschung. Im Vorwort seiner *Farbenlehre* nämlich schreibt dieser homerische Geist:

Jedes Ansehen geht über in ein Betrachten, jedes Betrachten in ein Sinnen, jedes Sinnen in ein Verknüpfen, und so kann man sagen, daß wir schon bei jedem aufmerksamen Blick in die Welt theoretisieren. Dieses aber mit Bewußtsein, mit Selbsterkenntnis, mit Freiheit, und um uns eines gewagten Wortes zu bedienen, mit Ironie zu tun und vorzunehmen, eine solche Gewandtheit ist nötig, wenn die Abstraktion, vor der wir uns fürchten, unschädlich und das Erfahrungsresultat, das wir hoffen, recht lebendig und nützlich werden soll.

Bei Homer geht in Sachen Ironie Zeus persönlich mit gutem Beispiel voran, und zwar durch die Selbstironie, mit der er nach einem olymperschütternden Zornesausbruch der verstörten Athene behaglich lächelnd sagt: »Tröste dich, Tritogeneia, mein Kind, ich habe das alles nicht so im Ernste gemeint und bleib dir in Milde gewogen.«[33]

Homer seinerseits geht sogar zu seinen Vorzeigehelden auf ironische Distanz. Keiner ist so kräftig in Armen und Beinen wie Achilleus, aber was den Kopf anlangt –: »im Rat sind andere besser«.[34] Der »Turm in der Schlacht«, Aias, rutscht bei einem Wettlauf ausgerechnet in ordinärem Rindermist aus, und der Dichter merkt noch rasch mit sarkastischem Realismus an, daß der unappetitliche Stoff dem großen Helden Mund und Nase füllte.[35]

Ironie ist ein Gespür für Gegensätze und Widersprüche; im innersten Kern ist sie das lächelnd ertragene Leiden an dem Grundwiderspruch zwischen Sein und Schein. Eben deshalb ist sie weit mehr als ein *Stil*mittel – sie ist ein *Kultur*mittel, und nicht von ungefähr sind die Heimstädten der Ironie – Ionien, Athen, Florenz, Paris und London – die Keimstätten unserer Zivilisation. Indem die Ironie den Schein vom Sein abtrennt, macht sie klarsichtig und nüchtern und somit fähig, die *beiden* Seiten jeder Medaille zu sehen. Homer erkennt an, daß Helenas betörende Schönheit den endlosen Kampf um Troja rechtfertigt, gewiß, aber dieses Mordens wegen nennt er das lebensgefährlich schöne Weib auch »grausig«.[36] Er sieht die ganze Herrlichkeit des Patroklos, er sieht aber auch mit medizinischer Kühle, daß sich in den Wunden des Erschlagenen Maden und Würmer bilden werden.[37] Im 24. Gesang der *Ilias* stehen sich Hektors Vater Priamos und Hektors Mörder Achilleus gegenüber, beide tief erschüttert, beide weinend – aber diese sublime Nachtszene endet mit Achilleus' unsentimentalem Vorschlag, nun des Mahls zu gedenken, »du kannst den Sohn auch später beweinen«.[38] Vollendet illusionslos schließlich sind die Verse

> Alles bekommt man satt, den Schlaf und die Freuden der Liebe,
> Auch den süßen Gesang und des Reigens liebliche Tänze.[39]

Der junge Schiller war von dieser Erkenntnis weit entfernt, als ihn danach verlangte, »ewig starr« an Lauras Mund zu hangen und, als sei das nicht genug, gar noch in ihr Wesen »sterbend zu versinken«.[40]

Mit der ironischen Distanz und Nüchternheit Homers hängt auch seine »politische« Objektivität zusammen, die uns in einer Zeit gehirnlähmender Ideologien unerreichbar geworden ist. Das nationalistische 19. Jahrhundert hat sich nicht genug darüber verwundern können, daß Homer gar nicht zu erkennen gibt, auf welcher Seite er im Krieg um Troja denn eigentlich stehe – obwohl er doch, wenn alles mit rechten Dingen zuginge, Propaganda für die blutsverwandten Achaier machen müßte. Mit Unbehagen hat man empfunden, daß unter Homers Händen der trojanische Hauptheld Hektor gegen jeden patriotischen Komment sogar eine gewinnendere Figur abgibt als sein griechisches Pendant Achilleus. Als Gegenrechnung hat man den Anfang des 3. Gesangs der *Ilias* ausgekramt; dort heißt es nämlich, die Trojaner zögen heran *mit Lärmen und Schreien* – »*schweigend* schritten dagegen die mutentflammten Achaier«. Eine Lektüre über den 3. Gesang hinaus zeigt aber, daß es auch die Achaier an tüchtigem Geschrei nicht haben fehlen lassen. Dem Homer läßt sich eben doch kein Dezibel-Argument zugunsten seiner Stammverwandten abgewinnen; Parteisucht ist seine Sache nicht.

Und dieselbe Objektivität auch gegenüber der Natur. Sie wird nicht ameliorirt zur »Mutter Natur« und nicht pejoriert zur »Stiefmutter Natur«: Sie wird bloß *dargestellt* als *da-seiend*. In einem seiner Gleichnisse malt Homer ein wundervolles Bild der Sternennacht:

> Wie wenn am Himmel die Sterne in feuchtem Glanze entflammen
> Rings um den leuchtenden Mond, wenn die Winde des Äthers entschlafen,
> Nun erscheinen im Licht die Warten und Kuppen der Berge
> Und in den Tälern der Wald, weit leuchtet der Äther vom Himmel,
> Rings erglühten die Sterne, der Hirte schaut es mit Freuden ...[41]

In einem anderen Gleichnis aber erscheint wie selbstverständlich eine ganz andere Natur. Von dem stürmischen Diomedes heißt es:

> Tosend durchbrach er das Feld gleich eines geschwollenen Stromes
> Winterlich Wasser, das stürmisch im Wirbel die Dämme zerschmettert.
> Nimmer vermögen ihn hemmend die schützenden Dämme zu halten,
> Noch das Gehege der Zäune um lieblich blühende Felder,

Wenn er im prasselnden Schauer des Zeus urplötzlich
daherbraust;
Unter ihm stürzen dann viele und herrliche Werke der
Männer.[42]

In beiden Gleichnissen steht die Natur vor uns als in sich seiend, als aus sich selbst existierend, frei von Menschen und Göttern. Die Mondnacht ist nicht da, *damit* der Hirte sich an ihr erfreue, das Wildwasser nicht, *damit* es die Felder zerstöre, abstrakter gesagt: Die Natur empfängt nicht vom Menschen her Bestimmung und Gesetz. Vierhundert Jahre später wird Aristoteles weit hinter Homer zurückfallen und schreiben: »Wenn nun die Natur nichts unvollkommen und nichts zwecklos macht, so muß sie alles um des Menschen willen gemacht haben.«[43] Heute wissen wir, wohin ein ungezügelter Anthropozentrismus führen kann. Homers Natur ist aber auch nicht die Schauerbühne dunkler Mächte. Nichts ist weiter von seiner Natur›stimmung‹ entfernt als die Stimmung in Böcklins »Toteninsel« von 1880 oder die Stimmung in Hitlers Gedicht von 1915:

Ich gehe manchesmal in rauhen Nächten
Zur Wotanseiche in den stillen Hain,
Mit dunklen Mächten einen Bund zu flechten –
Die Runen zaubert mir der Mondenschein.
Und alle, die am Tage sich erfrechten,
Sie werden vor der Zauberformel klein!
Sie ziehen blank – doch statt den Strauß zu fechten,
Erstarren sie zu Stalagmitgestein.[44]

Das Poem geht noch weiter. Man ist für Produktionen dieser Art freilich nicht auf Hitler angewiesen.

Es ist Homers »interesselose« Distanz zur Natur, die seine exakten Naturskizzen erst möglich macht; einige lesen sich wie botanische, zoologische und psychologische Protokolle und sind denn auch von Späteren als solche benutzt worden. Kein Geringerer als Hippokrates, der große Arzt, rühmt ausdrücklich und ausführlich Homers genaue Beobachtung der Rinder und Ochsen (»Homer hat gut beobachtet, daß...«) und zitiert sogar einen einschlägigen Vers des

Dichters.[45] Götter und Dunkelmächte werden ausgespart, vor uns steht eine naturbelassene Natur. Detailliert beschreibt der Dichter etwa, wie der Jagdhund den Keiler von hinten zu packen versucht, nach den Schenkeln und Hüften schnappt und die geringste Bewegung des Verfolgten beachtet und ausnutzt.[46] Meisterhaft die Skizze des Feiglings: Er

> ... verändert wechselnd die Farbe,
> Da sein innerster Sinn ihn hindert, ruhig zu harren;
> Unstet kauert er da und wechselt immer die Füße,
> Und es klopft ihm im Innern das Herz aus Furcht vor dem Tode
> Laut und vernehmlich, man hört das feige Klappern der
> Zähne.[47]

Vielleicht zeigt sich aber Homers Beobachtungsgabe und Beobachtungslust sogar noch eindrucksvoller in seinen beiläufigen Bemerkungen zu Klein- und Kleinstphänomenen. (Dr. Watson hätte zu ihm sagen können, was er voller Bewunderung zu Sherlock Holmes gesagt hat: »Du hast einen genialen Blick für Kleinigkeiten.«[48]) Die Lanze wirft im Flug einen »langen Schatten«; der Gartenmohn senkt das Haupt unter »der Schwere der Frucht und der Feuchte des Frühlings«; die aufgewühlte Woge schleudert Tang ans Ufer; Heuschrecken fliehen vor dem Feuer in den Fluß; aus der blitzgetroffenen Eiche steigen üble Dünste; Bergschluchten sind windig; in kalten Nächten bildet sich Eis an den *Rändern* der Schilde; an den Saugwarzen des Polypen haften kleine Steinchen, »wenn man ihn dem bergenden Winkel entreißt«.[49] Und so geht es weiter, insbesondere auch mit nüchternen klinischen Reporten, wie etwa an jener Stelle, wo Diomedes dem Aineas einen gewaltigen Stein gegen die Hüfte wirft, dorthin,

> ... wo grade der Schenkel
> Im Gelenk sich dreht, er wird auch Pfanne geheißen.
> Und [der Stein] zerschlug ihm die Pfanne, daß beide Sehnen
> zerrissen,
> Und die Haut zerschlitzte der eckige Stein ...[50]

Die Naturwissenschaft hat immer wieder durch Klein- und Kleinstbeobachtungen entscheidende Durchbrüche erzielt.

Das Zeitalter der Elektrizität begann, als der Anatomieprofessor Galvani bemerkte, daß Froschschenkel, die er mit kupfernen Haken an ein eisernes Balkongeländer gehängt hatte, krampfartig zuckten, wenn der Wind sie gegen die Eisenstäbe trieb (und er sich daraufhin nicht kopfschüttelnd der Zeitung zuwandte, sondern den Rest seines Lebens den Froschschenkeln und ihrer »tierischen Elektrizität« widmete).

Wie bei Homers »Naturphilosophie« kommt es auch jetzt wieder nicht auf »Erkenntnisse« oder »Ergebnisse« an – von Belang ist einzig und allein die neue »Methode«, die Methode der ich-freien Beobachtung eines neuen Objekts: der autonomen Natur. Es hat eine tiefe denkgeschichtliche Bedeutung, daß Homer sich selbst nur an ganz gleichgültigen Stellen seines Werkes ins Spiel bringt. In unseren Tagen hat Heisenberg gesagt, die klassische Physik beruhe auf der Annahme, daß wir die Welt oder wenigstens Teile von ihr beschreiben können, *ohne von uns selbst zu sprechen.*[51] Und Einstein hat sich vor Studenten der Universität von Kalifornien einmal ganz ähnlich geäußert: Wenn einer von wissenschaftlichen Gegenständen rede, so solle das Wörtchen »ich« in seinen Darlegungen keine Rolle spielen. Homer hätte zu all dem beifällig genickt und vielleicht noch angemerkt, die Anfänge des naturwissenschaftlichen Geistes seien vielleicht schon bei ihm zu finden. Aber insistieren wolle er darauf nicht.

Daß man auch ganz anders über die Natur reden kann, zeigt der *Physiologus*, eine weitverbreitete frühchristliche Naturkunde, und erst auf einem solchen Hintergrund tritt Homers ionische Geisteshelle in ihrer ganzen Strahlkraft hervor. Der *Physiologus* meint, entsprechend der heiligen Dreieinigkeit habe der Löwe drei Eigenarten:

> Die erste Eigenart ist diese: Wenn die Löwin das Junge gebiert, gebiert sie es tot, und sie setzt sich ihm gegenüber drei volle Tage lang und blickt es an. Blickt sie aber weg, so wird es nicht lebendig. Nach drei Tagen kommt der männliche Löwe und bläst in seine Nasenlöcher den Atem des Lebens, und es wird zum Leben gebracht und erholt sich.

So haben auch die ungläubigen Heiden während der dreitägigen Grabesruhe und der Auferstehung unseres Herrn Jesus Christus aufgeblickt und sind lebendig gemacht worden. Denn vor der Taufe wurden sie tot und blind genannt, sie wurden aber fest angesehen von der Löwin, das heißt vom Heiligen Geist, bis zum Ende der dreitägigen Grabesruhe. Als nun der männliche Löwe kam, das ist das lebendige Wort, hauchte er auf sie den Heiligen Geist und machte sie lebendig und erweckte sie alle aus dem Totenreich.[52]

Die anderen Eigenarten des Löwen dürfen wir nach dieser Probe auf sich beruhen lassen.

Die neue Natur und der neue Mensch arbeiten sich bei Homer gegenseitig hervor. Der neue Mensch – ironisch-distanziert, nüchtern, die entnebelte Realität suchend – beginnt in diesem Prozeß langsam zu erkennen, daß er *erkennen kann* und daß Erkenntnis, Einsicht und Einsichtsfähigkeit etwas Schönes und Nützliches sind: »Einsicht hilft ja mehr dem Eichenfäller als Stärke«, »ein Kluger rettet viele«.[53] Und so wird denn das überkommene Haudegenideal gegen alle Tradition des Heldensangs angereichert durch *intellektuelle* Kräfte und Werte. Achilleus soll nicht nur »rüstig in Taten«, sondern auch »wohlberedt in Worten« sein[54] (was ihm freilich nie recht hat glücken wollen); an dem stattlichen Laodamas wird ausführlich gerügt, daß ihm die Gabe anmutiger Rede fehle und sein Denken eher dürftig sei.[55] Redegabe ist hier freilich mehr als gerissene Überredungsfixigkeit: Die gute Rede ist immer auch die Darlegung des guten Arguments, und derselbe Nestor, der über Worte »noch süßer als Honig« verfügt, ist gleichzeitig der Minister für Weisheit und treffliche Ratschläge im Kabinett Agamemnons. In der *Odyssee* scheint das Gehirn sogar dem bislang alleinseligmachenden schönen Körper den Rang ablaufen zu wollen. Jedenfalls läßt sich Odysseus persönlich dahingehend aus, selbst einer mit ärmlicher Leibesbeschaffenheit könne doch klug und beredsam und so eine Freude aller sein und in der Versammlung glänzen.[56] Er konnte sich leicht für die Intellektuellen schlagen: Er selbst war ja notorisch »allen Menschen voraus an Verstand« und sogar »Zeus an Weisheit gewachsen«.[57]

Nicht weniger revolutionär klingt in den Gesängen ruhmbringender Schädelspalterei die intellektuelle These, ein tüchtiger Arzt sei »höher zu achten als Männer in Menge«.[58] Es gehört zu den Ruhmestiteln des ionischen Adels, daß er sich derartiges hat sagen lassen. Homers Ärzte sind freilich auch respektable Leute vom Fach, keine Hokuspokusartisten. Als Menelaos von einem trojanischen Pfeil getroffen wird, stellt sich Machaon, einer der beiden achaischen Chefärzte, kaum anders an als ein moderner Chirurg:

> Gleich begann er den Pfeil aus dem schließenden Gürtel zu ziehen,
> Aber es brachen beim Ziehen nach hinten die spitzigen Haken,
> Und er löste ihm rasch den schimmernden Gürtel und drunter
> Auch den Schurz und die Binde, die sorgliche Schmiede gefertigt,
> Dann besah er die Wunde, wo bitter der Pfeil ihn getroffen,
> Sog das Blut heraus und streute lindernde Kräuter
> Kundig darauf...[59]

Man kann die Heilkunst auch anders und in anderem Geist betreiben. Dem erblindeten ägyptischen König Sesostris machte ein Orakel weis, er könne wieder sehend werden, »wenn er sich die Augen wüsche mit dem Wasser eines Weibes, das nur mit seinem Manne Umgang gepflegt habe und von keinem anderen Manne wisse«. Sehr verdrießlich ist es ihm freilich, daß ausgerechnet das Wasser seines eigenen Weibes nicht bei ihm anschlägt, und so läßt er denn auch, wie billig, die Gattin verbrennen.[60]

Ich will nicht verhehlen, daß Homer einmal eine Blutung mittels Zauberspruch stillen läßt. Aber das geschieht in der *Odyssee* (19, 457 f.), in der viel Seemannsgarn versponnen ist.

Nehmen wir uns, um das Vordringen aufklärerischer Intellektualität bei Homer noch tiefer zu studieren, einen weiteren Berufsstand vor: den Richter. Seit alters fühlt sich der

Richter gehalten, die »Wahrheit« auszumitteln, seit alters hat er dabei sehr verschiedene Verfahren angewandt. Als dem König Heinrich II. (gest. 1024) Zweifel an der Keuschheit seiner Kunigunde kamen, griff er zu dem geläufigen Mittel, die Gattin mit nackten Füßen über mehr als vier Meter glühende Pflugscharen gehen zu lassen; mit Hilfe der hl. Maria blieb sie dabei unversehrt und hatte so ihre Unschuld klärlich bewiesen. Bei Homer heißt der Richter *istor* – und schon dieser Name allein läßt ein Geistesambiente vor uns aufsteigen, das von dem des biederen Heinrich grundverschieden ist. In *istor* nämlich steckt der indogermanische Stamm *vid*, von dem auch das lateinische *videre* = sehen kommt: Der *istor* (später *histor*) ist der »Historiker« im ursprünglichen Sinne, also einer, der etwas *gesehen* hat, ein Augenzeuge, oder wenigstens einer, der Augenzeugen befragt hat – in jedem Falle einer, der sich ohne transzendente Auskunftsmittel zuverlässig *kundig* gemacht hat[61] (Herodots *Historien* sind seine *Erkundungen*, seine *Erforschungen* durch »Augenscheinseinnahme« auf langen Reisen). Homers *istor* hat den Kommentar von Th. Kleinknecht zum § 86 der deutschen Strafprozeßordnung studiert: »Die Einnahme des Augenscheins bedeutet die Wahrnehmung der Sache oder einer Sachgegebenheit oder eines Vorgangs oder einer Verhaltensweise zur Gewinnung eines Beweisergebnisses...« Der *istor* ist denn auch ein gutes Stück moderner als der *bonhomme* Heinrich II. anderthalb Jahrtausende nach ihm.

Schließlich überfährt Homer rücksichtslos alle dumpfen Haudegenvorbehalte gegen Geist und Intellektualität, indem er den eigenen Berufsstand, den »hohen«, »begnadeten«, »göttlichen« Sänger, aufs kräftigste herausstreicht:

> Zollt man doch den Sängern bei allen Menschen auf Erden
> Achtung und Ehre, weil ja wohl die Muse sie selber
> Lieder singen lehrt; sie liebt die Gilde der Sänger.[62]

Man soll denn auch dem Sänger nicht dreinreden, sondern ihn singen lassen, »wie ihm der Geist gebeut«; in der Regel singt er ja so schön, »als sängen die Götter«. Aber damit nicht genug: Der Sänger kann sogar als Tugendwächter fungieren, und den Drauf- und Dreinschlägern gibt Homer ironisch zu bedenken, ihre Taten und Leiden seien eigentlich nur dazu da, den Sängern Stoff für ihre Lieder zu liefern – womit denn endlich der Gipfel sängerischen Selbstwertgefühls erreicht ist.[63] Der neue Intellektuelle tritt mit auffallend kräftigen Schritten auf die alte Heldenbühne. »Nur die Lumpe sind bescheiden.«

Der hochaltertümliche Typ des Geistmenschen, der *mantis* (Seher), fährt als Konkurrent des Sängers nicht so gut. Den Erzseher Kalchas läßt Agamemnon seiner Unheilsprophetien wegen hart an, Odysseus' Sohn Telemachos hält wenig von mantischen Verlautbarungen, und daß die lockeren Freier den Voraussagevirtuosen mit Reserve begegnen, braucht nicht zu verwundern, eher schon, daß es auch der stets und überall vorbildliche Hektor tut. Etwas stark ist freilich, daß Odysseus bei der großen Schlußabrechnung den Opferbeschauer der Freier zu Tode bringt, ihren »liedreichen« Sänger jedoch nach dessen vollmundiger Selbstdarstellung am Leben läßt.[64] Drastischer konnte Homer die Konkurrenz zwischen dem alten und dem neuen Geistmenschen nicht zugunsten des neuen ausgehen lassen.

Homers *Sprache* – die Sprache allein! – verrät noch mehr von seinem und des ionischen Geistes Wiegengeschenk der Rationalität. *Charakterliche* Kräfte und Eigenschaften erscheinen in ihr als *intellektuelle* Potenzen: Rasches Eingreifen ist »scharf *verstehen*«; der sittlich gereifte Telemachos »*weiß* das Gute und Schlechte«; ein aufrichtiger Mensch »*weiß* Gerades«, und die treue Gattin Penelopeia »*weiß* Züchtiges«; ein guter Freund »*weiß* Liebenswürdiges«, während der grimmige Achilleus »Wildes *weiß*«.[65] Der blühendschöne Bellerophontes läßt sich nicht von der mannstollen Anteia verführen, denn er ist »verständig«.[66] Poseidon selbst predigt das Gotteswort des optimistischen ethischen Rationalismus, wenn er den Achaiern aufmunternd verkündet, einsichtige Menschen seien besserungsfähig.[67] Das alles ist weit entfernt von der Vorstellung einer tief im »Herzen« eingewurzelten Verderbnis des Menschen. Eher nimmt es die Aufklärungsethik des Sokrates vorweg.

Man könnte sagen, daß der ionische Rationalismus Fleisch wird in Odysseus, wäre da nicht als Konkurrenz seine eigene Gattin, »die kluge Penelopeia«. Von ihr später; sie ist zu wichtig, um mit ihrem Manne vermengt zu werden. In Odysseus hat Homer das Beste des ionischen Geistes zu einem prachtvollen Geschenkpaket für die Menschheit verschnürt: Lust am Denken, am Erfahren, am Imaginieren – alles getragen von einem lebensgefährlichen Wissensdurst. Es zeichnet die Griechen aus, daß diese Damaszenerklinge des Geistes lange ihr Lieblingsheld gewesen ist.

Schon in der ersten Zeile der *Odyssee* wird der Umgetriebene eingeführt als *polytropos*, als »vielgewandt«, besser: als wendig bis zur Gerissenheit. Wenig später preist ihn Pallas Athene als *polymechanos*, als gedanken- und erfindungsreich, nie um den rettenden Einfall verlegen.[68] Die phaiakische Königin Arete rühmt vor großer Versammlung seine ungemeine Geisteskraft[69] (und Odysseus läßt sich das gerne gefallen; er weiß ja selbst, daß er »Zeus an Weisheit gewachsen« ist).

Zu diesen intellektuellen Gaben kommt aber nun etwas hinzu, was die ionische Sichtweise von Grund auf bestimmen sollte: Odysseus hat unendlich viel *Weltstoff* aufgenommen, er hat »vieler Menschen Städte gesehen« und sich ihrem andersartigen Denken und Empfinden offen ausgesetzt – der »Vielerfahrene« symbolisiert so die Entprovinzialisierung eines Mikroerdflecks in Kleinasien und läßt ahnen, daß die ionische Geisteskraft keine Mühle ohne Körner sein wird. Sie wird Welt verarbeiten – vom Kosmos bis zur Wasserleitung. Der Irrfahrer, der seinen weiten Blick um teuren Preis erkauft hat – er ist konstant »der Dulder Odysseus« –, steht dafür, daß Ionien welt*tüchtig* und nicht wie das gleichfalls hochbegabte Indien welt*flüchtig* werden wird.

Der olympische Tutor des Odysseus ist Pallas Athene. Dieses epochale Frauenzimmer ist das Musterbild europäischer Neuerungssucht und Tatkraft. »Wieder ersann da Neues die augenleuchtende Pallas«, heißt es von ihr in der *Odyssee* (und nicht nur einmal); sie selbst verkündet zum Entsetzen aller Nesthocker, daß dem Mutigen die Welt gehört.[70] Zur Göttin der Wissenschaft hat sie es erst später gebracht, aber zur Göttin des Wissensdurstes könnte man sie schon jetzt ernennen, wenn man denn von ihrem Schützling auf sie selbst zurückschließen dürfte. Odysseus ist lange vor Dr. Heinrich Faust der Mensch, der *wissen will*, und tritt damit die ungeheuerlichste Lawine los, die jemals ins Rollen gekommen ist. Seine Gefährten drängen ihn, die Insel des gefährlichen Kyklopen Polyphemos sofort wieder zu verlassen, er aber hört nicht auf sie: Er will das Monster »selber sehn« (und muß dafür teuer bezahlen). Kirke schickt ihn ins Totenreich, um sich dort von dem Seher Teiresias geographisch beraten zu lassen (»Wege und Maße der Fahrten und Heimkehr kann er dir künden«[71]), er aber nimmt die Gelegenheit beim Schopf, um möglichst viele Tote über möglichst viele Dinge auszufragen (»Nun aber sage mir noch und gib mir untrügliche Kunde«). Faust hat den Blocksberg nicht so intellektuell genutzt. Und nun gar die Sirenen! Ihnen kann Odysseus überhaupt nicht widerstehen, nicht etwa wegen der Süße der sprichwörtlichen »Sirenengesänge«, sondern weil diese zauberischen Weiber etwas viel Reizvolleres zu bieten haben: gediegenes *Wissen* (»Wissen« ist tatsächlich ihr Wort):

> Denn wir wissen ja alles, was in den Gefilden von Troja
> Danaer und Trojer durch Götterwillen gelitten,
> Wissen auch, was sich sonst auf nährender Erde ereignet.[72]

Der ionische Geist mutet uns hier eine spektakuläre Verführungsszene zu: Betörende Frauen locken nicht mit einem Venusberg, sondern mit einer Vorlesung.

Schließlich verkörpert Odysseus noch eine weitere Fähigkeit, ohne die man sich das Entstehen der Wissenschaft in Ionien nur schwer vorstellen kann: die Fähigkeit zu imaginieren, zu phantasieren – bis hin zur runden, glatten, hübschen Lüge. (Die Wissenschaft muß viel in die Welt hineinträumen und hineinlügen, bevor sie etwas Brauchbares aus ihr herausholen kann.) Kaum in seiner Heimat Ithaka angelangt, trifft Odysseus auf Athene (ohne sie zu erkennen) und tischt ihr die erste der ungezählten Autobiographien auf, die er im weiteren noch zum besten geben wird. Athene hat ihre helle Freude an der wuchernden Phantasie ihres Schützlings, entzückt streichelt sie ihm die Hände und spart nicht mit Anerkennung:

> Nur ein verschlagener Schlaukopf vermöchte in allerlei Listen
> Dich zu übertreffen und käme selbst einer der Götter.
> Schelm, du nie verlegner, du trugerpichter, nicht einmal
> Hier im eigenen Land kannst du die listige Rede
> Und die Märchen lassen, darin du so gründlich bewandert.[73]

Diese Traum- und Trugkraft ist die andere Seite des ithakesischen Wahrheitssuchers. Sie wird später Platons »Ideen« und den abenteuerlichen ersten Satz in dem Grundbuch der europäischen Mathematik, den *Elementen* des Euklid, hervorbringen: »Ein Punkt ist, was keine Teile hat.« Und weitere zweitausend Jahre später wird Newton imaginieren, man könne sich die ganze Masse der Sonne in einem solchen Euklidischen Punkt konzentriert denken (und wird mit dieser Phantasmagorie einen überwältigenden Erfolg haben).

Wie Odysseus der *neue Mann* ist – mehr ein Geistmensch denn ein Goliath –, so ist seine Gattin Penelopeia die *neue Frau*, und sie ist sich dessen durchaus bewußt. Sie weiß nämlich, daß Athene (die auch jetzt wieder auf dem Olymp das Abendland viel zukunftsträchtiger prägt als Karl der Große auf seinem Ochsenkarren), sie weiß also, daß Athene

... helle Klugheit ihr schenkte
Und ein so listiges Herz, wie uns von keiner bekannt ist
Selbst in grauer Zeit von den lockigen Töchtern Achaias,
Tyro oder Alkmene und der bekränzten Mykene.
Keine von ihnen kam Penelopeia an Klugheit
Gleich ...[74]

Diese Klugheit ist mehr als Allerweltsschlauheit: Sie ist die harte Klugheit, die den Philosophen macht. Von Penelopeia wird ausdrücklich gesagt, sie sei *apistos*, un-gläubig, skeptisch, mißtrauisch[75] (*pistis* ist der Glaube, das bloße Fürwahrhalten). Um 500 v. Chr. empfiehlt der philosophierende Komödiendichter Epicharmos, es der Penelopeia nachzutun; er sagt es so: »Nüchtern sei und übe Mißtrauen [*apistein*], das sind des Geistes Gelenke.«[76] Und 1637 n. Chr. stellt Descartes als Grund- und Hauptregel des Denkens die Forderung auf, radikal mißtrauisch zu sein, und revolutioniert damit die Philosophie. Als hätte Penelopeia während der zwanzigjährigen Abwesenheit des Gatten den Descartes studiert, nimmt sie dem endlich heimgekehrten Odysseus nicht ohne weiteres ab, daß er es ist. Erst eine raffinierte Prüfung von der Art, die man in der Naturwissenschaft des 17. Jahrhunderts ein *experimentum crucis* nennen wird, überzeugt sie schließlich davon, daß der fast verzweifelte Mann (»Dämonisches Weib, die Götter gaben dir mehr als anderen Frauen ein hartes Herz«[77]) tatsächlich *ihr* Mann ist. Was dann folgt, kann ohne tiefste Rührung nur lesen, wer ein noch härteres Herz als Penelopeia hat.

Penelopeia ist nicht nur einmal *apistos*, sie ist es habituell; über die Wahrsagekraft der Träume etwa hat sie sehr eigene Gedanken. Und so könnte man denn die Philosophie recht gut mit *ihr* beginnen lassen – wenn nur das »dämonische Weib« etwas mehr Historizität hätte. Dieses Mehr hat ihr Schöpfer Homer – lassen wir denn also die Philosophie mit *ihm* anheben. Das klingt uns heute etwas gewagt, weil wir in Homer nur den *Dichter* sehen. Den Alten aber war er mehr, er war ihnen »der weiseste der Griechen«, und akkreditierte Philosophen setzten sich mit ihm als einem *Philosophen* auseinander – manchmal aufs heftigste, weil sie ihn als so destruktiv sahen, wie es jeder echte Philosoph irgendwann einmal sein muß, wenn er dem Denken neue Bahnen brechen will und dazu das alte Denken erst einmal ab- und wegschaffen muß. Das ist eine Art Hinrichtung und hat des öfteren die Hinrichtung des Hinrichters zur Folge. Pythagoras will denn auch auf einer Reise durch die Unterwelt dort den Homer gesehen haben, wie er, von Schlangen umringt, an einem Baume hängt, zur Strafe für seine »lästerlichen Reden über die Götter«.[78] Goethe hingegen, der kein Unterweltstourist war, hat Homers Destruktivität merklich wohlwollender beurteilt:

> Noch auf den heutigen Tag haben die Homerischen Gesänge die Kraft, uns wenigstens für Augenblicke von der furchtbaren Last zu befreien, welche die Überlieferung von mehreren tausend Jahren auf uns gewälzt hat.[79]

Zu all dem hätte der Mann aus Smyrna wahrscheinlich ironisch gelächelt und in seiner trockenen Art gesagt, man möge doch bitte nüchtern bleiben. Hätte er sich als Philosoph gerieren wollen, so hätte er zumindest das Wort *philosophos*, »Weisheitsfreund«, geschaffen (das aber habe erst der Hadesfahrer Pythagoras getan). Vielleicht hätte er dann noch mokant hinzugefügt, es habe ihm vollauf genügt, statt dessen das Wort *philokertomos*, »Spottfreund«, in die Welt zu setzen.[80] Allerdings wolle er nicht verhehlen, daß ihm das Wort des Dr. Martinus Luther von der »blinden Hure Vernunft« immer Unbehagen bereitet habe, so sehr er als Dichter die Sprachgewalt des Mannes auch schätze. Er, Homer, sei der Meinung, daß Vernunft eben doch ein wenig Licht verbreiten könne; den Ausdruck *siècle des lumières* für das »Jahrhundert der Vernunft«, das achtzehnte, fände er denn auch nicht übel (wenngleich ihm keineswegs zusage, daß man damals noch Hexen umgebracht und ein promovierter Obskurant namens Mesmer ausgerechnet in Paris als

Wunderheiler reüssiert habe). Im übrigen habe er nichts dagegen, einige Hexameter seiner *Ilias* im Sinne der *lumières* metaphorisch zu nehmen:

> Vater Zeus, befreie vom Nebel die Söhne Achaias,
> Kläre den Äther und gib den schauenden Augen Erkennen,
> Und verdirb uns im Licht, wenn du es also beschlossen![81]

Der Weise, dem die Welt aus Wasser wurde:

THALES VON MILET

> Aller wirkliche Fortschritt in der
> Welt ist im letzten Grunde durch
> Rationalismus gewirkt worden.
>
> ALBERT SCHWEITZER

Thales ist einer der Wendepunkte des europäischen Denkens: Mit ihm beginnt, was wir Wissenschaft nennen. Er wurde um 624 v. Chr. in Milet, der »Zierde Ioniens«, geboren, und wir sollten zuerst einen Blick auf das Ionien und Milet seiner Zeit werfen, um seinem Bild (und auch dem der anderen »Physiker«, wie Aristoteles die ionischen Naturphilosophen nennt) mehr Hintergrund und Tiefenschärfe zu geben.

In einem Hymnus aus dem 7. Jahrhundert v. Chr. heißt es von den Ioniern beim Apollonfest auf Delos:

> ...Mancher der Gäste
> Meint wohl, wenn er Ioniens Söhnen dort allen begegnet,
> Daß es Unsterbliche seien und solche, die nimmermehr altern.
> Säh er bei allen doch Anmut, schwelgte sein Herz doch in
> Freuden,
> Wenn er die Männer erblickt und die schön gegürteten Frauen,
> Schiffe in eilender Fahrt und die Fülle ihres Besitztums.[1]

Weniger wohlwollend beurteilt im 6. Jahrhundert der grimmige Xenophanes aus Kolophon seine Landsleute: Nutzlose Feinheiten hätten sie von den Lydern gelernt, stolzierten in purpurnen Gewändern herum und prunkten mit aufdringlich parfümierten Frisuren.[2] Philosophen sind nicht immer gut zurechtgekommen mit *haute couture* und *haute coiffure*.

Der Reichtum Ioniens in seiner Blütezeit (8.–6. Jahrhundert) kam nicht von ungefähr. Ionien lag zwischen einer hafenreichen Küste und dem üppigen Lyderreich; von Milet, Ephesos und Smyrna führten überdies bequeme Flußwege nach Lydien hinein. Die Ionier hätten Klötze sein müssen – was gerade sie nicht waren –, hätten sie die Gunst dieser Lage nicht genutzt. Sie warfen sich auf die Verarbeitung von Rohstoffen aus dem Landesinneren, auf edlere Agrarprodukte wie Wein und Öl, auf Seefahrt und Seehandel. Berühmt wurden die Wollwaren und Möbel Milets, der Wein aus Chios und die Keramik aus Samos (Kybelepriester griffen kennerisch zu samischen Tonscherben, um sich zu entmannen). Kaufleute aus Phokaia, der nördlichsten Ionierstadt, gründeten um 600 v. Chr. das heutige Marseille und drangen durch die Meerenge von Gibraltar bis nach Tartessos am Guadalquivir vor. Milet rief in einer Explosion von Energie rund achtzig Tochterstädte ins Leben, weitgestreut vom Schwarzen Meer bis nach Ägypten.

Einige Dinge haben die Ionier *nicht* erfunden, darunter das Geld und die Seele. Von der Seele später. Das Geld, genauer: das Edelmetallstück mit dem staatlichen Garantiestempel, ist im 7. Jahrhundert in dem reichen Lydien aufgekommen und dann rasch nach Ionien vorgedrungen. Diese geniale Erfindung, ursprünglich nur gedacht als technisches Mittel zur Vereinfachung des Warentauschs, hat die ionische Gesellschaft zutiefst erschüttert und umgestaltet. Das Geld hat nicht nur (was es sollte) Produktion und Handel befördert –: Es hat eben dadurch eine neue Klasse, das wohlhabende Bürgertum, geschaffen und an die Seite der grundbesitzenden Aristokratie gestellt; es hat diese ruhig und sicher dahinlebende Aristokratie ihrerseits in den schnellfließenden Strom des Kommerzes hineingerissen und mit der Bourgeoisie vermischt; vor allem aber hat es, weil ohne Geld kein Tun und Leben mehr möglich war, diejenigen in schwerste Bedrängnis gebracht, die keines hatten: die »kleinen Leute«. Ihnen blieb im Notfall nur der Weg in die Verschuldung mit hohen Zinsen. Wenn schließlich das Schlimmste zum Schlimmen kam und auch die Zinsen nicht mehr bezahlt werden konnten, wurden die Verelendeten in die Sklaverei verkauft. »Geld macht den Mann«, war ein geflügeltes Wort. Etwas später wird der größte griechische Chorlyriker es der Mühe wert finden, die Verse zu dichten:

> Des Zeus Sohn ist – das Geld;
> Motten nicht fressen's noch Wurm;
> Es zerfleischt als das mächtigste Gut der Sterblichen Sinn.[3]

Das überkommene Regiment der »Schön-Guten« (selbstverliebte Selbstbezeichnung der Aristokraten), jene wohlige Mischung aus Bevormundung und Fürsorge, nimmt sich in der neuen Unruhe seltsam altväterisch aus und gerät ins Wanken. Katilinarier jeder Sorte setzen sich an die Spitze des »dritten Standes« und schwingen sich zu Tyrannen auf (*tyrannos* kommt aus dem Lydischen und bedeutet »Alleinherrscher«). Aristoteles schreibt mit der ihm eigenen Kühle: »Der Tyrann entsteht aus dem Kampf des Volkes und der Menge gegen die Vornehmen, damit das Volk durch diese nicht weiter unterdrückt werde.«[4] Milet geriet in die Hände des ruchlosen und tüchtigen Thrasybulos, der die Stadt in den letzten Jahrzehnten des 7. Jahrhunderts zur höchsten Blüte führte. Der Mann wußte, daß man alle Konkurrenten um Haupteslänge überragt, wenn man sie einen Kopf kürzer macht.

Nach dem Tod des Diktators brachen die Dämme, und in Milet tobten eine Generation lang, etwa von 590 bis 540, die furchtbarsten Klassenkämpfe. Wir hören davon, daß die Armen die Kinder der vertriebenen Reichen auf Dreschböden von Ochsen zu Tode trampeln ließen; daß dann die zurückgekehrten Reichen die Führer der demokratischen Partei in Pech tauchten und bei lebendigem Leibe verbrannten. Wir hören von einem Milesier, der in Sparta darüber klagte, »wie doch das Leben in Ionien von jeher so unsicher und in der Peloponnes so sicher ist und daß bei uns ein Reicher niemals reich bleibt«.[5] Zweieinhalb Jahrtausende später wird Goethe meinen, den Traum des Lebens hätten am schönsten die Griechen geträumt.[6] Sie haben eher einen *interessanten* Traum geträumt, vergessen wir aber nicht, daß höfliche Chinesen, wenn sie jemandem die Pest an den Hals wünschen möchten, zu sagen pflegen: »Mögest du in interessanten Zeiten leben.«

Vom Chaos der Bürgerkriege erlöste schließlich der Begriff des Gesetzes, des *nomos*, und der Gleichheit aller vor dem Gesetz, der *isonomia*. Vielleicht ist es der größte Ruhmestitel des ionischen Geistes, den Gedanken der allgemeinverbindlichen Ordnung gedacht und diese Kopfgeburt mit dem Herzen als etwas *Schönes* empfunden und geheiligt zu haben. Wie zu einem prachtvollen Akkord vereinigt sich dieses Denken mit diesem Empfinden in dem kostbaren Wort *kosmos*, das sowohl *Schmuck* als auch *Ordnung* bedeutet und bei den Philosophen dann zum Namen nicht für die Welt als bloßer Haufen von Materie, sondern für die *schön geordnete* Welt wird. Die Hochzeit von Schönheit und Ordnung, dem dunkelwirbelnden Irrationalismus ewig Blutschande und Greuel, deutet sich schon bei Homer an, wenn er bewundernd von den schön geordneten, den »kosmischen« Beeten im Garten des Phaiakenkönigs spricht oder den Sänger Demodokos preist, weil dieser das Leid der Achaier vor Troja so schön »nach der Ordnung« – *kata kosmon* – vorträgt.[7] Es ist dieses »kosmische« Empfinden, das in den Wirren der Aufstände den Weg bahnt zum *nomos*, zu dem für alle geltenden, unpersönlichen Gesetz, und von dort führt er weiter zum Begriff des für alle geltenden, unpersönlichen Naturgesetzes. Oder vielleicht eher umgekehrt? Kommt zuerst die Erkenntnis, daß vor der *Natur* alle Menschen gleich sind und daß sie es deshalb auch vor dem *Staate* sein sollten? Nichts egalisiert die Menschen so gründlich wie die beiden mächtigsten Institutionen der Natur: Alter und Tod. Odysseus sagt ausgerechnet einer Königin, daß Alter und Tod *allen* bevorstehen, und in einem Hymnus aus dem 7. Jahrhundert v. Chr. spricht Aphrodite von dem Alter, »vor dem *alle* gleich sind«.[8] Im 18. Jahrhundert wird unter dem überwältigenden Eindruck der Newtonschen Himmelsmechanik in Frankreich ein Gedicht erscheinen, dessen bloßen Titel zu kennen schon genügt: *Das Newtonsche Weltsystem – bestes Regierungsmodell*. Vielleicht haben sich Naturgesetz und Staatsgesetz aneinander hervorgetrieben; wer will in diese tiefe Verrechnung zwischen Mensch und Natur hineinsehen? Wie dem auch sei: Als griechisches Spezifikum bleibt, daß Ordnung und Gesetz als etwas Schönes und sogar Tröstliches empfunden werden, also zum *ganzen* Menschen sprechen, nicht nur zu dem Teil, den die Gurus unserer Zeit abschätzig die »bloße Ratio« nennen und von der jeder, der keine hat, glaubt, es gäbe davon zu viel. Es trifft sich gut, daß man als Kronzeugen hierfür ausgerechnet einen Lyriker ins Feld führen kann: Archilochos von der ionischen Marmorinsel Paros, geboren um 680 v. Chr., etwa zwanzig Jahre nach Homers Tod. In einem Fragment spricht er von seinem leidzerrissenen Herzen, ermahnt es standzuhalten, sich über Frohes zu freuen, über Leidiges nicht maßlos zu klagen und vor allem »den *Rhythmus zu verstehen*, der die Menschen hebt und senkt«.[9] Rhythmus ist (so später Platon) »die Ordnung in der Bewegung«.[10] Selbst das Unglück wird entschärft, wenn die Ratio Züge des Gesetzmäßigen in ihm entdeckt.

Nun darf man nicht glauben, Archilochos sei ein Träumer gewesen. Dieser erste Lyriker der Griechen (der Zeit und dem Range nach) war ein Mann von diamantener Diesseitigkeit, ein Landsknecht zwischen Sold, Wein und auffallend hübschen Mädchen (»mit Brüsten, die einen Greis entflammen könnten«). Er säuselt nicht – er spricht sich aus, unverbrämt und rücksichtslos. Die drei Töchter des Lykambes soll er mit seinen Spottjamben dazu gebracht haben, unter peremptorischen Beteuerungen ihrer Jungfernschaft zum Strick zu greifen; noch vielsagender ist, daß man dem Unterweltshund Kerberos den verblichenen Dichter mit den Worten avisierte: »Jetzt geht es dir ans Leder.«[11] Bei den Anhängern des alten Reckenideals war er nicht gut angeschrieben, weil er mit grenzenloser Unverfrorenheit bekannt gemacht hatte, er habe einmal im männerehrenden Gemetzel Reißaus genommen und dabei seinen Schild zurückgelassen: »Fahr er denn wohl. Ich kaufe mir demnächst einen neuen.«[12] Kein wackerer Mann gab seinen Schild preis (und wenn er es tat, redete er nicht darüber). In Sparta galt Archilochos denn auch als jugendgefährdendes Schrifttum; die anderen Griechen aber stellten ihn – und niemanden sonst – in eine Reihe mit Homer. Ein Mann von solcher Dunst- und Wolkenlosigkeit sagt nicht faselig daher, es sei tröstlich, »den Rhythmus zu verstehen, der die Menschen hebt und senkt«; er meint es.

Wir kehren nach Milet zurück. Von diesem ionischen New York gingen Waren und Menschen in alle Welt, Waren und Menschen kamen aus aller Welt, aus dem fernen Tartessos jenseits der »Säulen des Herkules«, aus dem nebelverhangenen Mitteleuropa, aus Südrußland und aus dem Inneren Ägyptens. Mit den Menschen kamen Nachrichten, Mären und Moritaten über ferne Länder und exotische Völker. In Milet konnte man den Bernstein von der Ostsee anstaunen, der Spreu anzog, wenn man ihn mit Wolle rieb; hier konnte man hören (brauchte es aber nicht zu glauben), daß König Argonthonios von Tartessos geschlagene hundertfünfzig Jahre seinen Thron innegehabt hatte. Was aber sollte man von dem merkwürdigen Volk am Kaspischen Meer halten, das sich ohne Wein berauschte, indem es die Dämpfe verbrannten Hanfs einatmete? Und mochte Milet auch eine »liebesselige Seestadt« sein[13] – die babylonische Sitte der Tempelprostitution brauchte man denn doch nicht zu billigen. Interessant war sie schon, interessant war es auch, daß es einen indischen Stamm geben sollte, der seine Kranken tötete und verspeiste – mit dem entwaffnenden Argument, andernfalls würde doch die Krankheit den Körper ohne weiteren Gewinn aufzehren. Übrigens: Die Ägypter sollten *Fach*ärzte haben, die Babylonier überhaupt keine Ärzte und die Äthiopier schwarzen Samen, schwarz wie ihre Haut. Sonderbar! Sonderbar war auch, daß die Babylonier wußten, wie man die Fläche eines Kreises berechnet, die Ägypter es auch wußten – aber beide es *verschieden* wußten. Wer hatte Recht? Hatte vielleicht keiner Recht? Ganz bäurisch und ridikül aber waren die Geten an der unteren Donau: Diese Obskuranten glaubten hartnäckig an die Unsterblichkeit. Oder gab es so etwas vielleicht doch? Jeder knoblauchduftende Matrose, jeder gerissene Kaufmann und jeder abgerissene Söldner setzte das Denken in Bewegung. Man konnte erzählen, man konnte verblüffen – man war Odysseus und *a man of the world*.

Platon mochte keine Seestädte; sie schienen ihm alle ein Rüchlein von St. Pauli zu haben. Cicero ging es nicht anders; in seiner Schrift *Über den Staat* eifert er ausführlich gegen die schädlichen Wirkungen des Meerwassers auf Herz und Hirn:

> Den Städten am Meer ist aber auch eine gewisse Neigung zur Verderbnis und zur Wandlung der Sitten eigen, denn sie kommen mit neuartigen Berichten und Lehren in nahe Verbindung, und es werden nicht nur Waren von draußen importiert, sondern auch Sitten, so daß nichts in den überkommenen Einrichtungen unangetastet bestehen bleiben kann... Nichts hat in Wahrheit Karthago und Korinth so sehr, lange Zeit vorher schon ins Wanken gebracht, dann eines Tages zugrunde gerichtet, wie dieses Herumstreifen und Sichzerstreuen der Bürger, daß sie in der Gier, Geschäfte zu machen und Seefahrt zu treiben, die Pflege des Landes und der Waffen hintangesetzt hatten. Auch viele Dinge, die zur Üppigkeit verführen und für das Staatsgefüge verderblich sind, werden durch das Meer herangebracht.[14]

Was die vernachlässigte Pflege der Waffen anlangt, hatte Cicero nicht unrecht. Als der Phokaier Dionysios um 500 v. Chr. während des Aufstandes gegen Persien mit den Ioniern Schiffsübungen veranstaltete, da hatten es die Herren nach sieben sauren Tagen satt, »schlugen auf der Insel Zelte auf, ... pflegten sich gut und wollten weder zu Schiffe gehen noch Übungen abhalten«.[15] Man wird ein wenig an die Franzosen des Jahres 1940 erinnert, die trotz des deutschen Einmarschs die Militärdepots nach den Dienststunden schlossen und nach Hause schlenderten.

Wir lassen die ionische Waffentüchtigkeit auf sich beruhen und halten uns daran, daß durch Handel und Seefahrt unendlich viel Welt nach Milet und den anderen Städten Ioniens strömte. Als der europaweit gefeierte Arzt, Philosoph und Mathematiker Geronimo Cardano seine Autobiographie schrieb, war das Kopernikanische Weltsystem schon seit dreißig Jahren auf dem Markt (und Luther hatte es bereits verdammt), aber als Cardano im 41. Kapitel auf die »größten und allerseltsamsten Ereignisse« in seinem Leben zu sprechen kommt, da erwähnt er das neue System mit keinem Wort, statt dessen zählt er zu diesen Ereignissen »in erster Linie, daß ich in dem Jahrhundert zur Welt kam, da der ganze Erdkreis entdeckt wurde«, vor allem Amerika. Welterweiterung ist ein mächtiges Lebensstimulans. Für die Ionier ist sie das zweite große Faktum nach Homer. Sie hat ihnen zwei unersetzliche Dinge gegeben: Weltstoff und Denkprobleme. Freilich mußte man ein Ionier sein, um etwas damit anfangen zu können. Auch andere sind weit gereist und haben doch kaum mehr nach Hause mitgebracht als Malaria und Sonnenbrand.

Zwischen den weltkundigen Ioniern und den mutterländischen Griechen bestand noch im 6. Jahrhundert v. Chr. ein eklatantes Aufklärungsgefälle. Als der Tyrann Peisistratos nach seiner Vertreibung um 550 v. Chr. wieder nach Athen zurückkehren wollte, steckte er, um seiner Sache mit etwas Religion aufzuhelfen, eine junge Frau »von schönem Wuchs« in eine Rüstung, stellte sie auf einen Wagen und ließ ausschreien, das Panzerweib sei Pallas Athene und führe in eigener Person ihren geliebten Peisistratos heim nach Athen.[16] Den Milesiern hätte man dergleichen allenfalls in einem Rosenmontagszug andienen können.

Ionische Welterschließung und Weltbewältigung zeigt sich besonders eindrucksvoll im Bereich der Technik. Es versteht sich von selbst, daß ein führendes Seefahrervolk *the state of the art* in Schiffs- und Hafenbau innehaben mußte. Technische Leistungen höchsten Ranges waren aber auch die gewaltigen Tempelbauten des 6. Jahrhunderts: das

Apollonheiligtum in Didyma bei Milet, das Artemision in Ephesos (eines der Sieben Weltwunder) und der samische Tempel der Hera. Überhaupt Samos! Herodot sagt ausdrücklich, er habe so ausführlich über Samos berichtet, »weil die Samier die gewaltigsten Bauwerke geschaffen haben, die sich in ganz Hellas finden«.[17] Und dann führt er den rund anderthalb Kilometer langen Doppeltunnel an, durch den die Stadt mit Wasser versorgt wurde und den man von beiden Seiten des Berges gleichzeitig vorangetrieben hatte (die Stollen trafen zum Ruhme der griechischen Mathematik fast genau zusammen); es folgt der 800 Meter lange Hafendamm und dann »der gewaltigste Tempelbau, von dem wir wissen« (der Heratempel). Es war ein Milesier, unser Thales, dessen Ingenieurkunst das lydische Herr 546 über den Fluß Halys brachte, und der persische König Dareios griff auf einen Samier, Mandrokles, zurück, als er 513 eine Schiffsbrücke über den Bosporos brauchte. Die ionischen Techniker genossen offenbar internationalen Ruf. Ein merkwürdiges Interesse an *high tech* zeigt übrigens Homer. Sein Hephaistos konstruiert die ersten Roboter: selbstlaufende Dreifüße, automatische Dienerinnen und automatische Wachhunde;[18] die Schiffe seiner Phaiaken sind nicht nur außergewöhnlich schnell, sie haben sogar einen Autopiloten.[19]

Den Lydern mußte daran gelegen sein, das reiche Ionien und seine welterschließenden Häfen zu kontrollieren. Bereits in der zweiten Hälfte des 7. Jahrhunderts v. Chr. drangen sie durch die Flußtäler gegen Smyrna, Ephesos und Milet vor. Um 575 zerstörte König Alyattes Smyrna so vollständig, daß der Geburtsort Homers zum bloßen Dorf herabsank. Mehr Mühe hatte er mit dem mächtigen Milet, wo der energische Thrasybulos die Zügel führte. Jahrelang versuchte er es mit der antiken Version des Flächenbombardements: Er ließ die Fruchtbäume umhauen und das reife Getreide in Brand stecken. Dann schloß er mit der immer noch unbezwungenen Seestadt einen »Freundschafts«-Vertrag. Alyattes' Sohn Kroisos (wir sagen noch heute »reich wie Krösus«) hat anschließend Ephesos erobert. Um 550 war die Unterwerfung der kleinasiatischen Griechen vollendet.

Das lydische Joch war sanft. Die neuen Herrscher liebten die griechische Kultur. Sie stifteten reiche Geschenke nach Delphi und den ionischen Heiligtümern und vertieften die kommerziellen Beziehungen mit den kleinasiatischen Hellenen, vor allem aber unterbanden sie die ewigen Zänkereien zwischen den ionischen Metropolen und ihre blutseligen Bürgerkriege. Kroisos empfing in seiner Residenz Sardes den weisen Solon aus Athen und führte mit ihm jenes ewig denkwürdige Gespräch über das menschliche Glück, das uns Herodot überliefert hat (1, 29–32) und das mit Solons Worten schloß: »Gar manchem winkte die Glückseligkeit, und doch hat ihn dann die Gottheit ins tiefste Elend gestürzt.«

Das sollte Kroisos am eigenen Leibe erfahren. Im Frühjahr 546 v. Chr. zog der übergewaltige Herrscher gegen die damaligen *newcomers*, die Perser unter Kyros, zu einem vermeintlich leichten Sieg ins Feld – schon im Herbst des gleichen Jahres war Sardes in den Händen des Emporkömmlings, Kroisos selbst saß auf einem brennenden Scheiterhaufen und rief »Solon, Solon«. Kyros fragte ihn, was der Ruf bedeute, Kroisos erzählte ihm von dem Gespräch mit dem Athener über die Unbeständigkeit der menschlichen Dinge, und der Sieger schenkte dem tief gestürzten Manne das Leben. Glanz und Elend des Kroisos sind den Griechen ein unendlicher Gegenstand des Nachdenkens geworden.

Die Perser erbten die lydische Oberherrschaft über die kleinasiatischen Griechenstädte. Nur Milet war der Form nach nicht unterworfen, sondern, wie bisher mit Lydien, so jetzt mit Persien durch einen »Freundschaftsvertrag« verbunden. Und doch war alles ganz anders. Das persische Regiment war hart. Der Großkönig, vertreten durch eigensüchtige Satrapen, begünstigte die Tyrannen, um sie desto fester an sich zu binden; er stand den Griechen räumlich und geistig fern und sah dem wirtschaftlichen Rückgang ihrer Städte unbewegt zu. Bias von Priene, einer der Sieben Weisen, hatte die Dinge kommen sehen und schon 546, gleich zu Beginn der Perserherrschaft, den Ioniern auf ihrer Versammlung im Panionion auf dem Vorgebirge Mykale geraten, mit Kind und Kegel nach Sardinien auszuwandern und dort einen einheitlichen Staat zu bilden. Wer weiß, wie die Geschichte Europas sich gestaltet hätte, wenn die Ionier diesem Vorschlag gefolgt wären.

Sie taten es nicht. Statt dessen erhoben sie sich im Jahre 500 unter Führung Milets mit unzulänglichen Kräften gegen die persische Übermacht. 494 wurde Milet dem Erdboden gleichgemacht; es hat sich von diesem Schlag nie mehr erholt. Aber vor ihrer Katastrophe hat »die liebesselige Seestadt« der Welt als kostbarstes Geschenk die Philosophie und Wissenschaft gegeben und ist dafür von dem Chor der denkenden Menschen trotz ihrer Börsen und Bordelle unisono heiliggesprochen worden. Und damit sind wir bei dem Haupt- und Kernmilesier angekommen: bei Thales, dem ersten der milesischen Philosophen.

Thales lebte etwa von 624 bis 546 v. Chr., entstammte einer vornehmen milesischen Familie und muß den Griechen als eine Mischung aus Einstein, Edison und Talleyrand vorgekommen sein. Zunächst einmal galt er ihnen als der größte der *Sieben Weisen*. Nun hat es mit den *Sieben Weisen* die wunderliche Bewandtnis, daß es weder sieben, noch daß es Weise sind. Es liefen verschiedene Listen von *Sieben Weisen* um, und wenn man alle Namen zusammenrechnet, kommt man auf siebzehn. Das aber schlägt zu Thales' Vorteil aus, denn er setzt sich erfolgreich gegen die Weisenkonkurrenz durch und taucht in *jeder* dieser Listen auf, zusammen mit Bias von Priene, Pittakos von Mytilene und Solon von Athen: das sind die vier konstanten Weisen. Sie sind aber nicht »weise«, jedenfalls nicht in unserem bleichsüchtigen Sinne von »abgeklärt« und »altersweise«; sie sind nicht

Leute, die *sotto voce* von sich geben »Ja, ja, so ist die Welt nun mal«, »Der Klügere gibt nach« und was dergleichen Tantenhaftigkeiten mehr sind. Sie sind auch nicht weise im Sinne des Sokrates, der nicht ohne Selbstkoketterie behauptete, das Orakel von Delphi habe ihn nur deshalb zum weisesten der Menschen erklärt, weil er der einzige sei, der wisse, daß er nichts wisse. Die Sieben (oder Vier) Weisen *wissen* etwas, sie *können* etwas und sie *tun* etwas –: Sie haben, was Goethe mit einem schönen Wort »Tatfähigkeiten« nennt. »Sei nicht untätig, auch dann nicht, wenn du reich bist«, war einer von Thales' Kernsprüchen.[20] Der Weise im alten Sinne des Wortes, der *sophos*, ist welttüchtig: Er weiß, wie es auf Erden zugeht und was auf Erden zu tun ist. Bei Homer ist sogar der geschickte Zimmermann ein *sophos*! Bias war der führende Politiker von Priene, Solon der große Schlichter in den athenischen Klassenkämpfen, Pittakos machte als »gewählter Tyrann« den Bürgerkriegen auf Lesbos ein Ende und erließ das interessante Gesetz, betrunkene Übeltäter seien härter zu bestrafen als nüchterne.[21] Und Thales? Es heißt von ihm, er sei auf staatsmännischem Gebiet trefflich beschlagen gewesen. Er hintertrieb das Bündnis, das Kroisos mit Milet gegen Kyros schließen wollte; »das rettete später, nach dem Siege des Kyros, die Stadt.«[22] Nicht etwa, daß Thales ein Perserfreund gewesen wäre; der weltkundige Mann hatte nur die Kräfte richtig eingeschätzt. Mit demselben Realismus hatte er schon früher gesehen, daß die heillos souveränen Städte der Dodekapolis sich auf Dauer nicht gegen Lydien würden behaupten können, und hatte deshalb den Ioniern empfohlen, sich zu einem Bundesstaat mit Teos als Regierungssitz zusammenzuschließen. Nicht ohne Wehmut denkt man an diesen vergeblichen Rat, wenn man die Ruinen des Dionysos-Tempels von Teos durchwandert. Es war ein Rat, den Adenauer und Schumann mit etwas besserem Glück den Westeuropäern gegeben haben.

Thales hat den energischen Tyrannen Thrasybulos erlebt (er soll sogar in engem Verkehr mit ihm gestanden haben); er hat die grausigen Bürgerkriege nach dem Tod des eisernen Mannes gesehen; er hat das schäumende Leben einer mächtigen Seestadt vor Augen gehabt, in der alle Wässer und Abwässer dieser Welt zusammenflossen. Er hat Macht und Untergang der Lyder und den jähen Aufstieg der Perser beobachtet –: Was sich vor seinen Blicken abspielte, war Weltgeschichte von der hektischsten Sorte. Er selbst blieb nicht im stillen Kämmerlein sitzen. Er tat, was damals jeder wißbegierige Grieche tat: Er machte die *grand tour* nach Ägypten, dem Land einer uralten Kultur – ganz so, wie im 19. Jahrhundert die bildungshungrigen Amerikaner nach Europa reisten. Auch Solon war in Ägypten gewesen, und dort soll ihm ein alter Priester gesagt haben, was ein so helles Licht auf das steif und starr gewordene Pyramidenland und das jugendlich abenteuernde Hellas wirft: »O Solon, Solon, ihr Griechen bleibt doch ewige Kinder, einen alten Griechen gibt es ja überhaupt nicht. Ihr seid alle jung in eurer Seele, denn ihr habt keine urtümliche Meinung, die aus alter Überlieferung stammt, noch irgendein altersgraues Wissen.«[23] Gleichgültig, wie alt Thales auf seiner Bildungsreise nach Ägypten gewesen sein mag: Er sah die Wunder des Landes am Nil mit jugendlich-frischen Augen an, so beeindruckt und so unbeeindruckt, wie es nur ein Ionier sein kann, der wissensdurstig und ironisch-distanziert in einem ist. Die ägyptischen Priester hätten sich die Augen gerieben, wenn sie hätten sehen können, was der herumreisende Milesier mit ihrem Kulturgut anfing.

Vielleicht ist Thales sogar bis Babylon gekommen; seine angestaunten astronomischen Kenntnisse kann er schwerlich ohne Berührung mit den sternkundigen Magiern des Zweistromlandes gewonnen haben. Die kulturellen und kommerziellen Beziehungen zwischen Ionien und Babylon waren ohnehin sehr eng.

Von Thales als einem der Sieben Weisen durfte man Spruchweisheiten erwarten. Seine berühmteste war: »Erkenne dich selbst!« Mit ionischer Ironie hat er irgendwann einmal hinzugefügt, es sei leider verteufelt schwer, sich selbst zu erkennen, hat andererseits aber auch ein ansprechendes Selbsterkenntnisexempel beigebracht: Auf die Frage nämlich, warum er keine Kinder habe, soll er geantwortet haben: »Aus Liebe zu den Kindern.« Überhaupt sind seine überlieferten Worte mit ionischem Salz gewürzt. Auf das wiederholte Drängen seiner Mutter, doch bitte zu heiraten, sagte er lange, dazu sei es noch zu früh; er sagte es so lange, bis er endlich replizieren konnte, nun sei es zu spät. Als man ihn fragte, was er Erstaunliches gesehen habe, gab ihm sein *black humour* die Antwort ein: »Einen greisen Tyrannen.«[24]

Es waren jedoch nicht die Spruchweisheiten, die den exorbitanten Ruhm des Thales begründet haben. In diesem Punkt war Homer dem Mann aus Milet uneinholbar voraus. Von dem Dichter konnte man lernen, daß der Mensch ein duldsames Herz besitze; daß Weinen nicht helfe und eitles Schwatzen von Übel sei.[25] Viel mehr Lebensweisheit brauchte man nicht; was allenfalls noch fehlte, fand man nach einigem Suchen auch noch im Homer.

Der Ruhm des Thales kam auch nicht von dem Satz, der Ursprung aller Dinge, ihre *arche*, sei das Wasser. Auch das stand schon im Homer, wie wir gesehen haben. Es sind keine Schriften des Thales auf uns gekommen, und wir sind deshalb für seine Lehren auf spätere Berichte angewiesen. Diese Berichte machen auffallend wenig Aufhebens von dem Wassertheorem, viele erwähnen es überhaupt nicht. (Auch Platon schweigt sich darüber aus.) Eigentlich geht nur Aristoteles in seiner *Metaphysik* etwas näher darauf ein, und schon er weiß zweihundert Jahre nach Thales nicht mehr recht, wie der erste »Physiker« zu seiner ausschweifenden Behauptung gekommen ist; vielleicht, so spekuliert er, weil Thales gesehen habe, »daß die Nahrung aller Dinge flüssig sei ... und die Samen aller Dinge über eine feuchte Natur verfügen«.[26] Etwas zusammenhangslos fügt er in einem Nebensatz noch an: weil Thales das Wasser für die *arche* gehalten habe, habe er auch gemeint, »die Erde ruhe auf dem Wasser«. Zu dieser Erkenntnis aber brauchte Thales keine wässrige *arche*: Er brauchte nur in Milet aus seinem Fenster auf Meer und Küste zu blicken.

Seinen Ruhm verschaffte sich Thales unabhängig von Weisheit und Wasser mittels Astronomie und Geometrie. Heraklit von Ephesos (geboren etwa im Todesjahr des Thales), dem selten ein anerkennendes Wort durch die zusammengebissenen Zähne kam, rühmte ihn als ersten Sternforscher; Xenophanes (bei Thales' Tod etwa fünfunddreißig Jahre alt) bewunderte ihn, weil er Sonnenfinsternisse voraussagte; noch tausend Jahre nach Thales sieht der hl. Augustinus in dem alten Heiden vor allem den Verfinsterungsexperten.[27] Und jetzt sind wir an den *nervus rerum* gekommen. 585 gelang dem Thales sein größter Coup: Er sagte für dieses Jahr eine Sonnenfinsternis voraus – und sie trat am 28. Mai tatsächlich ein. Thales muß wie im Rausch gewesen sein: Nichts bestätigt und beseligt einen Naturwissenschaftler mehr als eine Voraussage, die eintrifft.

Wie Sonnenfinsternisse damals auf die Menschen wirkten, geht aus einem Gedicht des konstitutionell unerschrokkenen Archilochos anläßlich der Finsternis vom 6. April 648 hervor:

> Unvorstellbares Ereignis – ganz unmöglich, wunderbar
> ist hinfort nichts mehr auf Erden, seit der Göttervater Zeus
> Mittagszeit in Nacht verwandelt und der hellen Sonne Licht
> sich verbergen ließ. Die Menschen spürten plötzlich kalte Angst,
> Und seither ist nichts verläßlich: glaubwürdig den Menschen
> scheint
> alles jetzt ...[28]

Die Sonnenfinsternis vom 11. Juli 1991 in Südamerika entlockte einem holländischen Touristen nur noch den Ausruf: »Das war das totale Erlebnis.«[29]

Was dem Archilochos als *Auflösung* der Weltordnung vorkam, muß dem Thales als ihre *Bestätigung* erschienen sein: Sonnenfinsternisse waren *voraussagbar*, nicht mit

Hilfe mantischer Kunststücke, sondern weil sie eine biedere Periodizität hatten: Sie kehrten in regelmäßigen Abständen wieder und konnten deshalb voraus*berechnet* werden. Sonnenfinsternisse waren also ebensowenig aufregend wie Sonnenuntergänge, nur ließen die einen etwas länger auf sich warten als die anderen, das aber war auch alles. Mit Zeus und seinen Launen hatte das Ganze nichts zu tun, die autonome Natur tat auch hier, wie überall, ihr ruhiges Werk. Gerade ihre scheinbaren Pathologien enthüllten ihre durchgängige Gesetzlichkeit. Wir wissen nicht, ob Thales jemals von »Naturgesetzen« gesprochen hat, aber die Sache selbst muß ihm am 28. Mai 585 v. Chr. klargeworden sein. Dieser Tag ist einer der wichtigsten in der Denkgeschichte der Menschheit, vielleicht noch wichtiger als der 8. Januar 1610 (n. Chr.), als Galilei die Jupitermonde entdeckte und so das kopernikanische System auf den Weg zur Anerkennung brachte.

Es muß jetzt freilich rundheraus gesagt werden, daß der strahlende Finsternisruhm des Thales eigentlich unverdient war. Thales hat nicht genialisch eine Formel ergrübelt, mit deren Hilfe er Sonnenfinsternisse vorausberechnen konnte. Er hat ganz einfach nur nach dem gegriffen, was die Babylonier schon besaßen: eine durch lange Beobachtungen gewonnene Kenntnis von der periodischen Wiederkehr der Verfinsterungen. Astronomisch waren die babylonischen Magier oder Chaldäer dem milesischen Wissenschaftstouristen weit voraus; er hat das gewußt und sie anerkennend geplündert.

Das Entscheidende ist aber nun, daß er noch mehr und Besseres getan hat. Es sieht so aus, als hätten sich die Chaldäer mit der empirisch gewonnenen Vorausberechenbarkeit der Sonnenfinsternisse zufrieden gegeben und nicht nach ihren Gründen, ihrer Mechanik, gefragt. Sollten sie es doch getan haben, so haben sie es für sich behalten; niemand wußte besser als sie, daß nur *geheimes* Wissen zum Einschüchtern herhalten kann. In Ionien wehte ein anderer Geist. Spätestens seit den Kämpfen um demokratische *iso-*

nomia war hier das Leben ein öffentliches und fragendes. Öffentlich hatte man Rede und Antwort zu stehen, Gründe und Gegengründe zu vertreten, öffentlich mußte man durch Argumente überzeugen, durch Gegenargumente widerlegen. Ja, diese Haltung war sogar in einer noch tieferen Schicht verwurzelt als der politischen; wir haben sie schon im Homer gefunden: Penelopeia zweifelt und fordert Beweise; der *istor* (Richter) muß durch Sehen und Prüfen einen Streitfall rational und nicht willkürlich entscheiden. Zu all dem kommt eine (schon damals als unheimlich empfundene) *Motorik* des Geistes, verkörpert in Odysseus, dem Mann, der wissen und immer mehr wissen will und der viel »faustischer« ist als jener Heinrich Faust, dem sehr bald nach seinem Renkontre mit dem Erdgeist der Sinn nur noch nach Gretchens Strumpfband steht.

Thales war ein hermaphrodisischer Verbund von Odysseus und Penelopeia, dazu als Milesier an öffentlichen Begründungszwang gewöhnt. Er fragte also nach einer *einsichtigen* Mechanik der Sonnenfinsternisse – und er fand sie:

Thales sagte als erster, daß die Sonne durch den Mond verfinstert wird, indem dieser unter die Sonne [zwischen Sonne und Erde] tritt.[30]

Vielleicht haben die Magier das auch gewußt, aber es lag nicht in ihrem Interesse, es zu sagen. In ihrem Interesse lag es, Astronomie mit Religion zu jener babylonischen Spezialität zu verquicken, die wir heute »Astrologie« nennen. Als dem persischen König Xerxes beim Auszug seines Heeres aus Sardes eine Sonnenfinsternis in die Quere kam, zog er erst weiter, als die Magier ihm pfiffig bedeutet hatten, »die Gottheit prophezeie damit den Hellenen [seinen Gegnern] den Verlust ihrer Städte«.[31] Astrologie gab Macht.

In Ionien lagen die Dinge anders. Es gab dort keine Priesterkaste, die geistige Macht ausübte und zwecks Erhaltung ihrer Nahrungsbasis Dogmen verteidigen mußte. Griechische Priester waren Leute, die sich rein handwerklich besonders gut mit dem Opfern auskannten, gewissermaßen Chirurgen des Kultus. Sie brauchten keine Dogmen zu verteidigen, weil es keine gab; über die Götter informierte zu jedermanns Zufriedenheit und Belustigung der Mythos (wörtlich: Erzählung), besonders in der Form, die ihm Homer und Hesiod gegeben hatten.[32] Dank der Homerischen Aufklärung hatte es Thales leicht: Zu keiner Stunde drohte ihm die Gefahr, wegen Verletzung religiöser Empfindlichkeiten auf den Scheiterhaufen (wie Bruno) oder vor die Inquisition (wie Galilei) gezerrt zu werden. Er wurde auch nicht, wie Einstein, von einem fauligen Irrationalismus außer Landes getrieben. Ganz im Gegenteil: Er war ein geachteter Mann, und sein Rat war gefragt.

Über das auffallendste Gestirn am Nachthimmel, den Mond, konnten die Chaldäer hinlängliche Auskunft geben. Sein Licht erhielt er von Mardug-Bel, dem Herrn der Götter; nahm seine Sichel zu, so durfte der Herrscher auf einen schönen Sieg über seine Feinde hoffen. Thales sah die Sache prosaischer an und »behauptete als erster, daß der Mond von der Sonne beleuchtet wird«.[33] Über die prophetische Kraft der Mondsichel ließ er sich klugerweise gar nicht aus; Wachsen und Schwinden des Mondes waren viel zu natürlich, um den Zukunftsforschern bedeutsame Zeichen geben zu können.

Den Chaldäern war ferner bekannt, daß die Gestirne Götter sind; diese astrotheologische Tatsache war das Fundament ihrer horoskopischen Hervorbringungen. Thales brauchte eine der besten Eigenschaften des ionischen Geistes: die Respektlosigkeit (wie sie Archilochos so reichlich hatte), um dieser frommen Weisheit Babylons den nüchternen Satz ins Gesicht sagen zu können, die Sterne bestünden ganz unerbaulich aus ordinärer Erde, die glühte.[34] (Auf diesen Gedanken werden ihn niederstürzende Meteore gebracht haben.) In babylonischen Augen muß die neue Astrophysik ein Sakrileg gewesen sein. Übrigens nicht nur in babylonischen (und ägyptischen)! Noch im 5. Jahrhundert v. Chr. wurde Anaxagoras aus dem ionischen Klazomenai gerichtlich der Gottlosigkeit überführt, weil er gelehrt hatte, die Sonne sei ein glühender Stein, »größer als die

Peloponnes«.[35] Anaxagoras wurde allerdings nicht im freigeistigen Ionien angeklagt, sondern im damals noch bigotten Athen. In Ionien durfte Thales sich ungestört mit der Entgötterung der Welt befassen. Er hätte gelächelt, wären ihm Schillers Verse gegen die Astronomie und den Geist des 18. Jahrhunderts untergekommen:

> Wo jetzt nur, wie unsere Weisen sagen,
> Seelenlos ein Feuerball sich dreht,
> Lenkte damals seinen goldnen Wagen
> Helios in stiller Majestät.[36]

Und schließlich gelang dem tüchtigen *sophos* eine Prachtentdeckung, die selbst einen Milesier aus der Fassung bringen konnte: Er fand, daß der Sonnendurchmesser zum Sonnenkreis *dasselbe* Verhältnis hat wie der Monddurchmesser zum Mondkreis, nämlich 1 : 720 (und das ist tatsächlich näherungsweise richtig).[37] In der Gleichheit dieser Proportionen mag ihm zum ersten Mal aufgegangen sein, was Kepler später überschwenglich die mathematischen »Harmonien« des Kosmos nennen wird. Aber während diese Harmonien den Schwaben zu lauten Preisungen Gottes hinreißen, läßt der Ionier die Götter still beiseite; warum auch sollte er sie für ein Werk loben, das sie nicht geschaffen hatten.

Die Griechen wußten, wie Erdbeben zustande kamen: Sie traten ein, wenn Poseidon seinen Dreizack gegen die Erde stieß. Thales gab eine poseidonfreie Bebentheorie: Da die Erde (seiner Meinung nach) auf dem Wasser schwamm, mußte sie schwanken wie ein Schiff, wenn das Tragewasser in Bewegung geriet – und das war dann ein Erdbeben.[38] Weder die Dreizack- noch die Wassertheorie verdienen viel Vertrauen. Und doch sind sie, wissenschaftlich gesehen, von sehr verschiedenem Rang. Für und gegen die Dreizacktheorie läßt sich nämlich im wahrsten Sinne des Wortes nichts sagen, da man dem Poseidon nicht beim Dreizackstoßen zusehen kann. Man mag an sie glauben oder auch nicht, je nach Belieben. Die Wassertheorie jedoch ist mindestens insoweit überprüfbar, als man sie aushebeln kann, etwa, indem man ihre Voraussetzung (»Die Erde schwimmt auf dem Wasser«) *ad absurdum* führt. Genau das tut der habituell kritische Aristoteles. Als erstes fragt er boshaft, worauf denn eigentlich das *Wasser* ruhe, das die Erde trägt, und dann bemerkt er destruktiv, wenn die Erde als Ganzes auf dem Wasser zu schweben vermöge, dann doch wohl erst recht jeder einzelne Erdbrocken – der aber ginge zum Schaden der Thaletischen Theorie immer unter.[39] Das eigentlich und epochal Neue des Thales, nämlich *der wissenschaftliche Geist*, zeigt sich zuallermeist darin, daß seine Theorien *angreifbar* sind wie ein Gesetzesvorschlag in der Volksversammlung von Milet. Die Angreifbarkeit sichert zwar nicht, daß die Wahrheit an den Tag kommt, aber doch, daß der Unwahrheit das Lebenslicht ausgeblasen wird. Und das will viel heißen. Das alles funktioniert freilich nur, wenn man die Privatinspirationen hierophantischer Geister für weniger erkenntnisfördernd hält als das jedermann Zugängliche: die offen daliegende, natürliche Natur. In diesem Wissenschaftsdenken steckt viel demokratisches Empfinden: Es gründet darin, daß *jeder* sich ein Urteil bilden kann und darf. Es ist denn auch nicht am Hof zu Susa entstanden, sondern in einem Volk, dessen Abgesandte sich nicht vor dem persischen König niederwerfen wollten.

Das alte Ägypten lebte von den Überschwemmungen des Nils, die um die Sommersonnenwende beginnen und etwa hundert Tage dauern. Die Ägypter hatten auch eine Vorstellung davon, wie es zu den segensreichen Fluten kam: Es war Chnum, ein göttliches Wesen in Gestalt eines Widders mit geraden Hörnern, sehr langen (man wußte Bescheid), der die Überschwemmung auf eine nicht näher spezifizierte Weise »brachte«. Thales gab sich keine Mühe, das »Bringen« aufzuklären; er ließ vielmehr Chnum ganz aus dem Spiel und meinte, die Überschwemmungen entstünden dadurch, daß die im Hochsommer wehenden Nordostwinde der Ägäis (die »Etesien«) das Wasser des Nils zurückstauten. Es war der respektlose Versuch, eine bekanntermaßen gottgewirkte Naturerscheinung allein aus der Natur heraus erklären zu wollen, ein *periodisches* Phänomen (die Nilschwelle) mit einem anderen *periodischen* Phänomen (den Etesien) ohne Zauberkausalität zu verknüpfen. Die Erklärung war so falsch wie Galileis Erklärung der Gezeiten, aber das war nicht entscheidend. Entscheidend war, daß die »Erklärung« eine *natürliche* und *überprüfbare* war. Herodot, der auf die ionischen Philosophen nicht gut zu sprechen ist, hat sich denn auch nicht die Gelegenheit entgehen lassen, die Windtheorie des Thales *con brio* auf den Müll zu speditieren. Einige Hellenen, schreibt er, »die sich durch Wissen und Einsicht berühmt machen wollten«, hätten ihre Ansicht über die Gründe der Überschwemmung geäußert. Zwei dieser Ansichten seien gar nicht wert, besprochen zu werden, dazu gehöre die Etesienspekulation. (Er bespricht sie dann doch.) Sie sei handgreiflich falsch, da die Etesien manchmal ausblieben, der Nil aber auch dann noch steige. Noch schlimmer: Wenn an dieser Theorie etwas Gesundes wäre, müßte es auch bei anderen Flüssen »Nilschwellen« geben. Er könne aber aus eigenem Augenschein versichern, daß dem nicht so sei.[40]

Der Gedanke, daß es mit der Windtheorie nicht zum besten bestellt sei, muß schon einem »Schüler« des Thales, Anaximander von Milet, gekommen sein. Er erklärte die Nilschwelle mit Hilfe der Schneeschmelze. Diese Erklärung war richtig, aber dem Herodot ist sie dennoch die »abwegigste«.[41] Auch der Weitgereiste war fehlbar.

Die Theorien der Nilschwelle sind deshalb so interessant, weil sie zwei ionische Eigentümlichkeiten hervortreten lassen, die für die Menschheit wichtiger geworden sind als, sagen wir, das gloriose Herumirren Alexanders des Großen in Asien oder die infernalischen Tugendkindereien Robespierres in Paris.

Erstens: In Ionien entsteht das offene wissenschaftliche Gespräch (bis hinab zum wissenschaftlichen Gezänk – aber selbst das ist immer noch besser als die Entscheidung *ex cathedra*). Die neuen Denker brauchen einander, um auf den richtigen Weg zu kommen. Das stand übrigens schon im Homer. Da konnte man nicht nur lesen »Wir aber wissen nur wenig und hören nur dunkele Sage«, sondern auch, daß einer allein »beschränkter ist im Blick und nur schwächere Einsicht hat«.[42]

Zweitens: Die neuen Denker wollen wissen *um des Wissens willen*, ohne nach einem handelbaren Nutzen des Wissens zu fragen. Das Phänomen der Nilschwelle ist ihnen als solches interessant. Seine zutreffendste Erklärung ist völlig nutz-los, sie ist in der Tat nutzloser als die ägyptische vermöge des langgehörnten Chnum. Die ionischen Theorien ließen nicht nur im dunkeln, was man tun sollte, wenn die Überschwemmung einmal ausbliebe – sie sagten sogar, ohne es auszusprechen, daß man gar nichts tun könnte; der kleine Mensch kann ja nicht die Etesien wehen oder den Schnee schmelzen lassen. Die Chnum-Theorie ist nicht so trostlos: Sollte der Nil zu steigen vergessen, so konnte man zu Chnum beten, man konnte Prozessionen veranstalten, man konnte dem Widderwesen gut zureden und es vielleicht sogar bestechen – auf jeden Fall konnte man etwas *tun*, und in Katastrophenfällen wirkt selbst das unsinnigste Tun noch angstlösend und entlastend.

Die Vorzüge einer Forschung, die das Wissen *um des Wissens willen* sucht, sind von anderer Art. Da eine solche Forschung nämlich keinen festumrissenen Zweck erreichen will, ist ihr weder eine Richtung noch ein Abschluß vorgegeben: Sie kann nach *allen* Seiten gehen und ohne Ende *weiter*gehen. Nur so aber wird selbst das verborgenste Wissen aufgespürt, und nur so kann Wissen *aus sich selbst heraus* immer neues Wissen erzeugen – was dann freilich zu dem schwindelerregenden Zinseszinswachstum des Wissens führt. In zweieinhalb Jahrtausenden Wissenschaft haben wir allerdings erfahren, daß ein um seiner selbst willen gesuchtes Wissen irgendwann einmal auch für das Leben nützlich oder schädlich wird, aber das konnten sich die milesischen »Physiker« noch nicht träumen lassen. In ihnen findet, nach dem Vorspiel des Odysseus, eine unbewußte und unheimliche Mutation des Menschen statt –: Sie machen aus einer abgelegenen, abstrusen, spleenigen Sache – der Suche nach Wissen *um des Wissens willen* – ihre Sehnsucht und Erfüllung. Wenn man diese Mutation nicht ungeschehen machen konnte, mußte mit Notwendigkeit die Welt des Jahres 2000 (n. Chr.) entstehen. Schon Pindar und Platon witterten, daß etwas Unheimliches geschehen war; der hl. Paulus und der hl. Augustinus versuchten, die ionische Mutation wieder aus der Welt zu schaffen – alles umsonst; die Menschheit hat sich nicht mehr umkehren lassen. 1943 wurden in den Grabstein Hilberts, des größten Mathematikers nicht nur seiner Zeit, die Worte eingemeißelt: »Wir müssen wissen. Wir werden wissen.«

In der Naturwissenschaft ist es dem Thales mal geglückt, mal nicht. Auf seine »Ergebnisse« kommt es aber nicht an: Belangvoll sind allein sein neuer Blick und neuer Weg. Thales hat jedoch noch einen zweiten Ruhmestitel, und hier sind sogar die Ergebnisse von dauerhaftem Wert: die Geometrie. Die philosophische Bedeutung, die sie für Thales gehabt haben wird, kann man nur schwer überschätzen. Wir müssen also einen Blick auf sie werfen. Und dabei stoßen wir zunächst wieder auf die Nilschwelle.

Wenn der Nil das Land überschwemmte, wurden die Grenzen der Felder unkenntlich. Nachdem die Wasser sich verlaufen hatten, mußten sie also durch Landvermesser neu festgelegt werden, nicht zuletzt, damit der König zu seinen Steuern kam. Und deshalb haben, nach Meinung Herodots, die Ägypter die Geometrie gewissermaßen als Hilfswissenschaft des Finanzamts erfunden.[43] Aristoteles sieht die Sache als geplagter Wissenschaftsorganisator etwas anders: Die mathematischen Wissenschaften seien deshalb in Ägypten entstanden, »weil man dort dem Priesterstand gestattete, Muße zu pflegen«.[44] (Es ist dies einer seiner anregendsten Gedanken.) Ferner wird berichtet, daß Thales die Geometrie von seiner Ägyptenreise als erster nach Griechenland gebracht und selbst viele Entdeckungen gemacht habe. Thales gilt deshalb als Vater der griechischen Geometrie, einer der größten und wirkungsmächtigsten Leistungen des hellenischen Geistes. Ohne sie sind Kepler, Galilei und Newton und damit die moderne Welt nicht zu denken.

Es kann kaum ein Zweifel daran bestehen, daß Thales auch die *babylonische* Mathematik gekannt hat; immerhin war er mit der babylonischen *Astronomie* vertraut. Aber was war das für eine Mathematik, die ägyptische und babylonische? Sie war eine Sammlung von Faustregeln zur Lösung von Aufgaben aus Handel und Gewerbe, Ackerbau und Staatsverwaltung. Da ging es um Erbschaften und Felder, Zinsen und Steuern, Ziegelsteine und Getreidesäcke. Faszinosa dieser Art findet man in einem ägyptischen Papyrus mit dem verlockenden Titel *Anleitung, die Kenntnis aller dunklen Dinge zu erlangen*. Man löste einfache lineare und quadratische Gleichungen, man konnte den Flächeninhalt eines Dreiecks genau und den eines Kreises angenähert berechnen; die Babylonier warteten ferner mit einer falschen Formel für das Volumen des Kegelstumpfs auf. Was nirgendwo zu finden war, waren *Beweise*. Über diesen Nerv der Mathematik, der sie erst zu dem macht, was sie ist – über dieses ein und alles verloren die Babylonier und Ägypter kein einziges Wort.

Es wird glaubhaft überliefert, daß Thales (mindestens) vier geometrische Sätze gefunden habe. Und nun ist es höchst merkwürdig, daß diese Sätze von ganz elementarer Art sind, viel elementarer als etwa die babylonisch-ägyptischen Inhaltsformeln. Und noch merkwürdiger ist, daß ausgerechnet von dem einleuchtendsten dieser Sätze ausdrücklich gesagt wird, Thales habe ihn *bewiesen*; dieser hochevidente Satz besagt, daß ein Kreis von seinem Durchmesser in zwei gleiche Teile zerlegt wird. *Bewiesen* habe Thales diesen Satz! Man kann sich nicht genug verwundern über das völlig Neue, das hier debutiert: das Bestreben, die »anschauliche Evidenz«, die rückhaltlose Zustimmung der Augen, zu ersetzen durch ein unsinnliches Gehirnargument. Gewiß, jeder weiß, daß die Sinne trügen können, selbst der Betrunkene weiß es, wenn er die Nase seines Zechgenossen doppelt sieht. Aber konnte der Mann aus Milet das nicht mit mehr Gelassenheit nehmen? Mußte er gleich zu dem radikalen Mittel greifen, die Geometrie als *beweisende* Wissenschaft ins Leben zu rufen (und Generationen von Gymnasiasten das Leben zu verkümmern)? Übrigens: Hat er es denn wirklich getan? Nun, es kann kaum einem Zweifel unterliegen, daß den vier einfachen Sätzen des Thales eine denkgeschichtlich revolutionäre Rolle zugewiesen war: Sie sollten als feste Basis für etwas bislang nie Erlebtes dienen – für die *logische Herleitung* der von Ägyptern und Babyloniern schon *empirisch* gefundenen Resultate.[45] Wir erleben hier eine unendlich folgenreiche Premiere; das Stück heißt »Die wissenschaftliche Geometrie«, sein Verfasser ist Thales. Im Prolog mag der Autor selbst auftreten. Er versichert uns glaubwürdig, das Schwerste sei gewesen, gegen die ganze ägyptisch-babylonische Faustregeltradition die bloße *Idee* einer beweisenden Geometrie zu konzipieren. Als hilfreich habe sich dabei erwiesen, daß ihn die widersprüchlichen Lehrmeinungen der Babylonier und Ägypter nicht wenig verwirrt hätten; so hätten etwa die Babylonier die Fläche F des Kreises mit Radius r nach der Formel $F = 3r^2$, die Ägypter aber nach der Formel $F = 3{,}16r^2$ berechnet (wenn er sich einmal anachronistischerweise der Dezimalschreibweise bedienen dürfe); auf langen Reisen ziehe man sich eben viel anregende Verunsicherung zu. Als Milesier sei ihm nun allerdings sehr daran gelegen gewesen, *Klarheit* in dieses Dunkel zu bringen und mit *Gründen* zu operieren. Mit bloßen *Verkündigungen* mache man nämlich in seiner Heimat eine schlechte Figur. Und schließlich: Wenn man schon einmal, wie er und Homer, daran gedacht habe, daß alle Dinge eine gemeinsame *arche*, einen gemeinsamen Ursprung hätten – er spiele hier natürlich auf die Wassertheorie an –, dann müsse man wohl auch fragen, ob nicht auch das wüste Ding, das in Ägypten und Babylon unter dem Namen Geometrie laufe, eine *arche* habe und vielleicht von ihr aus eine Struktur gewinnen, also aus einem Sammelsurium zu einem System werden könne. So sei er dazu gekommen, einige einfache Sätze an den Anfang der Geometrie zu stellen und den Rest aus ihnen durch logische Deduktionen zu gewinnen; so etwas behage seinen rationalistischen Landsleuten, und für ihn selbst sei dies die wichtigste und fruchtbarste Anwendung seines *arche*-Gedankens. Auf praktischen Nutzen habe er es dabei nicht abgesehen; er habe nur Wissens*sicherheit* angestrebt. Allerdings meine er mit gemäßigtem Stolz, seine Geometrie sei eine hübsche Bestätigung des griechischen Satzes, daß die Hellenen »alles, was sie von den Barbaren übernehmen, zu schönerer Vollendung bringen«.[46] Übrigens habe auch ein so vorzüglicher Kenner der Materie wie Otto Neugebauer gemeint, die babylonische Mathematik sei im Unterschied zur griechischen nie aus dem vorwissenschaftlichen Stadium herausgekommen.[47] – So viel aus dem Prolog des Thales.

Einer der vier Fundamentalsätze des Thales lautete: »In jedem gleichschenkligen Dreieck sind die Basiswinkel gleich.« Der Satz muß ihn berauscht haben. Welch eine überwältigende Gesetzmäßigkeit! Das Dreieck konnte beschaffen sein, wie es wollte – solange es nur gleichschenklig war, hielt sich die Gleichheit der Basiswinkel – völlig unabhängig von ihrer jeweiligen Größe – zäh und sicher durch. Diese Gesetzmäßigkeit war noch präziser, noch zwingender als alles, was die Natur an Gesetzmäßigem vorweisen konnte. Ja, man wird sagen dürfen, daß erst hier der Gedanke der Gesetzmäßigkeit in *reiner* Form und aller Deutlichkeit hervorgetreten ist und seine philosophische und wissenschaftliche Laufbahn begonnen hat. Leibniz wird später emphatisch behaupten, daß selbst Gott die mathematischen Wahrheiten nicht ändern könne. Thales wird ebenso zügellos gedacht haben. Die erste Wahrheit läßt nicht weniger die Contenance verlieren als die erste Liebe.

Noch etwas anderes muß dem Thales bei seinen geometrischen Exerzitien aufgegangen sein, etwas, das unabsehbare Folgen haben sollte. Die griechischen Mathematiker pflegten ihre Figuren mit einem Schilfrohr in geglätteten Sand zu zeichnen. Natürlich war mit diesen groben Figuren kein geometrischer Staat zu machen: Die Gerade war keine Gerade, der Kreis kein Kreis, das Quadrat kein Quadrat. Kein geometrischer Satz traf auf diese unförmigen Formen zu. Etwa hundert Jahre nach Thales versuchte der Sophist Protagoras denn auch, den Mathematikern mit dem maliziösen Hinweis am Zeug zu flicken, in ihren Figuren berühre die Tangente den Kreis ja gar nicht in einem *einzigen* Punkt, so sehr sie das auch vorgäben.[48] Das alles wird dem Thales gewiß nicht entgangen sein. Wenn er dennoch an die Gültigkeit seiner geometrischen Sätze glaubte, dann doch nur, weil er den Gedanken gefaßt hatte, daß sich diese Sätze in Wahrheit gar nicht auf die mißgestalteten Figuren im Sand beziehen, sondern auf »ideale« Figuren, denen (wie Homers Göttern) alles Grobe und Entstellende genommen ist – die dann freilich nicht auf dieser Erde zu finden sind. Knapp zweihundert Jahre nach Thales wird Platon es so sagen:

> [Die Mathematiker] nehmen die sichtbaren Gestalten zur Hilfe und beziehen ihre Reden auf diese, obschon eigentlich nicht sie der Gegenstand ihres Nachdenkens bilden, sondern jene, von denen diese die Abbilder sind. Wegen des Vierecks selbst führen sie ihre Beweise, oder wegen der Diagonale selbst, aber nicht wegen derjenigen, die sie zeichnen... Sie suchen jenes zu erblicken, das man ausschließlich im Geiste schauen kann.[49]

Für Platon ist das mathematische »Idealisieren«, das mit Thales anhebt und dem Mathematiker »ideale Objekte« in die Hand gibt, ein Wendepunkt seines Denkens geworden. Es hat ihn zu seiner Ideenlehre geführt, zu der Vorstellung also, jedes Erdending sei ein Abbild, ein *schlechtes* Abbild, eines vollkommenen Urbilds – einer »Idee« – in einem transzendenten Seinsbereich, so wie der Kreis im Sand nur ein schlechtes Abbild des vollkommenen Kreises im Übersinnlichen ist. Es ist viel Melancholie in der Ideenlehre, denn sie sieht uns eingekerkert in einem viert- oder fünftklassigen Cachot mit Namen Diesseits. Es ist viel Sehnsucht in ihr, viel Sehnsucht nach den Herrlichkeiten des Ideenreichs. Das alles hat stark auf die christliche Theologie eingewirkt. Es hat nicht minder stark das politische Denken beeinflußt, von Platons eigener Konstruktion eines Idealstaats bis hin zu den utopischen Träumen unserer Zeit. Und da der »Idealist«, wenn er denn einmal aus seiner Melancholie heraustritt, um die »Idee« auf dieser dürftigen Erde zu verwirklichen, als erstes den alten Adam umgestalten muß zu einem »neuen Menschen«, genannter Adam aber extrem hartköpfig und unbelehrbar ist, hat die Ideenlehre und Ideensucht viel renitentes Adamsblut für die gute Sache vergießen müssen. »Immerhin hat das den Staat zur Hölle gemacht, daß ihn der Mensch zu seinem Himmel machen wollte« (Hölderlin[50]).

Thales hat von diesen Folgen seiner »Idealisierungen« nichts ahnen können. Er hätte sie auch nicht verstanden, weil er konstitutionell diesseitig war, wie Homer und Archilochos. Es lag ihm nicht, in einem entbeinten Ideenreich zu hausen; lieber gehörte er der Erde an. Er hat sich von der ägyptischen Geometrie anstecken lassen, aber nicht von der ägyptischen Jenseitsbesessenheit. Er war handfest politisch tätig und als Politiker hoch angesehen, wir haben es schon gehört. Noch in fortgeschrittenen Jahren hat er die Soldaten des Kroisos auf ihrem unglücklichen Kriegszug gegen Kyros über den Halys gebracht, indem er den Fluß, den das Heer vor sich hatte, durch einen halbkreisförmigen Kanal hinter es leitete. Die milesischen Kapitäne hat er gelehrt, sich am Kleinen Bären mit dem zuverlässig festen Polarstern zu orientieren; bisher hatte man sich, wie Odysseus, an den Großen Bären und die Plejaden gehalten.[51] Ferner soll Thales für die Seefahrer eine *Nautische Astronomie* (in Versen!) geschrieben haben. Mittels seiner Geometrie hat er gezeigt, wie man die Entfernung eines Schiffes von der Küste bestimmen kann. Vielleicht hat er auch, wie man ihm nachrühmt, die Höhen der ägyptischen Pyramiden gemessen, und zwar indirekt »vermittels ihres Schattens, den er genau in dem Zeitpunkt abmaß, wo unser Schatten und unser Leib die gleiche Länge haben«.[52] Noch manche anderen fürs Erdenwallen nützlichen Dinge wird der Mann ersonnen haben, dem andererseits das Wissen um des Wissens willen so viel bedeutete; den Griechen jedenfalls galt er als einer, der »viele sinnreiche Erfindungen auf dem Gebiet der technischen Künste« gemacht hat.[53] Er könnte sehr gut einen Beinamen gehabt haben, den Cardano mit Stolz trug: »Mann der Erfindungen«.[54] Thales war, wie die Besten der Renaissance, ein *uomo universale* von Geblüt (und das Ionien seiner Zeit ähnelt auch als Ganzes stark dem Italien der Renaissance – von den kunstsinnigen Stadttyrannen, den souveränitätsgierigen Stadtstaaten und dem blühenden Handel bis hin zu den erwachenden Wissenschaften, dem schäumenden Leben und der unbändigen Kraft).

Das alles hat Platon nicht gehindert, aus Thales einen weltfremden Gelehrten zu machen, denn Zelebritäten hat man gerne auf der eigenen Seite. An einer Stelle, wo der gescheiterte Politreformer aus Athen durch den Mund des Sokrates verkündet, der Philosoph wisse noch nicht einmal, wo das Rathaus sich befinde, er wisse nichts von den Umtrieben der politischen Klubs, nur sein Leib hause in der Stadt, sein Geist aber schwebe hoch über ihr – an dieser bitteren und melancholischen Stelle erzählt er die Geschichte von einem Thales, der die Sterne beobachtet und dabei in den Brunnen fällt (kein schlechter Ort für einen, der das Wasser als den Urgrund ansieht). »Da habe ihn eine witzige Thrakerin, eine anmutige und freundliche Dienstmagd, verspottet, weil er sich bemühe, die Dinge am Himmel zu erfahren, während ihm das entgehe, was vor seinen Füßen liege. Dieser Spott gilt aber für alle, die in der Philosophie leben.«[55] Wie zum Ausgleich erzählt Aristoteles eine Geschichte von einem ganz anderen Thales, einem gerissenen Spekulanten: Thales habe, »da er mit Hilfe der Astronomie eine ergiebige Olivenernte voraussah« (jeder Meteorologe möchte gerne Genaueres wissen) noch im Winter um ein billiges alle Ölpressen in Milet und Chios gepachtet und dann in der Erntezeit für schweres Geld hergeliehen; er habe damit gezeigt, »daß es für den Philosophen leicht ist, reich zu werden, wenn er nur wolle«.[56] Diese Geschichten werfen mehr Licht auf Platon und Aristoteles als auf Thales selbst.

Im 2. Jahrhundert n. Chr. berichtet Diogenes Laertios, Herakleides habe berichtet, Thales habe von sich selbst gesagt, er sei menschenscheu und ein Sonderling gewesen.[57] Dieser geschachtelte Bericht über Berichte ist ziemlich unglaubwürdig. Wer würde einen hochbetagten Italiener, der 1990 in der brütenden Hitze Roms zu den Weltmeisterschaftsspielen der Azzurri wankte, einen menschenscheuen Sonderling zu nennen wagen? Von Thales aber wird gerade so etwas – und noch Dramatischeres – erzählt: Der Weise sei gestorben, als er gerade einem sportlichen Wettkampf zusah, »infolge der Hitze, des Durstes und der Altersschwäche, denn er stand bereits in hohen Jahren«.[58] *Diese* Geschichte ist hinreißend glaubwürdig, denn neben der Sportbegeisterung der Griechen nimmt sich selbst die Fußballeidenschaft der Italiener etwas frostig aus. Thales wäre nicht der einzige hellenische Greis, der sich in glühender Hitze zu einem gymnischen *agon* schleppte, stundenlang im Gedränge ohne Wasser aushielt und schließlich am Hitzschlag starb. Wir werden vom griechischen Sport noch sprechen müssen, denn die Hellenen kann man besser ohne ihre Tempel verstehen als ohne ihre »ewige Turnerei« (Jacob Burckhardt).

Thales war ein gesamthellenisches Ereignis, auch bei den Dichtern war er gut angeschrieben. Wie Pindar den Ruhm des Tyrannen Hieron von Syrakus und Anakreon das Glück des Tyrannen Polykrates von Samos besangen, so hat Alkaios von dem forschenden Thales gesungen, und das noch zu Lebzeiten des Weisen.[59] Zweihundert Jahre später hält ein so ausgefuchster Publikumskenner wie der athenische Komödiendichter Aristophanes den Thales für bekannt genug, um ihn kommentarlos auf der Bühne erwähnen zu können. Als in seinen *Wolken* ein Sokratesschüler erzählt, wie der Meister mittels eines gebogenen Bratspießes höchst gewandt ein Stück Opferfleisch stibitzt hat, da bricht Strepsiades in die bewundernden Worte aus: »Was? Und wir staunen noch den Thales an?« In den *Vögeln* konstruiert Meton einen Stadtplan, der die Strahlengeometrie der »Fächerstadt« Karlsruhe vorwegnimmt. (»Alle Straßen führen schnurgrad zum Mittelpunkt«.) Und angesichts dieser geometrischen Herrlichkeit ruft Pisthetairos entzückt aus: »Hört! Ein zweiter Thales!« Im 3. Jahrhundert v. Chr. beschreibt Kallimachos, der Hauptvertreter der alexandrinischen Poesie, den greisen Thales, wie er im Tempel von Didyma geometrische Figuren in den Sand zeichnet; man will ihm als dem besten der Sieben Weisen einen goldenen Becher überreichen, er jedoch meint bescheiden, der Becher gebühre Bias von Priene (der will ihn aber auch nicht haben, der Becher reist weiter und kehrt schließlich zu Thales zurück). Im 2. Jahrhundert n. Chr. preist Apuleius, der Verfasser der berühmten *Metamorphosen*, eines Romans »in milesischem [= pikantem] Stil«, den Thales in überschwenglichen Worten:

Thales von Milet, gewiß der größte unter jenen sieben überlieferten Männern der Weisheit (war er doch bei den Griechen der erste Erforscher der Geometrie und ein äußerst zuverlässiger und erfahrener Betrachter der Natur und der Sterne), hat die größten Dinge in kurzen Zeilen erforscht:[60] den Kreislauf der Jahreszeiten, das Wehen der Winde, den Gang der Sterne, das tönende Wunder des Donners, die gekrümmten Bahnen der Gestirne, die jährlichen Sonnenwenden, ebenso das Wachsen des neuen Mondes und die Abnahme des alternden sowie das Verschwinden des dahingehenden Mondes. Ebenso hat er, bereits in hohem Alter, ein göttliches Zahlenverhältnis bei der Sonne beschrieben, welches ich nicht nur gehört, sondern auch durch eigene Beobachtung bestätigt habe, nämlich: wie oft die Sonne mit ihrer Größe den Kreis, den sie durchläuft, mißt.[61]

Nicht zu vergessen: Goethe erweist dem Thales die Ehre, ihn in der Klassischen Walpurgisnacht auftreten zu lassen. (Das wird den nüchternen Milesier nicht wenig verblüfft haben.) Und jetzt kann Thales endlich auch das Wasser zur Geltung bringen, das die Alten bei ihm meistens übersehen haben. Mit einem aristotelischen Zungenschlag darf er nämlich sagen: »Im Feuchten ist Lebendiges entstanden.«[62] Kurz danach zieht er ab zum »heitern Meeresfeste« (wie es einem Milesier gut ansteht) und denkt dabei vielleicht an jene unvergeßliche Seestadt, die liebesselig und geistesselig in einem war. »Man wird so leicht nicht ihresgleichen sehn.«[63]

Es muß nicht immer Wasser sein:

DIE MILESIER ANAXIMANDER, ANAXIMENES, HEKATAIOS

> Die stillsten Worte sind es, welche den Sturm bringen. Gedanken, die mit Taubenfüßen kommen, lenken die Welt.
>
> FRIEDRICH NIETZSCHE

Anaximander ist einer der großen Ruhmestitel Milets. Er lebte etwa von 610 bis 546 v. Chr., war also rund fünfzehn Jahre jünger als Thales und starb im gleichen Jahr wie der Meister; es war das Jahr, von dem die Ionier später so oft sprachen, das Jahr, in dem des Kroisos Glück zerbrach und »der Perser kam«.

Wie Thales hat auch Anaximander den ruchlos-fähigen Tyrannen Thrasybulos, die grauenhaften milesischen Bürgerkriege und den lydischen Sturm auf seine Heimat erlebt. Wie Thales muß auch er als politisch tüchtig gegolten haben; jedenfalls vertraute man ihm die Führung einer Gruppe von Milesiern an, die nach Apollonia am Schwarzen Meer auswanderten. Er galt als »Gefährte« des Thales, und die Alten sahen in ihm einen »Schüler« des großen Weisen. Schüler? Wenn er es war, muß er der Schrecken seines Lehrers gewesen sein –: ein fleischgewordener Widerspruch zu dessen Hauptthesen. Eine Diskussion zwischen den beiden könnte etwa folgendermaßen verlaufen sein:

ANAXIMANDER: Thales, die Sache mit dem Wasser als Ursprung aller Dinge ist blanker Unsinn.

THALES: – –?

ANAXIMANDER: Versteh' mich bitte recht! Natürlich war es eine glänzende Idee von dir, die Natur *aus der Natur* zu erklären und die Götter aus dem Spiel zu lassen – wenn auch, mit Verlaub gesagt, nicht ganz so glänzend, wie die

Leute meinen, denn du hast eigentlich nur bei Homer abzuschreiben brauchen.

THALES, *indigniert*: Homer? Abschreiben?

ANAXIMANDER, *begütigend*: Nimm »abschreiben« nicht wörtlich! Ich weiß, daß du dich nicht schriftlich über das Wasser ausgelassen hast. Ich weiß auch, daß man meinen könnte, du seist doch ein wenig über Homer und seinen Okeanos hinausgegangen. Nietzsche rühmt ja, du habest als erster »ohne Bild und Fabelei« vom Ursprung der Dinge gesprochen. Wasser ist eben Wasser; dem Okeanos hingegen hat mancher nachgesagt, er schmecke immer noch nach Gott und Mythos. Dein Wasser hat den Vorzug, nur nach Physik zu schmecken.

THALES: Nietzsche ist ein kluger Kopf. Er nennt mich den ersten Naturforscher und den ersten griechischen Philosophen.

ANAXIMANDER: Ein sehr kluger Kopf. Er nennt mich den »Hauptkerl« und dich meinen Vorläufer.

THALES, *mit Bitterkeit, gemildert durch seine Weisheit*: Vorläufer! Ich dein Johannes der Täufer! Wie passend: »Ich taufe euch mit Wasser, der aber nach mir kommt, ist stärker denn ich, dem ich auch nicht genugsam bin, seine Schuhe zu tragen; der wird euch mit dem heiligen Geist und mit Feuer taufen.« Anaximander, was hast du gegen mein Wasser? Wo ist dein Feuer? Deine Schuhe und deinen heiligen Geist lasse ich beiseite.

ANAXIMANDER, *mit hochgezogenen Augenbrauen*: Kein empirisches Element, auch dein Wasser nicht, kann der Urstoff sein. Du kannst mein Argument bei Aristoteles nachlesen: »Die Elemente stehen zueinander im Gegensatz: Die Luft etwa ist kalt, das Wasser feucht, das Feuer heiß. Wäre nun eines von ihnen unendlich [und als Urstoff müßte es doch wohl unendlich sein], die übrigen wären bereits vernichtet.«[1] Will heißen, dein Wasser wäre übermächtig, es würde alle anderen Elemente schlucken, zurück bliebe nur Wasser und keine Welt. Bei Licht besehen, hätte aus dem Wasser noch nicht einmal eine Welt entstehen können: Kaum hätte sich etwas Nichtwässriges gezeigt, hätte das Wasser schon mit dem Schlucken angefangen, und um das Nichtwässrige wäre es geschehen gewesen.

THALES, *nachdenklich und bekümmert*: Anaximander, daß ich es dir nur gestehe: Es hat mir in der Tat immer Schwierigkeiten gemacht zu verstehen, wie das ruhig daliegende Ur- und Anfangswasser etwas aus sich hervorbringen könnte. Immerhin, aus Wasser entsteht durch Verdunsten Luft, durch Gefrieren Festes und...

ANAXIMANDER: Thales, besinne dich! Verdunsten und Gefrieren wirken *von außen* auf das Wasser ein. Wenn dir diese Operationen so wichtig sind, mußt du auch zugeben, daß nicht das Wasser allein der Mutterschoß aller Dinge ist. Du bringst deinen Wassermonismus mit eigenen Händen um.

THALES: Nun gut, im Augenblick fällt mir kein Gegenargument ein. Abwechslungshalber möchte ich nun gerne meinerseits deiner Theorie über Anfang und Ursprung ein wenig am Zeug flicken, immer vorausgesetzt, daß du überhaupt eine hast. Das scheint mir fraglich, denn dein Argument gegen mein Wasser richtet sich ja gegen jeden empirischen, unendlichen Urstoff.

ANAXIMANDER, *mit unverhohlenem Stolz*: Mein Bester, es genügt, »empirisch« zu streichen.

THALES *macht in großer Verwirrung einen Einwand, der keiner ist*: Was? Wie?

ANAXIMANDER, *noch stolzer*: Streiche »empirisch«!

THALES, *noch verwirrter*: Und was bleibt?

ANAXIMANDER: »Unendlich«, mein Bester, es bleibt »unendlich«. Mein Urstoff ist einfach das »Unendliche«, oder besser, auf griechisch, das *apeiron*. *Apeiron* ist ein unbezahlbares Wort; es gibt vielen Leuten Gelegenheit, ihren Scharfsinn zu üben. Sie können unentwegt fragen: Bedeutet *apeiron* »unbegrenzt« oder »unendlich« (nicht ganz dasselbe) oder vielleicht »unbestimmt«? Das sorgt für Gesprächsstoff. Manchmal macht man sein Glück mit der Terminologie. So habe ich denn auch als erster den Mutterschoß der Dinge *arche* genannt. *Arche* ist mehr als nackter Ursprung, *arche* ist steuernde Kraft. Thales, du kommst nicht um den Mißstand herum, daß dein Wasser recht farblos ist und keines Menschen Phantasie beflügelt.

THALES, *verdrossen*: Es kam mir nicht aufs Beflügeln an. *Etwas gelöster*: Vielleicht kann ich doch noch mithalten; immerhin sagt der beflügelnde Pindar: »Wasser aber ist das Beste.«[2]

ANAXIMANDER, *von oben herab*: Er meint Trinkwasser, *mon cher*, gewöhnliches Trinkwasser. Halbverdurstete Griechenlandtouristen werden ihm zustimmen, du aber hast mit dergleichen Volk nichts zu schaffen. Im übrigen solltest du nicht auf Autoritäten hören, sondern auf mich.

THALES: Gut, ich höre. Was also ist deine *arche*-Theorie?

ANAXIMANDER: Ich habe sie in meinem Buch *Über die Natur* auseinandergesetzt. Während ganz Ionien immer nur in mehr oder weniger schlechten Versen redet, habe ich es gewagt, dieses mein Lebenswerk in Prosa abzufassen, in Prosa! Thales, wir Wissenschaftler müssen uns auch sprachlich von den Dichtern abheben! »Vieles lügen die Dichter«, sagt Solon. Auch du hättest deine *Nautische Astronomie* in Prosa abfassen sollen. Verse für verlauste Steuermänner! Doch lassen wir die Läuse und das Literarische! Ich lehre also in meinem Prosalebenswerk, daß die *arche* weder das Wasser noch ein anderes der sogenannten Elemente ist, sondern eine ganz und gar andere unendliche Substanz, die man nicht sehen, nicht schmecken und nicht greifen kann: eben mein *apeiron*. Aus ihm sind sämtliche Himmel entstanden und die Welten in ihnen. Und jetzt möchte ich dir einen Satz aus meinem Lebenswerk wörtlich vorlesen, weil er mir gar zu gut geglückt ist. *Kurze Pause. Dann geheimnisvoll*: »Woraus aber das Werden ist den seienden Dingen, in das hinein geschieht auch ihr Vergehen gemäß der Schuldigkeit. Denn sie zahlen einander gerechte Strafe und Buße für ihre Ungerechtigkeit nach dem Richtspruch der Zeit.«[3] *Mit Selbstgefühl*: Nietzsche meint, ich hätte hier in »großstilisierter Steinschrift« geschrieben. Was hältst du von meinem Satz?

THALES: Dunkel, Vortrefflichster. *Er steht auf und geht unruhig im Zimmer umher.* Sehr dunkel! Du läufst Gefahr, mit dieser ausdrucksstarken Nebelrede der Heidegger von Milet zu werden.

ANAXIMANDER, *pikiert*: Der Satz wird allgemein als der erste metaphysische Satz des Abendlandes anerkannt.

THALES: Das ist es, was mir Sorge macht. Statt Physik machst du Metaphysik. Dunkel, sehr dunkel!

ANAXIMANDER, *mit steigender Begeisterung*: Aber das Dunkle ist doch gerade das Schöne daran! Thales, ich sage dir: Weil der Satz so dunkel ist, wird man Dissertationen zuhauf über ihn schreiben, Habilitationsschriften wird man schreiben, vor meinem geistigen Auge sehe ich sechshundertseitige Bücher über ...

THALES, *trocken*: »Das Falsche hat den Vorteil, daß man immer darüber schwätzen kann.« So Goethe.[4]

ANAXIMANDER: Thales, du machst von dem ionischen Nationallaster der Ironie heute einen starken Gebrauch.

THALES, *mit einem schrägen Blick auf Anaximanders üppiges Habit*: Sei froh, daß ich dir nicht, wie andere, »tragische Großsprecherei und feierliche Kleidung« vorhalte.[5] *Setzt sich wieder.* Aber zur Sache: Warum muß eigentlich dein Urstoff partout unendlich sein?

ANAXIMANDER: Damit das Werden nicht aufhört.[6]

THALES: Aristoteles wendet dagegen ein, der endlose Werdeprozeß könnte sehr gut ein endloses Recycling eines *endlichen* Urstoffs sein.[7]

ANAXIMANDER, *ausweichend*: Aristoteles läßt nie ein gutes Haar an einem anderen Philosophen.

THALES: Nun gut. Welche Eigenschaften hat dein *apeiron* noch, außer daß es unendlich ist?

ANAXIMANDER, *wieder zur Feierlichkeit aufblühend*: Es umfaßt alles, es steuert alles, es ist unsterblich und unvergänglich.[8]

THALES: Grandios! Aber damit ist noch lange nicht gesagt, wie dieser abstrakte Urbrei die konkrete Welt hervorbringt. Wie aus dem Einen das Viele wird.

ANAXIMANDER: Infolge einer Ausscheidung der Gegensätze aus dem *apeiron* unter der Wirkung der ewigen Bewegung. Die Gegensätze sind warm und kalt, trocken und feucht usw.[9]

THALES: Wie soll denn dein eintöniger Urbrei bei noch so heftiger Bewegung Gegensätze ausscheiden, GEGENSÄTZE? Und die kämpfen dann wohl miteinander? Was sollen sie denn sonst auch tun?

ANAXIMANDER: *Bien sûr*, andernfalls würde ja nichts entstehen.

THALES: Anaximander, mir kommt der Verdacht, daß du in Wirklichkeit deinen Urbrei mit sich selbst kämpfen läßt. Dein *apeiron* erinnert mich irgendwie an Nestroys Kraftprotz Holofernes, wo er sagt: »Ich bin der Glanzpunkt der Natur. Ich möcht' mich einmal mit mir selbst zusammenhetzen, nur um zu sehen, wer der Stärkere is, ich oder ich.«[10] Wenn du nicht begreiflich machst, wie Gegensätze aus Homogenem entstehen können, ist dein *apeiron* nur ein besonders groß geratener Holofernes. Das ist dein Problem, Anaximander: Wie scheidet der einheitliche Urbrei Gegensätze aus, GEGENSÄTZE?

ANAXIMANDER, *überlegen*: Dialektik, Thales, Dialektik.

THALES: – –?

ANAXIMANDER, *etwas gedämpfter*: Hegel würde mich verstehen.

THALES: Daß es dir nur nicht mit Hegel so ergeht, wie es Hegel selbst ergangen ist. Auf seinem Totenbett soll er geklagt haben: »Nur einer hat mich verstanden, und der hat mich falsch verstanden.«

ANAXIMANDER: Eine Anekdote.

THALES: Aber eine gute. Wie dem auch sei: Ohne dein *apeiron*, meine ich, würdest du besser fahren, denn wie das *apeiron* es fertigbringt, die »Gegensätze« auszuscheiden, bleibt sehr im dunkeln, andererseits brauchst du aber im

Grunde allein die »Gegensätze«, um die Einzeldinge zu erzeugen. Wenn ich zu meinem Wasser noch, wie Empedokles, Feuer, Luft und Erde hinzufügen würde, wäre ich eigentlich genausoweit wie du, oder nicht?

ANAXIMANDER, *den rechten Zeigefinger hebend*: Nicht ganz. Es würde dir immer noch die ewige Bewegung...

THALES: Nun gut, werfen wir sie noch mit hinein.

ANAXIMANDER, *den rechten Zeigefinger noch etwas höher hebend, düster*: Es würde dir vor allem mein Weltgesetz fehlen.

THALES: Weltgesetz?

ANAXIMANDER, *noch düsterer*: Thales, ich habe es noch nicht verwunden, daß du mein Weltgesetz so schnöde hast abfahren lassen. Weißt du jetzt, was ich meine?

THALES, *betreten*: Ja.

ANAXIMANDER *steht auf, beschreibt mit der rechten Hand einen Halbkreis durch die Luft und intoniert noch einmal*: »Woraus aber das Werden ist den seienden Dingen, in das hinein geschieht auch ihr Vergehen gemäß der Schuldigkeit. Denn sie zahlen einander gerechte Strafe und Buße für ihre Ungerechtigkeit nach dem Richtspruch der Zeit.« *Setzt sich wieder.*

THALES: Unverändert dunkel, mein Freund. Würdest du bitte...

ANAXIMANDER, *eifrig*: Selbstverständlich. Du sollst alle Aufklärung erhalten und wirst dein Damaskus erleben.

THALES, *abwehrend*: Es muß nicht gleich Damaskus sein.

ANAXIMANDER: Verehrter Lehrer (*Thales lächelt müde*), du hast unsere Bürgerkriege erlebt, du hast gesehen, wie jeder mehr und immer mehr haben wollte, mehr Macht, mehr Geld, und du weißt, daß nur wir Griechen jenen amerikanischen Arbeiterführer voll verstehen können, der auf die Frage »Was wollen die Gewerkschaften?« das eine Wort gesagt hat: »*More*«.

THALES *nickt angewidert*: Deshalb habe ich immer gemahnt: »Halte Maß« und »Sei nicht reich durch Schlechtigkeit«. Die Griechen haben Beifall geklatscht, mich zum Weisen ernannt und sich um meine Aphorismen nicht geschert.

ANAXIMANDER, *flüsternd*: Die wüste Gier nach Mehr ist wie die Pest: Sie ruiniert die von ihr Befallenen. Höre, was Theognis sagt:

> Viel mehr Leute als Hunger hat schon die Fülle vernichtet,
> All die Menschen, die mehr haben gewollt als ihr Teil.[11]

THALES: »Vieles lügen die Dichter«; du hast es selbst gesagt und mir Pindars Wassereloge nicht gönnen wollen.

ANAXIMANDER, *unbeeindruckt*: Theognis hat dennoch recht, im übrigen spricht er nur eine Einsicht aus, die schon im Homer steht: Der Mensch soll nicht mehr begehren als seinen »gebührenden Anteil«, nicht mehr als das ihm zustehende Lebensbratenstück. Wer mehr an sich rafft als seine Portion, seine *moira*, dem wird es eingetränkt und heimgezahlt – und das ist gut so, es ist gerecht. *Beschwörend*: Thales, wir Milesier haben uns aus unseren Wirren gerettet durch das Gesetz, durch *nomos* und *isonomia*!

THALES: Knapp gerettet, kaum gerettet! Den Milesiern ist im Grunde so wenig zu helfen wie den Florentinern. Dieses Kraft- und Sprudelvolk braucht weniger ein Gesetz als einen Tranquilizer.

ANAXIMANDER: Thales, du störst den Duktus meiner Rede. Wo war ich stehengeblieben?

THALES: Stichworte: Lebensbratenstück, *moira*, *nomos*, eintränken und heimzahlen.

ANAXIMANDER: Danke! Ich wollte sagen: Die Seins- und Lebensgier des einen untergräbt fatalerweise die Seins- und Lebensbasis des anderen. Abhilfe schafft nur das zügelnde Gesetz. Es zwingt den einen zurückzutreten, damit der andere vortreten könne. Wer sich ein größeres Stück als seine *moira* vom Lebensbraten abschneidet, dem nimmt der *nomos* das Tranchiermesser aus der Hand und legt ihm auf, dem Geschädigten ausgleichende Buße zu zahlen. Mein faszinierender Gedanke ist nun, daß diese Verfassung der Menschenwelt auch die Verfassung der Dingwelt ist. Auch die Dinge bestreiten anderen Dingen ihre Existenz, Warmes kämpft mit Kaltem, Feuchtes mit Trockenem, Helles mit Dunklem und so weiter ohne Ende. »Alles Leben ist Raub«, sagt sehr treffend ein deutscher Dichter namens Hebbel. Raub aber ist Schuld. Schuld muß gesühnt werden. Schuld wird gesühnt, indem die Raub- und Raffdinge strafeshalber dorthin zurückgeschickt werden, woher sie gekommen sind: in das *apeiron*. Ihr Ende ermöglicht anderen Dingen einen Anfang (denen es dann freilich auch nicht besser ergehen wird). Das Urteil fällt der königlichste aller Richter: *chronos*, die Zeit. Die Zeit ist weit mehr als ein rappeldürres eindimensionales Kontinuum mit keinem anderen Gedanken im Kopf, als träge dahinzufließen –: Sie ist Kraft und Macht. Im fernen Germanien redet man sogar vom »Schoß der Zeit«, der alles hervorbringe. *Chronos* verurteilt zur auflösenden und ausgleichenden Rückkehr in das *apeiron*, das somit in höchst origineller Weise Mutterschoß und Strafvollzugsanstalt in einem ist. Das, meine ich, ist eine leicht faßliche Explikation meines Weltgesetzes.[12]

THALES, *beiseite*: »Du lieber Gott! was so ein Mann nicht alles, alles denken kann!« *Laut*: Vortrefflichster, du scheinst mir weniger von einem Welt*gesetz* als von einem Welt*gefühl* zu reden. *Er blickt nachdenklich auf das Meer, wo die untergehende Sonne einen flimmernden Streifen auf das Wasser malt.* Und doch will ich dich nicht tadeln. Bei Licht besehen, ist auch meine Wasser-*arche* nicht so sehr Physik als vielmehr das Welt- und Rauschgefühl, alles komme aus *Einem* und deshalb sei alles *Eins*. Ist das nicht auch ein Mythos? Aber wie soll denn ohne mythisches Traum- und Lügendenken einer noch gar nicht vorhandenen Wissenschaft die Richtung gewiesen werden? Ist nicht das Trägheitsgesetz noch lügen-träumerischer als meine Wasser-*arche*? Wer hat denn je einen Körper in ewiger Ruhe oder in ewiger geradliniger Bewegung mit konstanter Geschwindigkeit gesehen? Bestimmt nicht Galilei! Und doch beruht seit ihm die ganze Mechanik auf diesem Trägheitsmythos, den selbst Odysseus nicht leicht hätte erfinden können. Anaximander, nicht nur die Dichter lügen vieles! Aber wie hätte ich ohne den Wassermythos auf den Gedanken kommen können, Sonnenfinsternisse und Nilschwellen auf *natürliche* Weise zu erklären?

ANAXIMANDER, *rasch einfallend aus Sorge, Thales werde eine ebenso lange Rede halten wie er selbst*: Thales, es schmerzt mich, dir sagen zu müssen, daß es mit deinen Theorien über Sonnenfinsternisse und Nilschwellen nicht weit her ist. *Das Gespräch wird verständlicherweise lauter und lebhafter. Wir verlassen die beiden Philosophen, da ein Ende der Diskussion nicht abzusehen ist.*

Anaximander hat ein Nachleben gehabt, das lange Zeit kaum eines war. Platon erwähnt ihn überhaupt nicht. Aristoteles berichtet im Anfang seiner *Metaphysik* ausführlich über die *arche*-Theorien der alten Philosophen – Anaximander aber kommt dabei nicht vor. Auch in seiner *Physik* geht er nur beiläufig auf den großen Milesier ein, hauptsächlich bei Gelegenheit einer allgemeinen Untersuchung des Unendlichkeitsbegriffes.[13] Im 5. Gesang der *Hölle* zählt Dante zahlreiche antike Philosophen auf – aber in dieser langen Liste fehlt ausgerechnet Anaximander. Es scheint, als sei unser Philosoph erst von Nietzsche entdeckt worden. Der poetische Nietzsche war fasziniert von Anaximanders »Weltgesetz«, freilich von einem falsch überlieferten. Da er nämlich in seinem verderbten Text las, daß die Dinge »Buße zahlen« (statt »*einander* Buße zahlen«), konnte er, mit seinem geliebten Schopenhauer auf dem Schreibtisch, dem Weltgesetz einen poetisch-metaphysischen Tiefsinn geben, über den selbst der tiefsinnige Anaximander gelächelt hätte: Die *individuelle* Existenz sei – als »frecher Abfall von der Ur-Einheit der Dinge« – bereits Schuld; diese mysteriöse Schuld werde hart gebüßt: durch den Tod. (»Wir büßen unsere Geburt erstlich durch das Leben und zweitens durch das

Sterben ab«, zitiert Nietzsche hilfsweise seinen Schopenhauer, der übrigens den Anaximander nie erwähnt.) Kein Wunder, daß der Sachse den Milesier schließlich in eine »metaphysische Burg« sich flüchten läßt, »aus der hinausgelehnt er jetzt den Blick weit umherrollen läßt, um endlich, nach nachdenklichem Schweigen, an alle Wesen die Frage zu richten: ›Was ist euer Dasein wert?... Durch eure Schuld, merke ich, weilt ihr in dieser Existenz.‹«[14] Gut möglich, daß Anaximander so gedacht hätte, wenn er in früher Jugend nach Indien ausgewandert wäre. Er blieb aber in Milet, und statt in einer metaphysischen Burg die Augen zu rollen, baute er in seiner Werkstatt einen Himmelsglobus und eine Sonnenuhr, die neben der Tageszeit auch noch die Tagundnachtgleichen und die Sonnenwenden anzeigte; daneben entwarf er aufgrund der Nachrichten, die in Milet zusammenströmten, die erste Weltkarte. Wie Thales war auch Anaximander ein ionisches *Welt*kind.

Und zwar ein kühnes! Ein unglaublich kühnes! Dabei denke ich nicht an sein »Weltgesetz«, das die Alten offenbar nicht sonderlich beeindruckt hat; jedenfalls tritt es uns erst bei dem späten Kommentator Simplikios (um 500 n. Chr.) entgegen, und der bringt es in eher kritischer Absicht (die Diktion sei »etwas poetisch«[15]). Ich denke an seine Kosmologie und an seine Biologie.

Fangen wir mit dem kühnsten seiner Gedanken an. Seit unvordenklichen Zeiten wird allerorten die Frage gestellt, wer oder was die Erde trägt. Die Inder wußten Bescheid: Die Erde ruht auf einer Schildkröte, die Schildkröte auf einem Elefanten und der Elefant auf einem Lotos; weiter zu gehen schien nicht tunlich. Thales sah die Erde auf dem Wasser schwimmen – und dann schloß er die Augen. Angesichts des Geburtsfehlers jeder Tragetheorie (daß nämlich der Träger wieder einen Träger braucht, dieser wieder einen und so *ad infinitum*) packte Anaximander die Sache so unvorstellbar anders an, daß schon sein »Nachfolger« Anaximenes eilends von ihm abrückte: *Er ließ die Erde frei im Raume schweben, genau in der Mitte der Welt.* In dieser symmetrischen Mittellage hat sie keinen Grund, »sich eher nach oben als nach unten oder auf die Seiten hin« zu bewegen[16] – sie verharrt also ruhig an ihrem Ort. Zum ersten Mal sehen wir hier das *Symmetrieprinzip* am Werk, ein Prinzip, das sich in unseren Tagen als eines der fruchtbarsten der Physik erwiesen hat (*Symmetrie – Bauplan der Natur* heißt der Titel eines 1987 erschienenen Buches des Physikers Henning Genz; »Im Anfang war die Symmetrie«, hat Heisenberg einmal gesagt). Man möchte wissen, woher Anaximander überhaupt den Mut hat nehmen können, gegen jede sinnliche Erfahrung von Schwere und Fallen ein unsinnliches Prinzip zur Stütze der Erde zu machen.

Aber damit nicht genug: Mit geometrischen und arithmetischen Symmetrien geht es weiter. Die Erde ist eine rotationssymmetrische Säulentrommel, deren Durchmesser dreimal so groß ist wie ihre Höhe. Um sie als Mittelpunkt drehen sich drei kreisrunde Räder (ohne Speichen), deren Felgen mit Feuer gefüllt sind: zuerst das Fixsternrad, weiter weg das Mondrad und ganz ferne das Sonnenrad. In den Felgen befinden sich Löcher, und die aus ihnen hervorbrechenden Feuer sehen wir als Gestirne. Über die Maße der Räder macht Anaximander ganz merkwürdige Angaben: Der Durchmesser des Sonnenrades ist das 27fache, der des Mondrades das 18fache des Erddurchmessers; es wird uns nicht ausdrücklich gesagt, aber wir dürfen mit Sicherheit annehmen, daß der Durchmesser des Fixsternrades das 9fache des Erddurchmessers ist.[17] In dieser Kosmologie ist die Drei die regierende Zahl: 3:1 ist das Verhältnis von Durchmesser zu Höhe der Erdsäule, drei Räder drehen sich um die Erde, und deren Durchmesser sind der Reihe nach, in Erddurchmessern gemessen, $1 \cdot 3 \cdot 3$, $2 \cdot 3 \cdot 3$ und $3 \cdot 3 \cdot 3$. Man ahnt den Einfluß babylonischer Zahlenmystik auf diese erste mathematische Konstruktion des Weltgebäudes; das Gedicht des Franzosen Du Bartes aus dem 16. Jahrhundert, in dem die Drei »des Himmels liebste Zahl« genannt wird, dieses Gedicht kann Anaximander ja nicht gekannt haben. Die Sache selbst aber ist uralt und war ihm gewiß nicht fremd. Es wird immer eigenartig berühren, daß die erste mathematische Strukturierung der Welt (und damit die Verwandlung eines Materiehaufens in einen *Kosmos*) aus den trüben Quellen der Zahlenmystik fließt. Die Astronomie hat Eltern, die sie in der guten Gesellschaft gerne verschweigt.

Aber man ahnt nicht nur die babylonische Zahlenmystik in Anaximanders Weltkonstruktion, man ahnt auch den Thaletischen *esprit de géométrie*. Anaximander hat zwar selbst keine geometrische Forschung getrieben, stand aber der Sache nicht fern: Er soll eine zusammenfassende Darstellung der Geometrie geschrieben haben.[13] Thales blieb allerdings mit seiner Geometrie auf der Erde, bei Pyramiden und Schiffen, Anaximander aber nahm sie kühn in den Weltraum mit, zu Sonne, Mond und Sternen. Diesem Milesier eignete immer ein Zug ins Große.

Es war ja auch nicht klein gedacht, das *Unendliche* als Urstoff der Welt zu nehmen. Es war nicht klein gedacht, die Welt aus dem Kampf der Gegensätze entstehen zu lassen, die aus diesem Unendlichen hervortreten. Und gewiß war es nicht klein gedacht, nicht weniger als *unzählig* viele Welten anzunehmen und zu glauben, daß sie ohne Ende entstünden und vergingen, indem in ewiger Bewegung aus sterbenden Welten neue geboren würden.[19] So groß sollte noch einmal Demokrit und dann erst wieder Giordano Bruno gegen Ende des 16. Jahrhunderts zu denken wagen. Aber selbst Bruno wäre wohl nicht kühn genug gewesen, um sagen zu können, was Anaximander sagte: daß auch die *Götter* entstehen und vergehen.[20]

Mit dem bedauerlichsten Erfolg hat Aristoteles das grandiose Unendlichkeitsdenken des Anaximander in Acht und Bann getan. Thomas von Aquin, der im 13. Jahrhundert aus dem heidnischen Aristoteles eine Art Kirchenvater gemacht hat, hat leider auch dessen Zug ins klein-Kleine übernommen und schrebergärtnerhaft gepflegt. (»Es ist unmöglich, daß eine Vielheit aktual unendlich ist.«) Erst im 19. Jahrhundert ist dem Unendlichen wieder Lebensrecht und Lebensraum gegeben worden. Die Wende brachte ein deutscher Mathematiker, Georg Cantor, der genügend Mut und Phantasie besaß, um *unendlich große Zahlen* zu schaffen und mit ihnen kühn über das Endliche hinaus zu zählen. Die wissenschaftliche, philosophische und theologische Welt hat es freilich diesem zweiten Anaximander in Halle schwerer gemacht als dem ersten in Milet, der einzigen Stadt in der ganzen Geschichte des Menschengeistes, wo man *alles* denken durfte. Über ihr leuchtete, wie über keiner anderen, die helle Sonne Homers.

War die Kosmologie wirklich Anaximanders kühnster Gedanke? War seine Evolutionstheorie denn nicht noch kühner? Diese Theorie gab der Natur eine *Geschichte*, sie machte aus dem scheinbar Statischen einen dramatischen Prozeß. Nach ihr war die Erde im Anfang ganz vom »Feuchten« (Wasser) bedeckt. Ein Teil des Wassers verdunstete in der Sonnenhitze, und so entstanden die Winde und die Bewegungen der Sonne und des Mondes. In den Meeren ist noch Wasser vorhanden, aber auch dieses wird schließlich verschwinden.[21] Alles Lebendige stammt aus dem Feuchten. (An dieser Stelle wird Thales beifällig genickt haben.) Das eigentlich Revolutionäre aber kommt erst jetzt: Die verschiedenen Arten der Lebewesen sind nämlich nicht fix und fertig aus dem Feuchten hervorgetreten, sie haben sich vielmehr aus einem Ur-Wasserwesen mit »stacheliger Rinde« Schritt um Schritt *entwickelt*.[22] Auch der Mensch steht in dieser Evolutionsreihe: Aus dem Fisch ist er entstanden und ähnelte im Anfang einem Fisch.[23] Dieser enorme Gedanke ist kein bloßes Aperçu, er ist das Resultat einer kühlen Überlegung: Im Unterschied zu anderen Lebewesen kann der menschliche Säugling sich nämlich zunächst nicht selbst erhalten; »daher würde der Mensch auch, wenn er von Anfang an so gewesen wäre [wie er jetzt ist], niemals am Leben geblieben sein.«[24] Das Menschengeschlecht kann nicht mit einem pflegebedürftigen Wickelkind angefangen haben.

Auf Einzelheiten brauchen wir uns nicht einzulassen. In einem weichenstellenden Stadium des Denkens kommt es auf Partikulares nicht an; was zählt, ist allein der kühne Gedanke der Entwicklung selbst. Hinter dem »kleinen Werden« in der Natur, hinter Geburt, Wachstum und Tod der Einzelwesen, sieht Anaximander das »große Werden« der Gesamtnatur. Erst im 19. Jahrhundert sollte diese Vision in ihre vollen Rechte eintreten.

Aber nicht ohne heftigen Widerstand. Es gibt ein Land, das weit, weit von Ionien entfernt ist; es heißt Tennessee und liegt im *Bible Belt* der USA. 1925 fand in Dayton, einem Dorf im östlichen Tennessee, der denkwürdige »Affenprozeß« statt. Angeklagt war der vierundzwanzigjährige Biologielehrer John T. Scopes, weil er seinen Schülern die Evolutionslehre Darwins vorgetragen hatte. Scopes erhielt eine Strafe von 100 Dollar (was in perverser Weise *für* die Richter von Dayton spricht). Der Hauptvertreter der Anklage, William Jennings Bryan (dreimal Präsidentschaftskandidat der Demokraten), erlag fünf Tage nach dem Ende des Prozesses einem Schlaganfall (was auf die Rachsucht der Natur schließen läßt). Der eifernde Bryan war nicht nur gegen die Abstammung des Menschen vom Affen, so peinlich auch eine solche Ahnenschaft gerade die Hinterwäldler von Tennessee berühren mochte. Er war gegen den Gedanken der Entwicklung selbst, denn die Biologie des Alten Testaments lehrte, daß Gott alle Lebewesen endgültig in feststehenden Formen geschaffen hatte, »ein jegliches nach seiner Art«.[25] Der Entwicklungsgedanke durfte also als absurd angesehen werden. Anaximander hätte angesichts des Bryanschen Fundamentalismus vielleicht etwas von einem »Rückfall hinter Homer« gemurmelt.

Seines »Weltgesetzes« wegen hat man Anaximander in neuerer Zeit zum mystischen Metaphysiker hochstilisiert.

Aber es war keine mystische Metaphysik, sondern ein nüchterner Blick auf hilflose Säuglinge, der ihm den umstürzenden Gedanken an eine Evolution des Menschen eingab; es war auch keine mystische Vision, sondern die Entdeckung von Meeresmuscheln auf trockenen Bergen, die ihn auf ein früheres Vorherrschen des Wassers und auf dessen langsamen Rückzug in die noch vorhandenen Meere hat schließen lassen.[26] Mystisch war allenfalls das mathematische Element in seiner Weltkonstruktion. Anaximander hat neben seiner geistigen Großräumigkeit die kostbare Gabe gehabt, seine Gedanken schon mittels kleiner Dinge in Bewegung setzen zu können. Vielleicht hat er sogar wie Sherlock Holmes gesagt: »Die kleinen Dinge sind die wichtigsten. Ein altes Axiom von mir.«[27] Man hat die milesischen »Physiker« oft dafür gerühmt und oft dafür getadelt, daß sie aus kleinen Daten weitreichende Folgerungen gezogen haben, und hat geglaubt, in diesem Punkt einen tiefgreifenden Unterschied zwischen ihnen und den methodischen Wissenschaftlern unserer Tage feststellen zu können. Die *großen* Naturforscher der Moderne aber haben ihre wissenschaftlichen Revolutionen alle mit kleinen Daten und großer Spekulationskraft zustande gebracht; sie stammten alle aus Milet. Newton nahm den fallenden Apfel ernst und kam zur »universellen Gravitation«; Lavoisier nahm das Herdfeuer ernst und revolutionierte die Chemie; Darwin nahm die Vögel der Galapagosinseln ernst und schuf die Deszendenztheorie. Einstein hat einmal gemeint, der Physiker könne seine Theorien nicht ohne Spekulation entwickeln. Den Milesiern hätte dieses Diktum nicht wenig gefallen. Gewiß wollte Einstein nicht dem bloßen Phantasieren das Wort reden. Es gibt eine Grenze der Spekulation, die man bei Strafe der Lächerlichkeit nicht überschreiten darf – die aber beispielsweise Hegel mit dem atemberaubend leeren Satz denn doch überschritten hat: »Das Quadrat ist das Gesetz der Natur, das Dreieck das des Geistes.«[28] Die milesischen »Physiker« hingegen waren erfüllt vom wissenschaftlichen Denken in seiner besten Form: Gleichweit entfernt von Pedanterie und Phantasterei, waren sie *spekulative Empiriker*. Sie beobachteten *und* dachten über ihre Beobachtungen nach. Die Neuzeit beginnt mit ihnen – nur daß die neue Zeit zunächst einmal zweitausend Jahre lang unterirdisch verläuft (wie es Erdbeben eben zu tun pflegen).

Das großdimensionierte Unendlichkeitsdenken, die freischwebende Erde, die Macht der Symmetrie, die mathematische Struktur des Kosmos, die Natur als Prozeß (und der Mensch ein Prozeßstadium) – diese gewaltigen Gedankenmassen Anaximanders hat erst die »Neuzeit« (im Sinne des Historikers) auf- und annehmen können, manches davon sogar erst die »neueste Zeit«. Daß es im Universum brodelt, daß in ungeheuren Dramen Welten entstehen und vergehen – das freilich wissen selbst wir Heutigen nur in einer oberflächlichen Weise, ohne es uns einverseelt zu haben. Wen kümmert es schon, daß die Sonne in fünf Milliarden Jahren ausgebrannt und die *grandeur et misère* des Menschen dann kaum eine Episode gewesen sein wird?

Man würde aber Anaximander gründlich verkennen, wenn man über seinen »großen Theorien« sein Interesse an den konkreten Phänomenen der Natur vergäße, sein Interesse an Wind und Regen, Donner und Blitz, Sonnen- und Mondfinsternissen, Nilschwelle und Salzgehalt des Meerwassers; den Spartanern soll er mit Erfolg ein Erdbeben vorausgesagt haben. (Die Geologen in San Francisco werden das nicht glauben wollen.) Es kommt wenig darauf an, daß seine physikalischen Erklärungen zum größten Teil so falsch waren wie etwa Descartes' Ablehnung des Vakuums (ein solches, meinte er, gäbe es nur im Kopf des Vakuumverfechters Pascal). Worauf es ankommt, ist, daß die Natur als autonomes Gebilde gesehen wird und *aus ihren eigenen Daten heraus* verstanden werden soll (wohingegen etwa die russischen Bauern noch im 19. Jahrhundert glaubten, der Donner sei der Lärm des Wagens, in dem der Prophet Elias über den Himmel fährt[29]). Bei Anaximander kann man sich eine Szene vorstellen, die sich bei Descartes tatsächlich abgespielt hat: Als ein durchreisender Besucher den berühmten

Mann darum bat, seine Bibliothek besichtigen zu dürfen, wies Descartes stumm auf ein Kalbsviertel hin, das er gerade sezierte.

Anaximenes, der dritte der milesischen »Physiker«, lebte etwa von 585 bis 525 v. Chr. und galt als »Schüler« des Anaximander. Wieder muß man das »Schülertum« als ein sehr freies sehen. Anaximenes dachte nicht daran, seinen Meister stilistisch nachzuäffen und sich »poetisch« auszudrükken; er schrieb vielmehr ein »einfaches und ungekünsteltes Ionisch«.[30] Er dachte auch nicht daran, Anaximanders unsinnliches *apeiron* weiterhin als *arche* zu kultivieren – er griff wieder auf einen sinnlich gegebenen Stoff zurück: auf die Luft. Er ließ die Erde, bei ihm eine flache Scheibe, nicht mehr frei im Raume schweben, sondern bettete sie auf Luft, ähnlich, wie Thales sie auf dem Wasser hatte schwimmen lassen. Die Sonne konnte also nicht mehr, wie sie es bei Anaximander vermocht hatte, frei unter der Erde durchgehen; Anaximenes ließ sie des Nachts den Weg von Westen zurück nach Osten längs des Randes der Erdscheibe machen; es traf sich gut, daß die Berge im Norden hoch genug waren, um sie auf ihrem Schleichweg den Augen zu entziehen. Man sieht: Der »Schüler« machte alles anders als der »Lehrer«.

Das war freilich nicht immer zum Besten der Sache. Die Kosmologie des Anaximenes z. B. ist ein schlimmer – und doch verständlicher – Abfall von Anaximanders unglaublich gewagter Konstruktion. Anders ist die Einführung der Luft als *arche* zu bewerten. Der Urstoff sollte ja immer etwas Einheitliches, etwas Homogenes sein (man wollte die Welt aus dem *Einen* erklären) – aber wie aus dem Einen denn nun das Viele und Verschiedenartige entstehen könnte, das war nicht leicht zu begreifen. Anaximander hatte aus dem *apeiron* die »Gegensätze« heraustreten lassen, aber dem Anaximenes wird dies als ein Taschenspielertrick erschienen sein. Das Homogene, so mag er gesagt haben, kann sich nicht *qualitativ* verändern, sondern nur *quantitativ*, soll heißen: Kraft einer Bewegung (über deren Herkunft man gerne Näheres erfahren möchte) kann es geschehen, daß der Urstoff sich an dem einen Ort *verdichtet*, an dem anderen *verdünnt* und daß auf diese Weise die verschiedenen Dinge der Sinnenwelt entstehen –: *Sie sind der immer gleiche Urstoff in verschiedenen Dichtegraden*. Es war eine geniale Idee, *qualitative* Unterschiede auf *quantitative* zurückzuführen; es war überdies, nach Anaximanders mathematischer Kosmologie, ein weiterer Schritt auf dem Weg einer Mathematisierung der »Physik«, ein Weg, der zur mathematischen Naturwissenschaft unserer Tage und damit zu einer der großen und gefährlichen Kraftquellen der gegenwärtigen Welt führen sollte. Um aber zur Luft zurückzukehren –: Sie schien dem Anaximenes aus *empirischen* Gründen besonders gut geeignet, die Rolle des Urstoffs zu spielen. Kommt aus der Luft nicht der Blitz, also das Feuer? (Dies durch Verdünnung, denn Feuer ist der dünnste Stoff.) Wird die Luft nicht durch Verdichtung der Reihe nach zu Wind, zu Wolken, zu Regen (also zu Wasser) und schließlich durch immer weitergetriebene Verdichtung zu Erde und zu Stein? Ist das Luftmeer nicht unendlich? (Womit man dem Anaximander ein wenig entgegenkommen konnte.) Ist die Luft nicht in jener ständigen Bewegung, ohne die Veränderung gar nicht möglich ist? Und schließlich: Hält den Menschen nicht der *Atem* am Leben, jener Lufthauch, den man auch *psyche*, »Seele«, nannte? In diesem Zusammenhang ist uns ein Satz des Anaximenes überliefert, der fast so grandios ist wie Anaximanders Weltgesetz: »Wie unsere *psyche*, die Luft ist, uns beherrschend zusammenhält, so umfaßt auch den ganzen Kosmos Hauch und Luft [*pneuma* und *aer*].«[31] Hier klingt zum ersten Mal an, daß der Mensch ein »Mikrokosmos« sei, ein »kleiner Kosmos«, der so gebaut ist wie der »große Kosmos«, der »Makrokosmos« – so daß denn auch ein Studium des Menschen zugleich ein Studium der Welt ist. Der Mensch als Mikrokosmos, die Welt als Makroanthropos –: Das ist ein Thema, das noch den Arzt Paracelsus, den Mystiker Böhme und den Dichter Novalis zutiefst anrühren wird (»Die Idee vom Mikrokosmos ist die höchste für den Menschen«, sagt Novalis). Von Anaximenes gehen Gedankenstränge aus, die in der einen Richtung zur mathematischen Physik, in der anderen zur introspektiven Mystik führen.

Über der »großen Theorie« des Anaximenes darf man, wie bei Anaximander, nicht seine Hinwendung zu den konkreten Phänomenen der Natur vergessen. Da geht es ihm um Hagel und Schnee, um das Elmsfeuer und den Regenbogen, um die Erdbeben und das Aufleuchten des Meerwassers, wenn die Ruder es zerteilen. Diese Interessenrichtung ist im Grunde viel zukunftsträchtiger als seine »tiefe« *arche*-Theorie. (Peter Glotz hat einmal vorgeschlagen, in den nächsten hundert Jahren das Wort »tief« nur noch bei Brunnenbohrungen zu verwenden.) Zweieinhalb Jahrtausende Wissenschaft haben gelehrt, daß allein die Untersuchung *konkreter Einzelphänomene* uns langsam, sehr langsam (aber sicher, sehr sicher) in das Innere der Natur führt – immer vorausgesetzt, daß hin und wieder ein genialer Kopf daherkommt, der die Einzelresultate zur Synthese bringt. Gerade die exakten Wissenschaften sind janusköpfig: Sie brauchen die kleine Tatsache *und* den großen Traum. Wer nur in Tatsachen herumstochert, kommt zu gar nichts, wer nur träumt, kommt zu noch viel weniger.

Viele Naturtatsachen haben wir erst an der menschengemachten Technik erkannt. Wer ein Fahrrad aufpumpt, merkt sofort, daß Luft sich beim Verdichten erhitzt. Anaximenes hatte kein Fahrrad und meinte, die Luft kühle sich beim Verdichten ab. Eine Fahrradpumpe hätte das Denken des Philosophen in eine ganz andere Richtung gelenkt.

In der »liebesseligen Seestadt« gab es keine Autoritäten in Sachen Wissenschaft. Jeder der drei Milesier präsentierte selbstbewußt seine höchsteigene *arche*. Anaximander ließ sich in diesem Punkt nicht beeindrucken von Thales, Anaximenes weder von Thales noch von Anaximander. Und nun bedenke man, wieviel Zeit und Kraft, wieviel Schaffens- und Lebensfreude etwa Galilei im Kampf gegen die lähmende Autorität des einen Aristoteles vergeudet hat. In seinem *Dialog über die beiden hauptsächlichsten Weltsysteme* fragt der Aristoteliker Simplicio bekümmert, wer denn der »Führer in der Wissenschaft« sein solle, wenn man sich von Aristoteles lossage. Woraufhin ihm Salviati Worte sagt, die *direttissime* aus dem milesischen Geist des autoritätsfreien Forschens kommen:

Des Führers bedarf man in unbekannten wilden Ländern; in offener ebener Gegend brauchen nur Blinde einen Schutz. Wer zu diesen gehört, bleibe besser daheim. Wer aber Augen hat, körperliche und geistige, der nehme diese zum Führer.[32]

Vielleicht geht dieser Geist eigenen Sehens und eigenen Denkens sogar noch hinter die Milesier auf Homer zurück. Bei Homer heißt »wissen« nämlich *eidenai*, und dieses Wort bedeutet eigentlich »gesehen haben«; es bedeutet: »Wer viel und oft gesehen hat, besitzt intensive Kenntnis« (Bruno Snell[33]). Die Grundstimmung des ionischen Geistes fordert, die eignen Augen und den eignen Kopf zu gebrauchen. Sie ist in Europa immer wieder verschüttet und immer wieder ausgegraben worden.

In Milet gab es hin und wieder einen Rückschritt hinter schon errungene Einsichten (wie auch heute noch bei uns). Thales hatte die Sonnenfinsternisse richtig erklärt, Anaximander ließ sie in eher phantastischer Weise dadurch entstehen, daß die lichtspendende Öffnung in dem feuergefüllten Sonnenrad irgendwie »verstopft« wird.[34] Thales hatte richtig erkannt, daß der Mond sein Licht von der Sonne erhält, Anaximander ließ ihn mit einem eigenen Licht (dem Feuer in dem Mondrad) leuchten. Anaximander hatte die Erde frei im Raume schweben und die Sonne unter ihr durchgehen lassen, Anaximenes bettete die Erde auf ein Luftkissen und mußte deshalb der Sonne eine gekünstelte Bahn aufzwingen. Von Anfang an bewegte sich der wissenschaftliche Fortschritt auf einem Zickzackkurs. Im übrigen zeigen diese

Dinge aufs neue, wie wenig einer der milesischen »Physiker« über den anderen kraft seiner »Autorität« vermochte.

Gemeinsam aber ist den drei »Physikern« das eine Entscheidende, womit die Wissenschaft erst möglich wird: daß in ihren Theorien Götter und Dämonen erstmals ohne Funktion und Arbeit sind. Ihre alles umstürzende, aber unausgesprochene Fundamentalthese besagt gerade, *daß die Natur aus sich selbst heraus besteht und aus sich selbst heraus verstanden werden kann*. Es ist dies der endgültige Bruch mit uralten Animismen und, wie wir heute wissen und erst heute wissen können, der tiefste Einschnitt in der Geschichte der Menschheit – tiefer und wirkungsmächtiger (im Guten und Bösen) als der gleichzeitige Umbruch des Buddha in Indien, des Zarathustra in Persien und des Jeremias in Israel. Unter ihnen allen haben allein die Milesier einen neuen Weg gesucht und gefunden: den Weg der *Welt*erkenntnis anstelle der *Gottes*erkenntnis.

Der milesische Bruch war nicht nach jedermanns Geschmack. Schon der rundum fromme Dichter Pindar (geb. etwa zehn Jahre nach dem Tode des Anaximenes im hartnäckig hinterwäldlerischen Böotien) beklagte, daß die Naturphilosophen »unreif der Weisheit Frucht sich pflükken«.[35] Dem Naturphilosophen Hippon (5. Jahrhundert v. Chr.) hing man ohne zu fackeln den Beinamen *atheos* (Atheist) an; er lehrte nämlich, wie Thales, der Urgrund aller Dinge sei das Wasser. Schlimmer erging es, wie schon erwähnt, dem Anaxagoras, der die ionische »Physik« nach Athen eingeschleppt hatte: 431 wurde ihm dort der Prozeß wegen Gottlosigkeit gemacht; es glückte ihm aber, der »veilchenumkränzten Stadt« zu entrinnen und eines natürlichen Todes zu sterben. Natürlich hatte auch dieser Prozeß, wie alle Prozesse, eine Rechtsbasis: Das souveräne Volk von Athen hatte nämlich einem Antrag des Orakelfachmanns Diopeithes zugestimmt, »es sei unter Anklage zu stellen, wer nicht an die Götter glaube und sich in wissenschaftlichen

Vorträgen mit den Dingen über der Erde befasse«.[36] Den Geometer und Astronomen Meton ließ Aristophanes 414 in seiner Komödie *Die Vögel* auftreten, nur um ihn von der Bühne peitschen zu können: »Vermiß du jetzt woanders, du Vermeßner!« Womit Meton noch glimpflich davongekommen war. 423 nämlich hatte Aristophanes in den *Wolken* ausgerechnet den Sokrates, der selbst von seiner Xanthippe mehr hielt als von der »Physik«, zu einem Naturphilosophen umgemodelt, der in den Wolken die einzigen Götter sieht (»Das andre ist all Larifari.«). Dem Naturforscher, der keiner ist, wird seine mit Büchern und astronomischen Instrumenten vollgestopfte Klause erbarmungslos über dem Kopf angezündet: »Zehnfach verdienen sie's, die Atheisten.« Um die Mitte des 4. Jahrhunderts gibt Platon die allgemeinathenische Meinung mit den Worten wieder, wer sich der Astronomie und verwandten Wissenschaften widme, werde zum Atheisten, sobald er zur Erkenntnis gelangt sei, daß alles aufgrund von notwendigen Ursachen entstehe.[37] Athen war nicht von dem Ehrgeiz frei, das Dayton Griechenlands zu werden. Noch um 400 n. Chr. tadelt der hl. Augustinus mit seiner feinen Witterung fürs Gott-lose Thales und Anximander ausdrücklich dafür, daß sie in ihrer Physik dem Geist Gottes kein Tätigkeitsfeld gelassen hätten.[38] Erholungshalber möge eine andere Stimme folgen. Um 100 n. Chr. meint Plutarch, dem Verkehr mit Anaxagoras habe es Perikles wahrscheinlich zu verdanken gehabt, daß er sich über den Aberglauben erhob, und fährt mit den denkwürdigen Worten fort:

> Es ist ja das entsetzte Staunen über die Himmelserscheinungen, welches den Aberglauben bei all denen hervorruft, die über die Ursachen dieser Dinge im dunkeln tappen und in ihrer Unwissenheit vor dem Göttlichen zittern und beben. Einzig die Naturwissenschaft kann uns davon frei machen, auf ihrem Boden erwächst an Stelle einer ängstlichen, fiebrigen Dämonenfurcht eine auf heitere Hoffnung gegründete, unbeirrbare Frömmigkeit.[39]

Wir kehren zurück in das freigeistige Milet. Dort wurde um die Mitte des 6. Jahrhunderts v. Chr. Hekataios geboren; er ist also etwa dreißig Jahre jünger als Anaximenes. Hekataios ist kein Physiker, er ist Historiker und Geograph und zählt zu den Begründern dieser beiden Wissenschaften. Sein Damaskus erlebte er im ägyptischen Theben. Als er dort den Tempelpriestern mit Selbstgefühl vorrechnete, seine Familie sei schon sechzehn Generationen alt und ihr Stammvater sei ein veritabler Gott, da zeigten ihm die heiligen Männer leise lächelnd eine lange Reihe von dreihundertfünfundvierzig Kolossalstatuen. Die Standbilder stellten dreihundertfünfundvierzig Generationen von Oberpriestern dar (immer folgte der Sohn auf den Vater) – so sehr aber auch diese Reihe in graueste Vorzeit reiche, sagten sie bescheiden, von einem Götterahn sei immer noch keine Rede.[40] Den Hekataios muß damals das fatale Gefühl beschlichen haben, mit dem Wahrheitsgehalt der griechischen Mythen könne es nicht zum besten bestellt sein. Und da er ein rationalistischer Milesier war, machte er sich an eine rationalistische Mythenkritik. »So spricht Hekataios von Milet: Das Folgende schreibe ich, wie ich es für wahr halte. Denn die Geschichten der Hellenen sind meiner Meinung nach mannigfaltig und lächerlich.« Dieser Anfangssatz seiner *Genealogien*, des ältesten griechischen Geschichtswerkes, ist eine makellose Kristallisation der selbstbewußten, ironisch-skeptischen Geistigkeit Ioniens. Der Selbstdenker stellt sich, wenn es denn sein muß, gegen die ganze Welt, ja noch mehr: Er stellt sich sogar gegen Homer. Die Parallele zu den milesischen »Physikern« – und zu Archilochos – springt in die Augen.

Hekataios räumt mit den »Göttersöhnen« auf (und wird dabei mit Schmerz an die eigene Familientradition gedacht haben). Göttersöhne sind ihm Söhne von Jungfrauen, die ihren menschlichen Fehltritt mittels eines vorgeschobenen göttlichen Beischläfers zu kaschieren versuchten. (So werden später die Juden im Falle der Jungfrau Maria argumentieren.) Er räumt mit den Übertreibungen des Mythos auf.

Nach Hesiod soll Aigyptos fünfzig Söhne gehabt haben, »meiner Meinung nach nicht einmal zwanzig«. Nicht aus dem fernen Spanien habe Herakles die Rinder des Geryones geholt, sondern aus dem griechischen Festland, »auch das keine schlechte Leistung«. Gelegentlich müssen hergeholte Etymologien helfen, einem Mythos einen rationalen Kern abzugewinnen (oder unterzuschieben). Diese Sprachkunststücke sind freilich immer noch unbedenklicher als Heideggers Bemühen, mit Hilfe des Alemannischen ins Innerste des Seins zu dringen.

Gerade der Mythenkritiker Hekataios läßt ahnen, wie schwer es ist, sich von Mythen zu emanzipieren. Denn ihre Substanz läßt er ja bestehen: Er reinigt sie bloß, er entfernt nur das aufdringlich Wunderbare und anstößig Unglaubhafte (»auch das keine schlechte Leistung«). Mythen dringen oft tief ins Unbewußte hinein und üben dort unbemerkt ihre Herrschaft aus. Seit alters gibt es den Mythos vom Kreis als der schönsten Figur. Ihm erlag noch Galilei: Er ließ die Planeten auf *Kreisen* um die Sonne gehen, obwohl er die Keplerschen Ellipsenbahnen kannte. Und Kepler selbst, der Bezwinger dieses Mythos, war so unglücklich über seinen Sieg, daß er glaubte, mit den Ellipsen habe er »eine Fuhre Mist« in die Sphärenharmonie eingefahren. Descartes schrieb die harten Regeln seiner Philosophie des Zweifels und wenige Seiten später einen verstaubten Gottesbeweis nieder. Euler, der größte Mathematiker und Physiker des Aufklärungsjahrhunderts, glaubte fest an den Teufel (und sagte es öffentlich). Es wäre gut zu wissen, welche Mythen denn unser gegenwärtiges Denken beherrschen. Was Hekataios mit seiner Mythenkritik leistete, war nicht wenig, es war zu seiner Zeit sogar unerhört. Wie bei den »Physikern« kommt es auch bei ihm nicht auf »Ergebnisse«, sondern auf die neue Sichtweise an, *Überliefertes an den Maßstäben der Vernunft zu messen*.

Nicht weniger zukunftsträchtig als Hekataios' Mythenkritik war sein Versuch, das wichtigste Instrument des Historikers zu schaffen: ein System der Chronologie. Das seinige war freilich roh genug; es basierte auf der Liste der spartanischen Könige, wobei jedem König mit empirisch gedämpfter Willkür eine Regierungszeit von vierzig Jahren zugemessen wurde. Das Prinzip der durchschnittlichen Regierungszeit hat übrigens mehr als zweitausend Jahre später noch Newton verwendet, um Ordnung in die undatierten Überlieferungsmassen insbesondere der biblischen Geschichte zu bringen; wenn man *nichts* hat, greift man nach *allem*, was man hat. Hekataios fand heraus, der trojanische Krieg habe siebenhundertsechzig Jahre vor seiner Zeit stattgefunden. Er hatte besser gerechnet als bei anderer Gelegenheit der Alttestamentler John Lightfoot, eine Zierde der Universität Cambridge im 17. Jahrhundert, der den Schöpfungsakt auf den 23. Oktober des Jahres 4004 v. Chr. , und zwar um 9 Uhr morgens, datiert hatte. Lightfoot hatte sich nicht mutwillig in eitlen Kalkulationen ergangen. Wie bei Hekataios hatte auch diesmal wieder die Zeitrechnung der ägyptischen Geschichte für Unruhe gesorgt: Der überlieferte Glaube der Christenheit, die Welt sei 3761 v. Chr. geschaffen worden, gewährte der langen Reihe der ägyptischen Könige nicht genügend Raum. Kaum eine andere Wissenschaft ist so gefährlich für herzwärmende Geschichtstraditionen wie die mausgraue Chronologie. Es ist denn auch nicht unpassend, daß sie aus Milet stammt.

Ein anderes Werk des weitgereisten und welthungrigen Hekataios sind seine *Erdbeschreibungen* mit einer verbesserten Ausgabe der Anaximandrischen Weltkarte. Die Karte ist aus demselben *esprit de géométrie* geboren, der schon Anaximanders Kosmos konstruiert hatte. Hekataios teilt die kreisrunde, vom Okeanos umflossene Erdoberfläche in vier Quadranten ein. Die West-Ost-Achse wird im wesentlichen vom Mittelmeer und dem Schwarzen Meer, die Nord-Süd-Achse von der Donau und dem Nil gebildet. Skythien ist ein hübsches Quadrat, Kleinasien und Arabien sind gefällige Trapeze. Nordafrika wird von Norden nach Süden in drei Zonen eingeteilt, die ihrerseits durch eine nord-südliche Trennungslinie säuberlich in je zwei Hälften zerlegt werden. Das Ganze könnte von einem kubistischen Maler stammen. Herodot hat sich etwa ein halbes Jahrhundert später weidlich lustig gemacht über diese rabiate Geometrisierung:

Ich muß lachen, wenn ich so manche Leute Erdkarten zeichnen sehe, die doch die Gestalt der Erde gar nicht richtig zu erklären wissen. Sie zeichnen den Okeanos rund um die Erde herum fließend und so regelmäßig wie einen Kreis. Und Asien machen sie ebenso groß wie Europa.[41]

Die Karte des Hekataios war dennoch nützlich und leistete beim ionischen Aufstand gegen Persien gute Dienste. Ihr geometrischer Schematismus, der dem ionischen Trieb zum geistigen Ordnen der Wirklichkeit entsprang, hat überdies den Weg zu einem besseren geometrischen Ordnungsprinzip gewiesen: dem Netz der Längen- und Breitengrade, das wahrscheinlich schon in der ersten Hälfte des 4. Jahrhunderts v. Chr. von dem Platonschüler Eudoxos von Knidos geschaffen wurde.

Der Stil des Hekataios »ist im allgemeinen von äußerster Trockenheit ... und die Sachlichkeit ist zum Extrem getrieben« (Hermann Fränkel[42]). Dieselbe Trockenheit und Sachlichkeit zeichnen die Ratschläge aus, die Hekataios vor Beginn des ionischen Aufstands gegen Persien den Milesiern gab und die selbst Machiavelli nicht nüchterner hätte geben können. Er setzte seinen Landsleuten die überwältigende Größe der persischen Macht detailliert auseinander und riet vom Aufstand ab. Sein Rat wurde abgelehnt. Daraufhin empfahl er ihnen noch nüchterner, mit den kostbaren Weihgeschenken des Apollontempels zu Didyma eine Flotte zu finanzieren und sich »wenigstens zum Herren des Meeres zu machen; er sähe nicht ab, wie das Unternehmen anders Erfolg haben könnte.« Das Verfahren habe außerdem den Vorteil, daß der Feind die Schätze nicht rauben könne, die sie selbst schon genommen hätten. Soviel Vorurteilslosigkeit konnten selbst die Milesier nicht verdauen, und so wurde auch dieser Rat abgelehnt.[43] Milet ging seiner Zerstörung entgegen.

479 v. Chr. wurde es wieder aufgebaut, und zwar in jenem geometrischen Geist, der den Ioniern so sehr lag: Die Straßen schnitten sich rechtwinklig, die Häuserviertel waren gleich groß. Diese Bauweise wurde dann von dem milesischen Architekten Hippodamos in alle Welt getragen. In der »hippodamischen Art« hat er im Auftrag des aufgeklärten Perikles den Piräus und die Musterstadt Thurioi am Golf von Tarent geplant. Wer zu den Ruinen von Priene hinaufsteigt, kann noch heute einen Eindruck von dieser rechtwinkligen Bauweise empfangen. Hippodamos selbst war jedoch keineswegs rechtwinklig, sondern eher »schräg«. Aristoteles sieht in ihm einen Bohemien: Er sei in seinem Leben »sehr auffällig« gewesen, habe extravagant gelebt »mit der Masse der Haare und kostbarem Schmuck« und habe die Marotte gehabt, sein warmes Winterkleid auch in der heißen Jahreszeit zu tragen und als Naturphilosoph gelten zu wollen.[44]

Hippodamos scheint auch Städte im Stil Karlsruhes gebaut zu haben, mit Straßen, die strahlenförmig auf einen Mittelpunkt zuliefen. In unseren Tagen hat man die mathematisch inspirierten Entwürfe des milesischen Architekten gelegentlich »langweilig« oder »doktrinär schematisch« genannt. Man kann aber auch anders über Geometrie im Städtebau denken, und es trifft sich gut, daß nicht nur Perikles, sondern auch ein so blutvoller Dichter wie Heinrich von Kleist anders über sie gedacht hat. Am 18. Dezember 1810 schreibt er an seine Schwester Ulrike:

> Ich bin diesmal auch in Karlsruhe gewesen, und es ist schade, daß Du diese Stadt, die wie ein Stern gebaut ist, nicht gesehen hast. Sie ist klar und lichtvoll wie eine Regel, und wenn man hineintritt, so ist es, als ob ein geordneter Verstand uns anspräche.

Man kann diesen Brief auch als einen Text über die Geistigkeit der großen Milesier lesen.

Honig + Mathematik = Erlösung:

PYTHAGORAS VON SAMOS

> Zehn mal zehn ist hundert;
> Folgen unabsehbar.
>
> Mr. Antrobus in THORNTON WILDERS Stück
> *Wir sind noch einmal davongekommen*

»Im rechtwinkligen Dreieck ist die Summe der Kathetenquadrate gleich dem Hypotenusenquadrat« – das ist der »Satz des Pythagoras«, ein ebenso fester Bestandteil des abendländischen Kulturguts wie die Akropolis in Athen und das Maxim in Paris. Als Pythagoras ihn gefunden hatte, soll er den Göttern hundert Ochsen geopfert haben.[1] Seitdem zittern alle Ochsen, sooft eine neue Wahrheit entdeckt wird. (So der bissige Ludwig Börne.)

Von Pythagoras gibt es noch mehr Sätze. Z. B. den schwerverständlichen Satz »Du sollst keine Bohnen essen« und den unverständlichen Satz »Du sollst deine Eltern ehren.«[2]

Was ist das für ein Mann, der über so verschiedene Dinge wie Dreiecke, Bohnen und Eltern so Wichtiges zu sagen wußte?

Für Bertrand Russell ist er einer der bedeutendsten Menschen,[3] für Heraklit »der Anführer der Schwindler«.[4] Urteile können sehr verschieden ausfallen.

Wer Pythagoras war, ist schwer zu sagen. Schon die elementarsten standesamtlichen Daten sind skandalös unsicher. Wann wurde er geboren? Um 600 v. Chr. oder um 570 v. Chr.? Wo wurde er geboren? Auf der ionischen Insel Samos oder in der phönizischen Stadt Sidon? Und sein Vater? War es wirklich der samische Goldschmied Mnesarchos oder nicht doch, wie viele meinten, der olympische Gott Apollon? Wir werden es nie genau wissen. Pythagoras selbst scheint die Apollon-Version recht ansprechend gefunden zu haben. Jedenfalls störte er nicht den Glauben seiner Anhänger, er sei ein Sonderwesen zwischen Mensch und Gott. Und als der Apollonpriester Abaris, der ebenso geschickt auf einem Pfeil zu reiten wußte wie Münchhausen auf einer Kanonenkugel (ein Mann also, der sich aufs Höhere verstand), als dieser Abaris in Pythagoras sogar den menschgewordenen Apollon selbst erkannte, da ließ sich unser Held auch diese Meinung gern gefallen und bekräftigte sie noch dadurch, daß er seinen goldenen Schenkel zeigte.[5] Der Mann hatte ein Selbstbewußtsein, das sich heutzutage allenfalls noch bei Gewerkschaftsführern findet.

Der Leser wird ahnen, daß die Pythagorasüberlieferung nicht ganz zuverlässig ist. In der Tat: Dieser Denker ist so sehr von Legenden zugewuchert, daß nur eines über ihn mit Sicherheit gesagt werden kann: Er muß so überwältigend gewesen sein, daß sich Legenden an ihn heften konnten.

Lassen wir denn Pythagoras um 570 v. Chr. (etwa fünfzehn Jahre nach Anaximenes) auf Samos geboren sein. Es hielt ihn nicht lange dort. Den wissensdurstigen Zwanzigjährigen trieb es nach Milet zu Thales und Anaximander. (Dies war kurz vor dem Fall von Sardes.) Thales teilte ihm von den Wissenschaften mit, soviel er vermochte, und verschrieb ihm dann die ägyptischen Priester. Im Land der Pyramiden nutzte der junge Mann jede Bildungsmöglichkeit: »Er lernte eifrig, prüfte alles genau [und] gewann die bewundernde Sympathie der Priester und Propheten... [Er weilte] in den allerheiligsten Gemächern bei Sternkunde und Geometrie und empfing ... die Einweihung in alle Göttermysterien.«[6] Dann soll er sogar bis nach Babylon gelangt sein und bei den Magiern alle Wissenschaften aufs gründlichste erlernt haben. Er muß in der Tat über ein stupendes Wissen verfügt haben; immerhin bestätigt ihm Heraklit, er habe »am meisten von allen Menschen Erkundung getrieben« (spricht dann freilich mit Ekel von der »Vielwisserei und üblen Kunst« des etwas älteren Konkurrenzphilosophen).[7] Noch für Wolfram von Eschenbach ist er »der wîse Pictagoras, der ein astronomierre was«.

Zwanzig Jahre lang sog Pythagoras Weihrauch und Wissenschaft des Orients ein, dann kehrte er nach Samos zurück, um dort seine Weisheit auszuteilen. Er tat es in dem hohen Stil, den er sich bei Priestern und Magiern anstudiert hatte. Seine Predigt zeitigte freilich eine unerwartete Wirkung: Die Samier lachten ihn aus.[8] Dem Pythagoras wird das nicht gefallen haben. Dazu kam, daß inzwischen auf dem Festland die persischen Satrapen und auf Samos der Tyrann Polykrates herrschten, ein ruppiger Pirat und feinsinniger Kunstmäzen. (Wir finden ihn wieder in Schillers Ballade *Der Ring des Polykrates*.) Pythagoras muß geahnt haben, daß die kleine Insel nicht Raum genug für *zwei* Diktatoren bieten würde. So schiffte er sich denn um 530 v. Chr. nach Kroton an der Ostküste Kalabriens ein. Kroton war damals eine der tonangebenden Städte »Großgriechenlands« (also Süditaliens und Siziliens); es wurde nun zum Hauptquartier des Weltveränderers. Heute hat Crotone einen Bischof und eine Düngemittelfabrik.

Während unser verunglücktes Faszinosum auf dem Mittelmeer treibt, haben wir Zeit, die Quellen und Hintergründe seiner Verkündigung näher zu betrachten.

Im 7. Jahrhundert v. Chr. hielt ein neuer Gott von dem barbarischen Thrakien her seinen Einzug in Griechenland, ein Gott des Weins und der Ekstase, ein ungezügelter, unhomerischer, ein ungewaschener Gott. Er hieß Dionysos oder Bakchos (lat. Bacchus). Seine Biographie ist ungewöhnlich: Zeus beschläft die eigene Mutter, zeugt so die Unterweltsgöttin Persephone, vergewaltigt nun die Tochter – und aus diesem inzestuösen Durcheinander entsteht zum guten Ende Dionysos. Zeus überträgt ausgerechnet dieser Sündenfrucht die Herrschaft über die Götter. Die Titanen zerreißen jedoch den Knaben bei lebendigem Leib und verzehren ihn. Athene gelingt es mit Mühe, sein Herz zu retten, Zeus schlingt es herunter –: und aus diesem höheren Kannibalismus wird Dionysos neu geboren und kann nun endlich mit seinem Vater die Welt regieren. Die infernalischen Titanen verbrennt Zeus mit seinem Blitz und erschafft aus ihrer Asche das gegenwärtige Menschengeschlecht (es ist das dritte). Dank dieser Herkunft haben die Menschen ein zwiespältiges Wesen, seltsam gemischt aus dem Teuflischen der Titanen und dem Göttlichen des Dionysos (der ja in die Mägen der Unholde und so denn auch in ihre Asche gelangt war).

Der hingemordete und zu neuem Leben erweckte Gott entzündete eine religiöse Erregung, die an die Veitstänze des Mittelalters erinnert. Frauen taten sich hierbei besonders hervor. Zum blassen Entsetzen ihrer Männer stürmten die »Mänaden« oder »Bakchen« des Nachts mit lodernden Fackeln in die Berge, stampften in rasendem Tanz die Erde, zerrissen lebendige Tiere und verschlangen sie roh – alles zur höheren Ehre des zerrissenen und von Zeus durch Verschlingen renovierten Dionysos. Wer sich ihnen mäßigend in den Weg stellte, lief Gefahr, selbst zerrissen zu werden; die Anhängerinnen des neuen Gottes ließen nicht mit sich spaßen. Die Alterstragödie des aufgeklärten Euripides, *Die Bakchen*, gewährt uns einen Blick in diese Verblendungen *und* in den Widerstand gegen sie. Der Widerstand war am kräftigsten in dem rationalistischen Ionien. Homer reduziert den Dionysos zu einem Kleingott mit eher komischen Zügen; Heraklit spricht nur mit Verachtung von den Tollereien der Bakchen.[9]

Anders lagen die Dinge im griechischen Mutterland, das geistig hinter Ionien zurückgeblieben war und noch an vielen Resten einer überkommenen Religion herumlaborierte. Erschwerend kam hinzu, daß dort auch die heftigen Erschütterungen durch Geld und Handel, durch den Abstieg der Aristokratie und den Aufstieg des Bürgertums, durch innere Kriege und tyrannische Herrschaften tiefere Spuren hinterlassen hatten als im raschlebenden Ionien. Wie immer in Zeiten zermürbender Unsicherheit, griffen Bitterkeit und Lebensangst um sich, schwand das Vertrauen in Mitmensch und Gesellschaft. Um die Mitte des 6. Jahrhunderts v. Chr.

ist dem adligen Dichter Theognis aus Megara bei Athen zumute, als schwanke die Erde unter seinen Füßen. Jeder, klagt er, legt jeden herein; Freundschaft ist ein leerer Wahn; alles kann sich unberechenbar in sein Gegenteil verkehren: Gutes kann aus Schlechtem, Schlechtes aus Gutem kommen; der Arme kann plötzlich reich, der Reiche über Nacht arm werden; der Weise kann irren und der Narr sich mit Ruhm bedecken[10] – die alten Sicherheiten und Verläßlichkeiten sind allesamt zergangen und abgetan, das überkommene Ethos ist zerfasert und zerbrochen. Das griechische Wort *ethos* bedeutet eigentlich »gewöhnlicher Aufenthaltsort«, »Weideplatz« und »Stall« und von daher dann den behausenden Brauch, die haltgebende Sitte –: *ethos* steht für Heimat und Sicherheit. Dieses *ethos* ist nun in Rauch aufgegangen: Der Mensch ist ohne »Stall«.

In Zeiten quälender Unsicherheit erwacht die Religiosität zu neuem Leben; wir erfahren das heute in Jugendsekten, New Age und fundamentalistischen Bewegungen. Die Griechen erfuhren es damals noch stärker. Ein Sturm religiöser Erregung ging über ihr Land, und im Zentrum des Taifuns stand der neue Gott Dionysos. In seinem wilden Schicksal konnten die Hellenen ihre eigene Lebenswirrsal eher wiederfinden als in dem heiteren Dasein der »leicht hinlebenden Götter« Homers. Und nicht zu vergessen: Es war der Wein des Dionysos, der »die Stricke schwer erträglicher Sorgen« löste.[11] (»Wer Sorgen hat, hat auch Likör« ist Wilhelm Buschs Version dieses Pindarworts.)

Aus dem Dionysoskult entstand die »Orphik«. Als ihr Gründer galt der sagenhafte Sänger Orpheus aus Thrakien, dessen Musik so wundersam und zaubermächtig gewesen sein soll, daß sie wilde Tiere zu friedlichen Lämmern machte und Wälder und Berge zu ihm heranlockte. Noch narkotischer aber als der Gesang des Orpheus war die Rede der Orphiker von der Seele und ihren Schicksalen. Es war eine tröstliche *und* schauerliche Rede, eine revolutionäre Rede, die alles umwarf und umwertete, was bei Homer zu finden war, eine »heilige Rede«, deren Kern zu einem Hauptstück der christlichen Botschaft werden sollte. Die Orphiker waren die ersten Theologen des Christentums.

Wie waren die Orphiker an die Seele geraten?

Ekstase (*ekstasis*) ist das »Aus-sich-Heraustreten«. In den dionysischen Ekstasen erlebten die Mänaden, daß etwas machtvoll Selbständiges aus ihnen heraustrat und aus eigener Kraft neben und über ihnen existierte, wohl eine »Seele«, aber eine *neue* Seele, die weitaus substantieller war als Homers »flatterndes Traumbild«. Der Mensch erfuhr sich so als ein *Doppelwesen*, zusammengesetzt aus einem sichtbaren Leib und einer unsichtbaren Seele. Und genau an dieser Stelle kam nun die ungeheure Absage der Orphik an die homerische Diesseitigkeit: Diese ungreifbare Seele, verkündete sie, hat *höheren* Wert als der greifbare Leib, *viel* höheren Wert, denn sie ist jenes Göttliche, das in den Menschen eingegangen ist, als Zeus ihn aus der mit Dionysosresten durchsetzten Asche der Titanen schuf. *Die Seele ist der Gott in uns.* Und deshalb muß sie auch unsterblich sein.

Die Unsterblichkeit traf die Griechen unvorbereitet; bei Homer war ja mit dem Tode alles aus. Noch um die Mitte des 5. Jahrhunderts v. Chr. kann selbst der fromme Herodot nur mit Kopfschütteln von den thrakischen Geten berichten, daß sie »nicht an ihren Tod glauben, sondern meinen, der Tote gehe zu dem Gott Zalmoxis«.[12] Und als einige Dezennien später Sokrates in Platons *Staat* den jungen Glaukon fragt: »Hast du nicht bemerkt, daß unsere Seele unsterblich ist und nie zugrunde geht?«, da fährt der Text antiklimaktisch so fort: »Er sah mich an und sagte ganz verwundert: ›Beim Zeus, ich nicht; aber kannst denn du das behaupten?‹«[13]

Die orphische Verkündigung, die Seele sei göttlich und unsterblich, mochte so manchem Erdenkloß schmeichelhaft und tröstlich vorkommen, hatte aber auch eine unerfreuliche Kehrseite. Denn die Orphiker hatten der Seele ein Schicksal zugedacht, das nicht wenig anstrengend war. Früherer Schuld wegen, hieß es, sei sie in den miserablen Leib verbannt wie in ein Gefängnis oder Grab; in dieser fatalen Lage komme nun alles darauf an, der Weltlust und dem Weltschlamm abzuschwören und durch Reinigung und Askese, insbesondere durch Verzicht auf Fleischnahrung (die Hauptspeise der homerischen Helden), die Rückkehr in die überirdische Heimat zu bewerkstelligen. Wer es jedoch an *katharsis* und *askesis* fehlen lasse, dem werde es das Totengericht eintränken – und zwar gehörig. Im Vorgriff auf Dantes Hölle weiß Pindar von »unabsehbarer Qual« zu berichten, die den Frevler in einem Abgrund ewiger Finsternis erwartet.[14] Aber damit nicht genug: Die noch nicht erlösungsreife Seele wird in einen neuen Elendsleib verbannt und dann vielleicht wieder in einen neuen usw. – bis sie nach endlich geglückter Reinigung den Kreis der Wiedergeburten zerbrechen und sich aufschwingen kann zur Gottheit und zur ewigen Seligkeit.

Man wird fragen, woher die Orphiker so viel über die verzwickten Schicksale der unbeobachtbaren Seele wußten. Die Antwort ist leicht: Orpheus selbst hatte alles Einschlägige erfahren, als er in den Hades gestiegen war, um Eurydike heraufzuholen. Und dieses Unterweltswissen hatte er seinen Anhängern mitgeteilt. Von nun an kannte man sich aus.

Die Orphik war etwas radikal Neues im griechischen Leben: eine weltverneinende Offenbarung aus dem Jenseits, die den ehemals einen Menschen in zwei feindliche Stücke zerriß, in Leib und Seele; eine Religionsindustrie, die Erlösungsbedarf weckte und deckte; eine Verkündigung, die sich dogmatisch auf »heilige Bücher« stützte, geschlossene Gemeinden bildete und eine eifernde Mission betrieb. Heidegger vorausahnend, machte sie einen starken Gebrauch von hergeholten Etymologien, die ihr sehr tiefsinnig vorgekommen sein müssen. Sie war denn auch manchem ein Dorn im Auge. Ihre Bettelpriester, Mysterienkrämer und Bücherhaufen gingen Platon empfindlich auf die Nerven.[15] Die Arroganz ihrer Auserwählten war dem Euripides ein Ärgernis; in seiner Tragödie *Hippolytos* läßt er Theseus den orphisch orientierten Sohn mit folgenden Worten anfahren:

> Du lebst mit Göttern als ein auserwählter Mann?
> Du bist ein Keuscher, unentweiht vom Sündendienst?
> . . . .
> Nun rühme dich denn immer, prunk in stolzem Wort
> Mit Pflanzennahrung, sei verzückt und huldige
> Dem Meister Orpheus und der Bücher grauem Dunst!
> Du bist entlarvt! Ich mahne jedermann, zu fliehn
> Vor Heuchlern, die dir gleichen: denn ihr fanget uns
> Mit frommen Worten, während ihr auf Böses sinnt.[16]

Die Orphik breitete sich vom griechischen Mutterland rasch nach Süditalien und Sizilien aus. Weniger Glück hatte sie mit ihrer unruhigen Erlösungssehnsucht und ihrem ausgeklügelten Erlösungsapparat in Ionien, dem Land skeptischer und unbußfertiger Diesseitsmenschen. Und doch gab es eine Ausnahme, eine gewaltige Ausnahme: Ausgerechnet der geschichtsmächtigste aller Orphiker war ein Ionier – unser Pythagoras von Samos.

Man sollte sich nicht zu sehr darüber verwundern; derartiges kommt vor. Denken wir nur an Blaise Pascal. Pascal war Franzose, also fast ein Ionier, und stand in der glänzendsten Tradition des französischen Rationalismus: Er war ein mathematisches Genie; er erforschte den Luftdruck und das Vakuum so erfolgreich, daß wir heute die Einheit des Drucks »Pascal« nennen; er gehörte und gehört zu den brillantesten französischen Schriftstellern – aber am 23. November 1654 erschien dem Einunddreißigjährigen der Gott Abrahams, Isaaks und Jakobs in einem Feuer, das, wie er mit der Gewissenhaftigkeit des erfahrenen Experimentators protokolliert, »von ungefähr abends zehneinhalb bis ungefähr eine halbe Stunde nach Mitternacht« dauerte. Pascal verbannte sich daraufhin in das Kloster Port-Royal zu einem asketischen Leben und schrieb dort an einem Buch, von dem wir nur Fragmente unter dem Titel *Pensées* haben,

Fragmente, die zu dem Kostbarsten der religiösen Literatur zählen. Pascal zeigt in seiner Person die gewaltige Spannweite des französischen Geistes; in Pythagoras werden wir die nicht geringere des ionischen sehen.

In Redeweise und Gesinnung, heißt es, habe Pythagoras dem Orpheus nachgeeifert; dies offenbar so erfolgreich, daß man später zwischen orphischer und pythagoreischer Lehre kaum noch unterschied.[17] Als nun (wie schon berichtet) die Samier sich bei seiner feierlichen Predigt das Lachen nicht verbeißen konnten, da schien es ihm besser, diese Voltairianer unerlöst zu lassen und sein Glück in orphischen Gefilden zu versuchen. Also schiffte sich der arbeitslose Heiland nach Süditalien ein und landete um 530 v. Chr. in Kroton.

Die Wahl des Ortes war vorzüglich, der Zeitpunkt aufs glücklichste getroffen. Die Krotoniaten waren gerade in einem Krieg aufs Haupt geschlagen worden und hatten im Augenblick nicht übel Lust zur inneren Einkehr. Pythagoras schlug seine Erbauungsbude auf und setzte ihnen als erstes die Elemente des anständigen Lebens auseinander, darunter die Achtung vor den Eltern, die Absage an die Trägheit und das Streben nach Geistesbildung und Gerechtigkeit. Unerschrocken (oder weltfremd) riet er Männern und Frauen zur Keuschheit und gebot ihnen, so zu *sein*, wie sie anderen gerne *erscheinen* möchten.[18]

Das alles würde einem durchschnittlichen Hyde-Park-Redner nur wenig Resonanz verschaffen. Um so bemerkenswerter ist der enorme Erfolg dieser ersten Reden des Pythagoras, wohl nur erklärbar durch den überwältigenden Eindruck seiner Persönlichkeit. »Die Ratsherren«, heißt es, »ließen ein Musenheiligtum errichten und verstießen die landesüblichen Nebenfrauen.«[19] Letzteres ist wenig glaublich, aber was dann geschah, ist noch unglaublicher. Von den Krotoniatinnen wird nämlich berichtet: »Sie kleideten sich fortan einfacher, keine wagte mehr ihre teuren Gewänder anzuziehen, vielmehr hängten alle Frauen von Kroton Zehntausende von Kleidern als Weihegaben im Hera-Heiligtum auf.«[20] Man fühlt sich an den Entsagungstaumel im

Florenz des Bußpredigers Savonarola erinnert, als die Reichen dieser reichen Stadt Bücher, Gemälde, Prunkkleider und kosmetisches Gerät auf Haufen zusammentrugen und verbrannten. Man weiß aber auch, wie es Savonarola anschließend ergangen ist und beginnt, für Pythagoras zu fürchten. Wer Keuschheit und schlichte Garderobe predigt, lebt gefährlich.

Nach diesem glanzvollen Debüt gründete Pythagoras eine Schule, die weniger eine Schule als vielmehr eine religiöse Lebensgemeinschaft war. Alles in ihr war darauf ausgerichtet, »daß man Gott folge«.[21] Das tägliche Leben in diesem Kloster hatte einen eigenen Charme: Man ging viel spazieren; an einsamen Orten »rüstete« man die Seele, gemeinsam übte man sich in den »edlen Studien«. Das Essen war einfach: Brot mit Honig oder einer Wabe. Abends las der Jüngste vor. Beim Aufbruch ermahnte der Älteste zur Ehrfurcht vor Göttern, Eltern und Gesetzen.[22]

Pythagoras kannte die Griechen und wußte, daß sie eine lose Zunge und ein weites Gewissen hatten. Folglich gebot er seinen Mönchen, ausgiebig zu schweigen und sich jeden Abend zu fragen: »Worin habe ich gefehlt, was getan, welcher Pflicht mich entzogen?«[23] Das Pythagoreische Institut ähnelte stark einem Trappistenkloster.

Sein Abt gehörte nicht zu den Stiftern des unappetitlichen Wahns, nur verdreckt und verlaust könne man Gott schicklich verehren. Ausdrücklich gebot er Reinlichkeit; sie zeuge von »Gleichmaß im Denken und von Gerechtigkeit«.[24] Seine Haare waren gepflegt, seine Gewänder makellos weiß. Er muß ein schöner und ehrfurchtgebietender Mann gewesen sein, der die Blicke aller auf sich zog und die Herzen verzauberte. »Sah man ihn an, so wurde man erschüttert und ahnte sein wahres Wesen.«[25] Zum Vorteil seiner Sache sah der Erlöser selbst erlöst aus.

Kein sterblicher Mensch (ausgenommen Greta Garbo und Franz Beckenbauer) ist so verehrt und angebetet worden wie Pythagoras. Die Schüler scheuten sich, seinen Namen auszusprechen; sie nannten ihn einfach den »Göttlichen« oder noch einfacher »jenen Mann«. Es war eine ausgemachte Sache, daß seine Philosophie »anfangs aus Götterhand empfangen wurde«.[26] Die Pythagoreer hatten übrigens ihren Vorteil davon, denn sie galten nun ihrerseits als die »Deuter der göttlichen Stimme«.[27] Der Meister tat auffallend wenig, die Verehrung seiner Schüler auf ein gesundes Maß zurückzuschneiden. Vielmehr ließ er durchblikken, die reine Wahrheit sei nur ihm zugänglich; die übrigen Menschen müßten sich notgedrungen mit den Andeutungen begnügen, die er ihnen beschere.[28] Eines seiner Bücher (wenn er denn eins geschrieben hat) soll mit dem selbstbewußten Satz begonnen haben: »Nein, bei der Luft, die ich atme, nein, bei dem Wasser, das ich trinke, niemals werde ich mir Tadel gefallen lassen über diese Darlegung.«[29] Im Hörsaal scheint er sich gelegentlich mit Apollon verwechselt zu haben: Als ihn ein Schüler einmal keck um eine Begründung bat, stellte ihm »jener Mann« unbewegt die Frage, ob er denn auch von Apollon Begründungen der Orakelsprüche verlange.[30] Kein Wunder, daß in einem solchen Dunstkreis der schlagendste Beweis aus zwei knappen Worten bestand: *autos epha* – »er selbst hat es gesagt.«[31] »Die Partei hat immer recht« ist die realsozialistische Variante dieses Beweisverfahrens.[32]

Pythagoras hatte auch außerhalb der Klostermauern eine große Statur. In Akragas (Agrigent) soll er dem furchtbaren Tyrannen Phalaris, der seine Opfer lebendigen Leibes in einem glühenden Bronzestier zu rösten pflegte, mit »Vollmacht und Freimut« – mit *exusia* und *parrhesia* – entgegengetreten sein.[33] Diese Worte werden den Bibelleser seltsam anrühren: Auch Jesus lehrte mit *exusia* (Mt. 7, 29), und Paulus trat auf mit *parrhesia* (2. Kor. 3, 12).

Zwei Dinge brauchen nun nicht mehr zu wundern: erstens, daß die Pythagoreer alle ihre Entdeckungen und Werke dem überverehrten Meister zuschrieben; zweitens, daß sie die mirakulösesten Geschichten über ihn in Umlauf setzten. So soll er eine gefährliche Bärin durch bloßes Zureden und Füttern mit Gerstenkuchen dazu gebracht haben, sich ein für allemal in die Berge zu trollen; einem Stier habe er das Bohnenverbot plausibel gemacht (das bis auf den heutigen Tag sonst niemand verstanden hat); zu ein und derselben Stunde habe er sich in Kroton *und* in Metapont aufgehalten (bei 140 Kilometer Entfernung kein kleines Kunststück). Das alles mag noch hingehen – aber etwas stark ist doch die Geschichte, er habe sogar die Liebesbrunst junger Männer durch so wohlfeile Mittelchen wie Musik und gütliches Zureden ruhig zu stellen vermocht. Natürlich traute man ihm auch zu, Erdbeben voraussagen, Seuchen vertreiben und Stürme beschwichtigen zu können;[34] derartiges gehörte ohnehin zur Grundausstattung eines Wundermannes. Pythagoras erweist sich jedoch als der primäre Wundermann dadurch, daß er es ist, der diese Fähigkeiten auf so leistungsstarke Thaumaturgen wie Empedokles, Epimenides und Abaris übertragen kann und übertragen hat.[35]

Viel erstaunlicher ist etwas anderes: daß nämlich der »Göttliche«, dem es so fern lag, klein von sich zu denken, die Bezeichnung eines »Weisen« ablehnte und sich bescheiden einen bloßen »Freund der Weisheit«, einen »Philosophen« nannte, ja dieses modeste Wort eigens für seine Person erfunden hat.[36] Das zu glauben, fällt schwer.

Was lernten nun die Zöglinge des Pythagoras?

Sie lernten »in erster Linie, daß die Seele unsterblich sei; zweitens, daß die Seelen den Ort wechseln, indem sie von einer Art Lebewesen in eine andere übergehen.«[37] Diese beiden Hauptlehren – Unsterblichkeit und Seelenwanderung – sind gerade die beiden Zentraldogmen der Orphik. Es fehlte aber auch nicht das orphische Totengericht.[38] Und ebensowenig fehlte der selbstquälerische Pessimismus der Orphik, der etwas ganz anderes ist als Homers ruhiger Blick auf das Elend der *conditio humana*: Die Erde ist ein Jammertal, in das wir zur Züchtigung gekommen sind; wir sehnen uns nach der Erlösung aus den »Banden der Leiblichkeit«, um zurückzukehren in unsere wahre Heimat, in den Himmel (»Was sind die Inseln der Seligen? Sonne und Mond.« Bei Homer sind es eher die Azoren.)[39] Das Elend des erdnahen Bereiches »unter dem Mond« ist in der niederdrückendsten Weise aus physischer und moralischer Miserabilität zusammengesetzt: Die Luft um die Erde herum ist starr und ungesund, und alles in ihr ist vergänglich – die Luft jenseits des Mondes hingegen ist in frischer Bewegung, rein und gesund, und alles in ihr ist unvergänglich und göttlich.[40] Unter dem Mond ist das Reich des unruhigen Werdens und der quälenden Unordnung; dort entwikkelt sich *faute de mieux* (und wenn man Glück hat) so etwas wie »Tugend«. Die Dinge in der Höhe aber gehören einem lichten Bereich der Ordnung an, und von dort her entwikkelt sich etwas Vollkommeneres als Tugend –: *sophia*, Weisheit. (So der Pythagoreer Philolaos von Kroton um die Mitte des 5. Jahrhunderts v. Chr.[41]) Die Menschen selbst sind durch und durch unerfreulich. »Was ist das Wahrste von dem, was geredet wird? Daß die Menschen schlecht sind.« In ihnen ist ein Tier verborgen, und das gerät schnell außer sich. Das größte Übel ist denn auch dasjenige, in das der Mensch am leichtesten gerät: die Anarchie.[42] Aus jeder dieser Zeilen spricht das politische Elend und die religiöse Erregung des gequälten 6. Jahrhunderts. Ein Erlöser war vonnöten, und so mancher sah ihn in Pythagoras:

Jeder erklärte ihn für einen anderen Olympier, der den damals Lebenden in Menschengestalt erschienen sei, um dem todgeweihten Leben aufzuhelfen, es zurechtzubringen und um der vergänglichen Natur den heilbringenden Funken der Glückseligkeit und der Philosophie gnadenvoll zu bescheren.[43]

Pythagoras verkündigte die frohe Botschaft: »Du aber sei guten Muts: von göttlichem Geschlecht sind die Menschen. Du wirst deine Seele heilen und aus diesen Übeln retten.«[44] Auch das war ein orphischer Gedanke. Nun kam alles darauf an, den »Weg nach oben«[45] zu finden. Und hier nun unterschied sich Pythagoras radikal von den Orphikern.

Die Orphiker hatten auf *rituelle* Reinigung und Askese gesetzt. Pythagoras hingegen drängte auf *innere* Reinheit. Zu ihr gelangte man auf dem Wege des »pythagoreischen Lebens«, durch das sich, so Platon, die Pythagoreer »noch heute ganz offensichtlich vor den anderen Menschen auszeichnen«.[46] Wir haben schon einen Blick auf den *bios Pythagoreios* geworfen, als wir uns den Tagesablauf im Kloster zu Kroton angesehen haben. Es fehlte diesem *bios* keineswegs an asketischen Zügen: Bei Pythagoras wurde wenig gegessen, wenig geschlafen und viel geschwiegen. Die Askese konnte sich gelegentlich zu einem exquisiten Masochismus steigern, etwa, wenn man köstliche Speisen auftischen, sie aber unverzehrt zurückgehen ließ: So »züchtigte man die Begierden«.[47] Wie für unsere Zeit der Bedarfswekkung geschrieben, hört sich übrigens der Satz an, die Mehrzahl der Begierden sei »hinzuerworben und der Menschen eigenes Werk«.[48] Mit einem Wort: Pythagoras verwarf seine genußfreudige ionische Heimat.

Dabei blieb er jedoch nicht stehen. Er drang zu einer Verinnerlichung vor, die an Jesus Christus und Immanuel Kant erinnert. Nicht Furcht vor Strafe, nicht Streben nach Lust, nicht Nützlichkeitserwägungen sollen das Handeln bestimmen – der Mensch soll sich leiten lassen allein durch den »Aufblick zum Sittlichschönen und Ehrenhaften«. Und dann kamen Sätze, die den Griechen mit ihrer Maxime »Dem Freunde nützen, dem Feinde schaden« nur schwer in den Kopf gehen konnten. Es sei »bei weitem gerechter vor den Göttern, Unrecht zu erleiden, als einen Menschen zu töten (denn der Unterwelt sei das Urteil vorbehalten)«. Oder: »Beleidigt nie zuerst einen anderen und wehrt euch nicht gegen diejenigen, die euch beleidigen.« Am unbegreiflichsten aber war wohl das Gebot, endlich mit dem Lügen Schluß zu machen.[49] So etwas konnte man den Nachfahren des Odysseus eigentlich nicht zumuten.

Nicht weniger verblüffend waren die Konsequenzen, die

dieser singuläre Ionier aus der Seelenwanderungslehre zog. Die Hauptkonsequenz: *Alle beseelten Wesen gehören zu einer einzigen großen Familie.*[50] Wie denn sollte sonst eine Seele aus dem einen Wesen in ein anderes übergehen können? Aber nun versuche man, die Sprengkraft dieser Allverwandtschaftsmetaphysik zu begreifen! Mußten die Männer jetzt nicht die Frauen als gleichwertig und gleichberechtigt anerkennen? Die Pythagoreer taten es! Mußte man nicht den »Verschiedenstämmigen«, den Ausländern, freundschaftlich die Hand reichen? Mußte nicht überhaupt »Freundschaft« zu einem Hauptstück der Pythagoreischen Predigt werden? Sie wurde es:

In herrlicher Klarheit lehrte Pythagoras die Freundschaft aller mit allen: Freundschaft der Götter mit den Menschen, Freundschaft der Seele mit dem Leibe, Freundschaft des Vernunftbegabten mit den Arten des Vernunftlosen durch Philosophie und die ihr eigene geistige Anschauung. Freundschaft der Menschen untereinander: Freundschaft unter Mitbürgern durch Gesetzestreue, Freundschaft Verschiedenstämmiger durch richtige *physiologia* [Naturwissenschaft], Freundschaft zwischen Mann und Frau, Kindern, Geschwistern und Hausgenossen durch unverbrüchliche Gemeinschaft. Kurz: Freundschaft aller mit allen und noch dazu mit manchen vernunftlosen Lebewesen durch Gerechtigkeit, durch das Bewußtsein der natürlichen Verflochtenheit und Solidarität.[51]

Die Pythagoreer hielten sich an diese Lehre. Schillers Hohelied der Freundschaft, seine Ballade *Die Bürgschaft*, erzählt eine pythagoreische Geschichte.[52]

Das Freundschaftsgebot hatte auch eine ökonomische Konsequenz. Pythagoras nämlich »verkündete, daß unter Freunden alles gemeinsam und daß Freundschaft Gleichheit sei. So legten denn seine Schüler ihr Vermögen zu gemeinsamem Besitz zusammen.«[53] Mit der Abschaffung des Privateigentums in seinem Kloster war es dem Abt bitter ernst: »Er ging dabei bis zu den geringfügigsten Besitztümern, da sie Zwietracht und Verwirrung stiften könnten. Gemeinsam gehörte allen alles ohne Unterschied, privat besaß keiner etwas.«[54] Wie hätte es ihn gefreut, wenn er in der Apostelgeschichte (4, 32) von den Urchristen in Jerusalem hätte lesen können:

Die Menge der Gläubigen aber war ein Herz und eine Seele, auch nicht einer sagte von seinen Gütern, daß sie sein wären, sondern es war ihnen alles gemeinsam.

Ein Herz und eine Seele sollten auch *seine* Anhänger sein: kein Streit, keine Zwietracht, keine uneinige Gesinnung. Das heißt viel verlangen.

Man sieht, wie sehr das »pythagoreische Leben« eine Trostantwort auf die Klagen des Theognis über die seelenmörderische Entfremdung des Menschen vom Menschen in den Umbrüchen des 6. Jahrhunderts war. In dieser verwüsteten Zeit gab Pythagoras den Seinen ein neues *ethos*, einen neuen »Stall«. Sie haben ihm das nie vergessen.

Aus den beiden Leitempfindungen des Pythagoras – Allverwandtschaft und Allfreundschaft – folgte sofort, was wir heute gerne als unsere neueste Errungenschaft bejubeln –: auch im Tier ein »Mitgeschöpf« zu sehen. Durch die Gemeinschaft des Lebens und derselben Elemente, lehrte Pythagoras, seien die Tiere »gleichsam geschwisterlich mit uns verbunden«, deshalb dürfe man keinem Tier ein Leid antun, keines morden, keines verzehren.[55] (Die vegetarische Küche hatten allerdings schon die Orphiker aufgebracht.) Der Spott des Xenophanes über die Seelenwanderungslehre des Pythagoras rührt uns heute in ganz anderer Weise an:

Und als er einst an einem Hund, der geschlagen wurde, vorbeikam, habe er, heißt es, Mitleid gehabt und folgendes gesagt: »Hör auf und schlage nicht; denn es ist ja eines Freundes Seele, die ich erkannte, als ich sie schreien hörte.«[56]

Wer Tiermord verabscheue, hoffte Pythagoras, der müsse das Töten eines Menschen für noch viel größeren Frevel halten und daher keine Kriege mehr führen. Er selbst wollte mit Jägern nichts zu tun haben.[57] An dieser Stelle fällt einem freilich gegen diese Hoffnung ein, daß Hitler Vegetarier war, weil er sich einmal vor den Blutströmen in einem

Schlachthaus gegraust hatte, und daß Himmler seinen Genossen Göring nicht ausstehen konnte, weil dieser passionierte Jäger Rehe totschoß.

Es ist klar, was Pythagoras zu den Tierversuchen unserer Zeit sagen würde. Es ist auch klar, daß die Geschichte von den hundert Ochsen, die er zum Dank für die Entdeckung des Dreieckssatzes geopfert haben soll, nur eine schlechte Erfindung sein kann. (Übrigens auch deshalb, weil er den Satz gar nicht entdeckt hat.)

Auch die Pflanzen hielt Pythagoras für belebt und meinte, »ein zahmes Gewächs dürfe man nicht zerstören«.[58] Er wird ein Naturgefühl gehabt haben wie Faust, der in der Wald-und-Höhle-Szene den »erhabnen Geist« mit den Worten anredet:

> Du führst die Reihe der Lebendigen
> Vor mir vorbei und lehrst mich meine Brüder
> Im stillen Busch, in Luft und Wasser kennen.

Nach so viel Allverwandtschaft und Allfreundschaft stellt sich von selbst die Frage ein, wie es Pythagoras denn mit dem hielt, was uns so sehr am Altertum stört: mit der Sklaverei. Leider schweigt sich die Überlieferung hierüber aus. Von dem gefeierten Pythagoreer Archytas von Tarent jedoch, der ein bedeutender Philosoph, Mathematiker und Musiktheoretiker, dazu ein enger Freund Platons und überdies so etwas wie der Perikles Tarents war, von diesem Mann wird ausdrücklich berichtet, daß er aufs freundlichste mit seinen Sklaven umging, daß er sie bei festlichen Gelegenheiten an seinen Tisch lud und oft mit ihren Kindern spielte. Manchem Leser wird Archytas damit nicht genug getan haben. Hätte er nicht seine Sklaven freilassen und für die Abschaffung der Sklaverei eintreten müssen? Der Leser möge aber bedenken (so sehr er sich dagegen sträuben mag), daß den Alten das Institut der Sklaverei ebenso natürlich vorkam wie uns der Verzehr von Rindfleisch (der umgekehrt den Pythagoreern ein Greuel war). Aristoteles belehrt uns sogar, »daß es *von Natur aus* Freie und Sklaven gibt und daß das Dienen für diese zuträglich und gerecht ist«.[59] Selbst das junge Christentum brachte keine Änderung. In seinem Brief an Titus (2,9) weist der Apostel Paulus die Sklaven in dürren Worten an, sich immer und überall ihren Herren unterzuordnen und ihnen nicht zu »widerbellen« (Lutherdeutsch); in 1. Kor. 7, 21 rät er ihnen sogar, selbst dann Sklaven zu bleiben, wenn sie frei werden könnten. Im Schreiben an die Kolosser (4,1) werden die Herren allerdings angewiesen, den Sklaven zu geben, »was recht und billig ist«; Archytas hat einiges mehr getan. Die Amtskirche tastete sich erst Jahrhunderte später vorsichtig an die Sklavenfrage heran; im Jahre 583 verbot das Konzil von Mâcon immerhin, *christliche* Sklaven an *Heiden* zu verkaufen.

Die Prediger der Seelenwanderungslehre haben immer gegen den mürrischen Einwand ankämpfen müssen, man könne sich leider gar nicht an seine früheren Existenzen erinnern; dies stimme mißtrauisch gegen die Metempsychose. Pythagoras versuchte, diese Skepsis durch den Hinweis zu entkräften, er jedenfalls kenne seine früheren Leben – und zwar detailliert.[60] Man hat ihn darob nicht wenig angestaunt. Mit Blick auf ihn schreibt Empedokles hingerissen:

> Es war aber unter ihnen ein Mann, der ein übergewöhnliches Wissen hatte, der einen ungeheuren Reichtum des Geistes besaß und mannigfacher, gar kluger Werke mächtig war. Denn wenn der sich einmal mit all seinen Geisteskräften reckte, dann sah er mühelos ein jedes von allen Dingen in seinen zehn, ja zwanzig Menschenleben.[61]

Dieser halbtranszendente Pythagoras hatte jedoch auch eine Fülle erdhafter Lebensregeln vorrätig. Den Touristen gab er den klugen Rat, auf Reisen Erholung und Anstrengung wechseln zu lassen.[62] (Man denke daran, wenn man durch die italienischen Museen keucht.) Sofort verständlich ist uns Schlankheitssüchtigen sein Gebot, übermäßige Körperfülle zu meiden; dunkel bleibt jedoch die Empfehlung, sich den Liebesgenüssen nur im Winter hinzugeben, nicht im Sommer (sie seien übrigens zu jeder Jahreszeit schädlich).[63] Als undurchdacht wird man die gutgemeinte Anweisung empfinden »Tue nichts, wovon du nichts verstehst«.[64] Hier hat der Weltweise die belebende Schubkraft munterer Inkompetenz weit unterbewertet und mit irregeleitetem Eifer an den Säulen des politischen Lebens gerüttelt.

Pythagoras trieb die Vergeistigung der Orphik noch weit über das bisher Gesagte hinaus. Der *bios Pythagoreios* nahm eine dramatische Wendung mit dem Gedanken, die edelste Form der *katharsis* und der geradeste Weg zur Gottheit sei die intellektuelle Tätigkeit, die geistige Schau – die *theoria*.

Theoria bedeutet ursprünglich Schauspiel und Fest, dann erst die geistige Schau; der *theoros*, der »Theoretiker«, ist zunächst nur der Zuschauer. Pythagoras, heißt es, habe die Menschen mit den Teilnehmern an einem prächtigen Fest (wie etwa den Olympischen Spielen) verglichen: Die einen kämpften um Ehren und Preise, die anderen böten ihre Waren feil – die Besten aber kämen als *theoroi*, als Zuschauer.[65] Die *theoria* des Pythagoras richtet sich freilich nicht auf Sprinter und Ringer – sie richtet sich auf die göttliche Ordnung der Welt und glaubt, durch deren Erkenntnis werde der Mensch der Gottheit ähnlich und der Erlösung teilhaftig, in Platons Worten:

> Wer seine Gedanken wirklich auf das Seiende richtet, der hat ja auch gar keine Zeit, hinabzublicken auf das Treiben der Menschen und sich im Streit mit ihnen mit Neid und Bitterkeit zu erfüllen. Sondern er schaut und betrachtet Geordnetes, sich immer gleich Bleibendes, bei dem es kein gegenseitiges Unrechttun und kein Unrechtleiden gibt, das sich vielmehr insgesamt wohlgeordnet und vernunftgemäß verhält. Das ahmt er nach und gleicht sich ihm so weit als möglich an ... Indem der Philosoph mit dem Göttlichen und Wohlgeordneten [dem *kosmos*] verkehrt, wird er selbst wohlgeordnet [*kosmios*] und göttlich, so weit das einem Menschen möglich ist.[66]

Der pythagoreisch-platonische Gedanke, *theoria* vergöttliche die Seele, kehrt zweieinhalb Jahrtausende später in säkularisierter Form bei Wilhelm von Humboldt wieder, wenn er in seinem Gutachten zur Gründung der Berliner Universität meint, »die Wissenschaft, die aus dem Innern stammt und in's Innere gepflanzt werden kann«, veredle auch den Charakter.[67] Am Ende des entsetzlichen 20. Jahrhunderts können wir das freilich nicht mehr recht glauben.

Geistige Schau, *theoria*, kann in sehr verschiedener Weise vor sich gehen: Man kann etwa ins Nichts schauen (wie der Buddhist); man kann in eine Kristallkugel starren (wie unsere Prognoseartisten); man kann auch, wie in den orphischen Mysterien, auf etwas blicken, von dem wir nicht recht wissen, was es war (es muß aber irgendwie sehr beeindrukkend gewesen sein). Aristoteles äußert sich in seiner erfrischend trockenen Manier allerdings etwas abschätzig darüber: »Von den [in die Mysterien] Eingeweihten erwartete man nicht, daß sie irgend etwas lernten, sondern sie mußten nur in einer gewissen Weise ergriffen und in eine gewisse geistige Verfassung gebracht werden.«[68] Auch in diesem Punkt trennten sich die orphischen und pythagoreischen Wege mit kaum zu überschätzenden Folgen. Pythagoras nämlich verordnete seinen Anhängern eine *theoria*, bei der viel gelernt werden mußte und die Ergriffenheit günstigstenfalls erst sehr spät kam – er verordnete ihnen sage und schreibe die Mathematik, genauer: die *mathemata*.

Die *mathemata* sind ursprünglich ganz einfach die »Lerngegenstände«. Das Wort kommt von *mathein* = lernen. *Mathein* hat freilich einen mißlichen Beigeschmack: Es bedeutet »Lernen durch Erfahrung am eigenen Leib«, nicht selten verbunden mit Schmerzen – so wie ein Kind lernt, daß Feuer brennt.[69] »Durch Leid lernen« heißt bei Äschylos *pathei mathos*.[70] Kein Gymnasiast, der dieses fatale Aroma von *mathein* und *mathemata* nicht schon auf der Zunge gespürt hätte. Pythagoras reduzierte nun die *mathemata* im wesentlichen auf »Mathematik« im heutigen Sinne, nämlich auf Arithmetik, Geometrie, Astronomie und Musikwissenschaft. (Wie letztere in die Gesellschaft der drei ersten geriet, werden wir noch sehen.) Diese Mathematik war der Weg zum Heil (der Leser trage das mit Fassung): Der Geist sollte und konnte sich läutern durch »die Orgien der Mathematik«.[71] Es ist hier anzumerken, daß diese Orgien keineswegs etwas »Orgiastisches« an sich hatten. Die alte Bedeutung von Orgie ist »heilige Handlung«, »Sakrament«, »Weihe«. Pythagoras ersetzte ohne Erbarmen die orphischen Ergriffenheitsweihen durch mathematische Erkenntnisweihen. Er machte aus der Mathematik eine höhere *katharsis* und glaubte, durch die mathematischen Orgien werde »die Seele vollkommen geheiligt«.[72]

Auf solche Gedanken verfällt nicht jeder. Wie also geriet Pythagoras auf sie? Wie konnten ihm überhaupt die *mathemata* so wichtig werden?

Nun, da ist zunächst die babylonische Astronomie. Sie muß ein mächtiges Faktum im Leben des Pythagoras gewesen sein. Die Babylonier hatten mit unendlicher Geduld den Gang der Sterne verfolgt und waren zu der großen Einsicht gekommen, daß die Bewegungen der Himmelskörper arithmetisch faßbar seien. *Der Himmel war geordnet durch Zahlenkraft.*

Da ist ferner die babylonische Astrologie. Der Himmel und seine Zahlenordnung wirken machtvoll auf das Menschenleben ein. Man denke etwa an die periodischen Auf- und Niedergänge der Sonne, an die Zyklen des Mondes und der Jahreszeiten und dann an die hiervon abhängenden Lebenszyklen wie Wachen und Schlafen, Aussaat und Ernte usw. Man denke auch an die aufwühlenden Mond- und Sonnenfinsternisse, die so nachdrücklich auf Schicksalswenden hindeuteten – und doch irgendwie durch Zahlenmacht gebändigt schienen (weshalb Thales die Sonnenfinsternis des Jahres 585 v. Chr. hatte *voraussagen* können).

Da ist zudem die orientalische Zahlenmystik, eine geheimnisvolle Verknüpfung der Zahl mit dem Numinosen. Bei den Babyloniern etwa dienten die Zahlen von 1 bis 60 als Götternamen: Es gab einen Gott Drei, einen Gott Acht usw. – wobei man sich vor Augen halten muß, daß in alten Zeiten

Name und Sache ununterscheidbar ineinanderflossen: Ein Gott, der Drei hieß, machte die Drei zum Gott. Daraus entstand die babylonische »Vorbedeutungsarithmetik«, eine Art Schicksalsrechnung mit gotthaltigen Zahlen. Der ägyptische Schöpfer der Götter, Khepera, mußte zunächst einmal sich selbst erschaffen: Das tat Khepera in bemerkenswerter Weise: Als er noch gar nicht war, murmelte er ein Wort – und dieses zeugende Wort aus dem Nichts war ein *Zahlwort*: Eins. Babylonier und Ägypter kannten eine tief ins Emotional-Religiöse hinabreichende Einteilung der Zahlen in *gerade* und *ungerade*. Weitverbreitet war die Angst vor dem Zählen der Viehherden und Völker. Eine Volkszählung konnte leicht der Racheakt eines Gottes sein:

Und der Zorn des HErrn ergrimmte abermal wider Israel, und reizte David wider sie, daß er sprach »Gehe hin, zähle Israel und Juda«.[73]

Schon aus diesem uralten Wissen und Wähnen muß dem Pythagoras eine Ahnung von der Macht der Zahl und der Zahlenwissenschaft aufgegangen sein. Aber nun kam noch ein Weiteres hinzu: seine Entdeckung arithmetischer Gesetze in der Musik.

Um den Gefühlsgehalt dieser Entdeckung verstehen zu können, muß man sich vor Augen halten, daß die Griechen das musikalische Volk *par excellence* waren; unmittelbar nach ihren beiden größten Genüssen – Sport und Streit – kam bei ihnen die Lust an der Musik. Wir Heutigen sind aufgewachsen in einer Welt von Autohupen, Preßlufthämmern und Wagneropern und können kaum noch wissen, wie fein das Ohr des Griechen war und wie heftig seine Seele durch Musik erschüttert wurde. Nur von ferne vermögen wir noch die elementarischen Kräfte dieser Kunst zu ahnen, etwa wenn wir hören, daß Orpheus mit seinem Gesang selbst Tiere bezauberte und Pythagoras eine Musica gegen die Begierden verfertigte.[74] (Man möchte gerne wissen, wie *die* geklungen hat.) Platon hielt die Musik für den wichtigsten Teil der Jugenderziehung, »weil Rhythmus und Harmonie am tiefsten ins Innere der Seele dringen, sie am stärksten ergreifen und sie wohlgestaltet machen, sofern einer richtig erzogen wird – sonst freilich das Gegenteil«.[75] Unsere Diskotheken hätte er als ein Attentat auf die Staatsverfassung angesehen.

Und nun entdeckte Pythagoras, daß diese mächtige und geliebte Musik zu tun hat mit der *Zahl*, und demonstrierte dies am Monochord, einem Experimentalinstrument mit nur einer Saite. Der spätantike Musiktheoretiker Gaudentius schildert das so:

> [Pythagoras] spannte eine Saite über einen Kanon [ein gerades Holz] und teilte ihn in zwölf Teile. Dann ließ er zunächst die ganze Saite ertönen, darauf die Hälfte, das heißt sechs Teile, und er fand, daß die ganze Saite zu ihrer Hälfte konsonant sei, und zwar nach dem Zusammenklang der Oktave. Nachdem er darauf erst die ganze Saite, dann Dreiviertel von ihr hatte erklingen lassen, erkannte er die Konsonanz der Quarte und analog für die Quinte.[76]

Pythagoras hatte also entdeckt, daß den Intervallen Oktave, Quinte und Quarte – und das waren gerade die tragenden Elemente der griechischen Musik – die wunderbar einfachen und in wunderbarer Regelhaftigkeit fortschreitenden Zahlenverhältnisse 2:1, 3:2 und 4:3 entsprechen. Die Entdeckung muß überwältigend gewesen sein; noch auf dem Totenbett soll er seinem Anhang geboten haben, immer das Monochord zu spielen.[77] Die Zahlen regierten also so grundverschiedene Dinge wie Sterne und Harmonien –: Durfte er dann nicht sagen, daß sie *alles* regieren? Durfte er dann nicht den ausschweifenden Satz wagen: »Alles ist Zahl«? Natürlich durfte er es! Und natürlich tat er es! Aristoteles, dieser nüchterne Fleischbeschauer der Wissenschaft, sagt es einige Generationen später etwas dürrer so:

> Da [die Pythagoreer] sahen, daß die Eigenschaften der Harmonien durch Zahlen bestimmt sind, und da es ihnen schien, daß auch alle anderen Dinge ihrer Natur nach den Zahlen nachgebildet und die Zahlen in der ganzen Natur das erste sind, so meinten sie, die Elemente der Zahlen seien die Elemente aller Dinge, und der ganze Himmel sei Harmonie und Zahl.[78]

Daß der ganze Himmel »Harmonie« sei, war übrigens in jedem (griechischen) Sinne dieses Wortes gemeint. *Harmonia* bedeutet ursprünglich »Klammer« (wie sie der Zimmermann verwendet), »Verbindung«, »Gefüge« und dann »Ebenmaß« und »musikalische Harmonie«. In der Vision des Pythagoras – wie schon in der des Anaximander – war der Himmel nicht ein Sammelsurium von Gestirnen, sondern ein »Gefüge«: Abstände und Umlaufzeiten der Sterne standen in ganzzahligen Proportionen – genau wie die konsonanten Töne –, und diese *mathematische* Harmonie hatte denn auch eine *musikalische* zur Folge. Die Sterne nämlich (so glaubte man) erzeugten bei ihren Umläufen Töne, und dank der Proportioniertheit ihrer Geschwindigkeiten klangen diese zusammen zu der herrlichen »Sphärenmusik« (die freilich nur die exzeptionellen Ohren des Pythagoras hören konnten). Hier haben wir zum ersten Mal das prachtvolle Bild eines *mathematisch-musikalischen Kosmos*. Es ist denn auch nicht von ungefähr, daß die Überlieferung gerade dem Pythagoras zuschreibt, das Weltall als erster einen *kosmos*, eine »schöne Ordnung«, genannt zu haben.[79] Dieser *kosmos* ist aus dem Geiste einer mathematisierten Musik geboren. Die frühchristliche Bitte »Möge dieser *kosmos* vergehen« hätte den Pythagoras nicht wenig verstimmt.

Der Satz »Alles ist Zahl« ist in dieser Form weder von Pythagoras noch von den Pythagoreern ausgesprochen worden. Statt dessen finden sich Aperçus wie »Das Weiseste ist die Zahl«, »Der Zahl – es gleicht ihr alles«, »Alle Dinge sind den Zahlen nachgebildet«.[80] (»Zahlen« sind immer die »natürlichen Zahlen« 1,2,3, ...) Sogar der Zaubersänger und Hadesfahrer Orpheus mußte herhalten, um die Macht der Zahl ins rechte Licht zu rücken. Ausgerechnet diese wenig mathematische Figur ließ man sagen:

> Das ewige Wesen der Zahl ist der Ursprung, der alles vorausdenkt, der Ursprung des Allhimmels, der Erde und des dazwischenliegenden Naturbereichs. Es ist auch die Wurzel des Fortbestehens der göttlichen Menschen, der Götter und Dämonen.[81]

Dürfte man das glauben, so müßte man den Wundermusikanten zum Ahnherrn unserer mathematischen Physik ernennen. Das wollen wir lieber nicht tun. Ernster zu nehmen ist, daß Aristoteles den Pythagoreern die Meinung zuschreibt, *die Prinzipien der Mathematik seien die Prinzipien aller Dinge.*[82] Es ist dieses pythagoreische Ertasten des quantitativen Aspekts der Natur, das Anfang und Wegweiser einer Mathematisierung der Wissenschaft von der Natur und damit einer tiefreichenden Weltveränderung geworden ist – wie tief, das können erst wir Heutigen ermessen. Der Pythagoreer Philolaos von Kroton konnte sie noch nicht absehen, als er um 450 v. Chr. schrieb:

Und wirklich hat alles, was erkannt wird, Zahl. Denn es ist unmöglich, daß ohne diese irgend etwas im Denken erfaßt oder erkannt wird.[83]

Der Bischof und Kirchenlehrer Isidor von Sevilla konnte sie tausend Jahre später ebensowenig absehen, obwohl er wußte: »Nimm allem die Zahl und alles zerfällt.«[84] Selbst Galilei konnte sie noch nicht ahnen, als er nach weiteren tausend Jahren in seinem *Il saggiatore* Sätze niederschrieb, die zu den wirkungsmächtigsten der Denkgeschichte zählen und die wir heutzutage zu dem griffigen Diktum verdichten: »Das Buch der Natur ist in mathematischen Lettern geschrieben.«

Über die Station Galilei hat Pythagoras so tief in unser Leben eingegriffen wie kein anderer Philosoph. Aber das ist der Menschheit erst aufgegangen, nachdem am 6. August 1945 die Atombombe über Hiroshima und am 1. November 1952 die Wasserstoffbombe auf der Insel Elugelab explodiert war und sie – die Menschheit – verstört vor der unerwarteten Aufgabe stand, um ihres Überlebens willen endlich zur Vernunft zu kommen.

Die Milesier hatten einen »materialistischen Monismus« propagiert: Die ganze bunte Welt ist nichts als die Modifikation eines einzigen Urstoffs. Die Pythagoreer verkündeten einen »mathematischen Monismus«: Die ganze bunte Welt ist nichts als geronnene Mathematik. Beide Monismen sind heute noch tätig. Noch immer suchen die Physiker nach dem »Urstoff« (bisher sind sie bis zu den »Quarks« gelangt), noch immer suchen sie nach der »Weltformel« (Heisenberg glaubte, sie in einer schön gebauten Differentialgleichung gefunden zu haben). Den mathematischen Monismus hat niemand so intensiv vorgelebt und so vollendet ausgedrückt wie Einstein. Die gesamte Physik wollte er auf Mathematik zurückführen; die Schwerkraft etwa sollte nichts anderes sein als die »Krümmung« der vierdimensionalen Raum-Zeit-Welt. Was dieser große Physiker und passionierte Musiker über seine jahrelangen (vergeblichen) Bemühungen um die »einheitliche Feldtheorie« sagt, die ein gemeinsames mathematisches Haus für die beiden Grundphänomene Gravitation und Elektromagnetismus sein sollte, hört sich an wie ein Wort aus Kroton: »All diesen Bestrebungen liegt der Glaube zugrunde, daß das Seiende in seiner Struktur von vollendeter Harmonie sei.«[85] Pythagoras soll gesagt haben: »Nach Zahl und Proportion ist dieses All harmonisch zusammengefügt und in rechter Art geordnet.«[86]

Dem großen Bildhauer Polyklet (geb. um 450 v. Chr.) wird sogar der schöne Menschenleib zu geronnener Mathematik: In seiner Lehrschrift *Kanon* fixiert er in vollendet pythagoreischem Geist die idealen arithmetischen Proportionen des menschlichen Körpers (und wird so zum Initiator der Kunsttheorie).

Nicht nur eine *Antwort* kann richtig oder falsch sein – schon die *Frage selbst* kann es sein. Die Milesier und Pythagoreer haben die *richtigen* Fragen gestellt und haben so wie niemand sonst den Lauf der Weltgeschichte verändert; auf ihre Antworten kommt es dabei gar nicht mehr an. Vielleicht waren die pythagoreischen Fragen sogar noch »richtiger« als die milesischen. Jedenfalls schält sich immer deutlicher heraus, daß die materiellen Bausteine der Materie nicht so wichtig sind wie die mathematischen Gesetze, unter denen sie agieren. Es schält sich heraus, daß die fundamentalsten Gesetze der Physik, die »Erhaltungssätze«, bereits aus der mathematischen Struktur von Raum und Zeit folgen.[87] Mit einem Wort: Es schält sich heraus, daß die Welt tatsächlich geronnene Mathematik ist und daß der Verfasser des alttestamentlichen *Buches der Weisheit* Recht gehabt hat, als er Jahrhunderte nach Pythagoras seinen Gott mit den pythagoreischen Worten anredete (11, 20): »Du aber hast alles geordnet nach Maß, Zahl und Gewicht.«

Die Pythagoreer hätten vielleicht verstärkend hinzugefügt, Gott habe *restlos* alles zahlenmäßig geordnet – auch das, was von Zahlen völlig verschieden zu sein scheint. Aus obskuren Gründen, die ihre Kraft wohl aus der orientalischen Zahlenmystik bezogen, identifizierten sie nämlich sogar Seele, Vernunft, Ehe, Gerechtigkeit und den *kairos* (den glückhaften Zeitpunkt) mit Zahlen. Mit viel gutem Willen und halbgeschlossenen Augen kann man vielleicht die Gleichung *Gerechtigkeit* = 4 nachempfinden. In der Quadratzahl $4 = 2 \cdot 2$ tut nämlich jeder Faktor dem anderen an, was ihm selbst angetan wird – das aber scheint die Struktur des gerechten Verhaltens zu sein: »Und wie ihr wollt, daß euch die Leute tun sollen, also tut ihnen auch« (Lukas 6,31). Dem Englischen ist denn auch heute noch ein gerechter Mensch »quadratisch«, *a square fellow*.

Die Vier konnte sich noch weiterer Vortrefflichkeiten rühmen. Zunächst hatte sie als Quadratzahl einen hohen ästhetischen Reiz: Quadratzahlen ergaben ja, wenn man sie geeignet durch Steinchen darstellte, wunderbar symmetrische Quadrate (daher ihr geometrischer Name). Die Vier war überdies die *erste* Quadratzahl – wobei man nun an das »Minimalprinzip der Zahlenmystik« denken muß: *Die erste aller Zahlen mit einer vorgegebenen Eigenschaft hat einen ganz besonderen Rang.* Das Wunderbarste aber war, daß die *vier ersten Zahlen* 1,2,3,4 ausreichten, um die prachtvollen Proportionen 2:1, 3:2 und 4:3 für die Oktave, Quinte und Quarte aufzubauen. Es gab also genug Gründe, gerade die

Vier als die heiligste Zahl anzusehen. In ihren Eiden riefen die Pythagoreer denn auch den Ordensgründer als den Erfinder der »Vierheit«, der *tetraktys*, an: »Bei dem, der unserer Seele die Tetraktys übergeben hat, welche Quelle und Wurzel der ewigen Natur enthält.«[88]

Es versteht sich nun von selbst, daß die *Zehn* fast ebenso heilig und mächtig war wie die Vier, denn 10 ist ja die Summe der Tetraktys: $10 = 1+2+3+4$. Die Macht der Zehn hatte nun aber eine bizarre Konsequenz für die pythagoreische Astronomie. Von alters her kannte man neun Himmelskörper: die Erde, die Fixsternsphäre und die sieben »Wandelsterne« (Mond, Merkur, Venus, Sonne, Mars, Jupiter und Saturn). Angesichts der Großartigkeit der Zehn aber war es jedem Tieferdenkenden klar, daß es *zehn* Himmelskörper geben müsse – also erfanden die Pythagoreer kurzerhand einen zehnten: die »Gegenerde« (die sie zur Verminderung der Beweislast klugerweise so plazierten, daß niemand sie je würde sehen können). Mit dieser astronomischen *tour de force*, tadelt der mathematik- und mystikferne Aristoteles, »richten die Pythagoreer ihre Theorien und Erklärungen nicht nach den Phänomenen, sondern suchen vielmehr die Phänomene zu bestimmten Theorien und Anschauungen herzuzwingen und anzupassen«.[89]

Die Kritik klingt einleuchtend, die Wissenschaftsgeschichte warnt jedoch davor, sie unbesehen nachzusprechen. Zwei Beispiele:

Der 1781 entdeckte Planet Uranus bewegte sich nicht so, wie es die Newtonsche Mathematik vorsah. Um sie zu retten, erfand der Astronom Leverrier kurzerhand seine Art von »Gegenerde«, nämlich einen massigen Planeten, dessen störende Anziehungskraft für die Abweichung des Uranus von der regulären Bahn verantwortlich sein sollte. 1848 wurde das Leverriersche Hirnerzeugnis tatsächlich entdeckt; es war der Neptun.

1928 kam der spätere Nobelpreisträger Dirac auf den Gedanken, die Quantentheorie ließe sich *mathematisch* runder gestalten, wenn es ein »positives Elektron«, ein »Positron«

gäbe. 1932 wurde diese Diracsche »Gegenerde« tatsächlich gefunden.

Mit all dem will ich niemanden dazu ermuntern, nach der Gegenerde der Pythagoreer zu suchen, ich will nur darauf hinweisen, wie fruchtbar eine pythagoreische Mathematikgläubigkeit manchmal sein kann. Wolfgang Pauli, Nobelpreisträger für Physik 1945, hat denn auch gemeint:

Bei der Beurteilung einer physikalischen Theorie ist ihre logische und mathematische Struktur mindestens ebenso wichtig wie ihre Beziehung zur Empirie, für mich persönlich ist erstere noch wichtiger.[90]

Pythagoras hätte beifällig genickt, Aristoteles mißmutig den Kopf geschüttelt.

Es ist eine der merkwürdigsten anthropologischen Tatsachen, daß es bei vielen, über die ganze Welt verstreuten Völkern eine gefühlsmäßig stark besetzte Einteilung der Zahlen in gerade und ungerade gibt: Ungerade Zahlen gelten als gut und glückverheißend, gerade Zahlen als böse und unheilschwanger. Die Mohammedaner versteigen sich sogar zu dem Satz »Gott ist ungerade«. Auch den Pythagoreern waren die ungeraden Zahlen gut, die geraden schlecht – »gerade« und »ungerade« war ihnen unter ethischen Gesichtspunkten interessant. Vielleicht hat dies sie auf den merkwürdigen Gedanken gebracht, ein abstraktes *Rechnen* mit »gerade« und »ungerade« zu erfinden, also Sätze auszusprechen wie »gerade + gerade = gerade« (z. B. $2 + 4 = 6$) oder »ungerade × ungerade = ungerade« (z. B. $3 \times 5 = 15$). Diese ethische Arithmetik mutet wie Spielerei an, wird aber heute in der Nachrichtentechnik ausgiebig verwendet.[91] Den Pythagoreern freilich gediehen diese Tüfteleien fast zur Katastrophe: Mit ihrer Hilfe machten sie nämlich eine Entdeckung, die ihr eigenes Glaubensbekenntnis aus den Angeln hob – sie entdeckten die schrecklichen *inkommensurablen Strecken*. Das will ich nun erklären.

Aus dem Glauben an die Allmacht der Zahl ergibt sich der weitere Glaube, daß die Längen zweier Strecken S_1 und S_2 sich zueinander verhalten wie zwei geeignete Zahlen. (»Zahlen« sind, wie schon gesagt, immer die »natürlichen Zahlen« 1,2,3, ...) Anschaulich läuft das darauf hinaus, daß es eine »Meßstrecke« M gibt, die sowohl in S_1 als auch in S_2 »aufgeht«. Paßt M etwa p-mal in S_1 und q-mal in S_2, so verhält sich S_1 zu S_2 wie p zu q. Mittels der einen Meßstrecke M sind die Strecken S_1, S_2 »gemeinsam meßbar«, »kommensurabel«. Die durchgängige Kommensurabilität also war den Pythagoreern dank ihres Zahlenglaubens eine ausgemachte Sache. Und da entdeckte ausgerechnet einer der ihren, Hippasos von Metapont, daß die Seite und die Diagonale eines Quadrats niemals kommensurabel sein können, und dies entdeckte er mit Hilfe des »Satzes des Pythagoras« und der pythagoreischen gerade-ungerade-Rechnerei.[92] Und als ob das alles nicht genug des Schlimmen sei, schwatzte Hippasos diesen Skandal auch noch auf offenem Markte aus, obwohl die Pythagoreer verpflichtet waren, über ihre Lehren und Erkenntnisse in geheimbündlerischer Weise strengstes Stillschweigen zu bewahren. Hippasos scheint überhaupt ein aufmüpfiger Geselle gewesen zu sein, und mit einer gewissen Erleichterung vernimmt man, daß die Götter selbst sich dieses Problems angenommen und den Frevler am pythagoreischen Komment und Kommensurabilitätsglauben mittels eines zweckdienlichen Schiffbruchs haben im Meer verschwinden lassen.[93]

Die Babylonier haben den »Satz des Pythagoras« schon seit 1800 v. Chr. gekannt. Aber nicht sie, sondern die Griechen haben mit seiner Hilfe das Phänomen der Inkommensurabilität entdeckt – und dies schon kurz nachdem sie in den Besitz dieses Satzes gekommen waren. Kaum etwas anderes zeigt so frappierend, wie sehr viel »wissenschaftlicher« das griechische Denken war als das babylonische.

Die Entdeckung der Inkommensurabilität war nicht weniger folgenreich als die Aufdeckung von Mathematik in der Musik. An der Quadratdiagonale zerschellte fürs erste der

Traum »Alles ist Zahl«, und dies brachte die Griechen dazu, ihre mathematische Kraft auf die *Geometrie* zu konzentrieren; die Geometrie ist denn auch eine der brillantesten Leistungen dieses brillanten Volkes geworden. Insbesondere wird man einen Mann wie Eudoxos von Knidos nie genug bewundern können, der bei Archytas von Tarent und Platon studiert hatte, von Diogenes Laertios zu den Pythagoreern gerechnet wird und mit unglaublichem Scharfsinn die Tükken der Inkommensurabilität mittels einer raffinierten *geometrischen* Theorie der Proportionen überwand. Als der Braunschweiger Mathematikprofessor Richard Dedekind diese Theorie im Jahre 1871 ins Arithmetische übersetzte, schuf er endlich das, was den Griechen – und der ganzen Mathematik nach ihnen – gefehlt hatte: die sogenannten irrationalen Zahlen (wie z. B. $\sqrt{2}$). Mit ihrer Hilfe lassen sich auch inkommensurable Verhältnisse zahlenmäßig beschreiben; und so gilt seit 1871 denn doch wieder der Satz »Alles ist Zahl«.

Dedekinds Vorläufer Eudoxos hat etwas wie Irrationalzahlen *in geometrischem Kostüm* geschaffen. Um aber bei dieser diffizilen Operation nicht in die Irre zu gehen, mußte er unstrittige *Hypothesen* – »Unterlagen«, »Grundlagen« – finden, von denen aus er mit zwingender Logik – *deduktiv* – weiterschreiten konnte. Dieses »hypothetisch-deduktive Verfahren« macht noch heute den Lebensnerv der Mathematik aus. Übrigens kann auch der mathematische Laie leicht einen Blick in die Schärfe und Sorgfalt des Eudoxischen Denkens und damit in den griechischen Geist auf einem seiner Gipfelpunkte tun: Er braucht sich nur vor Augen zu halten, daß Eudoxos einen so einleuchtenden Tatbestand wie den folgenden ausdrücklich hervorhob und bei Beweisen ausdrücklich heranzog: »Man kann jede vorgegebene Größe übertreffen, wenn man eine (noch so kleine) Größe genügend oft vervielfacht.«

Das hypothetisch-deduktive Verfahren hatte schon Thales ertastet, die Pythagoreer hatten es weiter ausgebildet.[94] Aber erst Eudoxos' subtile Analyse der Inkommensurabilität führte zu seiner vollen Ausgestaltung. Seinen Höhepunkt erlebte es dann in den *Elementen* des Euklid (um 300 v. Chr.), dem erfolgreichsten wissenschaftlichen Buch aller Zeiten. Die dort vorexerzierte hypothetisch-deduktive Methode hat die scholastische Theologie ebenso geprägt wie die ganz andere Cartesianische Philosophie, Newtons Physik ebenso wie Spinozas *Ethica ordine geometrico demonstrata*. Nicht zuletzt ist sie das Vorbild beim Versuch der Aufklärung gewesen, ein Naturrecht stringent aus unbestreitbaren Grundrechten zu entwickeln; man denke nur an den berühmten Anfangssatz der amerikanischen Unabhängigkeitserklärung: »Wir halten die folgenden Wahrheiten für selbstevident.« Das alles ist so gekommen, weil Seite und Diagonale eines Quadrats nicht kommensurabel sind.

Und dabei sind sie es »in Wirklichkeit« doch – nämlich dann, wenn man ein »wirkliches« Quadrat betrachtet, eines, das aus Holz oder Draht gefertigt, eines, das auf Papier oder in Sand gezeichnet ist. Macht man die Meßstrecke nur hinreichend klein (sagen wir 1 oder sogar 1/10 Millimeter), so wird sie vor unseren irdischen Augen natürlich sowohl in der Seite als auch in der Diagonale unseres irdischen Quadrats aufgehen, und jedes Weltkind wird lachen, wenn ihm der Mathematiker zu bedenken gibt, eigentlich und genau genommen und bei Lichte besehen ginge es eben doch nicht. *Die Inkommensurabilität ist nicht von dieser Welt* – und beweist gerade dadurch, daß es über der materiellen Welt noch eine Welt des reinen Geistes gibt. Kein Wunder, daß für Platon, den Künder des Ideenreichs, die Inkommensurabilität so wichtig wurde. Noch der Achtzigjährige hadert mit den Hellenen, weil sie viel zu wenig über inkommensurable Strecken wissen (derartiges könne eigentlich nicht bei Menschen, sondern nur bei Schweinen vorkommen) und rät allen Ernstes zu häufigen Gesprächen über diesen faszinierenden Gegenstand: »Alte Leute können sich damit viel reizvoller unterhalten als mit dem Brettspiel.«[95]

Das alles werden schon die Pythagoreer vor Platon gewußt haben, und schon bei ihnen wird die Mathematik zum Beweis für ein reines Reich des Geistes jenseits der verderbten Erdenwelt geworden sein, zu einem Lichtstrahl, der aus ihm in unser Jammertal scheint. Der mathematisierende Mensch löst sich aus der Trübe des Daseins unter dem Mond, er läutert seine Seele und gewinnt Teil an dem Ewigen und Göttlichen. Und so erweist sich, daß auch die Seele selbst ewig und göttlich ist.[96] Was sich den exaltierten Mänaden im Saus und Braus ihrer dionysischen Ekstasen offenbart hatte – die überirdische Seele – das wurde nun durch die bloße Existenz der Mathematik auch dem *Denken* zur Gewißheit. Man kann sich diese Verquickung von Mathematik und Theologie gar nicht eng genug vorstellen: Mathematik ist die *via sacra* zur Transzendenz.

Nicht ganz so transzendent und heilsbesorgt war der Rat gemeint, den ein venezianisches Freudenmädchen dem jungen Jean-Jacques Rousseau zurief: »*Lascia le donne e studia la matematica*« (Laß die Finger von den Frauen und studiere Mathematik).[97] Und doch hat diese Empfehlung einen gut pythagoreischen Klang, auch wenn die schöne Zulietta das nicht wußte.

Eine unauflösliche Legierung wissenschaftlicher, ästhetischer und theologischer Elemente ist auch die pythagoreische Astronomie. Der ganze Himmel, wir haben es schon gehört, ist »Harmonie und Zahl« und tönt in der wunderbaren Musik der Sphären. Sonne, Mond und Planeten sind Götter (wie bei den Babyloniern),[98] und da Kreis und Kugel die schönsten Figuren sind,[99] war es jedem Einsichtigen klar, daß diese Göttersterne sich in *Kreisen* bewegen – und zwar mit *gleichförmiger* Geschwindigkeit, wie ja auch schon ein gebildeter Mensch keine Ungleichmäßigkeit in seinem Gange hat.[100] Mit solchen Lehren mag es jeder gelassen halten, wie er will. Er sollte aber seine Gelassenheit sofort verlieren, wenn er den folgenden Satz des Aristoteles liest:

[Die sogenannten Pythagoreer in Italien] sagen, daß in der Mitte [der Welt] ein Feuer sei; die Erde aber sei eines der Gestirne und würde sich im Kreise um die Mitte drehen und Tag und Nacht machen.[101]

Die Erde – von nun an übrigens eine *Kugel* – ist nicht mehr ruhender Mittelpunkt der Welt – *sie bewegt sich*! Kein Gedanke des Altertums war kühner. Warum aber verlor die Erde ihre seit Ewigkeiten unangetastete Mittellage? Weil der Mittelpunkt der *ehrwürdigste* Ort ist, dorthin also das Ehrwürdigste gehört – das Feuer aber ist ehrwürdiger als die Erde.[102] Dieses Zentralfeuer (das nicht mit der Sonne verwechselt werden darf) wird denn auch in hymnischem Ton »Herd des Weltganzen«, »Haus des Zeus« und »Mutter und Altar der Götter« genannt.[103] Mit Argumenten dieser Art also beginnt der Weg zum kopernikanischen Weltbild, dessen anstößiger Hauptpunkt ja die »Beweglichkeit der Erde« war und das noch zu Galileis Zeiten gerne das »pythagoreische System« genannt wurde. Im Vorwort seines revolutionären Werkes *Über die Umläufe der Himmelskörper* (1543) bezieht sich Kopernikus mit denkwürdigen Worten auf den Pythagoreer Hiketas von Syrakus (5. Jahrhundert v. Chr.):

[Ich habe] mich der Mühe unterzogen, die Bücher aller Philosophen, deren ich habhaft werden konnte, durchzusehen, um zu ergründen, ob denn niemals jemand gemeint hätte, daß die Bewegungen der Weltkörper andere seien, als die Männer behaupteten, die auf den Hochschulen die Mathematik lehrten. Und da habe ich bei Cicero gefunden, daß Niketas [Hiketas] gemeint habe, die Erde bewege sich. Später habe ich auch bei Plutarch gefunden, daß gewisse andere Denker die gleiche Meinung gehabt haben. So habe ich von hier aus den Anstoß erhalten und begonnen, auch meinerseits über die Beweglichkeit der Erde nachzudenken.[104]

Der Gedanke, die Erde bewege sich, war viel zu verwegen, als daß Platon und Aristoteles nicht vor ihm hätten zurückschrecken müssen. Selbst ein mathematisches Genie ersten Ranges wie Archimedes erwähnt ihn nur beiläufig und fast abwehrend.[105] Gegen die Bewegung der Erde sprachen gute Gründe der überkommenen Physik – ein Ärgernis, mit dem sich noch Kopernikus verlegen und vergeblich herumschlug. Wer die pythagoreisch-kopernikanische *physica coelestis* zum Siege führen wollte, mußte zuerst einmal eine neue *physica terrestris* schaffen. Das waren die Motive, die Galilei zu seiner radikalen Umgestaltung der Physik trieben. Durch nichts anderes haben die Sterne das Leben auf Erden so stark beeinflußt wie durch Galileis erfolgreiches Unternehmen, eine zur Himmelsphysik passende Erdenphysik zu finden. Auch das eine Art Astrologie! Aber eine bessere als die babylonische.

Auch eine bessere als die pythagoreische. Da die Pythagoreer glaubten, die Umlaufzeiten der Sterne stünden in *ganzzahligen* Verhältnissen, ergab sich für sie mittels korrekter Mathematik, daß nach Ablauf einer gewissen Zeit (die das kleinste gemeinschaftliche Vielfache der astralen Umlaufzeiten war und »Großes Jahr« genannt wurde) der ganze Himmel wieder in seine Ausgangslage zurückkehren und nun von ihr aus den gerade vollendeten Umlauf identisch wiederholen wird. Angesichts der Schicksalsmacht der Sterne mußte sich dann aber auch das Leben auf Erden in Kreisläufen wiederholen, *alles mußte genau so wiederkehren, wie es einmal gewesen war*. Der Wissenschaftshistoriker Eudemos aus der Schule des Aristoteles sagte es in einer seiner Vorlesungen so:

Wenn man den Pythagoreern glauben soll, so werde auch ich künftig, so wie alles der Zahl nach wiederkehrt, euch [den Hörern] hier wieder Märchen erzählen, dieses Stöckchen in der Hand haltend, während ihr ebenso vor mir sitzen werdet. Auch alles andere wird sich so verhalten.[106]

Weitaus poetischer – mit Spinne im Mondschein statt Stöckchen im Hörsaal – klingt die Lehre von der ewigen Wiederkehr bei Nietzsche:

Und diese langsame Spinne, die im Mondscheine kriecht, und dieser Mondschein selber, und ich und du im Torwege, zusammen flüsternd, von ewigen Dingen flüsternd, – müssen wir nicht alle schon dagewesen sein?

– und wiederkommen und in jener anderen Gasse laufen, hinaus, vor uns, in dieser langen schaurigen Gasse – müssen wir nicht ewig wiederkommen?[107]

Nietzsche hat die Lehre von der ewigen Wiederkehr für sich reklamiert und als einen seiner gewaltigsten Gedanken gewaltig gefeiert. In Wirklichkeit ist sie eine der vier ethisch-religiösen Lehren, die mit großer Sicherheit auf Pythagoras selbst zurückgehen. Wir kennen sie schon, ich fasse sie aber noch einmal in den Worten des Porphyrios zusammen:

In erster Linie sagte [Pythagoras], daß die Seele unsterblich sei. Zweitens, daß die Seelen den Ort wechseln, indem sie von einer Art Lebewesen in eine andere übergehen. Weiter, daß alles, was einmal gewesen ist, von neuem in gewissen Kreisläufen wiederkehrt und nichts wirklich Neues ist, und daß man alle beseelten Wesen miteinander verwandt nennen soll.[108]

Eine fünfte Lehre könnte unter dem Titel »Ethische Astronomie« stehen. Nach dem Vorbild des schön geordneten, mathematisch-musikalischen *kosmos* soll nämlich auch der Mensch sein Leben geordnet und mathematisch einrichten.[109] Das war so ernst gemeint, daß der Ungerechte geradezu als Frevler am *kosmos* selbst angesehen wurde.[110] Wieder dürfen wir Platon, den Pythagoreer außerhalb der pythagoreischen Schule, zu Worte kommen lassen. Im *Gorgias* läßt er Sokrates zu dem Machtmenschen Kallikles sagen:

Die weisen Männer behaupten, Kallikles, daß Himmel und Erde, Götter und Menschen durch die Gemeinschaft und die Freundschaft, durch Ordnung, Besonnenheit und Gerechtigkeit zusammengehalten werden, und dieses Ganze nennen sie deswegen Weltordnung [*kosmos*], und nicht Unordnung oder Zuchtlosigkeit. Du aber scheinst mir darauf nicht zu achten, und trotz all deiner Weisheit bemerkst du nicht, daß die geometrische Gleichheit bei Göttern und Menschen eine wichtige Rolle spielt. Du meinst, man müsse darauf ausgehen, mehr als andere zu besitzen; denn du kümmerst dich nicht um die Geometrie.[111]

Immer wieder erscheinen also die *mathemata* als »Weg nach oben«. Die ermahnungsresistenten Griechen hörten sich das an und trieben weiter, was sie immer schon getrieben hatten: Eid- und Ehebruch und Bürgerzwist und was dergleichen freie Künste mehr sind. Sie hatten die pythagoreische Ethik viel zu nötig, als daß sie bei ihnen noch hätte anschlagen können.

Die Unterschiede zwischen den milesischen Philosophen einerseits und Pythagoras andererseits springen in die Augen. Die Milesier suchen eine entzaubernde Erklärung der Natur aus den Kräften der Natur – und suchen sie um der bloßen Erkenntnis willen. Dem Pythagoras hingegen gerät die Philosophie in erster Linie zur *Kunst der Lebensführung*; die Wissenschaften, die *mathemata*, sind nur noch Mittel erlösender Daseinsgestaltung. Daher gab es in Kroton denn auch so vieles, was zutiefst unwissenschaftlich war und in Milet undenkbar gewesen wäre: die Geheimniskrämerei, die Unterwerfung unter den Meister, der verzaubernde Wunderglaube und die Bereitschaft, überall Götter hantieren zu sehen. »[Die Pythagoreer halten] in allen solchen Dingen nicht sich selbst für einfältig, sondern die Mißtrauischen [*apistuntas*, solche wie Penelope]. Sei doch dem Gotte nicht das eine möglich, das andere unmöglich, wie die Spitzfindigen meinten, sondern ihm sei alles möglich.«[112] Und doch gedieh in diesem narkotischen Dunst ausgerechnet die kristallene Mathematik aufs prächtigste, und aus demselben Dunst trat mit schwankenden Umrissen eine übermächtige Lebensmacht hervor: die mathematisierte Naturwissenschaft. »Großer Dinge Anfang ist wie ihr Ausgang oft trüb und dunkel« (Geronimo Cardano[113]).

In seiner monumentalen Geschichte der griechischen Philosophie schreibt William Guthrie, daß im 6. Jahrhundert zwei große und innerlich sehr verschiedene Denkschulen ins Leben getreten sind, die ionische und die italische (die milesische und die pythagoreische), und daß die späteren Systeme oft am besten verstanden werden können als Ausgestaltungen der einen oder der anderen, als Versuche, sie zu kombinieren oder als Reaktionen gegen sie.[114] Mit anderen Worten: In Milet und Kroton ist das Koordinatensystem des europäischen Denkens geschaffen worden. Mit Milet und Kroton wird man sich nie genug beschäftigen können.

Der pythagoreische Bund hatte noch einen Aspekt, den ich bisher nicht erwähnt habe: Er war in Kroton und in zahlreichen anderen süditalienischen Städten politisch mächtig, weil viele wichtige Ämter mit Bundesbrüdern besetzt waren. Die Pythagoreer waren konservativ-aristokratisch; ihr erster Verfassungsgrundsatz mag etwa gelautet haben: »Alle Staatsgewalt geht vom Volke aus – aber sie kehrt nicht mehr zu ihm zurück.« Sie bleibt vielmehr bei ihnen, den Reinen und Feinen, denn solchen scheint es sehr natürlich, daß sie das Sagen haben. Den weniger Reinen und weniger Feinen scheint dies freilich weniger natürlich. Der pythagoreische Weihrauch stach den Krotoniaten allgemach unangenehm in die Nase. In einer Art von Heiligkeitsallergie fingen sie an, sich an allem Pythagoreischen zu stoßen. Es paßte ihnen nicht, daß die Pythagoreer sich gegen andere abschlossen und sich nur untereinander die Hand gaben (die Eltern freundlicherweise ausgenommen); es paßte ihnen nicht, daß die Pythagoreer in Gütergemeinschaft lebten (und so den Verwandten das Vermögen schmälerten – immer ein heikler Punkt); es kam ihnen als ethische Arroganz vor, daß die Pythagoreer ohne Abstriche zum gegebenen Wort standen (Pallas Athene hatte sich Hektor gegenüber weniger rigoros verhalten); und schließlich ging ihnen sogar auf die Nerven, daß die Pythagoreer nie später als bei Sonnenaufgang aufstanden.[115] Letzteres zeigt den Ernst der Lage, denn federleichte Vorwürfe verraten immer einen zentnerschweren Groll. Und nun kam 510 v. Chr., zwanzig Jahre nach des Pythagoras Ankunft in Kroton, der Krieg mit dem in Wohlleben und Weltlust abblühenden Sybaris. Sybaris verschwand vom Erdboden, die Krotoniaten wollten das eroberte Land unter sich verlosen, die Pythagoreer widersetzten sich dem – »da brach der heimliche Haß hervor, und das Volk sagte sich von den Pythagoreern los«.[116]

Die Trompeten des Aufstandes waren der schwerreiche und wüste Kylon, den die Pythagoreer nicht in ihren Bund hatten aufnehmen wollen, und ein demagogischer Flegel namens Ninon aus dem Lager der Volkspartei. Ninon las der versammelten Plebs vor, was er in einer »Heiligen Rede« der Pythagoreer gefunden haben wollte. Es waren grelle Sachen, die das Blut zum Kochen bringen mußten – und sollten – und hörten sich so an:

Verehret die Freunde wie die Götter, unterwerft die anderen wie die Tiere... Homer loben wir am meisten an den Stellen, da er vom »Völkerhirten« spricht. Denn er deutet damit an, daß die anderen Weidevieh sind und zeigt sich oligarchisch gesinnt... Wir fordern auf, nach der Tyrannis zu streben, da wir behaupten, es sei besser, einen Tag lang ein Stier zu sein, als sein Leben lang ein Rindvieh. Wir loben, was bei anderen gesetzlich ist, verlangen aber, man solle unsere einsamen Beschlüsse durchführen.[117]

Ninon hatte leichtes Spiel. Die Pythagoreer kamen gar nicht mehr zu Wort und flüchteten. Den Pythagoras, den Künder der Eintracht und Harmonie, muß das alles tief getroffen haben. In Kroton war er so gründlich gescheitert wie Savonarola in Florenz. Schon vor dem kylonisch-ninonischen Aufstand soll er nach Metapont geflohen sein und sich dort zu Tode gehungert haben.[118]

Auf seinem Bund ruhte kein Segen mehr. Nach den Perserkriegen drangen die radikaldemokratischen Ideen des siegreichen Athen auch in Großgriechenland ein und untergruben die Stellung der aristokratischen Pythagoreer. Um 450 v. Chr. ging die Bruderschaft in einem demokratischen Holocaust unter: In ganz Großgriechenland wurden ihre Versammlungshäuser niedergebrannt; wer nicht in den Flammen umkam, fiel dem Schwerte anheim.[119] Nur wenige konnten sich retten, und von ihnen sagt ein melancholischer Bericht, daß sie völlig entmutigt ein Einsiedlerleben führten und keinem Menschen mehr ihre Lehren mitteilen wollten; »mit den Wissenden ging auch ihr Wissen unter«.[120] Der athenischen Komödie des vierten Jahrhunderts v. Chr. waren sie die »Pythagoristen«, ein elendes Vegetarierpack, dessen *bios Pythagoreios* aus »karger Kost, Schmutz, Kälte, Schweigen, Griesgrämigkeit und Ungewaschenheit« bestand.[121] Der pythagoreische Bund, diese sonderbare Mischung von Pietistensekte und Politbüro, Diätküche und Max-Planck-Institut, dieser Bund war zu Ende.

Nur eben, daß er immer noch wirkt. Einstein war Pythagoreer, Novalis mit seinem Enthusiasmus für die *mathemata* war es nicht minder und hat die orphisch-pythagoreische Zauberstimmung und Kosmosseligkeit in seinem *Heinrich von Ofterdingen* verzaubernd eingefangen:

So sollen vor uralten Zeiten in den Ländern des jetzigen Griechischen Kaisertums, wie uns Reisende berichten, die diese Sagen noch dort unter dem gemeinen Volke angetroffen haben, Dichter gewesen sein, die durch den seltsamen Klang wunderbarer Werkzeuge das geheime Leben der Wälder, die in den Stämmen verborgenen Geister aufgeweckt, in wüsten, verödeten Gegenden den toten Pflanzensamen erregt, und blühende Gärten hervorgerufen, grausame Tiere gezähmt und verwilderte Menschen zu Ordnung und Sitte gewöhnt, sanfte Neigungen und Künste des Friedens in ihnen rege gemacht, reißende Flüsse in milde Gewässer verwandelt, und selbst die totesten Steine in regelmäßige tanzende Bewegungen hingerissen haben. Sie sollen zugleich Wahrsager und Priester, Gesetzgeber und Ärzte gewesen sein, indem selbst die höhern Wesen durch ihre zauberische Kunst herabgezogen worden sind, und sie in den Geheimnissen der Zukunft unterrichtet, das Ebenmaß und die natürliche Einrichtung aller Dinge, auch die innern Tugenden und Heilkräfte der Zahlen, Gewächse und aller Kreaturen, ihnen offenbart. Seitdem sollen, wie die Sage lautet, erst die mannichfaltigen Töne und die sonderbaren Sympathien und Ordnungen in die Natur gekommen sein, indem vorher alles wild, unordentlich und feindselig gewesen ist.[122]

Gott, Sport und Intellektuelle:

XENOPHANES VON KOLOPHON

Die Rähligion ist das, wo der Mensch hat,
das er sich fom Thürreich unterscheiden kahn.
Jozef Filser in LUDWIG THOMAS
Jozef Filsers Briefwexel

546 v. Chr. erstürmten persische Soldaten Sardes, die Hauptstadt Lydiens. Das üppige Königreich verschwand aus der Geschichte, seine leicht hinlebenden Ionierstädte unterwarfen sich fast widerstandslos den abstoßend männlichen Barbaren, die ihren Kindern nur drei Dinge beizubringen pflegten, eines schrecklicher als das andere: Reiten, Bogenschießen und die Wahrheit sagen.[123] Ein junger Ionier, fünfundzwanzig Jahre alt und zur Oberschicht gehörend, wurde aus seiner Heimatstadt Kolophon verbannt –: Er wird schon damals nicht seine Zunge im Zaum gehalten haben, wie er es auch später nie getan hat. Wie der gleichaltrige Pythagoras zog Xenophanes in den »goldenen Westen«, nach Großgriechenland. Rund siebzig Jahre lang führte er ein unstetes Wanderleben in Malta, Sizilien und Süditalien und nährte sich kümmerlich als fahrender Sänger; kaum konnte er sich zwei Sklaven leisten. Noch als Zweiundneunzigjähriger war er unterwegs:

> Siebenundsechzig Jahre sind schon verflossen, seitdem ich
> Durch das hellenische Land wandere, sorgenbeschwert;
> Noch um fünfundzwanzig vermehrt sich die Zahl, wenn ich rechne
> Von der Geburt ab, sofern mich das Gedächtnis nicht täuscht.[124]

Er hat jedoch nie die Beschwernisse und Entbehrungen seines hohen Alters beklagt, ganz anders als ein anderer Kolophonier, der lebenshungrige Lyriker Mimnermos (zweite Hälfte des 7. Jahrhunderts), der sorgenvoll das Hinschwinden seiner unteren Manneskräfte verfolgte und dem das

Greisentum »noch schauriger [war] als der grimmige Tod«.[3] Auch an Wohlstand und Wohlleben war dem Xenophanes wenig gelegen; den etwa fünfzehn Jahre jüngeren Simonides von der ionischen Insel Keos, der im Vorgriff auf Böll das »Ende der Bescheidenheit« proklamierte und seine berühmten Gesänge nur für seine berüchtigten Honorare lieferte, hat er abschätzig einen »Knicker« genannt.[4] Simonides verkaufte Verse wie etwa

> Wanderer, kommst du nach Sparta, verkündige dorten, du habest
> Uns hier liegen gesehn, wie das Gesetz es befahl –

(die werden nicht billig gewesen sein), Xenophanes aber verkündete eine *Botschaft*, und die war ihm wohl Lohns genug.

Die Botschaft zielte auf eine Umwertung aller griechischen Werte – aber in ganz anderer Weise als die Orphik. Xenophanes kennt keine Mystik, keine Weltflucht und keine Sorge um Seelenheil und Erlösung. Er ist vielmehr der antimystische und antimythische Denker *par excellence*, die stechende Spitze der ionischen Aufklärung.

Xenophanes' Geistesgang hat mit der schmählichen Katastrophe Ioniens zu tun; sie muß den stolzen Mann tief getroffen haben. Ihn wird, wie viele Deutsche nach 1945, die Frage umgetrieben haben, was denn so krank und faul in den überlieferten Werten gewesen sei, daß ein so tiefer Sturz geschehen konnte? Die Deutschen fragten und quälten sich weit in ihre Vergangenheit zurück: über Nietzsche, Friedrich den Großen und Luther bis hin zu jenem Hermann, der in den Teutoburger Sümpfen mit perniziösem Eifer das Recht der Altvordern verteidigt habe, unbehelligt von höherer Kultur das deutsche Schwein im deutschen Wald mit deutschen Eicheln mästen zu dürfen. Xenophanes fragte radikaler. Ein erstes Krebsgeschwür – aber nur das *erste* und *sichtbarste* – sah er im ionischen Lebensraffinement. Mit schneidenden Worten wirft er den Kolophoniern vor, sie hätten »nutzlose Feinheiten von den Lydern gelernt, solange sie noch frei waren von der verhaßten Tyrannis« und hätten in üppigstem Kleider- und Frisurenprunk geschwelgt, »triefend vom Duft künstlich bereiteter Salben«.[5] Er wird den Hinweis nicht ausgelassen haben, Freiheit ertrinke am schnellsten in Eau de Cologne. Aber dann grub er tiefer, viel tiefer, und entdeckte das gefährlich-schöne Vorbild des ionischen Lotterlebens in Homers und Hesiods Lottergöttern:

Alles haben Homer und Hesiod den Göttern angedichtet, was nur immer bei den Menschen Schimpf und Schande ist: Stehlen, Ehebrechen und sich gegenseitig Betrügen.[6]

Xenophanes hatte nicht unrecht. Das *savoir vivre* der Olympier konnte tatsächlich zu anhaltendem sittlichen Kopfschütteln Anlaß geben; wir wissen es schon.

Aber Xenophanes grub *noch* tiefer. Die Wurzel des Übels schien ihm zu sein, daß die Dichter ihrem Publikum weisgemacht hatten, *Götter seien menschenähnlich*, sie »würden geboren und hätten Gewand, Stimme und Gestalt« wie unsereiner.[7] Von menschenähnlichen Göttern aber mußte man menschenähnliches Verhalten erwarten – keine erfreuliche Aussicht. Doch nicht nur das –: Einem weitgereisten Ionier wie Xenophanes war klar, daß für Götter nichts tödlicher sein konnte als »Menschenähnlichkeit«. *Welchen* Menschen sollten sie denn ähneln? Immerhin gab es die allerverschiedensten Sorten! Der Anthropomorphismus mußte hinauslaufen auf eine unverbindliche Theologie des *chacun à son goût*, die Kraft weder hatte noch gab:

Die Äthiopier stellen sich ihre Götter schwarz und stumpfnasig vor, die Thraker dagegen blauäugig und rothaarig.[8]

Und warum eigentlich beim *Anthropo*morphismus stehenbleiben? Warum nicht weitergehen zu einem *Zoon*morphismus? Bei der Abfassung der nun folgenden Hohnzeilen könnte Voltaire dem Aufklärer aus Kolophon zur Hand gegangen sein:

Wenn Ochsen, Pferde oder Löwen Hände hätten und damit malen und Werke wie die Menschen schaffen könnten, dann würden die Pferde pferdeähnliche, die Ochsen ochsenähnliche Göttergestalten malen und solche Körper bilden, wie sie selber haben.[9]

Schon Homer war nicht sehr pfleglich mit seinen Göttern umgegangen, in der Lauge des Xenophanes aber lösen sich die olympischen Prachtgestalten vollends auf. Dabei ist diese Lauge, oberflächlich gesehen, recht harmlos, sie heißt »vergleichende Anthropologie«. Die Aufklärung des 18. Jahrhunderts hat sie noch einmal mit verheerenden Wirkungen über die etablierte Religion ausgegossen.

Ihre rabiateste Wirkung aber hat sie erst im 19. Jahrhundert getan. Damals schrieb Ludwig Feuerbach mit dem Stolz des Erstentdeckers in abstrakten Worten nieder, was der kolophonische Wandersänger in seiner bildkräftigen Sprache schon längst gesagt hatte: »*Die Theologie ist Anthropologie*... Der Gott des Menschen ist nichts andres als das vergötterte Wesen des Menschen.«[10] Dieser Satz war unbequem für Thron, Altar und Salon und hätte deshalb wenig Zukunft gehabt, wenn er nicht einen Siebenundzwanzigjährigen namens Karl Marx auf den radikalen Gedanken gebracht hätte, die Feuerbachsche »Verdoppelung der Welt in eine religiöse und eine weltliche« sei nur zu erklären »aus der Selbstzerrissenheit« der weltlichen Grundlage. Letztere müsse deshalb »praktisch revolutioniert werden«.[11] Inzwischen wissen wir mehr über die Folgen dieser Revolutionierung, als der Bürgersohn aus Trier sich je hätte vorstellen können.

Xenophanes hat aus dem Feuerbachschen Satz, der sein eigener war, eine andere Konsequenz gezogen als Marx, freilich eine nicht weniger radikale: Er hat, um den gottgefährdenden Anthropomorphismus im Keime zu ersticken, dem göttlichen Wesen *restlos jede menschliche Eigenschaft abgesprochen*. In einer Art negativer Theologie reinigt er seinen Gott von allen Menschen- und Erdenresten. Der neue Gott sei »weder an Gestalt den Sterblichen ähnlich noch an Gedanken«, habe denn auch weder Augen noch Ohren – vielmehr sei er (völlig unvorstellbar) »ganz Auge« und »ganz Ohr«. Er wirke auch nicht, wie die olympischen Götter, mit körperlichen Organen (die er nicht habe) oder mit materiellen Mitteln (die er nicht brauche) – er »erschüttere« alles allein mit *Geistes*kraft, ohne jede Mühe. Von selbst versteht sich nun, daß er nicht, wie die umtriebigen Götter Homers, in allen möglichen Geschäften von einem Ende der Welt zum andern hastet – nein, dieser gereinigte und gebleichte Gott bleibt in starrer Bewegungslosigkeit immer am selbigen Ort.[12] *Gott ist das ganz andere*, und zwar so sehr, daß man noch nicht einmal sagen kann, er sei Geist – denn er ist »geistiger als Geist«.[13] Wir Spätgeborenen sollten ihn besser gar nicht »Gott« nennen, weil uns dabei zu leicht Michelangelos alter Mann mit weißem Bart vor Augen tritt; wir sollten den Gott dieses ionischen Aufklärers vielleicht mit dem neutralen Wort der französischen Aufklärung *l'être suprême*, »das höchste Wesen«, nennen. Xenophanes hat das mosaische Gebot, sich von Gott kein Bildnis noch Gleichnis zu machen, nicht gekannt und doch viel ernster genommen als die Maler der Renaissance und ihre kirchlichen Mäzene.

Er hat auch Jahwes Gebot »Du sollst keine anderen Götter haben neben mir« nicht gekannt und dennoch ernst genommen. Jahwe hatte seine liebe Not mit den zahllosen rivalisierenden Göttern um sich herum; er wußte sehr gut, warum er dieses Gebot erlassen und akzentuierend an den Anfang seiner Gesetzestafel gestellt hatte. Xenophanes drückt sich ähnlich (und ähnlich paradox) aus, wenn er lehrt, es gäbe nur *einen einzigen Gott* – und dieser *einzige* Gott sei der größte *aller* Götter.[14] Die ewig jugendfrische Frage, ob Xenophanes Monotheist gewesen sei, mag nun der Leser, wenn er will, selbst entscheiden (er sollte es aber lieber *nicht* wollen).

So also sieht der Versuch des Xenophanes aus, Gott durch Ent-Menschlichung zu retten und anständig zu machen. In seinem zornigen Kampf gegen Homer hat der Reformer ganz übersehen, daß er damit eigentlich nur das Reinigungswerk des alten Sängers fortsetzt, der rohe Vorzeitgottheiten zu schönen Olympiern und urtümliche Brutalitäten zu einer lockeren Moral veredelt hatte.

Die Griechen haben den theologischen Abstraktionen des Xenophanes keinen Geschmack abgewinnen können. Die Frage »Monotheismus oder Polytheismus?« war ihnen keine. Die Gestaltlosigkeit des *être suprême* konnte ihnen noch weniger zusagen; diesem bildhungrigen Menschenschlag waren die Christen gerade deshalb Atheisten, weil sie Götterbilder weder hatten noch begehrten. Um so merkwürdiger, daß der unanschauliche, starre, nur geistig agierende Gott des Xenophanes ausgerechnet einen ihrer größten Dichter beeindruckt hat. Kaum fünfzehn Jahre nach dem Tod des herben Philosophen konnte man sehr xenophantisch klingende Verse des grüblerischen Äschylos hören:

> Tat ohne Müh – Götterart ist's!
> Sitzend sein Planen irgendwie
> Führt aus sich selbst er ganz und gar
> Durch von erhabnem Thron aus.[15]

Wahrscheinlich hätte es den Dichterfeind Xenophanes gefreut, daß endlich einmal ein Dichter zur Vernunft gekommen sei und mit ihm an der Amelioration Gottes arbeite.

Bei Äschylos sitzt Zeus auf einem Thron; dem *être suprême* des Xenophanes war ein »Sitzen« nicht angemessen. Wo aber befand es sich?

Die Frage ist heikel. Ein gestaltloses Wesen kann eigentlich nirgendwo sein, weil jede Lokalisierung eine Abgrenzung und damit auch eine gestaltgebende Konturierung bedeutet. *Nirgendwo* kann man am besten sein, wenn man *überall* ist, und so sagt denn auch ein alter Bericht:

Im Gegensatz zu den Vorstellungen der übrigen Menschen behauptet Xenophanes, das All sei eins, und die Gottheit sei mit der Gesamtheit der Dinge verwachsen.[16]

Noch zugespitzter soll er behauptet haben: *Alles ist eins, und dieses Eine ist Gott.*[17] Spinoza sagt dasselbe mit seiner berühmten Formel *deus sive natura*, Gott = Natur, und da man ihn deshalb einen Pantheisten genannt hat, wird man auch Xenophanes einen Pantheisten und sogar den Ahnherrn aller Pantheisten nennen dürfen – unter ihnen auch Goethe, der von sich gesagt hat, als Naturforscher sei er Pantheist (als Dichter wollte er lieber Polytheist sein; Goethe hat es häufig am theologischen Ernst fehlen lassen).[18]

Nun hat es mit dem Pantheismus die verwirrende Bewandtnis, daß der *theos* (Gott), den er im Namensschild führt, sich durch seine Allverbreitung so verdünnt, daß er schließlich völlig verschwindet; Schopenhauer hat deshalb den Pantheismus »eine Euphemie für Atheismus« genannt und erläuternd hinzugefügt, ein unpersönlicher Gott sei gar kein Gott, sondern bloß ein mißbrauchtes Wort.[19] Die Griechen werden ähnlich gedacht haben, und der bedeutende Philosophiehistoriker John Burnet hat wohl recht mit seinem Verdacht, daß die Zeitgenossen des Xenophanes den stacheligen Philosophen eher einen Atheisten als irgend etwas anderes genannt haben werden.[20] Was Xenophanes von den Göttern zu sagen wußte, muß den Hellenen schokkierend vorgekommen sein. Mit der allen vertrauten Überlieferung hatte das nichts mehr zu tun; der neue Gott war offensichtlich in solitärer Heimarbeit verfertigt worden. Und nicht nur das –: Xenophanes legte sich so rabiat mit Tradition und Brauchtum an, daß einem Hören und Sehen vergehen konnte. Die spannend-heiligen Geschichten von den Kämpfen der Titanen und Kentauren sollten auf einmal wertlos sein, nichts als »Fabeln vergangener Zeit«[21] (es war, als wollte man uns das »Wort zum Sonntag« *und* den Freitagskrimi gleichzeitig wegnehmen); als die Eleaten ihn fragten, ob sie der Leukothea opfern und sie als Tote betrauern sollten, stieß er die guten Leute mit dem Rat vor den Kopf, wenn sie die Leukothea für eine Göttin hielten, sie nicht zu beklagen, wenn aber für einen Menschen, ihr nicht zu opfern.[22] Nach solchen Proben war es dann nicht mehr verwunderlich, daß der Mann aus Ionien von der ehrwürdigen Institution der Weissagung rein gar nichts hielt[23] und sogar dem Epimenides am Zeug flickte,[24] der doch mit ausgesuchten Künsten die Stadt Athen entsühnt und geistlich ins Lot gebracht hatte, ein Mann, der schon deshalb einer allgemeinen Hochschätzung sicher sein durfte, weil er sich während eines siebenundfünfzigjährigen Schlafs in einer heiligen Grotte zur Heiligkeit emporgeschlafen hatte und seine *psyche* (ohne Körper!) nach Belieben auf ausgedehnte Exkursionen schicken konnte. Nicht einmal den Dreiviertelsgott Pythagoras verschonte der enragierte Rationalist mit seinem Hohn. Er schien tatsächlich nach seinem Motto zu leben, außer der Vernunft sei das meiste minderwertig.[25] Ein einziges Mal hat er die Trampelpfade der Tradition *nicht* verlassen –: mit dem banalen Rat, beim Zechen nur so viel zu trinken, daß man ohne Begleiter nach Hause gelangen könne[26] (eine Art Promilleverordnung für Fußgänger).

Die Milesier hatten sich um die Götter wenig gekümmert; ihr Anliegen war ja gerade gewesen, die Natur gott-los zu machen, um sie erforschen zu können. Wenn Thales, wie es eine unsichere Überlieferung will, tatsächlich gesagt haben soll »Alles ist voll von Göttern«,[27] so gibt dieser eine Satz wenig für eine »Theologie des Thales« her: Er kann auf eine tiefe Privatfrömmigkeit des Weisen deuten, er kann ein rabiater Angriff auf die homerischen Götter oder auch ein hingeplaudertes Aperçu beim *five-o'clock tea* gewesen sein. Mit Xenophanes stand es anders. Nach Cicero hat er als einziger unter den frühesten Philosophen das Dasein der Götter behauptet:[28] Xenophanes hat es ernst gemeint mit Gott. Das ist Gott nicht gut bekommen, denn der kolophonische Rationalist hat ihn so entfleischt und entbeint, so vergeistigt und verdünnt, daß er schließlich in

Rauch aufgegangen ist. Die reformerische Kräftigungskur endete in einem fatalen Schwächeanfall.

Xenophanes war Pantheist und Mythenkritiker, Spinoza war Pantheist und Bibelkritiker, und ihn hat seine jüdische Gemeinde wegen »schrecklicher Irrlehren« aus ihren Reihen ausgestoßen. Dem Xenophanes hätte ähnliches widerfahren können, aber nicht wegen seiner Angriffe auf die Volksreligion, sondern wegen seiner Polemik gegen das eigentliche Venerabile der Griechen – und das war der Sport.

Man stellt sich die Griechen gerne als ein Volk von Künstlern und Philosophen vor. Nichts könnte weiter von der Wahrheit entfernt sein. Die Griechen waren in erster Linie Sportler, in zweiter Linie Streithähne, in dritter, vierter und fünfter Linie etwas, das uns hier nicht zu kümmern braucht, und erst in sechster und siebenter Linie Künstler und Philosophen. Und deshalb muß ich vom griechischen Sport reden. Zur Einstimmung erst ein weniges vom deutschen.

Am 8. Juli 1990 hatte Andreas Brehme das Endspiel zwischen Deutschland und Argentinien um die Fußballweltmeisterschaft nur fünf Minuten vor dem Abpfiff mit einem Elfmeter aus dem Feuer gerissen: Es stand 1:0 für Deutschland, und dabei blieb es. Zwei Tage später konnte ich in meinem Heimatblättchen unter der Überschrift »Unsterblicher Brehme« lesen:

Der in Hamburg geborene Brehme ist mit dem erfolgreichen Torschuß »unsterblich« geworden und wird sich in der Reihe von Helmut Rahn und Gerd Müller wiederfinden, die 1954 in Bern sowie 1974 in München mit ihren Siegtoren unvergänglichen Ruhm geerntet haben.

Kein Philhellene wird über diese emphatischen Zeilen lachen, denn in ihnen hört er den vollen Ton Homers. In der *Odyssee* muntert der Sohn des Phaiakenkönigs den Odysseus mit fast denselben Worten dazu auf, an einem Wettkampf teilzunehmen:

Liegt doch der größte Ruhm des Mannes, solang er am Leben,
In den Taten, die er mit Händen und Füßen vollführte.[29]

In der *Ilias* wird das Staatsbegräbnis für Patroklos gekrönt mit Wagenrennen, Boxen, Ringkampf, Wettlauf, Waffenkampf, Bogenschießen und Speerwerfen – ein Leichenprogramm, das uns nicht mehr (und noch nicht wieder) selbstverständlich ist.

Und dann: Es waren die Griechen, die die Olympischen Spiele erfunden haben; die offizielle Chronologie dieser Feste beginnt schon 776 v. Chr. Zunächst gab es nur eine einzige Disziplin, den Stadionlauf, ein Wettrennen über knapp 200 Meter. Der Stadionlauf ist immer der vornehmste Wettkampf geblieben, mehr noch: Die griechische *Längenmessung* war auf Stadien, auf Sportplatzlängen, gegründet. Ein Hellene würde sagen, daß Mannheim von Karlsruhe rund 300 Stadien, 300 Sportplatzlängen, entfernt ist. Auch die griechische *Datierungsmethode* war in den Olympischen Spielen verankert. Von Pythagoras wird berichtet, er sei »in der zweiundsechzigsten Olympiade« nach Italien gekommen, »als Eryxias von Chalkis im Stadionlauf siegte«.[30] Ein modernes Gegenstück hierzu wäre: »Präsident Reagan besuchte Deutschland in dem Jahr, da Boris Becker zum ersten Mal in Wimbledon siegte«.

Olympia war in erster Linie nicht eine Sportanlage, sondern ein sakraler Ort mit einem gewaltigen Zeustempel. Die kultischen Feiern und sportlichen Wettkämpfe fanden in der heißesten Zeit des Jahres (Ende Juli/Anfang August) statt. Unterbringung und Verpflegung, vor allem die Wasserversorgung, waren miserabel; nicht wenige Teilnehmer starben vor Erschöpfung und Durst. Und doch ist sogar der abgebrühte Spötter Lukian, der Voltaire der Antike, nicht weniger als viermal zu den Olympischen Spielen gereist; sie waren eben das Herrlichste der Alten Welt. Auch die Sportler waren vielen Fährnissen ausgesetzt. Es kam durchaus vor, daß ein Athlet während der Siegerehrung vor Überanstrengung tot umfiel. Beim Faustkampf ging es selten ohne Beschädigung der Ohren ab; das zerquetschte Ohr war geradezu ein Markenzeichen des Boxers. Nachhaltigen Ruhm konnte er sich erwerben, indem er eingeschlagene Zähne nicht ausspuckte, sondern beherzt hinunterschluckte. Der zweifache Pankrationssieger Arrhichion von Bassai wurde bei den Olympischen Spielen des Jahres 564 v. Chr. von seinem Gegner geradewegs erwürgt. Der erfahrene Arrhichion aber hatte dem Konkurrenten während des Kampfes mit Bedacht einen Zeh gebrochen und ihn so gezwungen, Sekunden vor seinem (Arrhichions) Tod das Zeichen zur Aufgabe zu geben. Zum Ärger des Würgers erklärten die Schiedsrichter daraufhin den mühsam umgebrachten Arrhichion zum Sieger.

Wer aber seinen Sieg überlebte, war ein gemachter Mann, sein Ruhm stieg zum Himmel. Als materielles Unterfutter der Glorie gab es in den reicheren Städten substantielle Prämien. Selbst Solon, einer der weisesten der Sieben Weisen, befaßte sich mit dieser Sache: Auf seinen Rat hin warf Athen 100 Drachmen für einen Sieg bei den Isthmischen Spielen, 500 Drachmen für einen bei den Olympischen aus. Darüber hinaus wurde der Olympionike (Olympiasieger) sein Leben lang auf Staatskosten gespeist. (Den Sokrates hat die öffentliche Hand nur einmal gastronomisch versorgt, und zwar mit Schierlingssaft.) Herodot hebt immer hervor, wenn einer seiner Akteure einen angesehenen Wettkampf gewonnen hat. Von dem Spartanerkönig Demaratos schreibt er:

> [Demaratos] hatte sich in Lakedaimon durch viele Taten und große Einsicht berühmt gemacht und war der einzige König von Sparta, der je den Lakedaimoniern einen olympischen Sieg im Wagenrennen verschafft hat.[31]

Von Athleten, die nicht nur einmal, sondern gleich mehrfach in illustren Wettkämpfen gesiegt hatten, sprach man noch nach Jahrhunderten. Das Musterexemplar dieser Gattung war der bärenstarke Ringer Milon von Kroton. Nicht weniger als sechs olympische Siege wurden ihm zugeschrieben, dazu sechs Siege bei den Pythischen, zehn bei den Isthmischen und neun bei den Nemeischen Spielen. Als der gefeierte Arzt Demokedes von Kroton die Tochter Milons heiratete, meldete er dies sofort dem Großkönig Dareios, dessen Leibarzt er gewesen war. »Der Name des Ringkämpfers Milon war nämlich auch beim persischen König sehr berühmt. Aus diesem Grunde hat auch Demokedes, glaube ich, diese Heirat so beeilt und viel Geld dafür aufgewendet. Dareios sollte sehen, daß er auch in seiner Heimat ein angesehener Mann sei.«[32] Sogar für einen Großmediziner war es eine Ehre, Schwiegersohn eines Großringers zu werden.

Vollends anbetungswürdig waren die Athleten*dynastien*, wie etwa die des Diagoras von Rhodos, siegreicher Faustkämpfer in Olympia und bei vielen anderen Spielen, dazu Vater von drei und Großvater von zwei Olympioniken. Zwei seiner Söhne siegten am gleichen Tag bei den Olympischen Spielen des Jahres 448 v. Chr. Da dieses Lebensglück wohl nicht mehr zu überbieten war, soll ein Spartaner dem Diagoras zugerufen haben: »Stirb, Diagoras, denn in den Olymp wirst du nicht aufsteigen.«[33] Diagoras soll denn auch tatsächlich vor lauter Glück noch in Olympia pünktlich verblichen sein.[34] Der gewaltige Athlet galt den Leuten schließlich als Sohn des Gottes Hermes.

Nicht weniger angestaunt wurden diejenigen Athleten, die bei allen vier »Heiligen Spielen« – in Olympia, am Isthmos, in Nemea und in Delphi – gesiegt hatten. Sie hatten den *periodos*, den Umlauf, gewonnen und wurden Periodoniken, Umlaufsieger, genannt. Jedem Tennisfan fällt hier der *Grand Slam* ein, der Sieg (in ein und demselben Jahr) bei den vier Grand-Prix-Turnieren in Melbourne, Paris, Wimbledon und Flushing Meadow. Den Periodoniken Theogenes von Thasos machten die Thasier nach seinem Tod in überschäumender Verehrung zu einem Heilgott.

Was in unserer prosaischen Gegenwart die Athleten vollständig vermissen müssen, hatten die hellenischen Wettkämpfer in reichem Maße: die Preisung durch einen Dichter. Der große Pindar scheint kaum etwas anderes verfertigt zu haben als Gesänge zum Ruhme der Sieger bei den »Heiligen Spielen«. Den schon erwähnten Boxer Diagoras feiert er in der 7. Olympischen Ode als »den Mann, der mit der Faust Gedeihen hat gefunden«. Zeus, so die Bitte des Dichters, möge dem gefürchteten Draufschläger »achtunggebietende Holdheit« verleihen – Holdheit! Das wird selbst dem vielvermögenden Zeus nicht leichtgefallen sein.

Wie sehr der Sport zum Gewebe des hellenischen Lebens gehörte, wird aufs deutlichste durch den Umstand belegt, daß große Denker sich ganz ungezwungen sportlicher Metaphern bedienten. In einer seiner Mahnreden soll z. B. Pythagoras empfohlen haben, sich die Wettläufer zum Vorbild zu nehmen. »Denn auch sie tun den Gegenspielern nichts Böses, sondern trachten nur danach, selbst den Sieg zu erlangen.«[35] Selbst der Apostel Paulus stellt Bilder aus dem Sport in den Dienst seiner Mission:

> Wißt ihr nicht, daß die Läufer in der Kampfbahn alle laufen, daß einer aber den Siegespreis erhält? Laufet so, daß ihr ihn gewinnt. Jeder Wettkämpfer aber lebt völlig enthaltsam, diese, um einen vergänglichen Kranz zu erhalten, wir aber einen unvergänglichen. So laufe ich also nicht wie ins Ziellose, ich kämpfe im Faustkampf nicht wie einer, der Luftstreiche macht, sondern ich schlage meinen Leib mit Fäusten und knechte ihn, damit ich nicht, nachdem ich anderen gepredigt habe, selbst unbewährt sei.[36]

Erst auf diesem Hintergrund hellenischer Sportbesessenheit wird deutlich, *wie* bilderstürmerisch die untenstehenden Zeilen des Xenophanes sind. In ihnen stellt sich der neue Geistmensch, der seine ersten Konturen in Homers Sänger gefunden hatte, scharf und selbstbewußt gegen das Unangefochtenste des griechischen Lebens, die »ewige Turnerei« (Jacob Burckhardt); laut sagt er, er sei mehr wert als der Athlet, kommt in dieser rabiaten Entgegensetzung zu sich selbst und ist von nun an vorhanden. Der folgende Text ist die Geburtsurkunde des modernen Intellektuellen (Hervorhebungen von mir):

Nun gut, wenn einer mit der Schnelligkeit der Füße einen Sieg erränge oder als Fünfkämpfer, dort wo der Hain des Zeus an den Fluten des Pises in Olympia, oder als Ringer oder auch, weil er den schmerzhaften Faustkampf beherrscht oder den schrecklichen Wettkampf, den sie Pankration nennen: für seine Mitbürger wäre er herrlicher anzuschauen, und einen Ehrensitz vor aller Augen bei den Veranstaltungen würde er erhalten, und Speisungen gäbe es aus öffentlichem Vermögen, gewährt von der Gemeinde, und ein Geschenk als kostbaren Besitz; oder auch, wenn er mit seinen Pferden siegte, würde er das alles erhalten – *er, der dessen nicht so würdig ist wie ich. Ist besser als Kraft von Männern und Pferden doch unsere Kunst und Kenntnis. Nein, durchaus willkürlich ist dieser Brauch, und nicht ist es recht, Stärke höher zu schätzen als nützliche Weisheit.* Denn mag einer tüchtig sein im Volk als Boxer oder als Fünfkämpfer oder im Ringkampf oder sogar durch Schnelligkeit der Füße, was am meisten gilt unter den Disziplinen, die es beim Wettkampf gibt, *so wäre deshalb die Stadt nicht mehr als vorher in guter Ordnung* und kurz wäre das Vergnügen, das die Stadt daran hätte, wenn einer im Wettkampf siegte an den Ufern des Pises [in Olympia]: *Denn nicht bereichert das die Kammern der Stadt.*[37]

Etwa hundert Jahre nach diesem Manifest wird Platon fordern, die ganze Regierungsgewalt in die Hände der Philosophen zu legen. Noch heute reden wir uns die Köpfe heiß über das Verhältnis von Geist und Macht.

Schlechthin revolutionär in dem obigen Text ist der Satz »Nein, durchaus willkürlich ist dieser Brauch«. Hier wird zum ersten Mal eine unbefragte Sitte als willkürliche Konvention dekuvriert und sehr zu ihrem Nachteil am Maßstab eines wahren Wertes – Weisheit – gemessen. Xenophanes schlägt als erster ein Thema an, das in kurzem das große und gefährliche Thema der griechischen Sophistik und dann wieder das große und gefährliche Thema der europäischen Aufklärung sein wird: der Gegensatz – und Kampf – zwischen *nomos* und *physis*, zwischen »Satzung« und »Natur«, zwischen »Herkommen« und »Richtigkeit«. Der herbe Kolophonier hätte sagen können, was Helvetius in einem der Grund-Bücher der Aufklärung gesagt hat: »Man kann die großen Reformen nur dadurch bewerkstelligen, daß man die stupide Verehrung der Völker für die alten Gesetze und

Gewohnheiten schwächt.«[38] Die Schwächung besorgte Xenophanes mittels seiner Spottgedichte (*silloi*); die Alten bewunderten ihn als Schöpfer dieser Literaturgattung. Er wußte, daß Lachen nachhaltiger tötet als Ernst. Was er noch nicht wissen konnte, war, daß der Weg zum Neuen ein Kreuzweg ist: In der einen Richtung geht es zur Humanität, in der anderen zur Bestialität.

Wie die Aufklärer des 18. Jahrhunderts, insistiert Xenophanes auf »Nützlichkeit«: Er ist der erste Utilitarier. Der prächtige Unsinn des Athletenwesens, meint er, fördert weder die »gute Ordnung« noch den Wohlstand; die »nützliche Weisheit« jedoch (so darf man hinzufügen) tut gerade das. Er wird es als verdienstlicher angesehen haben, sich zu Hause um den Stadtsäckel zu kümmern, als in Olympia einen Arrhichion zu erwürgen. Auch in dem, was den Griechen fast so teuer war wie der Sport – Parteisucht und Bürgerzwist – sieht er »nichts Nützliches«[39] (noch nicht einmal Mittel gegen Langeweile). Xenophanes ist so sehr Utilitarier, daß er, wie seine späteren Geistesbrüder in London und Paris, ohne Scheu in die Lächerlichkeiten eines *völlig* entfesselten Nützlichkeitsdenkens hineintappt: Die Sonne, wie sich von selbst versteht, ist lebensförderlich, der Mond hingegen – und hier zucken wir zusammen – ganz einfach überflüssig;[40] ein Mondnachtgedicht von Eichendorff hätte Xenophanes nach den ersten Zeilen weggelegt.

Nichts ist leichter, als die philosophische Lunte an das Nützlichkeitsdenken zu legen; man braucht nur zu fragen »Nützlich *wozu*?« Freilich erinnert dies ein wenig an die überkluge Frage, was denn Gesundheit sei. Es ist noch keine Antwort gefunden worden, die jeden Philosophen befriedigt hätte; es ist aber auch noch kein Philosoph gefunden worden, der nicht bei Zahnschmerzen zum Zahnarzt und bei Leibschmerzen zum Internisten gegangen wäre. Zum Glück gilt von den lebenswichtigen Dingen das angelsächsische *you know them when you see them*.

Als ein frühgeborenes Kind des 18. Jahrhunderts erweist sich Xenophanes auch mit dem ermutigenden Satz:

Keineswegs haben die Götter von Anfang an alles den Sterblichen aufgezeigt, sondern mit der Zeit finden sie suchend Besseres vor.[41]

Die Welt ist kein Garten Eden, aber mit eigenen Kräften – er muß sie nur benutzen – kann der Mensch sein Los *verbessern*. Was Xenophanes hier in zwei Zeilen skizziert, ist die erste Kulturentwicklungstheorie, ein Gegenstück zu Anaximanders biologischer Entwicklungslehre. (Es heißt übrigens, Xenophanes habe noch den Anaximander »gehört«.) Eine *Entwicklungs*theorie der Kultur war keineswegs selbstverständlich. Die mythisch befangenen Frühgriechen glaubten, die großen Kulturtatsachen, wie Ackerbau und Handwerk, seien den Menschen in fertiger Form von den Göttern gegeben worden. Allenfalls hatte noch ein anderer seine Hand im Spiel, nicht geradezu ein Gott, aber doch ein Titan: Prometheus (= der Vorausdenkende). Aber wenn man *ihn* heranzog, bekam die Kultur leicht einen gewissen Hautgout, denn dann war sie den Göttern abgelistet worden von einem »Krummes Sinnenden«,[42] und es mochte sein, daß nur ein mittelmäßiger Segen auf ihr ruhte. Dem pessimistischen Epiker Hesiod jedenfalls, an dem Xenophanes übrigens kein gutes Haar läßt, erscheint um 700 v. Chr. die Geschichte der Menschheit als ein kaum unterbrochener Abstieg ins Elend der Gegenwart, die »keine Rettung im Unheil« mehr kennt,[43] während doch das Ganze aufs schönste angefangen hatte mit dem Geschlecht der goldenen Menschen:

> Und die lebten wie Götter und hatten nicht Kummer im Herzen,
> Fern von Mühen und frei von Not, nicht drückte das schlimme
> Alter auf sie, sondern allzeit behend an Beinen und Armen
> Lebten sie freudig in Festen, weitab von allen den Übeln;
> Starben, als käme ein Schlaf über sie.[44]

Bei Xenophanes hingegen beginnt die Menschheit in Not und Rohigkeit und arbeitet sich dann mit eigenen Kräften langsam in eine Kultur empor, die den Menschen erst Mensch sein läßt. Da gerade Dichter zu einer Hesiodischen Verparadiesierung urtümlicher Zustände neigen, mag es gut sein, auch einen Dichter gegen diesen lähmenden Selbstbetrug aufzubieten, keinen Luftikus und Muntermacher, sondern am besten einen schwerblütigen Tragiker, sagen wir Äschylos. Etwa zwanzig Jahre nach dem Tod des Xenophanes läßt Äschylos seinen Prometheus schildern, »was beim Erdvolk es an Leiden gab«: Das Denken der frühen Menschen war ein wirres Träumen, sie kannten weder das Stein- noch das Holzhaus »und hausten eingegraben gleich leicht wimmelnden Ameisen in Erdhöhlen ohne Sonnenstrahl«. Sie hatten keine astronomischen Kennzeichen für den Wechsel der Jahreszeiten, und »ohne Verstand war all ihr Handeln«. Und nun beschreibt Prometheus, auf dem die volle Sympathie des Dichters ruht, bis ins einzelne die Kultur, die er diesen Kümmerlingen gebracht hat: Er zeigte ihnen die Elemente der Astronomie; erfand für sie die Zahl, »den höchsten Kunstgriff geistger Kraft« (das könnte von Pythagoras sein); gab ihnen die Buchstaben und machte ihnen die Natur untertan, um die Mühsal der Arbeit zu vermindern:

> Auch spannt als erster ich ins Joch mächtig Getier,
> Kummet und Lasten tragend Fron zu tun, auf daß
> Den Menschen größter Arbeitsmühn Abnehmer nun
> Sie würden; vor den Wagen führt ich zügelzahm
> Das Roßgespann, ein Prunkstück überreicher Pracht.
> Das Meer zu kreuzen, sann kein andrer aus als ich
> Linnenbeflügelt Fahrzeug für das Schiffervolk.[45]

Das alles hätte auch Xenophanes sagen können, nur eben, daß er dabei Prometheus aus dem Spiel gelassen und das ganze Kulturverdienst den Menschen selbst zugeschrieben hätte. Aus den wenigen Fragmenten, die auf uns gekommen sind, wissen wir freilich nur, daß er die lydische Erfindung des Geldes ausdrücklich erwähnt hat.[46]

Die milesischen Philosophen, die »Physiker«, hatten ihre ganze Kraft auf die Erforschung der *Natur* konzentriert; der *Mensch* war nicht Gegenstand ihrer Spekulation gewesen (wobei man allerdings nicht vergessen darf, daß Thales und Anaximander sich in anderer Weise um den Menschen kümmerten: Sie waren praktisch tätige Politiker). Pythagoras hatte sich aus eher religiösen Motiven den Sterblichen zugewandt: Er hatte sie erlösen wollen. Mit Xenophanes beginnt eine neue Richtung in dem reichen Denken Ioniens: Der *Mensch* wird nun Gegenstand *wissenschaftlichen* Nachdenkens, es entstehen die Anfänge einer rationalen Anthropologie. Um so bemerkenswerter, daß bei Xenophanes das ionische Grundinteresse an der Natur noch ungebrochen vorhanden ist; den Alten war er denn auch ein »Naturphilosoph«.[47] Er kennt die milesische Physik, und seine eigene ist ganz in ihrem Geist gehalten: Auch sie ist rational und kommt ohne Götter und transzendente Interventionen aus – und zwar bewußt: Iris (der Regenbogen), sagt er, ist keine Götterbotin, sondern eine Wolke, »purpurn und rot und gelb oder grün anzuschauen«;[48] das Elmsfeuer auf den Schiffen hat nichts mit den Dioskuren zu tun, sondern entsteht aus Wölkchen, »die infolge einer ganz bestimmten Bewegung aufleuchten«.[49] Wie die Milesier spekuliert auch Xenophanes über die *arche*, wie die Milesier vergißt er darüber nicht die Einzelphänomene der Natur: Sonne und Mond, Kometen und Meteore, Wind und Regen, Donner und Blitz, nicht einmal das Wasser, das in Höhlen herabtropft. Der aufmerksame und wissensdurstige Weltreisende notiert, daß »mitten im Binnenlande und auf den Bergen Abdrücke von Muscheln gefunden würden, und daß man in Syrakus in den Steinbrüchen Abdrücke von Fischen und Robben gefunden habe, in Pharos [Insel an der dalmatischen Küste] aber den Abdruck einer Sardelle in der Tiefe des Gesteins und auf Malta Abdrücke von allen möglichen Seetieren.« (So jedenfalls berichtet der Bischof Hippolytos im 3. Jahrhundert n. Chr.[50]) Und aus diesen Kleinigkeiten, die nicht jeder für beachtenswert hält, schließt er, daß einstmals das Meer die Erde bedeckt und sich dann zurückgezogen habe. Dies hatte zwar schon Anaximander behauptet, aber Xenophanes ist kein Mann des bloßen Nachplapperns: Ausdrücklich wird z. B. von ihm gesagt, er sei den Ansichten des hochberühmten Thales »entgegengetreten«.[51] Das paßt zu einem, der sich mit der Institution Homer anlegte und der nicht einmal Respekt vor dem Heiligsten hatte: dem Sport.

Wir brauchen nicht näher auf die Physik des Xenophanes einzugehen. Auf ihre »Ergebnisse« oder »Erkenntnisse« kommt es nicht an: Entscheidend ist, daß der Kolophonier die rationale Denkweise der Milesier weiterführt. Noch entscheidender ist, daß Xenophanes diese rationale Denkweise als erster auf die Welt des Menschen überträgt und dort nun leistet, was die Milesier in der außermenschlichen Natur schon vollbracht hatten: *die Entzauberung*. Die entzaubernde Anthropologie des Xenophanes ist ohne den rationalen Geist der milesischen Physik schwer vorstellbar.

Im übrigen muß Xenophanes eine unglaubliche Fülle von Kenntnissen besessen haben. Sonst wäre sein Name nicht vom fernen Westen der griechischen Welt bis ins östliche Ephesos gedrungen, und der dort residierende Heraklit hätte ihn nicht in einem Atem mit Hesiod, Pythagoras und Hekataios als schlimmes Beispiel dafür genannt, daß »Vielwisserei keine Einsicht lehrt«.[52]

Auch ein anderes wäre dem Xenophanes ohne seine rationale Physik kaum gelungen: der Durchbruch zu einer bohrenden *Erkenntniskritik*, so bohrend, daß ihn Spätere zum Vater des Skeptizismus gemacht haben. Wer sorgfältig die Natur beobachtet, weiß, daß man den Meldungen der Sinne mit Reserve begegnen muß. Der gerade Stab, ins Wasser gesteckt, erscheint geknickt; hohes Fieber verzerrt alle Dinge und läßt auch die festesten schwanken; »hätte Gott nicht den gelben Honig geschaffen, würden die Menschen meinen, die Feigen seien viel süßer« (Xenophanes[53]). Der immer und überall kritische Kolophonier hat aus solchen

Beobachtungen den radikalen Schluß gezogen, man müsse die Sinnesempfindungen und Sinnesbilder verwerfen und dürfe nur der Vernunft vertrauen.[54] Die Milesier waren »naiver« und hielten es mit Goethes Maxime: »Der Mensch ist genugsam ausgestattet zu allen wahren irdischen Bedürfnissen, wenn er seinen Sinnen traut und sie dergestalt ausbildet, daß sie des Vertrauens wert bleiben.«[55] Als praktizierender Naturforscher wird sich auch Xenophanes an diesen Satz gehalten haben; niemand zieht weitreichende Schlüsse aus Muschelabdrücken, ohne seinen Augen ein wenig zu vertrauen. Viel zersetzender aber als seine Kritik der Sinne war seine abgründige Feststellung, selbst wenn man tatsächlich einmal auf die Wahrheit gestoßen sei, könne man an nichts erkennen, daß man sie gefunden habe, Wahrheit gebe sich nicht als Wahrheit zu erkennen:

Nimmer noch gab es den Mann und nimmer wird es ihn geben, der die Wahrheit erkannt von den Göttern und allen Dingen, über die ich rede. Denn auch, wenn er einmal das Rechte vollkommen getroffen, wüßte er selbst es doch nicht. Denn uns ist nur Wähnen beschieden.[56]

Die Frage »Wie erkennt man, daß man die Wahrheit erkannt hat?« ist eine große Frage. Sie macht uns immer noch Mühe. Am einfachsten *und* schwersten hat es hierbei der Visionär, dem eine gewaltige Erscheinung, meistens in sehr hellem Licht, zuteil wird. Sein Denken erstarrt, und er weiß nun unerschütterbar, daß er die Wahrheit selbst gesehen hat. Er sagt es auch – und jetzt beginnen seine Schwierigkeiten, denn er kann seine Vision und ihr helles Licht keinen anderen *erleben* lassen, er kann nur davon *erzählen*. Und dabei mag ihm widerfahren, daß man ihm weniger glaubt als einem Moritatensänger. In solchen Fällen tut die Skepsis des Xenophanes ihr destruktives Werk.

Den Xenophanes hat seine Erkenntniskritik etwas gelehrt, das man Erkenntnis*bescheidenheit* nennen könnte. Die lärmigen Verkünder werden ihm nicht wenig auf die Nerven gegangen sein. Cicero jedenfalls berichtet, er habe mit Zorn die Arroganz derjenigen bekämpft, die sich im

Vollbesitz der Wahrheit wähnen.[57] Diesem Manne, der erstmals den Typus des kritischen *und* selbstkritischen Intellektuellen ausgeformt und vorgelebt hat, wird eher zumute gewesen sein wie Heinrich von Kleist, der am 22. März 1801 an Wilhelmine von Zenge schreibt:

Vor kurzem ward ich mit der neueren sogenannten Kantischen Philosophie bekannt – und Dir muß ich jetzt daraus einen Gedanken mitteilen, indem ich nicht fürchten darf, daß er Dich so tief, so schmerzhaft erschüttern wird als mich... Wir können nicht entscheiden, ob das, was wir Wahrheit nennen, wahrhaft Wahrheit ist, oder ob es uns nur so scheint. Ist das letzte; so ist die Wahrheit, die wir hier sammeln, nach dem Tode nicht mehr – und alles Bestreben, ein Eigentum sich zu erwerben, das uns auch in das Grab folgt, ist vergeblich. – Wenn die Spitze dieses Gedankens Dein Herz nicht trifft, so lächle nicht über einen andern, der sich tief in seinem heiligsten Innern davon verwundet fühlt. Mein einziges, mein höchstes Ziel ist gesunken, und ich habe keines mehr.

Viele Touristen zieht es nach Ephesos. Auch der Leser könnte einmal dorthin kommen. Er sollte dann das nahegelegene Kolophon aufsuchen. Dort mag er an einen alten Wandersänger denken.

Logos, Kosmos, Publikumsbeschimpfung:

HERAKLIT VON EPHESOS

> Den Retter hör' ich dann in der Nacht, ich hör'
> Ihn tötend, den Befreier, und drunten voll
> Von üpp'gem Kraut, als in Gesichten
> Schau ich die Erd', ein gewaltig Feuer.
>
> AUS HÖLDERLINS *Chiron*

Thales hatte den Ioniern geraten, sich zu einem Bundesstaat zusammenzuschließen, Hekataios hatte den Milesiern geraten, eine Flotte mit Tempelschätzen zu finanzieren – Heraklit von Ephesos aber gab den Ephesiern den eher ausgefallenen Rat, »sich Mann für Mann aufzuhängen, sie, die den Hermodoros, ihren wertvollsten Mann, hinausgeworfen haben mit den Worten: Von uns soll keiner der wertvollste sein oder, wenn schon, dann anderswo und bei andern«.[1] Seinen Wunsch, den Ephesiern möge der Reichtum nie ausgehen, muß man im Lichte des Nachsatzes lesen, »daß offenbar wird, wie verkommen ihr seid«.[2] Man ahnt, daß Heraklit eine kantige Persönlichkeit gewesen ist.

Heraklit »blühte in der 69. Olympiade« (503–500 v. Chr.), d.h. , er war um 500 v. Chr. etwa vierzig Jahre alt. Er wurde also wenige Jahre nach dem Fall von Sardes und dem Tod des Thales und Anaximander geboren. In seiner »Blüte« wird er vom Ableben des ungeliebten Pythagoras gehört haben; er selbst ist als Sechzigjähriger gestorben, etwa fünf Jahre vor dem ebenfalls ungeliebten Xenophanes. Über die aufwühlenden Ereignisse während seines Lebens – der ionische Aufstand gegen Persien (500), die Zerstörung Milets (494), der persische Einfall in Griechenland und die Schlacht von Marathon (490) – verliert er in den erhaltenen Fragmenten kein Wort. Das ist verwunderlich, denn über Krieg *in abstracto* äußert er sich mehrfach in warmen Worten und mit dem Enthusiasmus der Schillerverse »Im Felde, da ist der Mann noch was wert, da wird das Herz noch gewogen«.

Heraklit konnte seinen Stammbaum auf den athenischen König Kodros zurückführen, infolgedessen stand ihm die Würde des *basileus*, des »Königs« von Ephesos zu. Der *basileus* hatte den Vorsitz bei den sportlichen Wettkämpfen und war Priester der in Ephesos eingerichteten Filiale der eleusinischen Mysterien. Letztere standen in Zusammenhang mit dem Dienst der berühmten Artemis von Ephesos, einer in Fruchtbarkeitsdingen gründlich erfahrenen Großen Mutter mit einem Hang zum Chthonischen. Nicht ohne Schauder kann man sie noch heute im Museum von Ephesos anstaunen: Die ovalen Gebilde auf ihrem ganzen Oberkörper – Brüste oder Eier – sind so ungriechisch, daß sie lebhaft an die asiatische Herkunft dieses Hervorbringungsmonsters gemahnen. Der Tempel der Artemis war eines der Sieben Weltwunder; im Jahre 262 n. Chr. wurde er von unseren gotischen Vorfahren ein für allemal zerstört.

Heraklit trat die Würde des *basileus* an seinen jüngeren Bruder ab; er hielt wenig von Sport und Mysterien. »Den Nachtschwärmern, Magiern, Bakchen, Mänaden und Mysten droht er mit Strafe nach dem Tode, prophezeit er das Feuer; denn die bei den Menschen üblichen Mysterien werden unheilig gefeiert.«[3] Von Handwerkern verfertigte Götterbilder anzubeten schien ihm stupide zu sein. Die Ephesier haben sich davon nicht beeindrucken lassen. Als der Apostel Paulus ein halbes Jahrtausend später nach Ephesos kam und dort den bildlosen Dienst des wahren Gottes verkündete, witterte der Innungsmeister der Goldschmiede (»der machte silberne Tempel der Diana [Artemis] und wandte denen vom Handwerk nicht geringen Gewinst zu«), dieser weltkundige Demetrius also witterte, daß der neue Gott den Umsatz mindern könnte, und hielt eine besorgte Rede des Inhalts, »daß dieser Paulus viel Volks abfällig machet, überredet und spricht: Es gibt keine Götter, welche von Händen gemacht sind«. (Heraklit erwähnte er nicht.) Dies, so Demetrius, schade dem Handel und dem Väterglauben. Der Innungsmeister muß sehr belebend gewesen sein, jedenfalls schrie der Mob ganze zwei Stunden lang:

»Groß ist die Diana der Ephesier.«[4] Die große Diana wird uns noch zu denken geben. Ihre philosophische Bedeutung ist kaum geringer als ihre ökonomische.

Heraklit versuchte, den Ephesiern ihr Luxusleben aus- und die Elemente seiner Philosophie einzureden. Als ihm dies nicht gelang, mied er die Unbelehrbaren und spielte im Artemistempel mit den Knaben Würfel. Den Ephesiern wird es die Sprache verschlagen haben, als ihnen der Exzentriker bedeutete, dies sei allemal besser, als mit ihnen – er nannte sie »heilloses Gesindel« – die Staatsgeschäfte zu führen. Schließlich wurde er so misanthropisch, daß er sich in die umliegenden Waldberge zurückzog. Dort lebte er von Gras und Kräutern und saß über die Menschheit zu Gericht. Aristoteles hat gemeint, wer nicht in der Gemeinschaft leben könne oder ihrer nicht bedürfe, sei ein Tier oder eine Gottheit.[5] Heraklit hätte gewußt, auf welche Seite dieser Alternative er gehört: »Stolzen Sinnes, wie kaum ein anderer, blickte er mit Verachtung auf die ihn umgebende Welt.«[6] Sein Waldleben führte zur Wassersucht, er kehrte nach Ephesos zurück, diskutierte ein wenig mit den Ärzten (von denen er nichts hielt: »Sie fordern noch Lohn, den sie gar nicht verdienen«[7]) und ging dann den Weg einer extravaganten Eigentherapie: Er grub sich in Rindermist ein, um das Wasser durch Wärme zu vertreiben. Der Dung schlug nicht an, und Heraklit starb.

Eine ephesische Münze zeigt den Heraklit sehr treffend mit einer Keule.[8] Die Alten haben seinem Buch viele Titel gegeben: *Von der Natur*, *Die Musen*, *Das scharfe Steuerruder nach des Lebens Ziel*, *Richtmaß für die Charakterbildung* und *Welt des Einen, dem sich alles fügt*.[9] Wäre ihnen Nietzsches *Götzendämmerung oder Wie man mit dem Hammer philosophiert* in die Hände gekommen, so hätten sie noch einen weiteren hinzugefügt: *Wie man mit der Keule philosophiert*. Nietzsche, der nur den Heraklit so sehr verehrte wie sich selbst, wäre es zufrieden gewesen.

Heraklits Keule traf, wie billig, zunächst die Großen, Homer und Hesiod, dann das Gelichter im zweiten Rang: Pythagoras (ihm galten die härtesten Schläge), Xenophanes und Hekataios – allesamt »Vielwisser ohne Einsicht«.[10] Es folgte der Rest der Menschheit, die »Vielen« (Nietzsche nannte sie später der größeren Deutlichkeit wegen die »Vielzuvielen«). Gnade fand nur Bias von Priene. Man ahnt, warum: Bias hatte gesagt »Die Meisten sind schlecht«, Heraklit hatte dasselbe gesagt,[11] und es ist eine menschliche Schwäche, den für einen klugen Kopf zu halten, der unsere Meinung teilt.

»Die Vielen sind schlecht, wenige nur gut«; »Einer gilt mir mehr als zehntausend, wenn er der Beste ist«; »Die Vielen sind damit zufrieden, satt wie Vieh zu sein«; »Dem Blöden fährt bei jedem sinnvollen Wort der Schrecken in die Glieder«[12] – diese Proben einer herzhaften Keulenphilosophie können begreifen lassen, warum der »Pöbelschmäher« niemals Demokrat und immer die Kultfigur derjenigen gewesen ist, die von irgendwoher wußten, daß sie besser seien als der restliche Menschenhaufe. Es wundert nicht, daß Heraklit erklärte, er sei bei niemandem in die Lehre gegangen; es wundert auch nicht, daß er kundtat, er wisse *alles*[13] – es wundert aber sehr, daß er dem König Dareios geschrieben haben soll, er gehe jeder Überhebung aus dem Wege.[14] Vielleicht gilt eben dieses Satzes wegen der Brief als unecht.

Die Alten wußten von einer Freundschaft zwischen Dareios und dem zehn Jahre jüngeren Heraklit. Dareios war 522 v. Chr. mittels einer Konspiration und eines trickreichen Pferdeknechts auf den persischen Königsthron gelangt. Die Verschwörer hatten sich vor ihrer Tat Gedanken über die beste Staatsform gemacht. Was dabei Herodot den Mann, der später einer der großen orientalischen Herrscher werden sollte, für die Monarchie und gegen die Demokratie sagen läßt, können sehr gut die Gedanken Heraklits gewesen sein:

Es gibt nichts Besseres, als wenn der Beste regiert. Er wird untadelig für sein Volk sorgen, und Beschlüsse gegen Feinde des Volkes werden am besten geheimgehalten werden... Herrscht dagegen das Volk, so kann es nicht ausbleiben, daß Schlechtigkeit und Gemeinheit sich einstellen. [Es kommt zu politischen Klubs, und diese] verschwören sich gleichsam, um den Staat auszubeuten. Das dauert so lange, bis ein Führer des Volks ihrem Treiben ein Ende macht. Und dafür preist ihn dann natürlich das Volk, und der Gepriesene wird Monarch.[15]

Heraklit hatte peremptorisch verkündet, »Gesetz ist auch, dem Willen eines einzigen zu folgen«.[16] Der »einsichtslose Vielwisser« Xenophanes war in diesem Punkt zurückhaltender. Nüchtern und ironisch hatte er gemeint, Begegnungen mit Alleinherrschern müßten entweder möglichst selten oder möglichst genußreich sein.[17] Den echten Ton Heraklits hat Schiller getroffen: »Was ist die Mehrheit? Mehrheit ist der Unsinn, / Verstand ist stets bei wen'gen nur gewesen.«[18] Derartiges hat den penetrant weisen und permanent inspirierten Diktatoren immer gut gefallen.

Le style c'est l'homme. Die Alten sagten »Heraklit der Dunkle«, wie wir »Karl der Kahle« sagen. Einige meinten respektlos, Heraklit habe sein Buch *absichtlich* in dunkler Sprache gehalten, weil Verständlichkeit die Reputation eines Autors nicht befördere.[19] Wohlwollenderen galt sein Stil als »poetisch«; »die Kürze und die Wucht seines Ausdrucks [seien] unvergleichlich«.[20] Aristoteles, der die undeutsche Regel aufstellte, Geschriebenes müsse lesbar und verständlich sein, scheint sich an dieser »Kürze und Wucht« gestoßen zu haben; er klagt, bei Heraklit fehle es an verbindenden Wörtern, und es bleibe oft unklar, ob ein Wort zu dem vorhergehenden oder dem nachfolgenden gehöre.[21] Die Kürze und Wucht des folgenden Fragments erweisen Heraklit als den ersten Expressionisten:

Unsterbliche sterblich, Sterbliche unsterblich; lebend einander ihren Tod, ihr Leben einander sterbend.[22]

Oder auch:

Es lebt das Feuer der Erde Tod und die Luft lebt des Feuers Tod, das Wasser lebt der Luft Tod, die Erde den des Wassers.[23]

Es ist, als wandere man in einer Gewitternacht durch den dunklen Wald: Man stolpert über Wurzeln, stößt gegen Bäume, und hin und wieder erhellt der Blitz einen Weg, der nicht da ist. Hat man jedoch einen »Geweihten«, so Diogenes Laertios, der einen durch Heraklits Buch führt, »so strahlt's heller als Sonnenschein dir«.[24] An Geweihten hat es nicht gefehlt, auch nicht an Ungeweihten: »Sehr zahlreich ist die Schar seiner Ausleger«, meinte schon im 2. Jahrhundert n. Chr. derselbe Diogenes Laertios.[25] Heraklit war die Verzweiflung seiner Interpreten – er war aber auch die Wonne derjenigen, die ihn als dekoratives Verpackungsmaterial für privaten Tiefsinn benutzten und dann wie jene wahrsagende Sibylle auftraten, von der ihr Meister so ausdrucksvoll berichtet hatte:

Die Sibylle mit rasendem Munde Ungelachtes und Ungeschminktes und Ungesalbtes hinausrufend dringt durch Jahrtausende mit der Stimme, getrieben vom Gott.[26]

Niemand hat mit so gewaltigen Paradoxa auf den Menschenverstand eingeschlagen wie »der Dunkle«:

Wer nicht das nie zu Hoffende erhofft, der wird nicht finden, was unaufspürbar ist und unzugänglich.[27]

Oder:

Wir sind es, und wir sind es nicht.[28] – Gut und Übel ist eins.[29]

Niemand hat so abgründige Sprachbilder geschaffen wie der einsame Mann in den Waldbergen von Ephesos. Homer nennt den Schlaf den »leiblichen Bruder des Todes« und stellt so mit ruhiger Klarheit Ähnlichkeit *und* Verschiedenheit vor unsere Augen – Heraklit aber streift etwas unheimlich Verschwimmendes mit den Worten

Lebend rührt [der Mensch] an den Toten im Schlaf, wachend rührt er an den Schlafenden.[30]

Niemand hat so hintersinnig mit Worten gespielt. *Biós* ist der Bogen (die Schußwaffe), *bíos* das Leben, und aus diesem Material baut Heraklit den aufschreckenden Satz

Des Bogens Name ist Leben, sein Werk aber Tod.[31]

Die raffinierten Sprachkunststücke Heraklits haben schon die Alten bedenklich gestimmt. Auf den Vorwurf des rauhen Ephesiers, Pythagoras habe die Rhetorik erfunden und sei deshalb der »Anführer der Schwindler«,[32] antwortete der Historiker Timaios von Tauromenion (Taormina) um 300 v. Chr. denn auch mit dem Gegenvorwurf, nicht Pythagoras, sondern Heraklit selbst sei der Chefscharlatan.[33]

Wie dem auch sei: Wenn man Heraklit liest, sollte man die Warnung im Kopf haben, die der französische Dichter Paul Valéry (1871–1945) einmal ausgesprochen hat: »Es ist uns die Narrheit angeboren, ein Paradoxon für eine Entdekkung, eine Metapher für einen Beweis, einen Strom von Worten für eine Quelle bedeutender Wahrheiten und uns selbst für ein Orakel zu halten.«[34] Es ist durchaus nicht so, daß man, mit Heraklit in der Hand, nur eine hauchdünne Schicht zu durchstoßen brauche, um »sogleich an das Wesen der Welt zu rühren« (Hermann Fränkel[35]). Neben dem unermüdlich mit lodernder Begeisterung zitierten Verdikt Heraklits »Vielwisserei lehrt nicht Einsicht haben« steht auch sein stark vernachlässigter Satz »Gar vieler Dinge kundig müssen weisheitsliebende Männer sein«.[36] Es gibt *instant coffee*, aber keine *instant profundity*.

Was war nun die große Wahrheit Heraklits, die »an das Wesen der Welt rührte«?

Um sie zu ermitteln, muß man behutsam von ihr abstreifen, was andere schon wußten und was »in der Luft lag« – ein Etwas, das Heraklit dann freilich *so* herausmeißelte und *so* zuspitzte, daß es schließlich als seine eigene Entdeckung auftreten durfte. Als erstes geht es hier um seine Lehre, daß alles und jedes in ständiger Bewegung, in ständigem Wechsel, in ständiger Veränderung begriffen sei, eine Lehre, für die das Altertum die griffige Formel fand: *panta rhei,* »Alles ist im Fluß«.

Es war nicht *seine* Lehre, es war eigentlich *niemandes* Lehre –: Es war der Kern des hellenischen Naturgefühls. Was die Griechen *physis* nannten und wir (nach dem lateinischen Äquivalent *natura*) »Natur« nennen, war nie ein starres Nebeneinander starrer Dinge, war nie ein Totes in Totem. In dieser *physis* ging es hoch her, diese *physis* wußte, daß ihr Name von *phyein* = erzeugen kommt (wie *natura* von *nasci* = erzeugt werden), sie hatte im griechisch-deutschen Wörterbuch gelesen, daß sie Geburt und Wachstum bedeuten und so denn auch anstelle von *genesis* gebraucht werden kann – kurz: *physis* fühlte sich als turbulentes Werden, in obszöner Stimmung vielleicht sogar als eins mit dem brüstereichen Produktionsweib im Artemistempel von Ephesos. Sie wußte aber ebensogut, daß Leben zum Tode ist, daß Artemis hilft *und* schadet, hervorbringt *und* zerstört und auf der Schulter den Bogen trägt, »dessen Name Leben, dessen Werk aber Tod ist«.[37]

Dieser unruhigen *physis* hatten sich die milesischen »Physiker« zugewandt. Schon ihre jeweilige *arche* hatten sie mit einer inneren Bewegung ausstatten müssen, »denn ohne Bewegung gäbe es weder Entstehen noch Vergehen«.[38] Diese Urbewegung strömt nun überall hin: »[Die Physiker] lassen alles werden und fließen« (Aristoteles[39]). Das fiel ihnen um so leichter, als eben schon die *physis* der Vorväter etwas Werdendes und Fließendes gewesen war. Anaximander hat diese Dynamik und Dramatik am schärfsten herausgearbeitet: Die ewige Bewegung treibt aus dem unendlichen Urschoß *apeiron* die »Gegensätze« hervor, im Ringen der Gegensätze entsteht die Welt, die Weltdinge kämpfen ihrerseits miteinander in einem Verdrängungswettbewerb und sinken, ihre Übergriffe sühnend, wieder ins *apeiron* zurück.[40] Auch dem frühen Pythagoreer Philolaos ist jedenfalls die sublunare Region »das Reich des den Wechsel liebenden Werdens«, und Ovid legt dem Pythagoras die Worte in den Mund, die *natura* sei »die Verwandlerin aller Dinge«.[41] Der nachdenkliche Komödiendichter Epicharm von Syrakus, der etwa mit Heraklit »blühte«, läßt die Menschen »alle allezeit im Wechsel« sein: »Auch du und ich sind gestern andere und heute andere und wieder andere in Zukunft und niemals dieselben.«[42] Auch ohne Heraklit war »alles im Fluß«.

Aber Heraklit konnte die *panta rhei*-Lehre so zuspitzen und so packend verkünden, daß sie auf eine neue Höhe des Bewußtseins *und* der Wirksamkeit gehoben wurde. Er konnte sagen, daß *alle* Festigkeit und *alle* Dauerhaftigkeit nichts als Schein und Trug sind: Selbst das härteste Stück Metall verändert sich ständig, weil es ständig winzige Partikel abgibt und aufnimmt (er hatte recht);[43] er konnte deshalb zur tiefen Beunruhigung der stabilitätshungrigen Menschen sagen, daß niemals etwas *ist*, sondern immer nur *wird*.[44] Er konnte sagen, daß *alles* sich rast- und ruhelos und immerfort *bewegt* (auch wenn wir dies nicht immer wahrnehmen);[45] er konnte deshalb die Welt mit einem Fluß vergleichen und behaupten: *Man kann nicht zweimal in denselben Fluß steigen* – denn ohne Unterlaß fließt neues Wasser zu und macht den Fluß *in jedem Augenblick* zu einem anderen Fluß.[46] Man kann es außerdem auch deshalb nicht, weil *man selbst* ständig ein anderer wird. Und diese fiebrige Veränderung von allem und jedem in jedem Augenblick konnte er mit seiner hinreißenden Sprachgewalt gerinnen lassen zu dem unheimlichen Satz:

Wir steigen in denselben Fluß und doch nicht in denselben; wir sind es, und wir sind es nicht.[47]

Im späten 5. Jahrhundert überbot der Herakliteer Kratylos seinen Meister mit dem kalkulierten Paradoxon, niemand könne auch nur *einmal* in denselben Fluß steigen. Ferner meinte er – und das schreckte jeden auf –, wir könnten nichts Wahres über eine Welt in wirblichter Bewegung sagen, denn noch während wir reden, verändert sie sich, und all unser Sagen ist Haschen nach Wind. Er selbst gab deshalb mit schöner Folgerichtigkeit das Reden völlig auf und bewegte nur noch die Finger.[48]

Die Herakliteer in Ephesos folgten nicht dem verstummten Kratylos. Platon schildert das Gespräch mit ihnen so, daß man an Podiumsdiskussionen unserer Tage erinnert wird:

Ganz im Sinne ihrer Schriften sind sie in ständiger Bewegung; bei einem Satz oder einer Frage aber stehen zu bleiben und der Reihe nach ruhig zu antworten und zu fragen, das ist ganz und gar nicht ihre Sache... Sondern wenn du einem irgendeine Frage stellst, zieht er wie aus einem Köcher ein rätselhaftes Sprüchlein hervor und schießt es auf dich ab, und möchtest du eine Erklärung bekommen, wie er das gemeint habe, so bist du schon wieder von einem Wort getroffen, das einen neuen Sinn hat. Mit keinem von ihnen wirst du je an ein Ende kommen, und auch sie miteinander nicht, sondern sie geben gut darauf acht, daß nie etwas feste Gestalt annimmt, weder in ihrer Rede noch in ihren Seelen.[49]

Ergänzend heißt es von diesen Diskussionswüterichen, jeder sei der Meinung, daß der andere rein gar nichts wisse.[50] Wie für sie geschrieben, hört sich des Paulus Mahnung im Brief an die Ephesier (4, 2f.) an: »Seid demütig, friedfertig und geduldig, ertragt einander in Liebe und bemüht euch, die Einheit des Geistes zu wahren durch den Frieden, der euch zusammenhält.«

Friedfertigkeit war jedoch nicht der *genius loci* von Ephesos. Als sich der ephesische Lyriker Hipponax (etwas älter als Heraklit) einer Frau wegen mit dem Bildhauer Bupalos herumstritt, da dichtete er in der Tonlage eines Preisboxers:

Haltet mir die Kleider, daß ich Bupalos ins Auge haue!
Ja, ich hab zwei rechte Fäuste; Schlag um Schlag, es sitzt jeder.[51]

Hipponax war eine gute Vorbereitung auf Heraklit und eine noch bessere auf das »Räuberkonzil« von Ephesos im Jahre

449 n. Chr., auf dem man die Frage, ob es in Jesus nur eine einzige *physis* oder nicht doch eine doppelte (eine menschliche *und* eine göttliche) gegeben habe, mittels Schlägertrupps zu entscheiden suchte. Das Theologisieren mit dem Knüppel führte zum Sieg der »Monophysiten«. Es muß sie sehr betrübt haben, daß ihre Heilswahrheit nur zwei Jahre hielt: Schon 451 schrieb das Konzil von Chalkedon die gerade unterlegene Zweinaturenlehre als neue Glaubensformel fest:

Wir bekennen einen und denselben Christus..., der in zwei Naturen unvermischt, unverwandelt, ungeteilt und ungetrennt besteht. Niemals wird der Unterschied der Naturen durch die Vereinigung aufgehoben, es wird vielmehr die Eigentümlichkeit einer jeden Natur bewahrt, indem beide in einer Person oder Hypostase [Einheit] zusammenkommen.[52]

Man kann sich gut vorstellen, daß auf diesem Konzil der Geist Heraklits geruht und den Herren, die um die Vereinigung der Gegensätze rangen, feierlich Mut zugesprochen hat:

Zusammensetzungen: Ganzes und Nichtganzes, Zusammengehendes Auseinanderstrebendes, Einklang Zwieklang, und aus Allem Eins und aus Einem Alles.[53]

Damit sind wir mitten in der zweiten Hauptlehre des Keulenphilosophen, in seiner Lehre von den Gegensätzen.

Man sollte sie nicht so nennen (und ich werde es auch nicht tun), denn in Heraklits überlieferten Fragmenten kommt das blasse Wort »Gegensatz« überhaupt nicht vor. Statt dessen wird ungleich farbiger gesprochen von »Gegenwendung«, von »Widereinanderstehendem«, von »Auseinanderstrebendem« und von »entgegengespanntem Gefüge«. Diese Worte versprechen Dramatisches, und tatsächlich ist Heraklits Vision der »Gegenspannungen« das *High noon* der Philosophie.

In alten Berichten hören wir als Heraklits Meinung, alles werde durch »Gegenwendung«, durch »Gegenlauf« zusammengehalten.[54] Heraklit selbst macht das viel klarer mittels zweier Produkte menschlicher Technik: Bogen und Leier. (Der Weg ins Innere der Natur ist von Anfang an mit technischen Artefakten gepflastert: Wir verstehen eben das am besten, was wir selbst herstellen.) Der Bogen ist (so Heraklit) ein »entgegengespanntes Gefüge«: Die Krümmung des Bogenholzes spannt die Sehne, die gespannte Sehne krümmt das Bogenholz.[55] Durch Spannung *und* Gegenspannung wird der Bogen zum Bogen gemacht und im Bogen-Sein gehalten. (So auch die Leier.) Die physikalische Dialektik des Bogens hat dem Heraklit die Augen geöffnet; er hätte gut daran getan, dem Homer dafür zu danken, denn schon dieser »weiseste der Griechen« nannte den Bogen »entgegengespannt«. Der Keulenphilosoph hat statt dessen empfohlen, Homer »aus den Wettkämpfen hinauszuprügeln«.[56]

Gegenläufige Spannungen sieht Heraklit nun überall als welterhaltende Kräfte am Werk:

Das Widereinanderstehende zusammenstimmend, aus dem Auseinandergehenden das schönste Gefüge.[57]

Jeder Dichter würde das Widerspiel von Spannung und Gegenspannung, von Kraft und Gegenkraft als »Streit« oder »Krieg« bezeichnen. Heraklit *ist* ein Dichter, und so schreibt er denn: »Alle Dinge entstehen durch Streit.«[58] Und noch wuchtiger:

Krieg ist der Vater aller Dinge, aller Dinge König.[59]

Noch ist das Epigramm »Physik«. Aber nun erliegt es der Kriegsmetapher und schlägt um in eine fatale Anthropologie. Der Vater aller Dinge nämlich

erweist die einen als Götter, die anderen als Menschen, die einen macht er zu Sklaven, die anderen zu Freien.[60]

Die einen schickt er nach Auschwitz, die anderen auf den Obersalzberg; die einen in die Lubjanka, die anderen in die Datscha.

Erholen wir uns bei Homer! Ausgerechnet seinen Hauptihelden läßt er sagen: »Möchte doch aller Streit aus der Mitte der Götter und Menschen schwinden.«[61] (Homer nahm sich heraus, derartiges dem ionischen Kriegeradel ins Gesicht zu deklamieren.) Die Erholung dauert nicht lange. Gerade an diesem Friedenswunsch Homers nämlich hat Heraklit Anstoß genommen. Denn, so kommentiert ihn Aristoteles, ohne »hoch« und »tief« gäbe es keine Harmonie, ohne »weiblich« und »männlich« keine Lebewesen – dies aber seien Gegensätze.[62] In Heraklits Augen muß Homer ein »Nihilist« in des Wortes eigentlicher Bedeutung gewesen sein, denn wer gegen den Kampf ist, der ist gegen den Fortbestand der Welt und folglich für das *nihil*, das Nichts. »Welt« ist eben Streit von Spannung und Gegenspannung; »Ruhe ist Sache der Toten.«[63] Wir verstehen jetzt besser (brauchen es aber nicht zu billigen), daß Heraklit den Homer aus den Wettkämpfen hinausprügeln wollte. Mit Archilochos gedachte er in gleicher Manier zu verfahren.[64] Die empörte Frage Friedrichs des Großen an seine fliehenden Soldaten »Kerls, wollt ihr denn ewig leben?« hatte der nüchterne Lyriker mit »Ja« und Desertion beantwortet. (Über Heraklits Aphorismus »Im Krieg Gefallene sind bei Göttern geehrt und bei Menschen«[65] hätte er Witze gerissen.) Xenophanes hatte die Geschichten von Titanenkämpfen und Bürgerzwisten in den plattesten Worten »nutzlos« genannt; das landfahrende Subjekt mußte also »ohne Einsicht« sein. Und nun gar erst dieser Pythagoras mit seiner Sehnsucht nach Frieden, Freundschaft und einer *harmonia*, die der unberatene »Vielwisser ohne Verstand« nicht als Gefüge von Spannungen, sondern als deren *Verschwinden* auffaßte –: ein Nihilist wie Homer! Er wurde nur deshalb nicht aus den Wettkämpfen hinausgepeitscht, weil er dort nicht war; die Philosophie gehörte noch nicht zu den schaustellenden Künsten.

Auf Goethe hingegen hätte Heraklit mit Wohlwollen geblickt. In einem seiner naturwissenschaftlichen Vorträge hatte der Dichterfürst gesagt:

Stets setzt das Wirkende ein Erleidendes, das Bewegte wieder ein Erregendes voraus. Nichts ist, nichts ist geworden, alles ist stets im Werden, in dem ewigen Strom der Veränderung ist kein Stillstand. Der Mensch ist mit jeder Minute ein anderer... Das Gesetz der Schwere, ein Anziehen und Abstoßen und ein Insichzusammenziehen des elastischen Wesens. Die Erde zieht die Luft, diese zieht sich in sich. *Diese gegenseitige Wogung erhält das Gleichgewicht.*[66] (Hervorhebung von mir)

»Diese gegenseitige Wogung erhält das Gleichgewicht.« Die moderne Naturwissenschaft redet etwas abstrakter von »dynamischem Gleichgewicht«. So redend ist sie durch und durch heraklitisch, dank ihrer Mathematisierung aber auch durch und durch pythagoreisch. (Wie hätte es den Kriegsapostel geärgert, sich in der Gesellschaft des Friedensfürsten wiederzufinden.) Im Unterschied zu Pythagoras hat Heraklit den Gang der Naturwissenschaft freilich nicht unmittelbar beeinflußt, und doch ist sie seine glänzendste Bestätigung geworden. Vielleicht bestätigt ihn die Marktwirtschaft des Adam Smith sogar ebenso glänzend. Wer ein guter Herakliteer werden möchte, sollte Physik und Adam Smith studieren. Es lohnt sich, Heraklits Theorem »Alle Dinge entstehen durch Streit« mit Adam Smith's Erkenntnis zu vergleichen, daß der allgemeine Wohlstand am sichersten aus dem gesetzlich geregelten Wettbewerb gegenläufiger Einzelinteressen hervorgeht.[67] Werfen wir einen Blick auf die Physik. Die wunderbar einfache Ellipsenbahn unserer Erde entsteht aus dem »Streit« zwischen anziehender Schwerkraft und wegtreibender Fliehkraft, sie ist ein »entgegengespanntes Gefüge« wie Heraklits Bogen. – Das Weltall müßte unter der Wirkung der allgemeinen Gravitation eigentlich in einen Punkt zusammenstürzen. Newton wußte um 1690 dieser Katastrophe nicht anders zu begegnen, als daß er Gott selbst die Sterne festhalten ließ. Heraklit hätte *apriori* eine »Gegenspannung« postuliert – und sie ist tatsächlich da: Es ist die 1929 entdeckte Expansion des Weltalls. Die »Flucht« der Sterne kämpft gegen die kontrahierende Gravitation: Dieser Kampf erhält das Universum (jedenfalls bis heute). – Ein »fester Körper« ist alles andere als fest –: Er ist ein Wirbel nervöser Moleküle. In den Atomen dieser herumzuckenden Irrläufer kreisen unterdessen rastlos die Elektronen um den Kern. Wohin man blickt: Überall Bewegung, überall »Gegenspannung«, überall Heraklit. Die Welt ist wie ein Kreisel, der sich nur durch rasende Drehung um sich selbst aufrecht hält. Oder in einem der packenden Bilder Heraklits: Sie ist wie der *kykeon*, der Mischtrank aus Wein, Gerste und geriebenem Käse, der ständig umgerührt werden muß, weil er andernfalls in seine Bestandteile zerfällt.[68]

Sie ist auch wie ein Fluß, in den man nach Heraklit nicht zweimal steigen kann. Dieses Gleichnis hat man jahrtausendelang metaphysisch umgewälzt, es ist aber erst zu Beginn unseres Jahrhunderts in dem Gedanken fruchtbar geworden, daß die »Welt« nicht *räumlich*, sondern *raumzeitlich* gesehen werden müsse; daß sie nicht aus *Raumpunkten*, sondern aus »*Ereignissen*« bestehe. Ein »Ereignis« im Sinne der Physik ist ein *Ort* zu einer *Zeit*, ein Punkt des Heraklitschen Flusses *in einem bestimmten Zeitpunkt* – abstrakter: ein Quadrupel aus drei Raumkoordinaten und einer Zeitkoordinate. Eine Welt aus »Ereignissen« ist daher »vierdimensional«. In seinem bahnbrechenden Vortrag *Raum und Zeit* hat der bedeutende Mathematiker Hermann Minkowski 1908 den Heraklitschen Flußgedanken so ausgedrückt (ohne Heraklit beim Namen zu nennen):

Gegenstand unserer Wahrnehmung sind immer nur Orte und Zeiten verbunden. Es hat niemand einen Ort anders bemerkt als zu einer Zeit, eine Zeit anders als an einem Ort.[69]

Und deshalb, sagt Minkowski, »sollen [von Stund an] Raum für sich und Zeit für sich völlig zu Schatten herabsinken, und nur noch eine Union der beiden soll Selbständigkeit bewahren«. Diese Union ist die vierdimensionale Raum-Zeit-Welt, bestehend aus »Ereignissen«. Erst jetzt geht Minkowski über Heraklit hinaus, indem er fragt, wie man »Abstände« zwischen »Ereignissen« festlegen könne. Und indem er sich auf die drei Jahre alte Relativitätstheorie Einsteins stützt, definiert er Abstände, die unsere Ereignis-Welt zu dem machen, was von nun an die Minkowski-Welt heißen wird. Man könnte sie auch die Heraklit-Pythagoras-Welt nennen, denn ihre Vierdimensionalität kommt von Heraklit, ihre Abstandsmessung von einem vierdimensionalen »Satz des Pythagoras«.

Der Fluß Heraklits, in den man nicht zweimal steigen kann (weil *in jedem Augenblick* neues Wasser hinzufließt), dieser Fluß deutet noch auf ein weiteres Problem hin, das erst in der zweiten Hälfte des 17. Jahrhunderts von Newton und Leibniz gelöst wurde (und selbst von ihnen noch nicht völlig befriedigend): das Problem, die *Augenblicks*geschwindigkeit eines Körpers, also seine Geschwindigkeit *in einem einzigen Zeitpunkt*, begrifflich und quantitativ zu erfassen. Das Problem ist deshalb so dornig, weil sich eine *Augenblicks*geschwindigkeit empirisch nicht greifen läßt; wir können immer nur *Durchschnitts*geschwindigkeiten in ausgedehnten (wenn auch sehr kleinen) Zeitintervallen messen. Schlimmer noch: Wir sträuben uns sogar gegen die Vorstellung einer Bewegung – also doch eines *Geschehens* – in einem ausdehnungslosen Zeit*punkt*. Deshalb hat ja das Paradoxon des Zenon von Elea »Der fliegende Pfeil ruht« (denn in keinem Zeit*punkt* bewegt er sich) etwas pervers-Einleuchtendes. Die *Augenblicks*geschwindigkeit ist ein Gehirnprodukt, ist das Resultat eines nur gedanklich vollziehbaren *Grenzprozesses*, in den das gefürchtete Unendliche eingeht – kurz: Die Augenblicksgeschwindigkeit ist etwas, das der

Sinnenmensch nicht will und nicht verträgt. Als man sie mit unendlicher Mühe geschaffen und überdies eine Technik entwickelt hatte, aus den *abstrakten* Augenblicksgeschwindigkeiten die *konkrete* Bahn eines bewegten Körpers zu rekonstruieren, will heißen: als Newton und Leibniz den *calculus*, die Differential- und Integralrechnung, erfunden hatten, da erst begann die *Mathematisierung* – und die *Revolutionierung* – der Naturwissenschaft in vollem Ernst. Dieser *calculus* aber hebt im Grunde schon damit an, daß Heraklit im Bilde des strömenden Flusses intuitiv den subtilen Begriff der Augenblicksgeschwindigkeit erfaßt, und es berührt eigentümlich, daß Newton in seiner reifsten Darstellung des *calculus* schreibt: »Die Größen betrachte ich im folgenden als fließend.« Er nennt sie denn auch ausdrücklich »Fluenten«, *Fließende*.[70] »Wer in dieselben Flüsse steigt, dem fließen andere und wieder andere Wasser zu« (Heraklit[71]).

Zenons Paradoxon »Der fliegende Pfeil ruht« war *direttissime* gegen Heraklit und die Augenblicksgeschwindigkeit gerichtet. Zenon war Schüler und Speerspitze des Parmenides von Elea. (Elea liegt in Süditalien bei Pästum und war von Phokaiern gegründet worden, die nach dem Fall von Sardes Ionien verlassen hatten.) In Parmenides (etwa dreißig Jahre jünger als Heraklit) wird die ionische Rationalität ein Ding zum Fürchten. Mit etwas, das von den einen unerbittliche Logik, von den anderen fehlerhafte Grammatik genannt wird, »beweist« dieser ehemalige Pythagoreer, daß es ein »Werden« überhaupt nicht geben könne – es gebe nur ein »Sein«, und dieses Sein sei völlig unbeweglich, ohne jede innere Differenzierung und aus Gründen, die ihm einleuchtend gewesen sein müssen, kugelrund. Heraklit sagte: Wo wir etwas Stabiles wahrzunehmen glauben, täuschen uns die Sinne; Parmenides sagte: Wo wir ein Werden wahrzunehmen glauben, sitzen wir einem Sinnentrug auf. Das war das Ende der überkommenen *physis*. Aristoteles meinte denn auch, die Lehre des Parmenides »könne nicht als naturwissenschaftlich gelten«.[72] Sie hat überdies die Fruchtbarkeit der Venus von Milo: Das Marmorweib gebiert nichts als Beschauer und Kommentatoren. Wenn wir den Angaben des Eleaten trauen dürfen, hatte er seine Lehre von einer veritablen Göttin empfangen. Wie alle, die aus solchen Quellen schöpfen, war er wenig zimperlich und ging auch mit dem Erzwidersacher Heraklit nicht eben schonsam um. Eindringlich läßt er seine Göttin in einem veredelten Rinnsteindialekt vor einem »Weg der Forschung« warnen,

> auf dem nichts wissende Sterbliche [lies: Heraklit] einherschwanken, Doppelköpfe. Denn Ratlosigkeit steuert in ihrer Brust den hin und her schwankenden Sinn. Sie aber treiben dahin stumm zugleich und blind, die Verblödeten, unentschiedene Haufen, denen das Sein und Nichtsein für dasselbe gilt und nicht für dasselbe und für die es bei allem eine gegenstrebige Bahn gibt.[73]

Der Keulenphilosoph hätte zu erwidern gewußt.

Heraklits Welt ist dreistöckig. In der Beletage tummeln sich die rastlosen Bewegungen. Im Erdgeschoß darunter hausen die »gegenstrebigen Bahnen«, die Spannungen und Gegenspannungen. Sie halten das Treiben über ihnen in Gang, denn alles Geschehen entsteht »aus Lauf und Gegenlauf« (Diogenes Laertios[74]); »Wechsel aber geschieht zum Entgegengesetzten hin« (Aristoteles[75]). In einem überraschenden Anfall von Frivolität drückt Heraklit selbst sich so aus: »Es macht müde, stets dem gleichen Herrn zu dienen und zu gehorchen«[76] (und liefert damit die erste Psychologie der Damenmode). Im Kellergeschoß ist untergebracht, was Kraftwerk *und* Polizeipräsidium, Urenergie *und* Ordnungsmacht des Welttheaters in einem ist: der *logos*. Der *logos* nämlich ist der »Hersteller« (*demiurgos*), und zwar stellt er alles Vorhandene her mittels des Instrumentariums im Erdgeschoß, der »Gegenläufigkeit«. Er ist aber auch die »Notwendigkeit« (*heimarmene*), das Gesetz, nach dem alles Geschehende geschieht.[77] Die rastlose Bewegung, die der *logos* mittels Spannung und Gegenspannung hervorbringt, ist kein chaotisches Wirbeln – sie ist geordnet durch ebendiesen *logos* als Weltgesetz: »Die Sonne wird ihre Maße (*metra*) nicht überschreiten; wenn aber doch, dann werden die Erinnyen, die Schergen der Dike, sie finden.«[78] Dike, eine Tochter des Zeus, ist die Hüterin der *Rechts*ordnung, aber schon bei den Orphikern beginnt sie, auch über die *Welt*ordnung zu wachen. Daneben fungiert sie gelegentlich noch als Privatbüttel des Heraklit: Sie wird nämlich »der Lügen Schmiede und Zeugen« fassen, will heißen, die verwahrlosten Konkurrenzphilosophen vom Schlage eines Pythagoras und Xenophanes.[79] Dikes Karriere zeigt, wie sich aus einer *juristischen* Ordnung langsam die Vision einer *physikalischen* herausbildet. Der Richter ist der Großvater des Kosmologen.

Bis jetzt nähren sich diese Gedanken noch von den Ideen, die Heraklits Vorväter von der unruhigen *physis* und Heraklits Vorgänger Anaximander von dem ewig bewegten *apeiron* und der sich selbst entwickelnden Natur hatten. Vergessen wir nicht, daß Heraklit eine innere Beziehung zu der ausufernden *physis*-Göttin Artemis gehabt haben muß. Warum hätte er sonst gerade in *ihrem* Tempel mit den Knaben Würfel gespielt und ausgerechnet in *ihrem* Tempel sogar sein Buch deponiert? Vergessen wir auch nicht, daß ihm Anaximander etwas bedeutet haben muß. Andernfalls hätte er es an einem wortgewaltigen Verriß des Milesiers nicht fehlen lassen. Denken wir auch daran, daß dieser Anaximander schon etwas wie ein »Weltgesetz« hatte, in dem auch, wie bei Heraklit, Dike eine Rolle spielte: Der »Richtspruch der Zeit« zwingt die Dinge, für ihre rücksichtslos ausgreifende Selbstbehauptung »einander gerechte Strafe zu zahlen«, und das heißt im Urtext, »einander *dike* zu geben«.[80] In Heraklit ist viel von Artemis und Anaximander.

Aber er erschöpft sich nicht in ihnen. Nicht nur, daß er ihre Botschaften, wie schon gesagt, ausgeformt und zugespitzt und so auf eine neue Höhe des Bewußtseins gehoben hat – er selbst hat zwei neue Botschaften, die ganz ihm gehören: die Botschaft vom allherrschenden *logos* und die Botschaft vom geglückten *kosmos*. Beide zusammen machen die »große Wahrheit« des Heraklit aus.

Zuerst der *logos*. Ich habe schon von ihm als der alles herstellenden und alles ordnenden Kraft gesprochen. Es wird aber gut sein, noch mehr mitzuteilen: zuerst einiges Ernüchternde, dann einiges Erhebende und schließlich einiges Trostlose.

Um es frei herauszusagen: Das Grund- und Zauberwort der Heraklitschen Philosophie – *logos* – ist ein griechisches Allerweltswort. Es kann vieles bedeuten: Wort, Rede, Erzählung, Meinung, Erwartung, Geldabrechnung, Vorschlag, Vorwand, Gerücht und Orakelspruch, in der Mathematik Maß und Proportion. Da nun die Griechen das Reden als vernunfthaltig empfanden (es gab noch keine *chattering classes*), bedeutet *logos* auch das Abwägen, das Überlegen und dann Grund, Sinn und Zweck. *Logon didonai* heißt, »eine rationale Begründung angeben«. *Logon didonai* hat im Bunde mit *eidenai oregontai physei*, dem »naturgegebenen Streben nach Wissen« (Aristoteles[81]), wie nichts anderes unser aller Leben in allen Fasern gestaltet und geprägt. *Logos* wird schließlich im inneren Menschen zu Denkkraft und Vernunft, in der äußeren Welt zum einsehbaren Gesetz und Prinzip.

Bei Heraklit kann *logos* durchaus ganz schlicht »Rede« bedeuten. (Handelt es sich um seine eigene, so ist freilich die Nebenbedeutung »Orakelspruch« nie ganz fern.) *Logos* kann *auch* die menschliche Denkkraft (mit einer faszinierenden Dynamik der Selbststeigerung) sein: »Die Seele hat einen *logos*, der sich selbst mehrt.«[82] Es ist nun ein kardinaler Gedanke Heraklits, daß der einzelne nicht einen Privatlogos hat, sondern daß es einen gemeinschaftlichen *logos*, einen *koinos logos*, gibt, an dem der einzelne teilhat. Diese Teilhabe bewahrt ihn davor, ein *idiotes* (»Idiot«), d.h. ein isolierter Privatmensch zu sein: Der *koinos logos* stiftet eine Ökumene rationaler Verständigung. Aber nun kommt etwas, dem wir spiritualisierte Spätlinge hilflos gegenüberstehen: Der *koinos logos*, sagt man uns, umgibt uns etwa wie ein Gas, wir nehmen ihn *durch die Sinne und durch Einatmen* auf und erhalten so unseren persönlichen *logos* buchstäblich als eine gewisse Portion des Logosgases. Heraklit kennt sich in diesen Dingen genau aus: Er weiß z. B., daß die Logosinhalation nur im Wachen voll funktioniert; im Schlaf nämlich fällt die Zufuhr durch die Sinne aus, und die Versorgung mit *logos* erfolgt nur über das Respirationssystem.[83] Was immer man gegen diese Theorie sagen mag –: Sie erklärt immerhin, daß in den verschiedenen Menschen ein und derselbe *logos* wirkt: »Gemeinsam ist allen das Denken« (Heraklit[84]).

Der *logos* dringt nicht nur in die Menschen ein, er durchdringt das ganze All: Die Welt ist logosgesättigt.[85] Natürlich ist der *logos* nicht damit zufrieden, überall nur eben präsent zu sein; er ist *tätig*, wir wissen es schon: »Er ist der Same [*sperma*] der Entstehung des Alls und das Maß [*metron*] für den geordneten Umlauf [*periodos*] der Dinge«; er ist die »Notwendigkeit« (*heimarmene*), die alles Geschehen nach strengen Gesetzen regelt.[86] Fast könnte man ihn die *arche* der Welt nennen. Man kommt ihm recht nahe, wenn man sich an die ersten viereinhalb Sätze des Johannesevangeliums hält:

Im Anfang [*en arche*] war der *logos*, und der *logos* war bei Gott, und der *logos* war Gott. Im Anfang war er bei Gott. Alles ist durch den *logos* geworden, und ohne den *logos* wurde nichts, was geworden ist. In ihm war das Leben, und das Leben war das Licht der Welt. Und das Licht leuchtet in der Finsternis.

Wir wissen, wie schwer sich Goethes Faust mit der Übersetzung des Johanneischen *logos* ins Deutsche getan hat. Die gängige Übertragung »Wort« befriedigt ihn nicht. Über die Stationen »Sinn« und »Kraft« kommt er schließlich zur »Tat«:

Mir hilft der Geist! auf einmal seh ich Rat
Und schreibe getrost: Im Anfang war die Tat![87]

Heraklits *logos* ist ziemlich genau die Kombination der drei Faustschen Übersetzungsversuche: Er ist sinnerfülltes, kraftvolles Tätigsein –: weltschaffendes *sperma*, weltordnendes *metron*. Hingegen ist er schwerlich das schläfrige Ding, das Heidegger in seiner Schwarzwaldhütte mittels einer Kreuzung zwischen griechischer Etymologie und badischen Ährenlesern aus ihm gemacht hat, nämlich

> das reine beisammen-vor-liegen-Lassen des von sich her Vorliegenden in dessen Liegen. So west der *Λόγος* [*Logos*] als das reine versammelnde lesende Legen. Der *Λόγος* ist die ursprüngliche Versammlung der anfänglichen Lese aus der anfänglichen Lege.[88]

Wohl dem, der das verdauen kann.

Der *logos* Heraklits ist schon deshalb nicht »die lesende Lege«, weil er das flackernde Feuer ist. Das zu verstehen kommt uns hart an, nachdem schon das Logosgas keine kleine Zumutung gewesen ist. Aber wir müssen Heraklits Satz hinnehmen »Der Blitz steuert das All« und den daran anschließenden Kommentar des vertrauenswürdigen Bischofs Hippolytos: »Unter Blitz versteht [Heraklit] das ewige Feuer. Er sagt auch, dieses Feuer sei vernunftbegabt und Ursache der ganzen Weltregierung.«[89] Das »ewige Feuer« erfüllt also die Amtspflichten des *logos* – mehr als das: Es ist der *logos* selbst, wenn dieser denn die Ordnung der Welt ist. Denn in einem Satz, der wie das Löwentor von Mykene rechtwinklig aus gewaltigen Quadern gefügt ist; in einem Satz, der so majestätisch einherkommt, daß an seiner Königswürde kein Zweifel bleibt – in einer Missa solemnis der Philosophie verkündet Heraklit:

> **Diese Weltordnung hier hat nicht der Götter noch der Menschen einer geschaffen, sondern sie war immer und ist und wird sein: immer-lebendiges Feuer, aufflammend nach Maßen und verlöschend nach Maßen.**[90]

Warum soll der *logos* Feuer sein (schon gar, nachdem er vorher Gas gewesen ist)? Niemand weiß es so recht. Mag sein, daß sich den Augen Heraklits im Züngeln der Flammen so deutlich wie nirgendwo sonst die »rastlose Bewegung« zeigte; mag sein, daß er im Feuer wie nirgendwo sonst das »dynamische Gleichgewicht« sah (das Feuer *bleibt*, während es Brennstoff verzehrt und Rauch abgibt); mag sein, daß ihm das Feuer das große Agens der Verwandlung von allem in alles war: »Alles ist Austausch des Feuers und das Feuer Austausch von allem, gerade wie für Gold Waren und für Waren Gold eingetauscht wird«;[91] mag sein, daß ihn der persische Feuerkult beeindruckt hat – das alles mag sein; und das alles hat mit dem *logos* zu tun. Anderes mag hinzukommen. Er wird Waldbrände auf den Bergen von Ephesos und Feuersbrünste in der Stadt gesehen und so die *zerstörende* Gewalt des segensreichen Feuers erfahren haben: »Gut und Übel ist eins.«[92] Und dabei wird er auch die perverse Faszination des Feuers empfunden haben, die Dostojewski in den *Dämonen* beschreibt. Dostojewski spricht dort zunächst von dem Champagnervergnügen an Feuerwerken, und dann fährt er mit unheimlichen Worten so fort:

> Etwas anderes ist eine wirkliche Feuersbrunst: hier rufen das Entsetzen und ein doch immer vorhandenes Gefühl der Gefährdung im Zuschauer... neben einer gewissen, durch das nächtliche Feuer hervorgerufenen vergnüglichen Stimmung eine Art Gehirnerschütterung hervor und scheinen gleichsam seine eigenen zerstörerischen Instinkte aufzupeitschen, wie sie, ach! in der Seele eines jeden, selbst in der eines höchst friedliebenden Familienvaters und Titularrats verborgen liegen. Diese makabre Empfindung hat fast immer etwas Berauschendes. »Ich weiß wahrhaftig nicht, ob man einem Brand ohne ein gewisses Vergnügen zuschauen kann« – so sagte Stefan Trofimowitsch einmal wortwörtlich zu mir, als er von einem nächtlichen Brand zurückkam.[93]

Der *logos* ist Feuer, und deshalb ist dem Heraklit eine »trokkene Seele« die klügste und vollkommenste,[94] die Seele des Betrunkenen hingegen hält er tatsächlich (und mit Abscheu) für »feucht«.[95] Vielleicht hat er den Ephesiern schon gesagt, was Paulus ihnen später schreiben wird: »Und saufet euch nicht voll Weins, daraus ein unordentlich Wesen folget, sondern werdet voll Geistes.«[96] Der griechische Urtext verwendet hier für »Geist« das Wort *pneuma*, und *pneuma* bedeutet auch »Hauch«, »Wind«. Damit sind wir wieder bei Heraklits Logosgas.

Das alles durchdringende Logosgas ist für Heraklit eine große Hilfe: Es verbindet nicht nur die Menschen in einem *gemeinsamen* Denken, es macht auch die Erkenntnis der Welt *durch Denken* erst möglich. Denn der persönliche *logos* des Menschen braucht nur sich selbst zu erforschen, um den Weltlogos zu erkennen –: Qualitativ ist er ja dieser *logos* selbst. Heraklits Erkenntnismethode ist deshalb die des Mystikers, nämlich die Introspektion: »Ich durchforschte mich selbst.«[97] Aber natürlich muß auch diese Methode sich die Frage des Xenophanes gefallen lassen: Wie kann ich erkennen, daß ich die Wahrheit erkannt habe? Die Antwort aus Ephesos hat einen Hauch von Allensbach und Noelle-Neumann, sofern wir dem Sextus Empiricus glauben dürfen. Der nämlich läßt den Heraklit behaupten, eine »Erscheinung« (*phainomenon*), die *allen* gemeinsam sei, sei glaubwürdig (denn sie werde wahrgenommen durch den *allgemeinen logos*); was aber nur eine einzige Person wahrnehme, das sei (aus dem umgekehrten Grund) nicht glaubwürdig.[98] Heraklit selbst drückt sich mit einem raffinierten Wortspiel ganz ähnlich aus, in Deutsch etwa so:

Wenn man *mit Verstand [xyn noi*] reden will, muß man sich stark machen mit dem *Mitverstand [xynoi*, dem allen Gemeinsamen].[99]

Ganz wohl kann ihm dabei nicht gewesen sein, hauptsächlich deshalb, weil er von dem Verstand seiner Mitmenschen wenig hielt. Sein Buch beginnt denn auch mit seinen beiden Hauptanliegen, *logos* und Publikumsbeschimpfung:

Diesen *logos*, der immer und ewig gilt, können die Menschen nicht verstehen, weder bevor noch nachdem sie ihn gehört haben. Denn obgleich alles nach diesem *logos* geschieht, so gleichen sie doch unerfahrenen Toren, wenn sie sich an solchen Worten und Werken versuchen, wie ich sie hier eingehend auseinandersetze, indem ich jedes Ding nach seiner Natur zerlege und klarmache, wie es sich mit ihm verhält. Den anderen Menschen aber bleibt unbewußt, was sie im Wachen tun, so wie ihnen unbewußt ist, was sie im Schlafe tun.[100]

Jetzt wird verständlich, warum der gnadenlose Wahrheitsbesitzer sein Buch im Artemistempel deponiert hat. Für törichte Menschenkinder war es offensichtlich *nicht* geschrieben.

Das Wort *logos* in diesem Fragment kann man interpretieren – und hat man interpretiert – schlicht als »Rede« (des Heraklit) oder anspruchsvoller als »Weltgesetz«. In den Augen Heraklits dürfte diese Unterscheidung bedeutungslos gewesen sein; bei etwaigen Diskussionen hätte er ein bekanntes Jesuswort (Joh. 10, 30) mit fester Stimme umgewandelt zu »Ich und der *logos* sind eins«. Den »Vielen« hingegen, »die zu hören nicht verstehen noch zu sprechen«,[101] warf der Prophet etwas vor, das man »Abfall vom *logos*« nennen könnte:

Obwohl der *logos* allgemein ist, leben die Vielen als hätten sie ein Denken für sich [als seien sie »Idioten«].[102]

Oder auch:

Mit dem sie am engsten verkehren, dem *logos*, von dem kehren sie sich ab, und worauf sie täglich stoßen, das erscheint ihnen fremd.[103]

Noch konzentrierter:

Esel mögen Spreu lieber als Gold.[104]

Der einsame Waldphilosoph wird manchmal etwas wie den fünften Satz des Johannesevangeliums zwischen den Zähnen zerbissen haben: »Und das Licht leuchtet in der Finsternis, und die Finsternis hat es nicht erfaßt.«

Es wundert nicht, daß viele Sätze Heraklits eine abgründige Verzweiflung an Mensch und Welt durchzieht. »Der weiseste Mensch erscheint neben Gott wie ein Affe an Weisheit, Schönheit und in allem sonst.«[105] »Der schönste *kosmos* ist wie ein wüst hingeschütteter Abfallhaufen.«[106] Die Bitterkeit des Satzes »Die Zeit ein Kind, – ein Kind beim Brettspiel; ein Kind sitzt auf dem Thron«[107] – diese zynische Bitterkeit hat nur noch Shakespeare überboten:

> ... Was Fliegen sind
> Den müß'gen Knaben, das sind wir den Göttern;
> Sie töten uns zum Spaß.[108]

Leben ist ein schleichendes Sterben, und in schauerlichem Widersinn setzen die Menschen Kinder ins Leben, »daß neuer Tod geboren wird«.[109] Schon das Altertum hat Heraklit den »weinenden Philosophen« genannt, und eine unsichere Überlieferung weiß sogar, er habe ein Buch *Gegen das Leben* geschrieben.[110] Vielleicht hat auch er, wie der bittere Satiriker Swift, seinen Geburtstag als Trauertag begangen. Gut möglich, denn mit dem Leben ist es, nach Heraklits Meinung, nicht weit her. Homer berichtete noch von seinen Göttern mit sichtlichem Behagen:

> So nun die Fülle des Tages bis tief in die sinkende Sonne
> Tafelten sie, und es fehlte da nichts am geordneten Mahle,
> Weder der liebliche Klang der Laute vom Spiele Apollons,
> Noch die berückende Stimme der Musen in wechselnden
> Chören.[111]

Heraklit hingegen urteilt mit habitueller Schärfe:

> Bestände das Glück in leiblichen Lüsten, so müßten wir das Vieh glücklich nennen, wenn es Erbsen zu fressen findet.[112]

Das Lebensziel (*telos*) ist denn auch eine pflegeleichte »Zufriedenheit mit wenigem«.[113] Homers Helden hätten dieses Ding kopfschüttelnd herumgezeigt, während sie »viel Fleisch und Weines die Fülle vertilgten«.[114] Zu Heraklits richtiger Feststellung, es sei schwer, mit der Begierde zu kämpfen,[115] hätten sie mokant heraklitisierend gesagt:

The only way to get rid of a passion is to yield to it (Oscar Wilde).

Aber nun steigt aus diesen Düsternissen eine metaphysische Tröstung auf: die Heilsbotschaft vom geglückten *kosmos*. Heraklit sieht das ewige Werden und Strömen, das keinem Ding gewährt, was ihm so teuer ist: ein *eigenes* Leben –, das statt dessen alles und jedes nur da sein läßt für ein anderes und dieses andere wieder nur für ein anderes; er sieht das Ringen der Dinge in »Gegenlauf« und »Gegenspannung« und weiß, daß keine Aussicht auf Frieden ist; er sieht das Böse, Sinnlose und Widersinnige – und dann sieht er, wie der welterfüllende und weltsteuernde *logos* alles Vereinzelte, alles Gegensätzliche und Widerstrebende, alles Gute und alles Böse zu einer einzigen großen Einheit zusammenfügt, in der alles seinen Platz und seine Rolle hat und also »gut« ist – wie immer die Menschen das auch sehen mögen. Dieses EINS ist ein »Gefüge« (*harmonia*): »Und Gott sah, daß es gut war.« In Heraklits Worten:

Vor Gott ist alles schön, gut und gerecht; aber die Menschen wähnen, das eine sei unrecht, das andere recht.[115]

Und wie ein Gott sagt Heraklit zu diesem EINS sein großes Ja und will auch uns ein Ja abzwingen. Denn nur das laute Ja zum EINS kann die halblauten Neins übertönen, die die elenden Partikularitäten des Lebens ständig aus uns herauspressen. *Das gute EINS* –: Das ist die Erlösungsbotschaft des Heraklit. Zweieinhalb Jahrtausende später hören wir sie wieder in Hölderlins berückender Sprache:

Wie der Zwist der Liebenden sind die Dissonanzen der Welt. Versöhnung ist mitten im Streit, und alles Getrennte findet sich wieder.
Es scheiden und kehren im Herzen die Adern und einiges, ewiges, glühendes Leben ist alles.[116]

Das »heillose Gesindel« in Ephesos hat nicht an Heraklits Heilsbotschaft glauben wollen. Es ist sehr die Frage, ob Heraklit selbst an sie geglaubt oder sie nur als Opiat gegen sein Leiden an Mensch und Welt gebraucht hat. Leibniz hat so getan, als ob sie ihm (in einer christlichen Variante) zugesagt habe, und hat 1710 mit ingeniösen Sophismen dargelegt, die Welt als Ganzes sei »optimal«, Gott hätte sie gar nicht besser schaffen können (freilich müsse man bedenken, daß selbst Gott an die *vérités éternelles*, will heißen: an Logik und Mathematik, gebunden sei). Am 1. November 1755 vernichtete ein Erdbeben die Stadt Lissabon und löste ein Geistesbeben in ganz Europa aus. Voltaire schrieb auf der Stelle sein beißendes *Gedicht über das Unglück von Lissabon.* Und hier stellt er mit bösem Blick auf Leibniz *die* Fragen, die damals jeden quälten: Wäre das Universum denn wirklich schlechter daran, wenn Lissabon *nicht* zerstört worden wäre? Kann sich die »ewige Ursache« denn wirklich nicht *ohne* Vulkane behelfen? Und werden sich die Überlebenden der Katastrophe denn wirklich trösten lassen durch den Hinweis, die Vernichtung ihrer Häuser habe auch ihr Gutes, sie belebe z. B. das Baugewerbe? Am Ende eines gemarterten Jahrhunderts könnten *wir* noch ganz andere Fragen an Leibniz und an Heraklit und, wenn wir die Adresse hätten, auch an Gott selbst stellen.

Homer hätte in seiner nüchternen Art gesagt, der Lebenswein sei zuzeiten etwas säuerlich, und man solle dem nicht, nach dem traurigen Beispiel einiger Winzer in Germanien, durch Beigabe von Glykol abzuhelfen suchen; darauf aber liefen die Weltverklärungsphilosophien allemal hinaus. Es freue ihn zwar, daß in »Glykol« die griechische Sprache weiterlebe (das Wort komme ja von *glykeros* = süß), aber philosophisches Glykol sei leider nicht einfach süß, sondern eher süßlich. Er möge diesen Geschmack nicht und habe es vorgezogen, in seinen Dichtungen des Lebens Lippen so schmal zu lassen, wie sie eben seien, und seine Helden hin und wieder recht von Herzen weinen zu lassen.

Der Mensch ist das Maß aller Dinge!?

PROTAGORAS VON ABDERA

Sie sind ein gefährlicher Herr: Sie sind so ein Kritiker.
Jewdoxia zu Basarow in TURGENJEWS Roman
Väter und Söhne

Vom Fischerhafen der Insel Thasos windet sich ein schmaler Waldweg den Berg hinauf. Nach einer halben Stunde kommt man an ein unaufgeräumtes Kapellchen mit einem sparsamen Kruzifix, nach einer weiteren Viertelstunde auf die Akropolis mit den Resten eines Athena-Tempels und eines Pan-Heiligtums. Neben dem »Tempel« (nur Grundmauern sind noch übrig), dort, wo der Berg zum Hafen abfällt, steht eine alte Kiefer. In ihrem Schatten sitzend, blickt man nordwärts auf das seidige Meer und die flimmernde Küste Thrakiens. Man denkt an das verfallene Pan-Heiligtum und an den klagenden Ruf »Der große Pan ist tot«, den der Steuermann eines griechischen Schiffes an einem Sommerabend irgendwann im 1. Jahrhundert nach Christi Geburt bei Korfu hörte.[1] Man denkt an das heruntergekommene Kapellchen und an Nietzsches ungeheures Wort »Gott ist tot!« Außer Natur gibt es wenig zu sehen auf der Akropolis (deshalb ist es dort so still), aber es gibt viel zu erinnern. Man erinnert sich an die Apostelgeschichte (16, 9): »Und Paulus sah eine Erscheinung bei Nacht: ein Mann aus Mazedonien stand da und bat ihn: Komm herüber nach Mazedonien und hilf uns!« Paulus folgte dem Ruf, segelte durch die Meerenge zu Füßen der alten Kiefer und landete um 50 n. Chr. in Neapolis, dem heutigen Kavalla, dreißig Kilometer nord-nordwestlich von Thasos: Zum ersten Mal betrat der Heidenapostel den Boden Europas. Er zog landeinwärts zu dem nahegelegenen Philippi. Dort wurde er ausgepeitscht, ins Gefängnis geworfen und durch ein wunderhaftes Erdbeben wieder frei. Solcherart auf Europa eingestimmt, reiste er über Thessalonich weiter nach Athen. In Athen kam es zum ersten Zusammenstoß zwischen Christentum und Hellenentum. Als Paulus durch die Stadt ging, »ergrimmte sein Geist in ihm, als er sie voller Götzenbilder sah«.[2] (Es waren das die Götterstatuen, für deren Besichtigung wir heute viel Geld in London, Paris und Athen ausgeben.) In dieser Verfassung geriet er an einige Philosophen und stritt sich mit ihnen herum. Sie führten ihn auf den Areopag, damit er zu einer größeren Menge reden könnte. »Alle Athener nämlich... hatten nichts anderes im Sinn, als etwas Neues zu sagen oder zu hören.«[3] Paulus knüpfte an die orphisch-pythagoreische Lehre an, die Menschen seien göttlichen Geschlechts. Von seinem neuen Gott nämlich sagte er: »Denn in ihm leben, weben und sind wir, wie auch einige Dichter bei euch gesagt haben: Wir sind seines Geschlechts.«[4] Als er jedoch nicht mit der Seelenwanderung fortfuhr, sondern mit der *leiblichen* Auferstehung der Toten, geriet sein Glück ins Wanken: Die einen begannen zu spotten, die anderen ließen ihn stehen. Paulus zog weiter nach Korinth, ließ sich dort aber nicht mehr mit Philosophen ein. Die neunmalgescheiten Athener scheinen ihn nicht wenig verdrossen zu haben. Er wird den Korinthern denn auch schon damals gesagt haben, was er ihnen später geschrieben hat: Vor Gott sei die *sophia* dieser Welt (die Wissenschaft der Philosophen) die reine Einfaltspinselei.[5]

Unter der schattigen Kiefer wird man jetzt an das untergegangene Abdera denken; es lag etwa dreißig Kilometer nordöstlich von Thasos und sechzig Kilometer östlich von Philippi. Es war ein Mann aus Abdera, der für den Tod vieler Götter und für viel von der *sophia* verantwortlich war, die Paulus so sehr auf die Nerven fiel. Er hieß Protagoras und wurde um 485 v. Chr. geboren, wenige Jahre vor Heraklits Tod. Ein halbes Jahrtausend später segelte Paulus auf dem Weg nach Neapolis an Abdera vorüber, und er wird gewußt haben, daß der immer noch berühmte Protagoras über Gott ganz anders gedacht hatte als er –, daß dieser Mann nämlich achselzuckend gemeint hatte, über die Götter solle man schweigen, weil man nichts über sie sagen könne. Wenn es je zwei geistige Antipoden gegeben hat, so waren es der glühende Eiferer Paulus und der unterkühlte Skeptiker Protagoras. Über die Themen aber, die Protagoras aufgebracht hat, reden wir uns noch heute die Köpfe heiß; um Paulus jedoch ist es still geworden. Lieber als über ihn sprechen unsere Gottesmänner über Kernkraftwerke.

Wie so viele gefährliche Menschen war auch Protagoras ein Ionier. Abdera war von den Bürgern der ionischen Stadt Teos besiedelt worden, die nach dem Fall von Sardes (546 v. Chr.) vor dem persischen Ansturm geflohen waren. Übrigens war auch ein junger Lyriker namens Anakreon mit ihnen gezogen und sang nun in Thrakien seine erotischen Lieder (»Thrakisch Füllen, warum wirfst du/doch auf mich so schräge Blicke?...«). Ein anderer großer Sohn Abderas war Demokrit (etwa 460–370 v. Chr.), der Mitbegründer und Hauptvertreter der antiken Atomistik. Schon Anakreons, Protagoras' und Demokrits wegen wird die Stadt mit dem Beinamen »die Schöne« jedem denkenden Menschen teuer sein. Irgendwie aber kam sie später in den Geruch, etwas wie das griechische Schilda zu sein: Den Abderiten traute man *alles* zu – und sonst nichts.

Im Jahre 500 v. Chr. erhoben sich die kleinasiatischen Ionier gegen die Perser. Die Athener (Ionier auch sie, die bei der Flucht aus der Peloponnes freilich nur bis Attika gekommen und dort ein wenig verbauert waren) unterstützten den Aufstand, das persische Heer zog aus zu einer Strafexpedition gegen die »veilchenumkränzte Stadt« und erlitt 490 v. Chr. bei Marathon eine bittere Niederlage. Zehn Jahre später versuchten die Perser ihr Glück aufs neue. 480 v. Chr. wurde ein Großteil ihrer Flotte bei Salamis in den Grund gebohrt, 479 v. Chr. ihr Heer bei Platää aufs Haupt geschlagen. Kurz danach unterlag der Rest ihrer Flotte am Vorgebirge Mykale (gegenüber Samos) nochmals den Athenern –: Griechenland war frei.

Die Athener waren nicht die Leute, ihr Licht unter den Scheffel zu stellen. Ihre unerwarteten Siege über *die* Supermacht der Zeit steigerten ihr Selbstwertgefühl und ihre Unternehmungslust ins Ungemessene. 477 v. Chr. gründeten sie die antike NATO, den Attisch-Delischen Seebund, der rasch in eine rücksichtslose Hegemonie ihrer selbstbewußten Stadt (etwa so groß wie Wiesbaden) umschlug. Einen maßgeblichen Anteil an all diesen Erfolgen hatten die mittellosen Bürger Athens: Sie hatten als Ruderer auf der ruhmreichen Flotte, Athens Hauptwaffe, Dienst getan, sie taten diesen Dienst noch immer und ließen ihre Stadt an allen Küsten des Mittelmeers militärisch präsent sein (später wird man das *projection of power* mittels Seeherrschaft nennen). Kein Wunder, daß diese Bürger, bislang politisch so gut wie rechtlos, mitreden und mitbestimmen wollten. So kam es zu den radikal-demokratischen Reformen des Ephialtes und Perikles. Ephialtes wurde 461 v. Chr. ermordet, des Perikles Einfluß aber wuchs so, daß man heute vom »perikleischen Zeitalter Athens« spricht und damals der große Historiker Thukydides den berühmten Satz niederschreiben konnte: »Es war dem Namen nach eine Volksherrschaft, in Wirklichkeit eine Herrschaft des Ersten Mannes.«[6]

Unter dem »Ersten Mann« wurde Athen, was es bisher nicht gewesen war: der kulturelle Mittelpunkt der griechischen Welt. Zwar kann man es nicht Perikles zuschreiben, daß die Stadt nun in rascher Folge drei Tragiker hervorbrachte, wie die Welt sie kaum wieder gesehen hat: Äschylos (525–456 v. Chr.), Sophokles (496–406 v. Chr.) und Euripides (480–406 v. Chr.). Es war jedoch einzig des Perikles Verdienst, daß Athen Prachtbauten wie den Parthenon, die Propyläen, das Theseion und das Odeon und damit einen beflügelnden Kulturstolz erhielt. Es war *sein* Verdienst, daß er Leute von Geist zur wechselseitigen Anregung in seinem

Haus zusammenbrachte: den Dichter (und Freund) Sophokles, den Bildhauer (und Freund) Phidias, den philosophierenden Musiker Damon, dazu Intellektuelle, die aus der Ferne kamen, angelockt von dem neuen Glanz Athens: der Historiker Herodot aus Halikarnassos, der Naturphilosoph Anaxagoras aus Klazomenai, der Städtebauer Hippodamos aus Milet und schließlich Protagoras aus Abdera. Denkt man sich das Ganze noch unter dem Vorsitz einer schönen, freien und geistvollen Frau, der Milesierin Aspasia, so hat man etwas wie einen französischen »Salon« des 18. Jahrhunderts und damit ein mächtiges Kulturferment vor Augen.

Die neue Demokratie Athens war von der direktesten Sorte: Die stimmberechtigten Bürger (keine Frauen) kamen auf dem Marktplatz zusammen und beschlossen über alles und jedes. Wer sich hier durchsetzen wollte, mußte eins vor allem anderen können: *reden*. Wer am besten das souveräne Marktplatzvolk mit seinem Mundwerk dirigieren konnte, war ein *demagogos*, wörtlich: ein Volksführer. Alle öffentlichen Ämter – mit Ausnahme der Generalsposten – wurden durch das Los besetzt, denn alle Bürger waren gleich und sollten gleichen Anteil am Staate haben. Das galt auch für die zahlenmäßig sehr großen Gerichte, die also unseren Schwurgerichten ähnelten, allerdings ohne vorsitzende Berufsrichter. Staatsanwälte gab es so wenig wie Rechtsanwälte; Kläger und Angeklagte mußten selbst reden (wobei sie sich gelegentlich der Hilfe professioneller *ghost writers* bedienten): Die Macht des Wortes konnte über Hab und Gut, über Leib und Leben entscheiden. Der mächtige Perikles war einer der großen Redner Athens; Plutarch meint, diesen Rang habe er zu einem nicht geringen Teil seinem Umgang mit Anaxagoras zu verdanken gehabt: Aus der Naturphilosophie des Mannes habe er zu seiner herrlichen Anlage den hohen Sinn und die Kraft zur Tat hinzugewonnen, »und da er seiner Redekunst einschmolz, was von Anaxagoras' Lehre zu verwenden war, ließ er alle Redner weit hinter sich zurück«.[7] Man muß sich ferner vorstellen, was uns nicht mehr vorstellbar ist: daß seit Homers Zeiten eine gute Rede dem Griechen dasselbe Lustgefühl verschaffte wie uns ein gutes Konzert. Und so gab es denn auch nicht wenige, die buchstäblich als Konzertredner durch die Lande zogen; den Zuhörern kam es nicht auf den Inhalt an, sondern auf das *bel parlare*.

Konnte man die Redekunst lernen? Die »Sophisten« sagten »Ja« und boten sich als Lehrer an. Protagoras war der erste der Sophisten, zeitlich und dem Range nach. Was aber war ein »Sophist«?

»Du bist ein Lügner, ein Sophiste«, fährt Faust den Mephisto an. Die Wortkombination kommt unserer eingeschliffenen Vorstellung entgegen, die sich etwas unbeholfen so umschreiben läßt: Ein Sophist ist einer, dem man schwerlich die Tochter und gewiß nicht das Scheckbuch anvertrauen würde. Geben wir noch eine Prise Scharlatanerie dazu, so haben wir schon das buntscheckige Bild, das Aristophanes in seiner Komödie *Die Wolken* (423 v. Chr.) mit grobhaarigem Pinsel malt: Die Sophisten sind Quacksalber, Schwindelpropheten, langhaarige, juwelengeschmückte Dandys, Dithyrambendrechsler, Pseudoastronomen, Bauernleger und Beutelschneider –: das also ist es.[8] Und so einer soll unser Protagoras gewesen sein? Ein Mann, den Perikles beauftragte, die Verfassung der panhellenischen Musterstadt Thurioi, der Nachfolgerin des von Kroton zerstörten Sybaris, zu entwerfen! Das zu glauben fällt schwer. Zur Erholung erinnern wir uns daran, daß das englische *sophisticated* soviel bedeutet wie: erfahren, weltklug, geistig differenziert. In diesem *sophisticated* wird noch aufbewahrt, daß »Sophist«, *sophistes*, auch einmal etwas anderes bedeutet hat als Lügenbold und Roßtäuscher.

In der Tat: Anfänglich war *sophistes* synonym mit *sophos*, und *sophos* war nicht der betuliche »Weise« im heutigen Sinn, sondern einer, der sich auf sein Fach verstand und wußte, wie es in der Welt zugeht. Die »Sieben Weisen« waren »Sophisten«, und für den schwerblütigen Pindar ist gerade der Dichter ein »Sophist«.[9] Da nun Dichter sich hochgemut als Ratgeber und Erzieher des Volkes ausgaben, bekam das Wort *sophistes* einen Beigeschmack von »Lehrer«, und im 5. Jahrhundert wurde es hauptsächlich in diesem Sinne gebraucht: Ein *sophistes* ist ein Mensch, der nützliche Kenntnisse anspruchsvoller Art besitzt und vermittelt, wir würden sagen: Er ist ein Professor.

Aber irgendwie bekam das Wort *sophistes* im Laufe des 5. Jahrhunderts ein »Geschmäckle«, so wie bei uns das Wort »Intellektueller«. (Es ist übrigens vorauszusehen, daß dem Wort »Naturwissenschaftler« eine ähnliche Karriere bevorsteht: Es wird immer mehr wie »Dr. Mabuse« klingen; dafür sorgt eine Koalition von Wissenschaftsethikern und *science fiction*-Filmen.) Daß aus dem *sophistes* schließlich der »Sophist« wurde, hat viele Ursachen. Sehen wir uns einige an.

Zunächst: Die Sophisten nahmen für ihren Unterricht Geld, und die berühmtesten griffen kräftig zu. Protagoras soll von seinen Schülern sage und schreibe 100 Minen verlangt haben.[10] (Das war nicht wenig, dafür konnte man knapp 4000 Hektoliter Korn kaufen.) Anstößig war nicht die Geldnahme als solche (auch Phidias bildhauerte nicht um Gottes Lohn; Simonides verkaufte Fest- und Trauergesänge, wie es sich gerade traf) – anstößig war etwas anderes: Die Sophisten verlangten Geld für eine Leistung, die nach Meinung der Gentlemen teils keine war, teils von ihnen selbst schon *kostenlos* erbracht wurde –: Sie verlangten Bezahlung für Unterricht in einer *Welttüchtigkeit*, die den Zögling befähigen sollte, »sein eigenes Haus möglichst gut zu verwalten und in der Politik mitzuhandeln und mitzureden« (so Protagoras in Platons gleichnamigem Dialog[11]). Die Herren aus gutem Hause aber wußten, daß dem Jüngling aus gutem Hause diese Tüchtigkeit schon im guten Blute lag, und was an Schliff noch fehlen mochte, das vermittelte der weltkundige Ältere dem wohlgeratenen Jungmann in freundschaftlichem Gespräch, ohne schnöde Silberlinge dafür zu fordern. Auf diesem Hintergrund von Erbbiologie und Plauderpädagogik konnte dann das Treiben der Sophisten kaum etwas anderes sein als eine »Jagd auf reiche und angesehene Jünglinge« (Platon[12]). Das war noch milde geurteilt. Der General und Gutsherr Xenophon (etwa so alt wie Platon) verglich den Barverkauf des Geistes an jeden Zahlungswilligen dürr und direkt mit dem Barverkauf des Körpers, also mit Prostitution.[13]

Dazu kam, daß die Sophisten allesamt Fremde waren (jedenfalls in Athen, das sich anschickte, in griechischen Dingen das große Wort zu führen), landfahrendes Volk, Kathederzigeuner, immer auf Tournee – fremd-fremde Gesellen, die dreist genug waren, Ansässige darüber zu belehren, wie sie tüchtige Staatsbürger werden und auf der Agora jedem fix widersprechen könnten (den Älteren kann es nicht gefallen haben, daß die Jüngeren diese Kunst auch an ihnen ausprobierten); Fremde, die zudem einen Rattenschwanz von Fremden mitzubringen pflegten. Platon sagt etwas vornehmer, Protagoras bezaubere in allen Städten die jungen Leute wie Orpheus mit seiner Stimme, »und sie lassen sich behexen und laufen dieser Stimme nach«.[14] Und das athenische Jungvolk ließ sich auch behexen und auf die respektlosesten Gedanken bringen. Der kalkhaltigere Teil der Bevölkerung wird das mit Kummer gesehen haben, auch mit Ärger. Protagoras sagt denn auch (bei Platon[15]):

> Wenn man als fremder Mann in die großen Städte kommt und dort die besten jungen Leute veranlaßt, den Verkehr mit allen anderen aufzugeben, mit den Angehörigen und mit den Fremden, mit Älteren ebenso wie mit Jüngeren, und sich ihnen anzuschließen, um durch diesen Umgang besser zu werden, dann muß man vorsichtig zu Werke gehen; denn daraus ergeben sich mancherlei Eifersüchteleien und andere Mißhelligkeiten und Anfeindungen.

In manchen athenischen Familien mag es damals zugegangen sein wie in manchen deutschen des Jahres 1968, wenn der studierende Sprößling das Höhere und Tiefere der neuen Weltsicht den widerspenstigen Alten andemonstrieren wollte. Also etwa so:

GLAUKON, *blickt auf die Uhr*: Mein Sohn, es ist Zeit, den Göttern zu opfern.

CHARMIDES: Väterchen, weißt du überhaupt, ob es Götter gibt?

GLAUKON, *mit Aplomb*: Die Götter waren es, die uns bei Marathon geholfen haben, die Perser zu besiegen.

CHARMIDES, *mit ausgesuchter Höflichkeit*: Waren es vielleicht dieselben Götter, die vier Jahre früher den Persern geholfen haben, Milet zu zerstören?

GLAUKON: Du solltest das Zeugnis eines Marathonkämpfers nicht verachten. Nietzsche hat uns attestiert, wir seien »rechtwinklig gebaut an Leib und Seele«. *Nostalgisch*: War das ein Tag! Ohne uns umzusehen, sind wir auf die Perser losgestürmt, von Kopf bis Fuß rechtwinklig, keinen Pardon haben wir gegeben. Neben mir Äschylos, *le brave des braves*. Auf seinem Grabstein übrigens kein Wort von Tragödien, nur Marathon. *Summt vor sich hin*: »Morgenrot, Morgenrot, leuchtest mir zum frühen Tod.«

CHARMIDES, *herzlos*: In deinem Alter kann dir das Morgenrot nur noch zu einem sehr verspäteten Tod leuchten.

GLAUKON, *ungerührt*: Ohne uns umzusehen, sind wir losgestürmt und haben das Abendland gerettet. Allerdings nur beiläufig, eigentlich hatten wir nur Athen retten wollen. Charmides, zwischen Athen und den Persern waren kaum 40 Kilometer – 40 Kilometer und wir! *Summt vor sich hin*: »Wohl auf Kameraden, auf's Pferd, auf's Pferd, in's Feld, in die Freiheit gezogen!«

CHARMIDES: Auf's Pferd? Ich dachte, du hättest zu Fuß gekämpft. Übrigens kann ich nicht gutheißen, daß du losgestürmt bist, »ohne dich umzusehen«. »Sich umsehen« heißt in unserer Sprache *skeptomai*, und von diesem Wort kommt »skeptisch«. Vater, der moderne Mensch muß skeptisch sein, er muß sich umsehen. Das ist es, was man bei Protagoras lernt. Übrigens: Protagoras ist seit gestern in der Stadt, ich bin schon bei ihm gewesen.

GLAUKON: Protagoras?

CHARMIDES: Protagoras aus Abdera.

GLAUKON: Was kann aus Abdera Gutes kommen?

CHARMIDES: Das würdest du wissen, wenn du bei ihm gewesen wärst. Dann hättest du einen Satz hören können, der dich vielleicht von deiner gedankenlosen Opferei abgebracht hätte.

GLAUKON: Mich bringt so leicht niemand vom Opfern ab. Mein Vater hat geopfert, mein Großvater hat geopfert, mein...

CHARMIDES: Bitte, nicht den ganzen Stammbaum! Hör lieber, was Protagoras gesagt hat: »Über die Götter kann ich keine Aussagen machen, weder, daß es sie gibt, noch, daß es sie nicht gibt, noch was für eine Gestalt sie haben. Denn vieles hindert ein Wissen hierüber: ihre Nichtwahrnehmbarkeit und die Kürze des menschlichen Lebens.«[16] Was sagst du nun?

GLAUKON: Flausen! Neumodisches Geschwätz!

CHARMIDES: So neumodisch ist es nun auch wieder nicht. Xenophanes...

GLAUKON: Meinst du den heruntergewirtschafteten Wandersänger, der sich in der Stadt seiner Väter nicht hat halten können?

CHARMIDES: Den meine ich. Und der hat sogar noch härter gesagt, es habe noch nie jemanden gegeben – es würde auch nie jemanden geben –, der etwas Stichhaltiges über die Götter sagen könnte.[17] Kennst du die Geschichte von Simonides?

GLAUKON: Ist das der Beutelschneider aus Keos, der schweres Geld für leicht hingeschmierte Verse nimmt?

CHARMIDES: Ja. Eines Tages fragte ihn Hieron, der Tyrann von Syrakus...

GLAUKON: Da hast du's! Mit einem Tyrannen hat sich dein Simonides eingelassen!

CHARMIDES: Auch dein Äschylos hat sich mit Hieron eingelassen. Die Leute haben sich eben in der Welt umgetan, du bist leider immer damit zufrieden gewesen, gerade mal im Staatsauftrag nach Marathon gekommen zu sein. Aber jetzt die Geschichte. Eines Tages fragte Hieron den Simonides nach dem Wesen Gottes. Simonides erbat sich einen Tag zum Nachdenken, dann zwei weitere Tage, dann noch vier Tage usw., immer die doppelte Zeit, und schließlich gestand er dem Hieron, Gott werde ihm immer dunkler, je länger er über ihn nachdenke. Das sagt auch Protagoras, nur sagt er es entschiedener.

GLAUKON: Was willst du von einem Dichter erwarten, der sogar noch bei Leichenfeiern abkassiert?

CHARMIDES: Ich kann auch mit einem Historiker dienen, sogar mit einem feuerfest frommen. Herodot schreibt: »Von den Göttern wissen meiner Meinung nach alle Menschen gleich wenig.«[18]

GLAUKON: Ich weiß genug.

CHARMIDES, *mit dreister Höflichkeit*: Verehrtester, deine Bescheidenheit war schon immer einer deiner charmantesten Züge. Vielleicht kann ich dich mit dem »Alleszertrümmerer« zum Nachdenken bringen.

GLAUKON: Was? Du willst Poseidon gegen die Götter ausspielen?

CHARMIDES: Der »Alleszertrümmerer« ist diesmal nicht Poseidon, sondern Kant, Immanuel Kant aus Königsberg.

GLAUKON: Kant? Königsberg?

CHARMIDES: Zu deinem Pech liegt Königsberg nicht bei Marathon. Laß dir trotzdem sagen, daß Kant allen »Gottesbeweisen« den Garaus gemacht hat. Einleitend schreibt er – mir ist, als hörte ich Protagoras reden –: »Ich werde dartun: daß die Vernunft auf dem einen Wege (dem empirischen) so wenig als auf dem anderen (dem transzendentalen), etwas ausrichte, und daß sie vergeblich ihre Flügel ausspanne, um über die Sinnenwelt durch die bloße Macht der Spekulation hinaus zu kommen [und etwas von Gott zu erkennen].«[19] Merkst du nun, daß Protagoras unserer Zeit mehr als zweitausend Jahre voraus ist? Väterchen, Protagoras ist der Philosoph der Zukunft. Und wir haben das unverdiente Glück, daß er jetzt *downtown* ist. Die Zukunft ist gestern in Athen angekommen. »Ich liebe Männer mit Zukunft und Frauen mit Vergangenheit« (*Oscar Wilde; Glaukon bekreuzigt sich*). Europa wird sich eines Tages die Augen reiben: Protagoras und wir Jungen schreiben die *Kritik der erbaulichen Vernunft*, wir sind das Ferment einer geistigen Gärung.

GLAUKON: Die alkoholische ist mir lieber.

CHARMIDES: Du solltest nicht so viel Wein trinken. Halte dich ans »heilig nüchterne Wasser«.

GLAUKON: Unser verdammtes Wasser ist nicht »heilig nüchtern«, sondern hart. Daher mein Rheumatismus. Nichts läßt einen weniger an die Zukunft glauben als Rheumatismus. Ohne Rheumatismus wäre vielleicht auch ich Protagoreer.

CHARMIDES: Kaum, du liest zuwenig. Eigentlich liest du immer nur die alten Siegesbulletins von Marathon und Salamis.

GLAUKON: Weiß der viellesende Herr Sohn vielleicht, wen die Pythia zum weisesten der Menschen erklärt hat? Einen ausgewiesenen Analphabeten namens Myson. Und warum? Weil dieser Bauer schon im Sommer vorbedächtig den Pflug für die Feldbestellung herrichtete, im SOMMER!

CHARMIDES: Die Pythia hat einen kuriosen Hang, in kurzen Abständen immer neue »Weiseste« zu kreieren. Sie läuft Gefahr, inkonsistent zu werden.

GLAUKON: Hüte dich vor dem, was Euripides sehr zu Recht »sophistische Blasphemien« nennt, SOPHISTISCHE.[20]

CHARMIDES: Das sagt nicht Euripides, das läßt Euripides den Seher Teiresias sagen. Der *muß* natürlich so etwas sagen, das steht in seinem Arbeitsvertrag.

GLAUKON: Nun gut, dann sagt es eben Teiresias. Und weißt du, was er weiter sagt?

Was fromme Väter uns gelehrt, was unsre Zeit
Vorlängst geheiligt, kein Vernunftwort stößt es um,
Auch wenn's der höchste Menschengeist erklügelte.[21]

CHARMIDES: Eins muß man dir lassen: Das Frömmere aus der Literatur hast du am Schnürchen. Es steht aber auch geschrieben:

Das Alte stürzt, es ändert sich die Zeit,
Und neues Leben blüht aus den Ruinen.[22]

Mit einem schrägen Blick auf den Vater, halblaut: Freilich nicht aus allen. *Laut*: Übrigens sind wir beide im Augenblick ausgewachsene Protagoreer.

GLAUKON: Du solltest mir nicht zu nahe treten, Charmides.

CHARMIDES: Das sei ferne. Aber Protagoras sagt, für einen Mann bestehe die Bildung zum wichtigsten Teil darin, ein tüchtiger Kenner der Dichtung zu sein. Und das bedeutet, er solle imstande sein, die Worte der Dichter zu beurteilen, was daran richtig sei und was nicht.[23] *Schmeichelnd* (*aus Gründen, die bald zutage treten werden*): Haben wir uns nicht eben als tüchtige Kenner der Dichtung erwiesen? Haben wir nicht dem schönen Bildungsideal des Protagoras Genüge getan?

GLAUKON, *aufgeräumt*: Gut möglich, gut möglich. Aber eine Frage: Wenn Protagoras sagt, man solle die Worte der Dichter *beurteilen*, legt er sich dann nicht mit den Dichtern an? Die mögen es gar nicht, wenn man sie kritisiert.

CHARMIDES, *noch aufdringlicher schmeichelnd*: Du hast auch diesmal wieder recht. Zwischen Dichter und Kritiker haben die Götter Streit gesetzt. »Schlagt ihn tot, den Hund! Es ist ein Rezensent«, hat Goethe einmal ausgerufen.[24] Aber unser Protagoras hat auf den groben Klotz den passenden Keil gesetzt. Als ein Poet ihn beschimpfte, weil er seine Gedichte kritisiert hatte, fertigte Protagoras den Verseschmied mit dem Satz ab, viel lieber wolle er seine Verwünschungen hören als seine Gedichte.[25]

GLAUKON *lacht, wie nur ein sieben-achtels-Analphabet lachen kann, wenn es einem Schriftsteller an den Kragen geht*: Haha, Haha. *Kurze Verschnaufpause. Dann sehr kräftig*: HAHA, HAHA.

CHARMIDES, *sich der Protagoreischen Lehre vom »kairos«, dem günstigen Zeitpunkt, erinnernd:*[26] Väterchen, ich möchte gerne Unterricht bei Protagoras nehmen. Aber er verlangt 100 Minen; das übersteigt mein Taschengeld. Könntest du nicht...

GLAUKON, *jählings ernüchtert*: Keine Drachme für den Abderitischen Windbeutel. Eher bringe ich mein Vermögen in einem Lotterleben durch.

CHARMIDES, *mit Realitätssinn*: Väterchen, ein Lotterleben ist aufreibend. Bevor du damit anfängst, solltest du einen Arzt deines Vertrauens konsultieren. Ab einem gewissen Alter reduzieren sich die Lebensgenüsse so ziemlich auf das Niesen.

GLAUKON: Das hast du wohl auch von dem Wanderprofessor gelernt.

CHARMIDES: Väterchen, du verkennst den Protagoras. Er ist ein sehr distinguierter Herr.

GLAUKON: Aber er hat nicht bei Marathon gekämpft.

CHARMIDES: Er war noch zu jung, er war noch nicht geboren. Aber nun ist er endlich wieder einmal in Athen, er will längere Zeit bleiben, und ich könnte bei ihm die Redekunst studieren. Man erzählt Wunderdinge von seinem Unterricht. Er bringt einem bei – und das entspannt ungemein –, bei jeder Sache gäbe es zwei Standpunkte, die einander gegenüberständen, die man aber mit gleichem Recht vertreten könne.[27] Demgemäß veranstaltet er auch richtiggehende Wettkämpfe im Disputieren.[28] Es geht bei ihm zu wie in einem Debattierklub in Oxford oder Cambridge, wenn du weißt, was ich meine.

GLAUKON: Nein, weiß ich nicht. Aber ich weiß, daß in tausend Jahren Stephanos von Byzanz in seinem geographischen Lexikon unter dem Stichwort »Abdera« mit gesträubten Haaren daran erinnern wird, Protagoras habe gelehrt, wie man die *schwächere* Sache zur *stärkeren* machen und ein und dieselbe Person tadeln *und* loben könne.[21] So kann ein einziger Mann den Namen seiner Heimatstadt auf immer mit Schande bedecken. Ich sage dir, Charmides: Deine Rede sei: Ja, ja, nein, nein. Was darüber ist, das ist von Übel.[22]

CHARMIDES: Mit dieser rustikalen Rhetorik werde ich keinen einzigen Gesetzesvorschlag in der Volksversammlung durchbringen. Im übrigen liegen die Dinge nicht so einfach, wie sie den Augen eines weiland staatstragenden Haudegen erscheinen mögen. Eine *razzle-dazzle*-Demokratie wie die unsrige lebt vom Für und Wider; Protagoras hat da gar nichts erfinden, sondern sich bloß auf der Agora umsehen müssen. Und hör mal, was Goethe einen so grundanständigen Jüngling wie Wilhelm Meister seinem Freund Werner antworten läßt:

> Dein Brief ist so wohl geschrieben, und so gescheit und klug gedacht, daß sich nichts mehr dazu setzen läßt. Du wirst mir aber verzeihen, wenn ich sage, daß man gerade das Gegenteil davon meinen, behaupten und tun, und doch auch recht haben kann.[23]

GLAUKON: Man merkt, daß Goethe auf Advokat studiert hat. Willst du dich wirklich auf einen Mann berufen, der sich wie unser hyperdemokratischer Volksverderber Perikles jahrelang eine Lebensgefährtin gehalten hat, als ob er das Wort »Trauschein« nicht buchstabieren könnte? Wobei ich Perikles noch besser verstehen kann als Goethe. *Mit breitem Kasinogrinsen*: Aspasia ist immerhin ein kapitales Weib...

CHARMIDES: Nichts gegen Aspasia!

GLAUKON: Ein kapitales Weib! Kyros hat doch tatsächlich seine liebste Beischläferin, die Milto aus Phokaia, kurzerhand in Aspasia umgetauft.[24] *Plötzlich die Stimmung wechselnd:* Aber man wird es der Hexe aus Milet noch eintränken. Ich sehe den Tag kommen, da man sie wegen Gottlosigkeit in Tateinheit mit Kuppelei vor Gericht zerren wird.

CHARMIDES, *triumphierend*: Und des Perikles unwiderstehliche Redekunst wird sie frei bekommen! Ich beschwöre dich, Väterchen, greif in deinen Beutel, laß mich für 100 Minen bei Protagoras die Rhetorik studieren und mein politisches Glück machen. Denke daran, was dein Marathonkollege Äschylos gesagt hat.

GLAUKON: Äschylos? Der hat den Protagoras überhaupt nicht gekannt!

CHARMIDES: Das meine ich auch nicht. Ich wollte dich nur daran erinnern, daß sogar der sittenstrenge Äschylos die Peitho, die Göttin der Überredung, eine Zauberin nennt, »der niemand etwas abschlägt«.[33] Das solltest du bedenken und mich bei Protagoras studieren lassen. Dem Unterricht liegt übrigens eine hochinteressante Epistemologie zugrunde.

GLAUKON: Eine *was*?

CHARMIDES: Eine Epistemologie, eine Erkenntnislehre, nämlich sein berühmter Satz »Der Mensch ist das Maß aller Dinge«.

GLAUKON, *abrupt*: Ich gehe jetzt opfern. Mein Vater hat geopfert, mein Großvater hat geopfert, mein...

CHARMIDES: Bitte, nicht den ganzen Stammbaum!

Glaukon ab, Charmides trällert ihm mit dem Feingefühl der Achtundsechzigergeneration zwei Heine-Strophen hinterher, in denen er nur ein einziges Wort geändert hat:

Ja, seine ganze Ignoranz
Hat er sich selbst erworben;
Nicht fremde Bildung und Wissenschaft
Hat je sein Gemüt verdorben.

Gleichfalls sein Geist, sein Denken blieb
Ganz frei vom Einfluß abstrakter
Philosophie – Er blieb Er selbst!
Der Glaukon ist ein Charakter.[34]

Wir lassen Charmides allein, greifen aber den Satz auf, den er eben seinem Vater vor die Füße geworfen hat:

Der Mensch ist das Maß [*metron*] aller Dinge, der seienden, daß sie sind, der nichtseienden, daß sie nicht sind.[35]

Neben dem skeptischen Satz über die Götter (Kurzfassung: »Ich wüßte nicht zu sagen, wie es mit ihnen steht«) ist dies der andere Hauptsatz des Protagoras. Die Alten haben ihn als sehr aufregend empfunden. Zu Recht, denn er zerstört die Vorstellung einer allen Menschen gemeinsamen, objektiven Welt und läßt dem einzelnen nur eine subjektive, private, »idiotische« (*idios* = privat). Hören wir Platon. Er läßt Sokrates zu dem jungen Theaitet sagen:

Das meint [Protagoras] doch etwa so: wie mir die einzelnen Dinge erscheinen, so sind sie auch für mich, und wie sie dir erscheinen, so sind sie wiederum für dich. Denn du bist doch ein Mensch, und ich bin auch einer.[36]

Ein und derselbe Wind läßt den einen frieren, den anderen nicht (sagt Sokrates): Der Wind ist nicht »objektiv«, sondern »subjektiv« kalt. Noch krasser (aber das sagt nicht mehr Sokrates): Wer an Xanthopsie leidet, sieht alle Dinge gelb: Er lebt in einer gelben Welt. Wer längere Zeit Kokain schnupft, verliert den Geruchssinn: Seine Welt ist ohne Duft. Weniger pathologisch, aber beunruhigend »idiotisch«: Ich werde niemals wissen, ob du, geneigter Leser, »rot« genauso empfindest wie ich – ob *dein* »Rot« auch *mein* »Rot« ist. Jeder lebt solitär in einer »idiotischen« Welt höchsteigener Empfindungen, die keinem anderen vermittelbar sind. Er allein ist das Maß aller Dinge, besser: das Maß *seiner* Dinge.

Platon wollte die Menschheit auf eine überindividuelle Welt einschwören und reagierte denn auch allergisch auf den Satz des Protagoras. Den Sokrates läßt er spötteln, er habe sich sehr gewundert, daß der Mann aus Abdera nicht rundheraus gesagt habe, »das Maß aller Dinge sei das Schwein oder der Affe oder ein noch unpassenderes unter den Wesen, die Wahrnehmung besitzen«.[37] An dieser Stelle hätte Platon nur ein klein wenig zu stutzen brauchen, und es wäre ihm aufgegangen, daß tatsächlich auch die Tiere »Umwelten« haben, die für sie genauso »wahr« und »wirklich« sind wie unsere »Umwelten« für uns. Nur sind sie *anders*: Hunde riechen »mehr« als wir, Würmer sehen nichts, und die aus raffiniert korrelierten Ultraschallechos aufgebaute »Hörbild«-Welt einer Fledermaus auf Nachtjagd entzieht sich völlig unserer menschlichen Vorstellung. Platon hätte so ohne weiteres die »Umweltlehre« Jakob von Uexkülls konzeptionell vorwegnehmen können und wäre dann sicher auf den demütigen Gedanken gekommen, daß auch die sinnliche »Umwelt« des Menschen nur ein winziges Kapitel aus dem großen Buch der Natur ist. (Es sind die Methoden der Naturwissenschaft, die uns einige unsinnliche Kapitel zu lesen gestatten.) Platons chevaleresker Umgang mit Schweinen und Affen gehört zum Thema »Verpaßte Chancen der Philosophie«.

Auf die Frage des Xenophanes »Wie kann ich erkennen, daß ich die Wahrheit erkannt habe?« hatte Heraklit die Antwort gegeben: »Mittels des allen gemeinsamen *logos*.« Die Antwort des Protagoras ist diametral entgegengesetzt; sie sagt: »Alles, was mir – und *wie* es mir – *persönlich* erscheint, ist wahr« (mit dem Zusatz: »für mich«). Die Wahrheitsfrage ist damit rasch und bequem in subjektivistischem Rauch aufgegangen.

Ganz so einfach ist es freilich nicht, weil nämlich die Menschen nicht ganz so »idiotisch« sind. Ein kluger Mann wie Protagoras hätte das sofort bemerkt, wenn es zu seiner Zeit schon Verkehrsampeln gegeben hätte. Gerade ihm, der sagt, *mein* »Rot« muß nicht das »Rot« des *Sokrates* sein, wäre aufgefallen, daß immer dann, wenn er bei *seinem* »Rot« an der Ampel hält, auch *Sokrates* hält, und immer dann, wenn er bei *seinem* »Grün« losfährt, auch *Sokrates* losfährt. Er würde nun die folgende Erkenntnis notieren: »Immer, wenn ich *mein* ›Rot‹ R_P empfinde, hat Sokrates ein und dieselbe Empfindung R_S, und immer, wenn ich *mein* ›Grün‹ G_P empfinde, hat Sokrates ein und dieselbe Empfindung G_S. Ohne in die Empfindungswelt des Sokrates eindringen zu können, kann ich also doch *Beziehungen* zwischen meinen und seinen Empfindungen herstellen, nämlich die Koppelungen $R_P \longleftrightarrow R_S$ und $G_P \longleftrightarrow G_S$. Diese Beziehungen zerbrechen unsere ›Idiotismen‹, sie übersteigen das bloß Subjektive.«

Ich will nicht darauf eingehen, wie diese Beziehungen in pythagoreischem Geist vertieft und verfeinert werden können durch das echtbürtige Kind des *koinos logos*, die Zahl, und durch zahlenliefernde Meßinstrumente. Das Thermometer macht den »idiotischen« Streit um »warm« und »kalt« obsolet, es ist in Tat und Wahrheit ein großer Beitrag zur *Schaffung* einer *gemeinsamen* Welt.

Man wird nicht daran zweifeln, daß Protagoras seinen subjektivistischen *homo mensura*-Satz (*homo mensura* = der Mensch [ist] das Maß) nicht nur auf die Sinneswahrnehmung, sondern auch – und gerade – auf Ästhetik, Moral und Politik angewandt hat.[38] Daß Geschmack und Vorlieben so »idiotisch« sind, daß man am besten nicht über sie streitet, wird man schon in der Steinzeit gewußt haben. Shakespeares Urteil »Besser gut gehängt als schlecht verheiratet«[39] mag *vielen* einleuchten, darf aber nicht auf *jedermanns* Beifall hoffen. Und daß in den Augen der Partei *A* die Vorschläge der Partei *B* gemeingefährlicher Aberwitz sind, ist in jeder guten Demokratie gängige Münze. Es steht zu vermuten, daß Protagoras nicht bei der Analyse des Erkenntnisproblems, sondern beim Geschrei der Demagogen auf den *homo mensura*-Satz verfallen ist. Und es ist kein Wunder, daß er dann umgekehrt ebendiesen Satz zur Begründung seiner vielgeschmähten These heranzog, man könne bei jeder Sache mit gleichem Recht zwei entgegengesetzte Standpunkte vertreten, insbesondere könne man *immer* gegen *alles* etwas sagen –: das Betriebsgeheimnis der politischen Opposition und der tiefsinnigen Konversation.

Des Protagoras Lieblingsgeschichte muß die Erzählung *Seltsamer Spazierritt* von Johann Peter Hebel gewesen sein:

Ein Mann reitet auf seinem Esel nach Haus und läßt seinen Buben zu Fuß nebenher laufen. Kommt ein Wanderer und sagt: »Das ist nicht recht, Vater, daß ihr reitet und laßt euern Sohn laufen; Ihr habt stärkere Glieder.« Da stieg der Vater vom Esel herab und ließ den Sohn reiten. Kommt wieder ein Wandersmann und sagt: »Das ist nicht recht, Bursche, daß du reitest und lässest deinen Vater zu Fuß gehen. Du hast jüngere Beine.« Da saßen beide auf und ritten eine Strecke. Kommt ein dritter Wandersmann und sagt: »Was ist das für ein Unverstand: zwei Kerle auf einem schwachen Tier; sollte man nicht einen Stock nehmen und euch beide hinabjagen?« Da stiegen beide ab und gingen selbdritt zu Fuß, rechts und links der Vater und Sohn, und in der Mitte der Esel. Kommt ein vierter Wandersmann und sagt: »Ihr seid drei kuriose Gesellen. Ist's nicht genug, wenn zwei zu Fuß gehen? Geht's nicht leichter, wenn *einer* von euch reitet?« Da band der Vater dem Esel die vordern Beine zusammen, und der Sohn band ihm die hintern Beine zusammen, zogen einen starken Baumpfahl durch, der an der Straße stand, und trugen den Esel auf der Achsel heim. So weit kann's kommen, wenn man es allen Leuten will recht machen.

Fatal an dem *homo mensura*-Satz war nur, daß er seinen Urheber leicht den Lehrstuhl kosten konnte. Wenn man nämlich die *eigenen* Meinungen für wahr halten durfte, warum sollte man dann bei Professor Protagoras um schweres Geld andere kaufen? Not macht erfinderisch und gab dem Protagoras eine so gute Antwort auf diese einkommensgefährdende Frage ein, daß sie noch im 19. Jahrhundert als Grundlage des englisch-amerikanischen »Pragmatismus« dienen konnte. Statt von »wahren« und »falschen« Meinungen, redete der einfallsreiche Mann von »besseren« und »schlechteren«, von »nützlichen« und »schädlichen«. Der Kokainschnupfer, der nichts mehr riecht, hat völlig recht, wenn er sagt, »die Welt ist ohne Düfte«. Aber die entgegenstehende Meinung der Gesunden mit funktionstüchtigen Nasen ist *besser*, weil Gesundheit besser ist als Krankheit und der Geruchssinn vor Gefahren warnen kann (man denke an Brandgeruch). Es obliegt nun dem Arzt, den Zustand des Kokainisten und damit auch sein Weltbild zu *verbessern* (nicht zu be-*richtigen*!). »So muß man auch bei der

Erziehung einen Wandel schaffen von dem einen Zustand zu einem besseren. Der Arzt bringt diesen Wandel mit Heilmitteln zustande, der Sophist [als Lehrer] dagegen mit *logoi* [mit Worten, Reden, neuen Meinungen].«[40] Auch der mit Protagoras gleichaltrige Großsophist Gorgias meinte, daß sich die *logoi* zur Seele verhalten wie die *pharmakoi* zum Körper.[41] Der etwas kleinere Sophist Antiphon, ein gewiegter Menschenkenner (»Die Krankheit ist ein Feiertag für die Arbeitsscheuen«; »Wenn ein Mann eine Frau wählt, die nicht zu ihm paßt, wie soll er da mit seinem Unglück fertig werden?«[42]), der weltkundige Antiphon also zog daraus praktische Konsequenzen: In Korinth richtete er einen Tröstungssalon ein und machte bekannt, es gäbe kein Seelenleiden, dem er nicht durch *logoi* beizukommen wisse; man müsse nur rückhaltlos mit ihm darüber reden.[43] Da er überdies ein Buch über Traumdeutung geschrieben hat, wird man ihn den Sigmund Freud von Korinth nennen dürfen. Die Stadt hatte einen Psychotherapeuten nötig. Sie wimmelte von Händlern und »korinthischen Mädchen«. Beide Professionen neigen zur Melancholie. Die erstere ist freilich selbst daran schuld, weil sie immer und überall einen starken Gebrauch von der deutschen Maxime macht »Wenn's gut geht, das Jammern nicht vergessen«.

Die heutige Psychiatrie ist von den Besprechungskünsten der Antiphon und Freud etwas abgerückt und rühmt sich, das Zeitalter der Psychopharmaka eingeläutet zu haben. Wir haben es hier mit einem schweren Fall von Selbstüberschätzung zu tun. Schon Homers betörend schöne Helena verabreichte Antidepressiva:

> Und sie tat in den Wein, von dem sie tranken, ein Mittel
> [*pharmakon*],
> Sorgen und Zorn zu stillen und alles Leid zu vergessen.
> Wer das Mittel genoß mitsamt dem Weine des Mischkrugs,
> Dem rann keine Träne den Tag die Wange herunter,
> Lägen ihm auch tot darnieder Vater und Mutter.[44]

Kein heutiger Produzent von Trostmedikamenten würde eine so krasse Werbung mit Vater- und Mutterleichen wagen. (Homers Text geht übrigens weiter mit erschlagenen Söhnen und Brüdern, über die Helenas *pharmakon* auch zuverlässig hinweghelfe.)

Der unverdünnte *homo mensura*-Satz macht (ähnlich wie das postmoderne Stretchgarn-Gewissen) den einzelnen zum alleinigen Herrn seines Tuns und führt zur Anarchie. Nichts lag dem Verfassungsgeber Protagoras ferner als diese Konsequenz. Durch den Begriff der »besseren«, der »nützlicheren« Meinung versuchte er, ihr zu entgehen. Aber damit geriet er natürlich in einen logischen Zirkel, denn über das, was »besser« ist, kann nach dem *homo-mensura*-Satz auch wieder nur der einzelne aus sich und für sich befinden. Protagoras zerbrach den Zirkel, wie jeder Utilitarier, mit Hilfe des Mehrheitsprinzips und des guten Zuredens.:

> Ich behaupte, daß weise und gute Redner bewirken, daß den Städten das Gute anstelle des Schlechten als gerecht erscheint. Denn was einer jeden Stadt als gerecht und schön vorkommt, das – behaupte ich – ist es auch wirklich für sie, solange sie es dafür hält; der Weise aber bringt es zustande, daß anstelle des Schlechten nun das Gute tritt und ihnen auch als das erscheint.[45]

Bei diesen Sätzen muß man die Bürgerversammlung auf der Agora vor Augen haben.

Es bleiben aber zwei Fragen. Erstens: Wieso und woher kennt »der Weise« denn »das Gute« besser als Gevatter Schuster und Schneider? (Das ist die alte Schwierigkeit mit dem *homo mensura*-Satz, über die das respekteinflößende Wort »der Weise« nicht hinwegtäuschen kann.) Zweitens: Warum müssen die bei einer Abstimmung unterlegenen Bürger sich der Mehrheitsentscheidung fügen? Beide Fragen werden noch heute diskutiert. Bei der ersten treiben wir steuerlos auf dem Meer der »wissenschaftlichen Politikberatungen«, bei der zweiten behelfen wir uns mit der Polizei.

Auch von Protagoras können wir keine logisch zwingenden Antworten erwarten – gerade von dem Verfasser des *homo mensura*-Satzes können wir es nicht. Aber wir können uns ansehen, wie er selbst seinem Satz einen Streich spielt, wie er ihn unterläuft mit einer persönlichen Grundeinstellung zu Mensch und Gesellschaft, die er nicht mehr »hinterfragt«, weil sie ihm gefällt.

Protagoras hat eine Schrift mit dem Titel *Vom Urzustand* geschrieben.[46] Sie ist verloren, aber ihre Hauptgedanken scheinen in Platons Dialog *Protagoras* verläßlich wiedergegeben zu sein. In diesem Dialog setzt der Abderite seine Ideen in Form einer Erzählung (eines »Mythos«) auseinander, in der er verzierungshalber auch Götter und Titanen auftreten läßt, so wenig er ansonsten von ihnen wissen will. Die Götter erteilen dem klugen Prometheus (»Vorbedacht«) und seinem einfältigen Bruder Epimetheus (»Nachbedacht«) den Auftrag, die geplanten Lebewesen mit passenden Eigenschaften auszustatten. Epimetheus, der als Dummkopf seine Grenzen nicht kennt, möchte diese verlockende Aufgabe gerne allein erledigen; Prometheus läßt ihn gewähren (er hätte ihn besser kennen sollen). Epimetheus stattet nun zunächst die Tiere nicht ungeschickt so aus, daß das Überleben der Gattungen gesichert wird (»den einen verlieh er Stärke, aber keine Schnelligkeit, den Schwächeren gab er dafür Schnelligkeit« usw.[47]). Als aber »Nachbedacht« schließlich die *Menschen* ausrüsten will, stellt er betreten fest, daß er in blindem Übereifer den ganzen Vorrat an Eigenschaften schon verbraucht hat –: er muß den Menschen also nackt und schutzlos lassen. Arnold Gehlen hat dieses Elend 1940 als ein anthropologisches Grundfaktum wiederentdeckt und den Menschen sehr suggestiv ein »Mängelwesen« genannt. Der einfallsreiche Prometheus weiß Rat gegen die Schöpfungspanne seine Bruders: Skrupellos stiehlt er dem Hephaistos und der Athene ihre »technische Weisheit« (*entechnos sophia*) mitsamt dem Feuer (ohne das man keine Technik machen kann) und schenkt beides den unterversorgten Menschen. »Von da an besitzen sie die nötigen Hilfsmittel zum Leben.«[48] Nach Protagoras ist der Mensch von Natur aus Ingenieur.

So weit, so gut. Aber noch leben die Menschen, wie Rousseaus *homme primitif*, solitär und erliegen deshalb hilflos den wilden Tieren. Um diesen Fährlichkeiten zu entgehen, siedeln sie in Städten zusammen. »Doch als sie nun beisammen waren, taten sie einander unrecht, weil sie die *politike techne* [die politische Technik des Zusammenlebens] noch nicht besaßen; die Folge war, daß sie sich wieder zerstreuten und weiter umkamen.«[49]

Dieses Elend jammert den Göttervater. Er schickt Hermes mit dem Auftrag zu den Menschen, ihnen nachträglich ein Gefühl für Recht und Anstand einzuimpfen, damit sie in den Stand gesetzt werden, stabile Ordnungen (*kosmoi*) des Zusammenlebens einzurichten und so ihr Dasein zu sichern. Zweieinhalb Jahrtausende später wird Gehlen fast so dringend wie Zeus auf die überlebenswichtige Funktion der »Institutionen« hinweisen. Jedem echten Pythagoreer ist der Gehlen des »Mängelwesens« und der »Institutionen« eine Reinkarnation des Protagoras. Zurück zur olympischen Impfung! Zeus meint es bitter ernst mit ihr –: Bei wem sie nicht anschlägt, der soll ohne viel Federlesens zu Tode gebracht werden »als eine Krankheit am Leibe der Stadt«.[50]

Nach diesem »Mythos« gehört das Gefühl für Recht und Anstand keineswegs zur *Natur* des Menschen, es wird ihm erst *nach seiner Schöpfung* verliehen oder angeboten – und das eine oder andere übelberatene Subjekt wird die gute Gabe sogar ausschlagen. Wichtig aber ist, daß die überwältigende *Mehrheit* der Menschen dieses Gefühl, diese *Anlage* für Recht und Anstand bekommen hat und davon ausgehend die *politike arete*, die politische Tüchtigkeit, die »Bürgertugend«, schließlich doch noch hervorbringen kann. Von der *arete* heißt es ausdrücklich und ohne mythische Beimengung, sie sei nicht etwas Naturgegebenes oder von selbst Gewordenes (kein *automaton*), »sondern etwas Lehrbares, das der Mensch, dem sie zuteil wird, nur durch Anstrengung erwirbt«.[51] Ganz ähnlich drückt sich hundert Jahre später Aristoteles aus: »Die Tüchtigkeiten sind also weder von Natur noch gegen die Natur. Wir sind vielmehr von Natur aus dazu veranlagt, sie aufzunehmen, aber vollendet werden sie durch die Gewöhnung [*ethos*].«[52]

Die *arete* ist also lehrbar (dem Protagoras als einem Professor für Bürgertüchtigkeit mußte an diesem Satz viel gelegen sein). Die Lehre beginnt schon im zarten Kindesalter mit schlichten Hinweisen (»Das ist recht und das ist unrecht; tu das, aber tu jenes nicht«[53]); sie wird fortgesetzt in der Schule mit Moralepigrammen und Heldenpreisungen großer Dichter; die Erwachsenen belehren sich wechselseitig über Gut und Schlecht – ein besonders wichtiges Erziehungsagens aber sind die Gesetze, »die die trefflichen Gesetzgeber der Vorzeit erfunden haben«.[54] Die Krönung dieser intensiven Erziehungstätigkeit schließlich sind die Sophisten als professionelle Lehrer der *arete*. »Zu diesen Menschen glaube ich [Protagoras] zu gehören und mehr als alle anderen beitragen zu können, daß einer edel und tüchtig wird; ich verdiene das Honorar, das ich bekomme, und noch ein größeres.«[55]

Die These, daß jeder dank Anlage und Belehrung an der *arete* Anteil habe (oder jedenfalls bei gutem Willen Anteil haben könne), ist für den Freund des Perikles die wirkungsvollste Verteidigung der Perikleischen Demokratie gegen die Vorwürfe der Gentlemen, die Stadt würde heruntergewirtschaftet, weil Hinz und Kunz an den Hebeln der Macht herumfingern dürften. Die Athener hingegen glauben (so Protagoras bei Platon),

> daß, wenn es sich um die Tüchtigkeit im Bauen oder sonst um ein Handwerk handelt, nur wenige [die Sachkundigen] an der Beratung teilnehmen sollen ... Schreiten sie aber zur Beratung über eine Frage, bei der es auf die bürgerliche Tüchtigkeit [die *politike arete*] ankommt, die ganz nur mit Gerechtigkeit und Besonnenheit gelöst werden kann, so anerkennen sie gebührend jedes Mannes Rat, in der Meinung, daß jeder an dieser Tüchtigkeit teilhaben müsse, wenn Städte überhaupt Bestand haben sollen.[56]

Der »Mythos« des Protagoras und sein unmythischer Kommentar dazu lassen uns einen Blick in die Grundeinstellung des großen Sophisten zu Mensch und Gesellschaft tun. Dem Menschen im Urzustand (so etwa wird Protagoras gesagt haben) sollte man keine Träne nachweinen; Rousseaus *homme primitif* sei ein erbärmlich dahinvegetierendes Ding voller Angst und Läuse gewesen. Man könne eigentlich nur ein Gutes über ihn sagen: daß er sich sein Elend zu Herzen genommen und mit viel Mühe eine zivilisierte Gesellschaft geschaffen habe. Um Gottes Willen kein »Zurück zur Natur!«; das würde ein böses Erwachen geben:

So glaube nun auch: wer dir unter denen, die bei gesetzliebenden Menschen aufgewachsen sind, als der allerungerechteste vorkommt, der ist doch noch gerechter, ja sogar ein Meister in dieser Hinsicht, wenn man ihn mit Menschen vergleicht, die überhaupt keine Erziehung haben und auch keine Gerichtshöfe und keine Gesetze und für die kein Zwang besteht, der sie jederzeit nötigt, sich um die Tüchtigkeit zu bemühen, sondern die eine Art von Wilden wären, wie sie im vorigen Jahr der Dichter Pherekrates... auf die Bühne gebracht hat. Ja, wenn du unter solche [Wilden] gerietest... dann würdest du voller Sehnsucht nach der Schlechtigkeit der hiesigen Menschen seufzen.[57]

Über Seumes Niaiserie »Seht, wir Wilde sind doch bessere Menschen« habe er immer lachen müssen, freilich nicht so sehr wie über Rousseaus Einfall, Metallurgie und Agrikultur seien der Ruin des Menschengeschlechts.[58] Schlechthin bizarr aber sei ihm das Gedicht *Der Mensch und der Drud* von Stefan George vorgekommen.[59] Im Jahre 1928 (n. Chr.!) treffe der vorzeitliche, ziegenfüßige Drud, ein ausgefallenes Wesen, das bei Homer gewiß sein Glück nicht hätte machen können, dieser Drud also treffe an einem Wasserfall im Wald (Wasserfälle in Wäldern seien beliebte Lokalitäten für solche urtümlichen Renkontres) – kurz und gut: Der Ziegenfuß- und Zotteldrud treffe 1928 an dunkelfeuchtem Ort auf den »Menschen«. Dieser nun, halb Ingenieur, halb Zivilisationsliterat, spreize sich in eindimensionaler Machermentalität mit seinen Großtaten: Ausrottung wilder Tiere, Urbarmachung wüsten Landes,

Die schätze hoben wir von see und grund
zum himmel rufen steine unsre siege
....
das licht die ordnung folgen unsrer spur.

Der Drud aber gebe ihm in ungezügelter Kleinschreibung und ohne Kommas umständlich zu bedenken, damit sei es keineswegs getan, ohne die Druden nämlich sei nichts Rechtes auszurichten:

Wo unsre zotte streift nur da kommt milch.
Wo unser huf nicht hintritt wächst kein halm.
Wär nur dein geist am werk gewesen: längst
Wär euer schlag zerstört und all sein tun
Wär euer holz verdorrt und saatfeld brach...
Nur durch den zauber bleibt das leben wach.

Er, Protagoras, halte es in der Agrikultur weniger mit tretenden Drudenhufen als vielmehr mit einem Schuß Wissenschaft, habe denn auch die Landwirte als »*sophoi* hinsichtlich der Pflanzen« bezeichnet, so wie die Ärzte »*sophoi* hinsichtlich des Körpers« seien.[60] Auch über die sachgerechte Verwendung von Mist habe er Näheres gesagt;[61] durch Dung nämlich bleibe das Leben wacher als durch Zauber. Um alles mit einem Wort zu sagen: Er sei ein Freund der Zivilisation; die Zivilisation sei der Weg des Tier-Menschen zum Mensch-Menschen, sie sei das »Bessere«, zu dem der Weise rate.

Aus Protagoras spricht die volle ionische Diesseitigkeit: Diese Welt ist unsere einzige, sie müssen wir gestalten mit eigenen Kräften, und diese Kräfte sind unsere technischen und politischen Tüchtigkeiten.

Mit seiner Wertschätzung der Zivilisation stand Protagoras nicht allein. Die Griechen des 5. Jahrhunderts genossen das Gefühl, die urtümlichen Kruditäten hinter sich gelassen zu haben und Fortschritte auf allen Gebieten zu erleben, Fortschritte aus eigener Kraft gemäß dem Satz des Xenophanes (der gut als Motto des Protagoreischen »Mythos« hätte dienen können):

Keineswegs haben die Götter von Anfang an alles den Sterblichen aufgezeigt, sondern mit der Zeit finden sie suchend Besseres vor.[62]

Im Kapitel »Xenophanes« haben wir schon gesehen, wie Äschylos das Elend des Urmenschen bejammert und den wissenschaftlich-technischen Fortschritt preist. Eine Reprise bringt Sophokles um 440 v. Chr. in dem berühmten Chorlied seiner *Antigone*:[63] Der Mensch ist kraft seiner Intelligenz Herr der Natur und der eigenen Menschenwelt (denn er hat gelernt, »die Staaten zu ordnen«); feierlich heißt es von ihm:

> Allbewandert, in nichts unbewandert schreitet er
> Ins Künft'ge; vorm Tod allein
> Sinnt er niemals Zuflucht aus;
> Doch für heilloser Krankheit Pein
> Fand er Hilfe.

Er fand sie freilich nicht leicht. In der Abhandlung *Über die alte Medizin* (spätes 5. Jahrhundert v. Chr.) heißt es, die gegenwärtige Lebensweise, insbesondere die Heilkunst, sei erst in langen Zeitläuften und unter dem Elendsdruck eines erbärmlichen Lebens geschaffen worden, dem die meisten hilflos erlegen seien.[64] (Wir können an den Knochen früher Menschen noch erkennen, daß es dem *homme primitif* am ungezähmten Busen der Natur tatsächlich recht übel ergangen ist.) Die Begeisterung des glanzvollen 5. Jahrhunderts für technische Höchstleistungen wird jeden *bel esprit* peinlich berühren. Da schwärmt Herodot von den gewaltigen Hoch- und Tiefbauten auf Samos und hält ausdrücklich fest, Glaukos von Chios habe »allein unter allen Menschen« die Kunst des Lötens erfunden;[65] da schreibt Plutarch, Perikles habe Belagerungsmaschinen verwendet, »die als neue Erfindung viel bestaunt wurden« (und teilt sogar den Namen ihres Konstrukteurs mit).[66] Vom »einfachen Leben« hielt man rein gar nichts. »[Unsere Stadt Athen] glaubt, daß ein Leben, das bloß der Lebenserhaltung dient, nicht lebenswert ist« – das sagt um 380 v. Chr. Isokrates, der berühmteste Rhetoriklehrer seiner Zeit.[67]

Rousseau feierte den gesetz- und getreidelos durch die Wälder schweifenden Urmenschen, Athen aber rühmte sich (vollmundig und unzutreffend), Gesetze und Getreideanbau *erfunden* zu haben. Vielleicht läßt nichts so tief in den Zivilisationsprozeß hineinsehen wie die fromme Überlieferung, Demeter, die Spenderin des Korns, sei auch Thesmophoros, die Spenderin des Gesetzes. Die Athener des energiegeladenen 5. Jahrhunderts v. Chr. waren nicht nur stolz auf ihre technischen Leistungen, sie waren auch unbändig stolz darauf, durch das demokratisch zustande gekommene und für alle gleiche Gesetz das Hauptproblem zusammenlebender Menschen gelöst zu haben: wie die Freiheit des einen »mit der Freiheit anderer bestehen könne« (Kant[68]). »Frei leben wir miteinander im Staat... und erlauben uns doch keine Verletzung des Rechts« – mit diesen Worten preist Perikles das Athen seiner Zeit.[69] Gemeint ist das auf der Agora *gemeinsam* beschlossene Recht. Der Ukas des Alleinherrschers gewährt nur die Freiheit, der Polizei gehorchen zu dürfen.

Die Kontakte der neuen See- und Handelsmacht Athen mit anderen Ländern taten ein übriges, um eine Aufgewecktheit hervorzubringen, deren sich bisher nur die Ionier Kleinasiens hatten rühmen können. Herodot veranstaltete in Athen öffentliche Lesungen aus seinen *Historien*, und dabei werden die faszinierenden Kapitel über seltsame Gebräuche fremder Völker nicht zu kurz gekommen sein. Wobei entscheidend ist, daß der weitgereiste Mann das alles sehr gelassen unter dem Motto »Andere Völker, andere Sitten« erzählte (wenn es nicht gerade um etwas so Bizarres wie die Tempelprostitution ging) – was nun aber wieder augenfällig den Satz des Protagoras bestätigte, daß der Mensch das Maß aller Dinge sei. Der folgende Text Herodots liest sich wie eine Illustration der *homo mensura*-Philosophie:

Daß alle Völker ihre Lebensart für die beste halten, dafür gibt es viele Beweise. Als z. B. Dareios König war, ließ er die Hellenen an seinen Hof rufen und fragte, um welchen Preis sie sich bereit erklären würden, ihre toten Väter zu verspeisen. Sie erwiderten, um keinen Preis.

Darauf ließ er Kallatier rufen, einen indischen Volksstamm, bei dem die Leichen der Eltern gegessen werden, und fragte in Gegenwart der [feuerbestattenden] Hellenen, um welchen Preis sie zugeben würden, daß man die Leichen ihrer Väter verbrenne. Sie schrieen laut und sagten, er solle solche gottlosen Worte lassen. So steht es mit den Sitten der Völker.[70]

Die Ethnographie des Historikers wird nicht weniger als die Philosophie des gleichaltrigen Sophisten dazu beigetragen haben, daß die Griechen mit neuen Augen auf ihre eigenen Sitten und Glaubensartikel blickten. Bei Herodot konnten sie Dinge lesen, die dem Hellenenstolz schwer zusetzen mußten, etwa, daß es die Perser »töricht« finden, Tempel und Altäre wie die Griechen zu errichten, oder daß die Ägypter es rundweg vermeiden, Gebräuche der Hellenen anzunehmen.[71] Warum eigentlich? War mit den griechischen Sitten etwas nicht in Ordnung? War vielleicht mit »Sitten« an sich etwas nicht in Ordnung? Ein Problem betrat die Bühne, das zu den aufwühlendsten des 5. Jahrhunderts v. Chr. gehört und das wir bis heute nicht gelöst haben und doch nicht zu den Akten legen können: das Problem des Gegensatzes zwischen *nomos* und *physis*, des Gegensatzes zwischen Sitte, Konvention, dem für richtig Gehaltenen auf der einen Seite, dem naturgemäß Richtigen auf der anderen; moderner – aber auch enger – ausgedrückt: das Problem des Gegensatzes zwischen *positivem* (von Menschen gesetztem) Recht und *Natur*recht. Wir verdanken den Griechen die Vision der Freiheit unter dem *selbstgeschaffenen* Gesetz, wir verdanken ihnen die weltverändernde Wissenschaft von den Gesetzen der *Natur* – und so verdanken wir ihnen denn auch die aus diesen beiden Komplexen entspringende hochbrisante Antithese zwischen *nomos* und *physis*.

Das Beste an der »guten, alten Zeit« war, daß es damals diese Antithese noch nicht gab. Die Ordnungen des menschlichen Zusammenlebens wurden von den Göttern diktiert (das wußte man) und waren daher ebenso »natürlich« wie der göttergewirkte Sonnenaufgang. So war es bei Lykurg, dem Gesetzgeber der Spartaner, so war es bei Mose, dem Gesetzgeber der Israeliten.[72] Die Wende kam mit der Entgöttlichung der Natur durch die ionische »Physik«. Der alte Platon mit seiner Witterung für A-theistisches bezeichnet sie denn auch sehr genau: Bewegt klagt er über das Unheil, das die »Weisen« mit ihrer Lehre anrichten, Sonne, Mond und Sterne seien keine Götter – sie seien Erde und Steine »und somit auf keinen Fall imstande, sich um die Angelegenheiten der Menschen zu kümmern:«[73] Auch die Menschenwelt war nun ent-göttlicht. Der Seher Lampon deutete einen Widderkopf, der ausgefallenerweise nur ein einziges Horn hatte, als ein Zeichen von oben; der »Physiker« Anaxagoras sezierte den Schädel und entdeckte die natürliche Ursache des Phänomens.[74] Es war ein Schüler des Anaxagoras, Archelaos (etwa fünf Jahre jünger als Protagoras), der den Unterschied zwischen *nomos* und *physis* deutlich aussprach, und zwar im Zusammenhang mit Anaximanders kühner Entwicklungslehre:

Die lebenden Wesen sind nach [Archelaos] aus dem Schlamm entstanden [und das hat denn auch zur Entstehung der Menschen geführt]. Von dem Gerechten und Verabscheuungswürdigen behauptete er, sie seien nicht von Natur aus [*physei*], sondern durch Konvention [*nomo*].[75]

Die »Physiker« hatten die götterfreie Autonomie der Natur entdeckt; sie brauchten nur einen kleinen Schritt weiterzugehen, um zur götterfreien Autonomie des Menschen zu gelangen. Auto-nom ist, wer sich selbst den *nomos* gibt. Die Entgöttlichung der Natur machte den Weg frei für den Menschen als Selbstgesetzgeber.

Das alles kommt spätestens bei Protagoras zu voller Wirkung. Die Götter läßt er bewußt beiseite, da man von ihnen rein gar nichts wissen könne. In seinem »Mythos« über Entstehung und Ausrüstung der Menschen macht er klar, daß diese Erdbewohner sich den *nomos*, die Ordnung ihres Zusammenlebens, *aus eigener Kraft* gegeben haben. Hier erscheint zum ersten Mal der Gedanke des »Gesellschaftsvertrags«, des *contrat social*, der im 18. Jahrhundert n. Chr. eine so revolutionäre Rolle spielen sollte. Weder »die Götter« noch »die Natur« reden in diesen Vertrag hinein – mit einer einzigen Ausnahme: Es scheint dem Protagoras *naturnotwendig*, daß der Mensch überhaupt Ordnungen des Zusammenlebens habe, weil er andernfalls der Übermacht einer feindlichen Umwelt erliegen würde. Eine der vornehmsten Aufgaben des »Weisen« ist denn auch, den unentbehrlichen *nomos* ständig zu verbessern.

Es ist, als habe Protagoras geahnt, welche verheerenden Folgen die Theorie des Gesellschaftsvertrags und die *nomos-physis*-Antithese haben können. So klar er die Sache darstellt, so sehr vermeidet er die zugehörige Terminologie. Das änderte sich jedoch schon mit seinem jüngeren Zeitgenossen, dem Sophisten Hippias von Elis. (Elis ist der Landstrich der Peloponnes, in dem Olympia liegt.) Dieser Radikalsophist nennt die Gesetze des Staates unverblümt »Verträge« (*synthemenoi*) zwischen den Bürgern, in denen auf landläufige Menschenweise verabredet werde, was zu tun und was zu lassen sei.[76] Und sofort zieht er die gefährliche Konsequenz, die Protagoras behutsam ausgeblendet hatte:

> Wie kann man die Gesetze und ihre Befolgung für eine so ernsthafte Sache halten, wenn man sieht, daß dieselben Leute, die sie aufgestellt haben, sie später wieder verwerfen oder ändern?[77]

Das war keine Frage, die Hippias in stiller Kammer allein für sich überlegte. Angesichts der athenischen Gesetzesmacherei war sie so sehr eine öffentliche Frage, daß Aristophanes sie in seiner (sehr erfolgreichen) Komödie *Die Wolken* im Jahre 423 v. Chr. auf die Bühne bringen konnte. Der junge Pheidippides hat sich die Sophistenkünste anstudiert (»Wohl ist's ein Glück, vertraut zu sein mit dem System des Tages/Und hoch herabzusehen auf den Quark der alten Sitte«) und verprügelt in philosophischem Hochgefühl seinen abgestandenen Vater. Als der Alte sich zu dem Einwand aufrafft, solche Untat verbiete das Gesetz, läßt ihn der dialektische Sprößling mit der neuesten Weisheit abfahren:

> Hat denn nicht dies Gesetz ursprünglich vorgeschlagen
> Ein Mensch, wie ich und du, und dann es durchgesetzt mit Gründen?
> Und was die Alten durften – darf ich ein Gesetz den Neuen
> Nicht schaffen, demgemäß die Schläg' heimgibt der Sohn dem Vater?[78]

So aufwühlend waren die Zweifel der jüngeren Sophisten an der inneren Legitimation der *nomoi*, daß Sophokles in seiner *Antigone* wenigstens die unbedingte Gültigkeit der *religiösen* Gesetze, der »ungeschriebenen, ewigen, göttlichen«, zu retten versuchte:

> Denn nicht von heut und gestern, sondern immerdar
> Bestehn sie: niemand weiß, woher sie kommen sind.[79]

Die *Antigone* hatte einen solchen Erfolg, daß Sophokles zum *strategos* im Samischen Krieg (441–439 v. Chr.) gewählt wurde. Welcher Tragödiendichter würde heutzutage noch auf einen Generalsposten hoffen dürfen?

Die *Antigone* wurde um 443 v. Chr. aufgeführt, 444/43 arbeitete Protagoras in Athen an der Verfassung von Thurioi. Protagoras und Sophokles werden sich also (im Hause des Perikles) zu einer Zeit getroffen haben, als dem Dichter seine heute noch gespielte Tragödie im Kopf herumging. Sie werden dabei auch, zusammen mit dem großen Staatsmann und mit Aspasia, über den *nomos* und seine Legitimation gesprochen haben. Es ist ein Jammer, daß wir nichts mehr von den Gesprächen dieser vier ungewöhnlichen Menschen über ein Thema wissen, das noch heute virulent ist.

Der Zivilisationsglaube des Protagoras war seine persönliche Stütze für den zivilisationssichernden *nomos* (den *homo mensura*-Satz wird er dabei in den Hintergrund geschoben haben, ein geläufiges Verdrängungsverfahren).

Aber unter das Menschenwerk des *nomos* legte noch zu Lebzeiten des gefeierten Abderiten die *physis*, das (angeblich) *von Natur aus* Richtige, ihre hochexplosiven Minen. Wieder gibt Hippias den Ton an, wenn er den *nomos* rundweg einen *tyrannos* der Menschen nennt, »der manches gegen die Natur erzwingt«.[80] Diesen Faden spinnt Antiphon weiter, und jetzt wird es gefährlich. Nicht nur sind ihm die Gesetze des Staates *willkürliche* Vereinbarungen, die der Natur hingegen *notwendig* und damit von höherem Rang – viel schlimmer noch: Die menschlichen Satzungen sind »Fesseln der Natur« – die Natur aber läßt sich nicht fesseln und wird sich rächen, wenn man es versucht. So ist der Mensch unglücklich eingeklemmt zwischen hemmender Menschensatzung und drängendem Naturgebot. Was soll er tun? Nun, er wird am besten fahren, »wenn er *vor Zeugen* die Gesetze des Staates achtet, *ohne Zeugen* dagegen die Gesetze der Natur«.[81]

Der Psychotherapeut Antiphon spürt schon das, was ein anderer Psychotherapeut, Sigmund Freud, »das Unbehagen in der Kultur« nennen wird, das Unbehagen an »verwickelten kulturellen Anforderungen«, die dem Menschen Versagungen auferlegen:

Man fand, daß der Mensch neurotisch wird, weil er das Maß von Versagung nicht ertragen kann, das ihm die Gesellschaft im Dienste ihrer kulturellen Ideale auferlegt, und man schloß daraus, daß es eine Rückkehr zu Glücksmöglichkeiten bedeutete, wenn diese Anforderungen aufgehoben oder sehr herabgesetzt würden.[82]

Antiphon empfiehlt konkret, die »verwickelten kulturellen Anforderungen« einfach dadurch etwas erträglicher zu machen, daß man *heimlich* ein wenig der Natur frönt. Bei solchen Ratschlägen wird seine Tröstungspraxis in Korinth einigen Zulauf gehabt haben.

Freud selbst steht übrigens dem Protagoras viel näher als dem Antiphon. Die Behauptung, »einen großen Teil der Schuld an unserem Elend trage unsere sogenannte Kultur«, nennt er »erstaunlich, weil – wie immer man den Begriff Kultur bestimmen mag – es doch feststeht, daß alles, womit wir uns gegen die Bedrohung aus den Quellen des Leidens zu schützen versuchen, eben der nämlichen Kultur zugehört«.[83] Das hätte Wort für Wort im Zivilisationsmythos des Protagoras stehen können.

Die beunruhigende Karriere der *physis* ist noch nicht zu Ende. Ein flüchtiger Blick in die Natur lehrt, was der Volksmund weiß: daß die großen Fische die kleinen fressen, und es erfordert dann keine sonderliche Geisteskraft mehr, das »Recht des Stärkeren« als das Naturgemäße zu entdecken. Platon läßt den Sophisten Thrasymachos von Chalkedon (2. Hälfte des 5. Jahrhunderts v. Chr.) diese simple Entdeckung mit dem simplen Satz machen »Das Gerechte ist nichts anderes als der Nutzen des Stärkeren«.[84] An diese Weisheit (»Mein Metier ist die Weisheit« soll auf dem Grabstein des Thrasymachos gestanden haben) hält sich, so der Chalkedonier, jedes jeweils herrschende Element im Staat: »Jeder Herrscher gibt aber die Gesetze zu seinem Nutzen. Das Volk als Herrscher gibt demokratische, der Einzelherrscher monarchische Gesetze ... Diesen ihren Nutzen erklären sie für das Recht, dem die Untertanen sich zu fügen hätten.«[85] Am besten meint es »die Natur« mit dem Tyrannen. Der nämlich reißt fremdes Gut im großen Stil an sich und wird denn auch nicht »Spitzbube«, sondern »Begnadeter« genannt.[86] Der *nomos* des Protagoras nimmt sich daneben geradezu altfränkisch aus. Er war gedacht als Sieg der Ratio über die Zerstörungskräfte der Natur.

Der feurigste Anwalt der Natur als Tummelplatz der schlau-Schlauen und stark-Starken ist Kallikles in Platons Dialog *Gorgias*. Er hat die Moralheuchelei gründlich satt und spricht sich gewaltig aus:

Die Natur beweist, daß es gerecht ist, wenn der Bessere mehr hat als der Geringere, der Stärkere mehr als der Schwächere. Vielerorts zeigt sie uns, daß das so ist, bei den Tieren und bei den Menschen, in ganzen Städten und Geschlechtern, daß es das erklärte Recht ist, daß der Stärkere über den Schwächeren herrscht und mehr hat als dieser.[87]

Eine irregeleitete Erziehung ohne *Brehms Tierleben*, so etwa fährt er fort, bemühe sich, die Besten und Stärksten von Jugend an mit Gleichheitsgerede zu domestizieren. Und nun ertönen die strahlenden Klänge seiner *marcia trionfale*:

Wenn aber einmal ein Mann ersteht mit einer genügend starken Natur, dann wird er, glaube ich, all das abschütteln und zerreißen und zu Boden treten, unsere Fangnetze, Gaukeleien und Zaubersprüche und all die widernatürlichen Satzungen. Und er tritt auf und zeigt sich als unser Herr, er, der unser Knecht war, und da erweist sich das Recht der Natur in seinem ganzen Glanz.[87]

Uns war in Braunau am Inn ein solcher Mann erstanden; wir wissen Bescheid. Der Insasse eines schmuddeligen Wiener Männerheims, »er, der unser Knecht war«, trieb mit unsäglicher Folgerichtigkeit das natürliche Recht des Stärkeren auf seine natürliche Spitze, als er am Ende des Krieges die völlige Zerstörung Deutschlands befahl. »Denn das [deutsche] Volk hätte sich als das schwächere erwiesen und dem stärkeren Ostvolk gehöre dann ausschließlich die Zukunft.«[88]

Erholen wir uns von Thrasymachos, Kallikles und Hitler bei dem, was Protagoras zum »Recht der Natur« gesagt hätte, was wir aber nur in den Worten John Lockes wiedergeben können. Mit einer geradezu Homerischen Nüchternheit sagt um 1700 dieser Arzt und Hauptvertreter des philosophischen Empirismus:

Da das Naturrecht ungeschrieben ist und somit nirgendwo anders als in den Köpfen der Menschen gefunden werden kann, können diejenigen, die es, von Leidenschaften oder Interessen getrieben, falsch zitieren oder falsch anwenden, nicht leicht ihres Irrtums überführt werden; ein bestallter Richter ist ja nicht vorhanden. Und so dient es nicht dazu, wie es doch sollte, die Rechte und Besitztümer derjenigen zu bestimmen und einzuhegen, die unter ihm leben, besonders deshalb nicht, weil jeder in eigener Sache Richter, Ausleger und Vollstrecker in einem ist. Und wer das Recht auf seiner Seite hat, hat nicht Kraft genug, sich gegen Rechtsverletzungen zu verteidigen oder Rechtsbrecher zu bestrafen, weil er allein auf sich selbst angewiesen ist. Um diese Unannehmlichkeiten zu vermeiden, die im Stande der

Natur die Besitztümer der Menschen der Unordnung anheimgeben, vereinigen sich die Menschen zu [rechtlich verfaßten] Gesellschaften...[90]

Ähnliches wird auch in Protagoras' Buch *Vom Urzustand* gestanden haben.

Man darf Protagoras nicht mit den jüngeren Extremsophisten verwechseln. Und doch muß man sehen, daß er am Anfang des späteren Radikalismus steht. Denn er hat bewußt und willentlich dem *nomos* nur noch die Legitimation des Konsenses wankelmütiger Menschen gelassen und damit angreifbar gemacht. Angesichts der unaufhaltsam vordringenden Entzauberung der Welt hatte er freilich kaum eine andere Wahl. Und sein fester Glaube an den Segen der Zivilisation wird ihn gar nicht auf den Gedanken haben kommen lassen, man könne den zivilsationsstützenden *nomos* einmal so heftig attackieren, wie es dann tatsächlich geschehen ist. Die Frage der *nomos*-Legitimation ist nie mehr verschwunden, weil sie nie überzeugend beantwortet wurde. Die realistischen Denker setzten bescheiden auf den Faktor Zeit in der Hoffnung, ein hohes Alter würde dem Gesetz schon ein wenig Reputierlichkeit verschaffen. »Denn das Gesetz kann sich durch keine andere Macht durchsetzen als durch die Gewohnheit (*ethos*), und diese entsteht erst in langer Zeit, so daß der leichte Übergang von alten Gesetzen in neue dazu führt, die Kraft des Gesetzes überhaupt zu schwächen« (Aristoteles[91]). Machiavelli, der nicht zimperlich war, legt dem Eroberer ans Herz, Gesetze und Abgaben des vorigen Herrschers *nicht zu ändern* (den Herrscher selbst und sein ganzes Geschlecht freilich solle er rasch auslöschen).[92] Ein kluger Franzose (ich glaube, es war Montesquieu) hat die Sache auf den Punkt gebracht: »Wenn es nicht unbedingt nötig ist, ein Gesetz zu ändern, dann ist es unbedingt nötig, es nicht zu ändern.«

Protagoras sieht den Menschen allein auf sich und seine Geisteskraft gestellt. Gerade deshalb kann er dem *nomos* keine vom Menschen losgelöste (»absolute«) Legitimation verleihen. Aber er kann wie ein anglo-amerikanischer Pragmatist hoffen, daß die menschliche Ratio »das Bessere«, »das Nützliche« im Sinne des Überlebens und der Lebenssteigerung finden und praktizieren wird; daß sie also auch solche Fundamentalsätze bejahen wird wie »Das ganze Leben des Menschen bedarf des schönen Maßes und der schönen Harmonie«[93] oder »Durch Gerechtigkeit und Tüchtigkeit sind wir uns gegenseitig förderlich«.[94] Er kann hoffen, »daß weise und gute Redner bewirken, daß den Städten das Gute anstelle des Schlechten als gerecht erscheint«.[95] Das Dostojewskiwort »Wenn Gott tot ist, ist alles erlaubt« – dieses Wort hätte er zurückgewiesen.

Dagegen hätte er mit Zustimmung den amerikanischen Journalisten Walter Lippmann gelesen, der 1974 im Alter von fünfundachtzig Jahren viel zu früh gestorben ist. Lippmann, der unter dem Einfluß des führenden amerikanischen Pragmatisten William James gestanden hatte und in der Alltagspolitik tätig gewesen war, bekannte sich zum »Meliorismus«: »*You can make things better, but you can't make them perfect.*« In seinem Buch *The Public Philosophy* (1955) gibt es ein Kapitel mit der Überschrift *The Defense of Civility*, und dort finden sich gleich zu Anfang Sätze, die man ohne weiteres auch als das Glaubensbekenntnis des Mannes lesen kann, der mit dem demokratischen Reformer Perikles befreundet war und die Verfassung der panhellenischen Musterstadt Thurioi entworfen hat:

> Freie Institutionen und Demokratie wurden von Menschen konzipiert und eingerichtet, die einer »öffentlichen Philosophie« [*public philosophy*] anhingen. Obwohl es in dieser Philosophie viele Denkrichtungen gegeben hat, gibt es doch fundamentale Prinzipien, die ihnen allen gemeinsam sind: daß, in Ciceros Worten, »das Gesetz das Band der Bürgergesellschaft ist« und daß jedermann, Regierende und Regierte, immer unter, niemals über den Gesetzen steht; daß diese Gesetze durch rationale Diskussion entwickelt und verfeinert werden können und daß die höchsten Gesetze diejenigen sind, auf die sich alle rationalen Menschen guten Willens, wenn sie voll informiert sind, einigen können.

431 v. Chr. begann der verheerende Peloponnesische Krieg zwischen Athen und Sparta, der im Jahre 404 v. Chr. mit dem tiefen Sturz Athens endete. 429 v. Chr. brach eine entsetzliche Seuche in der belagerten Stadt aus; Perikles starb. 415 v. Chr. verleitete der viel zu schöne, viel zu ehrgeizige und viel zu skrupellose Alkibiades die Athener zu einer großangelegten Flottenexpedition gegen Syrakus, die zwei Jahre später in einer blutigen Katastrophe zusammenbrach. In der hysterischen Zeit während oder kurz nach der sizilischen Expedition wurde dem Protagoras in Athen der Prozeß wegen Gottlosigkeit gemacht; er hatte ja geschrieben, von den Göttern wisse er aus guten Gründen nichts zu sagen. »Er wurde aus Athen verbannt, und seine Bücher wurden auf dem Markt verbrannt, nachdem man sie durch öffentlichen Heroldsaufruf allen Besitzern abgefordert und eingezogen hatte« (Diogenes Laertios[96]). Auf der Flucht nach Sizilien soll sein Schiff gesunken und der Siebzigjährige in den Wellen umgekommen sein. Das Meer scheint es nicht gut zu meinen mit freien Geistern wie Hippasos von Metapont und Protagoras von Abdera.

Medizin ohne Medizinmänner:

HIPPOKRATES VON KOS

Gilt doch weit mehr an Wert ein Arzt als Männer in Menge.

HOMER

Homer (s. Motto) mag recht haben, trotzdem empfiehlt es sich zuzeiten, den Heilkünstlern aus dem Wege zu gehen. Denn wir hören, König Asa von Juda (etwa 907–867 v. Chr.) habe in seiner Krankheit nicht den HErrn gesucht, sondern die Ärzte – und so sei er denn gestorben.[1] 1721 predigte E. Massey auf englischen Kanzeln gegen die neumodische Pockenimpfung: Sie sei ein Aufbegehren gegen Gott, denn der wisse genau, warum er die Menschheit mit Seuchen schlage.[2] Noch 1847 erhob sich ein Sturm gegen den schottischen Arzt J. Y. Simpson, weil er zum Gebrauch von Anästhetika bei der Geburt geraten hatte; man hielt ihm vor, nach 1. Mose 3, 16 solle das Weib unter Schmerzen gebären, nicht unter Chloroform.[3]

In ihrer langen Geschichte hat die Medizin, so man sie denn gewähren ließ, sehr verschiedene Verfahren angewandt. Wenn der König der Skythen erkrankte, ließ er die drei bedeutendsten Wahrsager zu sich kommen. Diese pflegten durch eine gemeinsame Seheranstrengung regelmäßig herauszufinden, daß ein Stammesgenosse einen Meineid auf die königlichen Hausgötter geschworen und so die Krankheit des Herrschers verursacht habe. Wenn der Beschuldigte den Meineid ableugnete, wurde ein weiteres Wahrsagerpaar zu Rate gezogen. »Wenn auch diese ihn... für des Meineids schuldig erklären, wird ihm gleich das Haupt abgeschlagen, und die zuerst befragten Wahrsager teilen sich in seine Besitztümer [und hoffen auf einen therapeutischen Effekt der Enthauptung]. Sprechen ihn dagegen die später berufenen Wahrsager frei, so werden neue geholt und immer wieder neue. Spricht die Mehrzahl den Beschuldigten frei, so verfallen jene ersten Wahrsager selber dem Tode.«[4] Wir hören nichts mehr davon, wie es dann mit der Therapie weiterging.

Die folgende Sitte der Babylonier nennt Herodot »die verständigste«:

Kranke werden auf den Markt getragen, denn [die Babylonier] haben keine Ärzte. Vorübergehende geben dem Kranken gute Ratschläge, Leute, die an derselben Krankheit gelitten haben oder einen anderen an ihr haben leiden sehen... Schweigend an dem Kranken vorüberzugehen, ist nicht erlaubt. Jeder muß fragen, was für eine Krankheit er hat.[5]

Diese Laienmedizin scheint aber nur das letzte Mittel gewesen zu sein. Auch Babylon war nicht ärztefrei, auch hier hat es, wie überall, professionelle Heiler gegeben; der große Gesetzgeber Hammurabi (1728–1686 v. Chr.) hat sogar sehr genaue Ordnungen, Honorare und Strafen für sie festgesetzt. Einem glücklos herumtherapierenden *virtuoso* konnten z. B. die Finger abgeschnitten werden.

Die babylonische Medizin beruhte auf der Theorie, der Kranke habe gesündigt und zur Strafe sei ein Dämon in ihn gefahren. (Dieser Vorstellung hing auch Luther an.) Damit war die Therapie bereits festgelegt: Man mußte den Dämon austreiben, sei es mit Beschwörungen, sei es mit Pharmaka, die dem bösen Geist einen gehörigen Schrecken einjagen sollten – und es gewiß auch taten, denn sie waren ein Gebräu aus faulem Fleisch, Fett, Schmutz und Urin. Der letztere konnte von Tieren oder Menschen sein, konnte auch durch festere Exkremente ersetzt oder angereichert werden; in der sachgemäßen Auswahl und Mischung zeigte sich die Kunst des Arztes.

Besonders hoch geschätzt war im frühen Altertum die ägyptische Medizin. In Ägypten, rühmt schon Homer, »ist jeder ein Arzt, und mehr als andere Menschen/Weiß er, denn sie sind dort alle vom Stamme Paiëons«.[6] (Paiëon ist der Beiname Apollons als göttlicher Arzt.) Auch Herodot berichtet, ganz Ägypten sei voll von Ärzten, und zwar von *Fach*ärzten: »Da sind Ärzte für die Augen, für den Kopf, für die Zähne, für den Leib und für innere Krankheiten.«[7] Kyros ließ sich den besten Augenarzt Ägyptens in das ferne Persien kommen, so wie heutzutage ein Ölemir nach einem Schweizer Ophthalmologen schickt.[8] Der Papyrus Smith, etwa aus dem Jahre 1600 v. Chr., ist ein kostbares Dokument der ägyptischen Chirurgie. In ihm werden achtundvierzig Fälle nach strengem Schema beschrieben: Vordiagnose, Untersuchung, Hauptdiagnose, Prognose, Behandlung. Es wird die fundamentale Entdeckung gemacht, daß das »Gehirn« (dieses Wort tritt hier erstmals auf) die Bewegungen der unteren Gliedmaßen kontrolliert.

Die Ägypter hatten eine ähnliche »Dreckapotheke« wie die Babylonier. Kein Wunder, daß ihnen die Lust am Leiden verging und der Gedanke der Prävention Raum gewann. So versuchten sie denn eifrig, Krankheiten durch Purganzien zuvorzukommen. »Jeden Monat nehmen sie drei Tage nacheinander Abführmittel ein und erhalten sich durch Brechmittel und Klystiere ihre Gesundheit; denn sie meinen, alle Krankheiten rührten von den eingenommenen Speisen her.«[9] Das wird sich auf die wohlhabenden Schichten bezogen haben; wer wenig zu essen hat, hat auch wenig abzuführen.

Die ägyptische Medizin erlebte ihr Waterloo in Susa, am Hof des Dareios, um 520 v. Chr.

Dareios hatte sich auf einer Jagd den Fuß verrenkt. Wie sich von selbst versteht, hatte er die berühmtesten ägyptischen Heilkünstler um sich, aber die gelehrten Herren machten das Übel nur schlimmer. Nach sieben schlaflosen Nächten ließ der gepeinigte Herrscher den griechischen Arzt Demokedes kommen – »und Demokedes verschaffte ihm durch hellenische Heilweise und linde Mittel anstelle der gewaltsamen wieder Schlaf und machte ihn in kurzer Zeit ganz gesund«.[10] Die ägyptischen Ärzte wollte der König wegen erwiesener Ignoranz kurzerhand ans Kreuz schlagen lassen, aber Demokedes legte ein rettendes Wort für die Kollegen ein. Der Grieche erhielt ein »sehr großes Haus« zur Wohnung, wurde in die königliche Tafelrunde aufgenommen und »hatte die gewichtigste Stimme am Hof«.[11] Die »hellenische Heilweise« hatte über die ägyptische gesiegt.

Demokedes stammte aus Kroton, der Wirkungsstätte des Pythagoras, und war Pythagoreer. Die von Pythagoras gepredigte Verehrung der Eltern scheint ihn nicht vor heftigem Streit mit seinem jähzornigen Vater bewahrt zu haben. Er setzte sich nach Aigina ab und übertraf dort bald alle anderen Ärzte. Im zweiten Jahr nahm ihn Aigina für 60 Minen in Dienst, im dritten Jahr Athen für 100, im vierten Jahr der Tyrann Polykrates von Samos für 120; die großen Ärzte blieben, wie heute die Theaterintendanten, nie lange am gleichen Ort.

Als Polykrates von dem persischen Satrapen Oroites durch eine List nach Magnesia gelockt und elend umgebracht wurde, war Demokedes in seinem Gefolge. Der berühmte Arzt wurde nach Sardes verschleppt, und dort fanden ihn die Boten des Dareios »unter den Sklaven des Oroites, ganz vernachlässigt, gefesselt und in Lumpen«.[12] Aus diesen Tiefen stieg Demokedes, »der in seiner Kunst alle Zeitgenossen übertraf«,[13] nun hoch hinauf bis in die Tafelrunde des Großkönigs.

Die »hellenische Heilweise« und die »linden Mittel« wird Demokedes in den Grundzügen von Pythagoras gelernt haben. Den Pythagoreern war, wie allen Griechen, die Gesundheit ein kostbares Gut; die romantische Vorstellung, Krankheit sei ein höherer Zustand mit dem Vorzug gesteigerter Sensibilität und Visionsempfänglichkeit, hätten sie gnadenlos belächelt. Die Heilkunst stand denn auch bei ihnen hoch in Ehren: »Was ist das Weiseste unter den menschlichen Dingen? Die Heilkunst.«[14] Vor allem versuchten sie den Körper durch eine vernünftige Lebensweise – »Diätetik« – prophylaktisch zu stärken, gingen dabei aber intelligenter zu Werke als die Ägypter. Zum pythagoreischen »Weg nach oben« gehörten in echt griechischer Weise Reinlichkeit und Leibesübungen. Nach den morgendlichen Lehrgesprächen, noch vor dem Mittagessen, »liefen sie um die Wette, eine kleinere Gruppe übte sich in Gärten und Hainen im Ringkampf, andere im Schwingen von Sprunggewichten, wieder andere im Faustkampf mit einem unsichtbaren Gegner. Alle bemühten sich, solche Übungen auszuwählen, die geeignet waren, die Kräfte des Körpers gut zu entwickeln.«[15] Die Mahlzeiten waren bescheiden und belasteten den Körper nicht. Gesundes Essen war den Pythagoreern geradezu ein Hauptstück der Medizin; sie sollen die ersten gewesen sein, die sich um die Zubereitung der Speisen ernstlich Gedanken gemacht haben.[16] Und was die »linden Mittel« anbetrifft: »Öle und Salben sollen die Pythagoreer häufiger angewandt haben als frühere Ärzte, von Arzneien hielten sie weniger; davon benutzten sie am meisten die Heilmittel gegen Schwären; Schneiden und Brennen ließen sie jedoch am allerwenigsten zu.«[17] Von den ägyptisch-babylonischen Kloakenpharmaka ist nirgends die Rede, niemand setzte seine Hoffnung auf die Heilkräfte von faulem Fleisch, Eidechsenblut, zermalenen Knochen, Milch einer Wöchnerin und Wasser einer keuschen Frau, Menschenkot und Eselsurin; auch von alten Büchern, in Öl gekocht, versprach man sich nichts. Mehr als von gekochten hielt man von gelesenen Büchern: Ausgewählte Homer- und Hesiodworte wurden benutzt, »um die Seele zurechtzubringen«.[18] Die pythagoreische Medizin war von Hause aus »psychosomatisch«: Es verstand sich von selbst, daß die Seele auf den Körper und der Körper auf die Seele wirkt. Homer war eine Medizin, eine Medizin war auch die Musik. Mit Musik gingen die Pythagoreer gegen Zorn und Depressionen vor, mit Musik reinigten sie abends ihr Gemüt von dem »verwirrenden Nachhall des Tages ... und schufen sich so einen ruhigen Schlaf mit wenigen und guten Träumen«.[19]

Diese Seite der Psychosomatik ist uns heute wieder verständlich; die andere bleibt noch zu entdecken:

Alles, was man zu sich nimmt, verursacht jeweils eine ganz bestimmte Seelenverfassung. Darum gehört tiefe Weisheit dazu, zu erkennen und einzusehen, was und wieviel man zur Ernährung verwenden soll.[20]

Diese Weisheit war ursprünglich das Eigentum Apollons; Pythagoras besaß sie natürlich auch und »begann [nun folgen die uns unverständlichsten Worte des Altertums] durch die Ernährung die Menschen zur Tüchtigkeit [*arete*] hinzuführen«.[21] Die *Nouvelle Cuisine* des Maître Bocuse ist gewiß pythagoreischer als jener fettige Verrat an Hellas, der unter dem Namen Moussaka von der heutigen griechischen Gastronomie feilgeboten wird.

Aus dieser medizinischen Schule also stammte Demokedes, aus ihr stammte auch Alkmaion von Kroton, der »jung war, als Pythagoras alterte«,[22] den wir also um 500 v. Chr. ansetzen dürfen. Alkmaion ist einer der Wendepunkte der Medizin: Er ist »der erste, der es gewagt hat, eine Sektion vorzunehmen«.[23] Dabei entdeckte er, daß von den Sinnesorganen »enge Pfade« (Nervenstränge) ausgehen, die im Gehirn endigen – und schloß daraus, »daß sämtliche Sinnesvermögen irgendwie mit dem Gehirn zusammenhängen« (sie litten ja auch Schaden, wenn dieses erschüttert würde) und daß »die höchste und entscheidende Kraft der Seele«, ihr *hegemonikon*, im Gehirn residiere.[24] Es war eine epochale Entdeckung, auch wenn sie nicht sofort von jedem angenommen wurde. (Noch Aristoteles glaubte, die psychische Tätigkeit sei im Herzen lokalisiert.)

Echte Wissenschaftler haben sich immer durch jene Erkenntnisbescheidenheit ausgezeichnet, die von den Wahrheitstrompetern sorgsam vermieden wird. Es gibt so wenig, das wir genau wissen; vielleicht wissen wir überhaupt nichts genau. Deshalb hatte Xenophanes gesagt, uns sei nur Wähnen beschieden.[25] Ganz ähnlich Alkmaion:

Über das Unsichtbare wie über das Irdische haben einzig die Götter unmittelbare Erkenntnis, uns Menschen aber ist nur vergönnt, Anzeichen zu deuten [*tekmairesthai*].[26]

Tekmarsis ist in der Ärztesprache die Interpretation der Krankheitssymptome.[27] Zu der Ansicht des Alkmaion kommt jeder, der nicht unter der Weltesche ruht und Gesichte hat, sondern Tag um Tag aus diffusen Symptomen eine Diagnose gewinnen muß oder am Seziertisch mühsam etwas freilegt, das er als »Wege« der Sinnesempfindungen zum Gehirn deutet. (Die »Wege« sagen ja nicht selbst, daß sie es sind.) Ein solcher glaubt nicht mehr an jenes »Wunder-Augenglas« namens Intuition (Nietzsche), mit dem man direkt ins »Wesen« sehen kann.[28]

Alkmaion hatte eine Theorie der Gesundheit und Krankheit, die dem Geist der Pythagoreischen Philosophie entsprungen war. Die Pythagoreer hatten zehn Gegensatzpaare als Prinzipien des Weltbaus aufgestellt: Grenze und Unbegrenztes, Ungerades und Gerades (bez. Zahlen), Rechts und Links, Männlich und Weiblich usw.[29] Die Welt ist auf irgendeine Weise, die schon Aristoteles nicht mehr recht verstanden hat, ein Gefüge, eine *harmonia*, dieser Gegensätze. »Harmonie« – im Sinne des schönen Gefüges – war einer der Zentralbegriffe der Pythagoreischen Philosophie (wir wissen es schon): »Was ist das Schönste? Harmonie.«[30] Und so war den Pythagoreern auch Gesundheit ein harmonisches, stabilisiertes Zusammenspiel verschiedengerichteter Kräfte oder Qualitäten. »Sie achteten darauf, daß ihr Körper stets in derselben Verfassung blieb und nicht bald mager war, bald zu fleischig; das nämlich hielten sie für ein Zeichen anomaler Lebensweise [*anomalos bios*].«[31] Und so sah es auch Alkmaion, »ein Schüler des Pythagoras«.[32] Er behauptete nämlich,

gesundheitsbewahrend sei die Gleichberechtigung [*isonomia*] der [entgegengesetzten] Kräfte: des Feuchten und Trockenen, des Kalten und Warmen, des Bitteren und Süßen usw. Die Alleinherrschaft [*monarchia*] einer unter ihnen sei dagegen krankheitserregend. Denn verderblich wirke die *monarchia* des einen Gegensatzes. Und zwar ließen sich die Krankheitsfälle, was die Ursache angehe, auf das Übermaß von Hitze oder Kälte zurückführen; was ihre Veranlassung beträfe, auf Übermaß oder Mangel an Nahrung; was aber das »Wo«? angehe, so würden Blut, Mark oder Gehirn betroffen; doch entstünden hier Krankheiten auch aus äußeren Ursachen, z.B. durch Trinkwasser oder Klima oder Anstrengung oder Folterqual oder dergleichen. Die Gesundheit dagegen beruhe auf der gleichmäßigen [»symmetrischen«] Mischung der Qualitäten.[33]

Der Text ist faszinierend. Nirgendwo sonst wird eine *naturwissenschaftliche* These so direkt mit einer *politischen* Erfahrung parallelisiert, mit der Erfahrung vom Segen der unter harten Kämpfen gegen die Tyrannenherrschaft (*monarchia*) durchgesetzten demokratischen *isonomia*. Diese politische Erfahrung unterfüttert den metaphysischen Harmonieglauben des Pythagoreers Alkmaion – sie weicht aber entschieden von dem pythagoreischen Aristokratismus ab, wie denn auch Alkmaions »Gegensätze« der Art und (völlig unbestimmten) Zahl nach wenig mit dem starren, zehngliedrigen Gegensatzschema der Pythagoreer zu tun haben. Alkmaion ist ein selbständiger Kopf. Er ist es auch und gerade darin, daß er viel mehr *Empiriker* ist als die anderen Pythagoreer. Er konnte freilich kaum etwas anderes sein, wenn er es mit seinem Beruf ernst meinte. Denn dann mußte er seine Patienten mit körperlichen Augen sehen und mit körperlichen Ohren hören, und ob er mit Diagnose und Therapie das Richtige getroffen hatte, konnte er handgreiflich am Genesen oder Verscheiden erkennen; der metaphysischen Rechthaberei war auf diesem Feld von vornherein der Boden entzogen. Neben den *mathemata* ist denn auch die griechische Medizin die große Schule des wissenschaftlichen Denkens gewesen. Das wird uns bald noch deutlicher werden.

Zur Zeit des Demokedes und Alkmaion »hielt man die Ärzte von Kroton für die ersten in Hellas«.[34] Andere berühmte Ärzteschulen gab es auf der Halbinsel Knidos und auf der benachbarten Insel Kos (etwa siebzig Kilometer südlich von Milet). Kos war von Dorern bewohnt, kulturell aber von Ionien geprägt. Auf dieser unscheinbaren Insel wurde im Jahre 460 v. Chr. Hippokrates als Sohn des Arztes Herakleides geboren; gestorben ist er im hohen Alter von fünfundachtzig Jahren zu Larissa in Thessalien. (Nach einigen Berichten soll er sogar über hundert Jahre alt geworden sein.) Hippokrates war also ein Zeitgenosse des Perikles, Sophokles, Euripides, Phidias, Protagoras, Herodot, Sokrates – alle zehn bis dreißig Jahre älter als er – und des wenig jüngeren Thukydides und Aristophanes. Als er starb, war Platon etwa fünfzig und Aristoteles etwa zehn Jahre alt. Der furchtbare Peloponnesische Krieg brach aus, als er in seine dreißiger Jahre kam.

Hippokrates erlernte die Elemente der Heilkunst bei seinem Vater und zog dann als Wanderarzt durch die Welt. Das war von alters her Sitte; schon in der *Odyssee* heißt es, daß man »Demiurgen« (Leute, die dem Volke nützlich sind) von fernher ruft, und zu ihnen gehören (in buntscheckiger Zusammenstellung) Ärzte, Zimmermeister, Sänger und Wahrsager;[35] wir halten es heute noch so mit Geigenvirtuosen und Transzendentalgurus. Es konnte freilich auch vorkommen, daß eine Stadt einen *iatros* (Arzt) fest anstellte; ein solcher hieß später *archiatros* (»Erzarzt«, »Chefarzt«), woraus über das lateinische *archiater* und das althochdeutsche *arzât* schließlich unser »Arzt« geworden ist. Die Heilkünstler des 5. Jahrhunderts v. Chr. nannten sich gerne – ohne religiöse Untertöne – »Asklepiaden«. Asklepios war vor seiner Beförderung zum Heilgott ein kleiner thessalischer König gewesen, der nur durch die Erzeugung der beiden berühmten Arztkrieger der *Ilias*, Podaleirios und Machaon, absichtslos ein wenig ins Medizinische geraten war. Nun aber gelang ihm bald der Aufstieg zum »Heros«. Ein »Heros« war kein Held, sondern etwas wie ein christlicher Nothelfer, den man in mäßigen Lebenskalamitäten anrief, so wie wir uns heute noch an den heiligen Antonius von Padua wenden, wenn wir den Autoschlüssel verlegt haben. Die große Zeit des Asklepios begann erst gegen Ende des 5. Jahrhunderts; er hielt sich dann aber dauerhafter als die anderen Götter bis tief in die Spätantike hinein. Der »Asklepiade« Hippokrates galt schon um 420, im Alter von vierzig Jahren, als der größte Arzt seiner Zeit. Für Aristoteles ist er »der große Hippokrates«;[36] die Koer machten ihn zum Heros. Das Mittelalter nahm ihn in seine Volksbücher auf und nannte Jesus mit weltlichem Zungenschlag »den geistlichen Hippokrates«. Dante redet, wie sein verehrter Aristoteles, von dem »großen Hippokrates, den die Natur uns, ihren teuersten Geschöpfen, schenkte«.[37] Eines der wichtigsten Mittel der Hippokratischen Heilkunst, die Gerstenschleimsuppe, hieß noch im 18. Jahrhundert »Hippokras«. Wir werden sehen, daß die Bedeutung des Hippokrates sich nicht in Gerstenschleimsuppe erschöpft. Ganz abgesehen von seinen Heilerfolgen – sie müssen zu seiner Zeit Schlagzeilen gemacht haben – ist er eine der großen aufklärerischen Potenzen der Denkgeschichte und nicht nur der Schöpfer einer rationalen Medizin, sondern weit darüber hinaus – und lange vor Francis Bacon – der Mitgestalter des modernen naturwissenschaftlichen Denkens. Keiner der Alten spricht uns so unmittelbar an wie er: Hippokrates gehört in jedes Jahrhundert, das nicht im Dunkeln liegt.

In ihren Ursprüngen ist die Medizin eine Sache der Schamanen, Dämonenaustreiber und Reinigungsexperten, auch der Quacksalber und Kurpfuscher, und man muß es schon als einen Segen ansehen, wenn diese Professionen ihren Horizont wenigstens mit Hilfe eines Kräuterweibleins etwas erweitern. Auch die Griechen kannten die fatale Figur des »Seher-Arztes«. Ein solcher, der aber ausnahmsweise aus der Geistesgeschichte nicht wegzudenken ist, war Empedokles von Akragas (Agrigent), nur zwanzig Jahre älter als Hippokrates, jedoch wie aus einer anderen Welt sprechend. Den Agrigentinern verkündet der ambulante Magus in Hexametern und ohne Selbstverkleinerung:

> ... Ich wandle hier als unsterblicher Gott euch,
> Nicht mehr als Mensch, unter allen geehrt: so dünke ich ihnen.
> Tänien flechten sie mir ums Haupt und grünende Kränze.
> Ziehe ich ein in die prangenden Städte, verehren mich alle,
> Männer und Frauen, sie ziehen mit mir unzählige, fragend,
> Wo doch ein Pfad zu Heil und Gewinn den Menschen geleite.
> Seherssprüche bedürfen die einen, die andern begehren,
> Heilungsbringendes Wort in mancherlei Krankheit zu hören,
> Lange bereits von schlimmen Schmerzen durchbohrt in der
> Seele.[38]

Etwa zur gleichen Zeit schreibt Hippokrates mit wissenschaftlicher Kühle den folgenden Krankenbericht nieder:

Der junge Mensch, der am Lügenmarkt darniederlag, bekam eine fieberhafte Erkrankung infolge von Überanstrengung, Beschwerden und Wettlaufen gegen seine Gewohnheit. Am ersten Tag der Unterleib in Unordnung mit viel gallenartigem dünnem Stuhl. Urin dünn, schwärzlich. Kein Schlaf. Durstig. Am zweiten allgemeine Verschlimmerung. Häufiger Durchfall, mehr zur Unzeit. Kein Schlaf. Das Denken verwirrt. Leichter Schweiß, am dritten Tag Unbehagen. Durstig. Übelkeit. Viel Hin- und Herwerfen auf seinem Lager. Angstvoller Zustand. Irresein. Hände und Füße bläulich und kalt. Leichte Spannung des Unterleibes auf beiden Seiten. Am vierten kein Schlaf. Es ging zum Schlechteren. Am siebten starb er, etwa zwanzig Jahre alt.[39]

Die Kühle und Präzision des Hippokrates findet sich zu seiner Zeit nur noch bei Thukydides. Die verheerende Seuche, die im zweiten Jahr des Peloponnesischen Krieges in Athen ausbrach, beschreibt der große Historiker in einem Text, den ihm der Asklepiade aus Kos in die Feder diktiert haben könnte:

Es war jenes Jahr, wie allgemein festgestellt wurde, in bezug auf die anderen Krankheiten grade besonders gesund. Wer schon vorher ein Leiden hatte, dem ging es immer über in dieses, die anderen aber befiel ohne irgendeinen Grund plötzlich aus heiler Haut zuerst eine starke Hitze im Kopf und Rötung und Entzündung der Augen, und innen war zugleich alles, Schlund und Zunge, blutigrot, und der Atem, der herauskam, war sonderbar und übelriechend. Dann entwickelte sich daraus ein Niesen und Heiserkeit, und ziemlich rasch stieg danach das Leiden in die Brust nieder mit starkem Husten. Wenn es sich sodann auf den Magen warf, drehte es ihn um, und es folgten Entleerungen der Galle auf all die Arten, für die die Ärzte Namen haben, und zwar unter großen Qualen, und die meisten bekamen dann ein leeres Schlucken, verbunden mit einem heftigen Krampf, der bei einigen bald nachließ, bei anderen auch erst viel später. Wenn man von außen anfaßte, war der Körper nicht besonders heiß, noch auch bleich, sondern leicht gerötet, blutunterlaufen und bedeckt von einem dichten Flor kleiner Blasen und Geschwüre; aber innerlich war die Glut so stark, daß man selbst die allerdünnsten Kleider und Musselindecken abwarf und es nicht anders aushielt als nackt und sich am liebsten in kaltes Wasser gestürzt hätte ...[40]

Die Übereinstimmung mit Hippokrates ist so frappant, daß man vermutet hat, der Mann, der sehr viel mehr als Herodot der »Vater der Geschichte« ist, sei mit dem fast gleichaltrigen *pater medicinae* zusammengetroffen, und zwar auf der Insel Thasos während des Großen Krieges. Es ist eine Vorstellung, der man gerne nachhängt: daß diese beiden großen Geister in einer tief erregten Zeit ihre Gedanken in ruhigem, wissenschaftlichem Gespräch ausgetauscht haben. Beide waren von vollendeter Nüchternheit, beide wollten die Dinge sehen und darstellen, wie sie sind, »unverführt von den Dichtern, die sie in hymnischer Aufhöhung aufgeschmückt haben, und von den Geschichtenschreibern, die alles bieten, was die Hörlust lockt, nur keine Wahrheit«.[41] Der Historiker spricht von seinem »wenig ergötzlichen« Werk, das aber dennoch *nützlich* sei (»und das soll mir genug sein«[42]); der Arzt rät, immer die am wenigsten beschwerliche – damit aber auch *unspektakuläre* – Heilmethode zu wählen, es sei denn, fügt er mit eisiger Verachtung hinzu, »es strebe einer nach Täuschung und nach der Gunst der Menge«.[43] Was aber noch viel tiefer reicht: Thukydides läßt als erster Historiker die Götter völlig aus dem Spiel – genau wie Protagoras –, und als er berichtet, daß zu Beginn der Seuche alle Bittgänge zu den Tempeln, alle Weissagungen »und was sie dergleichen anwandten«, nichts fruchteten, da nennt er diese vergeblichen Anstrengungen ohne Reverenz »menschliche Künste«.[44] Das war gewiß nicht im Sinne des Seher-Arztes Empedokles, aber es war sehr im

Sinne des Beobachtungs-Arztes Hippokrates. Hippokrates ließ sogar den Historiker, der den transzendenten Betrieb nur durch Schweigen verurteilt hatte, weit hinter sich und schlug in einer Schrift, die zwischen der Athener Seuche und 415 entstanden ist, eine öffentliche Schlacht gegen den Aberglauben im Krankenzimmer. *Von der heiligen Krankheit* ist nicht nur die Vertreibung des Magischen aus der Medizin, sondern eine der pointiertesten Aufklärungsschriften überhaupt. Dieses Buch allein hätte schon dem koischen Asklepiaden einen Ehrenplatz in der Geschichte jenes unendlichen menschlichen Bemühens gesichert, einen Weg aus Geistesnacht und Selbstverblendung zu finden.

Die »heilige Krankheit« ist die Epilepsie. Der epileptische Anfall mit seinen plötzlichen Krämpfen, Zuckungen, Schreien und Halluzinationen hat schon immer nach einer Erklärung durch Dämonen verlangt, die jählings in den Kranken hineinfahren und von ihm Besitz ergreifen (wodurch er ein »Besessener« wird); als Therapie ist Austreibung der Geister durch Beschwörung indiziert: »Siehe, ein Geist ergreift [meinen Sohn], daß er plötzlich aufschreit, und es reißt ihn, daß er Schaum vor dem Mund hat, und läßt kaum von ihm ab und reibt ihn ganz auf... Jesus aber bedrohte den unreinen Geist [*daimon*] und machte den Knaben gesund« (Lk. 9, 39–42). Im 11. Jahrhundert soll der englische König Eduard der Bekenner gute Heilerfolge mittels des *royal touch* (Berührung des Kranken durch den König) erzielt haben. Auffallend häufig wurde dieses Mittel im 17. Jahrhundert ausgerechnet von dem *merry monarch* Karl II. angewandt, einem der größten Zyniker auf dem englischen Thron. Hippokrates denkt anders über diese Dinge. Seine Schrift *Von der heiligen Krankheit* beginnt mit den schneidenden Worten:

Mit der sogenannten heiligen Krankheit verhält es sich so: sie scheint mir nicht im geringsten göttlicher und heiliger zu sein als die anderen Krankheiten, sondern so wie die übrigen Krankheiten ihren natürlichen Ursprung haben, hat auch diese ihre natürliche Ursache. Die Menschen aber hielten sie für etwas Göttliches aus Unerfahrenheit und aus ihrem Hang zum Wunder, weil sie anderen ganz und gar nicht gleicht. Und weil sie unfähig sind zur Erkenntnis, bleibt in ihren Augen das Göttliche gewahrt; es wird aber aufgehoben durch die Leichtigkeit der Methode, mit der sie behandeln, weil sie mit Sühnungen und Besprechungen zu heilen suchen.

Der letzte Gedanke ist dem Hippokrates besonders wichtig. Er greift ihn wenig später noch einmal mit den Worten auf: Wenn Menschen die Epilepsie durch Zauberei *vertreiben* könnten, dann könnten dieselben Menschen sie wohl auch durch Zauberei *anhexen* – und so zeige sich, daß die Heilungsmagier ihre These von der Gottgewirktheit dieser Krankheit mittels ihrer eigenen Praktiken widerlegten.[45]

Die Vertreter der Heiligkeitsthese finden denn auch vor Hippokrates keine Gnade; sie werden in einen Topf geworfen mit Zauberern, Sühnepriestern, Scharlatanen und Marktschreiern, »die sich den Anschein geben, als wären sie ganz besonders gottesfürchtig und wüßten mehr als andere«.[46] In Wirklichkeit betrügen sie die Menschen, indem sie ihnen nichtige Reinigungen und Entsühnungen verordnen. Darüber hinaus sind sie auch noch theologisch unredlich: »Es scheint mir, sie sprechen gerade nicht über Gottesfurcht, wie sie meinen, vielmehr über Gotteslästerung und daß es Götter nicht gibt, und ihre Frömmigkeit gegenüber dem Göttlichen ist unfromm und unheilig.«[47]

So hart ist magische Medizin nicht zum zweiten Mal verurteilt worden.

Hippokrates sieht in der Epilepsie, wie die moderne Medizin, eine Erkrankung des Gehirns.[48] Er stützt sich wohl auf Alkmaion, wenn er alle psychischen Aktivitäten in diesem Organ lokalisiert. Es sind denkwürdige Worte, mit denen er es tut:

Die Menschen sollten wissen, daß Lust und Freude, Lachen und Scherz nirgends anderswoher kommen als von da, woher auch Unlust, Kummer, Verstimmtheit und Weinen kommen [nämlich von dem Gehirn]. Und [mit dem Gehirn] vor allem denken wir, sehen wir, hören wir, unterscheiden wir häßlich und schön, schlecht und gut, angenehm und unangenehm... Und wegen dieses [Organs] rasen wir, sind wir verrückt, fallen uns Angst- und Furchtvorstellungen an, teils in der Nacht, teils auch am Tage, ferner Schlaflosigkeit, sinnlose Fehlhandlungen, unangebrachte Sorgen, Verkennung des Gegenwärtigen und ungewohntes Tun. All das erleiden wir vom Gehirn her, wenn es nicht gesund ist.[45]

Aus dem bloßen Glauben an die Hegemonie des Gehirns aber schon den Schluß zu ziehen, Epilepsie sei eine Erkrankung gerade *dieses* Organs (und nicht etwa der Nieren oder der Leber), wäre freilich für einen Empiriker wie Hippokrates nur windige Spekulation. Er verlangt stärkere Beweise. Und er findet sie. Diesem aufmerksamen Naturbeobachter ist nicht entgangen, daß auch Haustiere an Epilepsie erkranken können, »Ziegen werden am häufigsten davon ergriffen«.[46] Er öffnet also den Schädel einer epileptischen Ziege und findet, »daß das Gehirn feucht und voll Wassersucht ist und übel riecht«. Und fügt sofort hinzu: »Hieran erkennt man, daß nicht der Gott den Körper schädigt, sondern die Krankheit.«[47] Wir werden an Anaxagoras erinnert, der durch Zerlegung eines Widderschädels einen vorzeichensüchtigen Seher zum Schweigen gebracht hatte. In einem Seziermesser steckt viel Aufklärungspotential.

Was Hippokrates bis hierher geleistet hat, ist revolutionär: Es ist, um ein modernes Wort zu borgen, die »Entmythologisierung« der heiligen Krankheit und entspricht genau dem milesischen Bestreben, ohne Zeus und Poseidon mit Donner und Erdbeben zurechtzukommen – wozu man sagen muß, daß Hippokrates auf seinem Feld ein gutes Stück erfolgreicher gewesen ist als die Milesier auf ihrem. Freilich muß man auch gleich hinzufügen, daß ohne den alles Alte hinwegfegenden milesischen Begriff einer autonomen Natur der koische Asklepiade nicht denkbar ist. Es sind die entzauberten Horizonte der ionischen »Physik«, die eine Entzauberung der Medizin erst möglich machen, so wie sie bei Xenophanes und Protagoras eine Entzauberung der Anthropologie und Soziologie möglich gemacht haben. Wo immer und wann immer aber diese Horizonte untergegangen sind, hat das Reich der Dämonen von neuem angehoben.

Hippokrates blieb nicht dabei stehen, die heilige Krankheit entmythologisiert zu haben. Er wollte ihre Mechanismen verstehen und bediente sich dazu der sogenannten Humoralpathologie: »Es erfolgt aber die unheilvolle Veränderung des Gehirns durch das Phlegma [Schleim] und die Galle.«[52] Das führt er nun bis ins einzelne aus, wobei auch die von ihm beobachtete Vererbbarkeit der Epilepsie eine Rolle spielt. Wir brauchen auf diese Dinge aber nicht einzugehen, denn wie bei den ionischen »Physikern« sind auch bei ihm »Erkenntnisse« viel belangloser als Erkenntnis*richtungen*. Seit 1600 n. Chr. wissen wir, daß selbst in den »exakten« Wissenschaften »Erkenntnisse« ständig und rasch überholt werden, so wertvoll sie zu ihrer Zeit auch gewesen sind. Für wen ist die Wärme noch ein Stoff, die Elektrizität noch eine Flüssigkeit? Und doch sind diese Auffassungen noch nicht sehr alt und haben zu ihrer Zeit keine schlechten Dienste geleistet.

Was wir uns aber ansehen sollten, ist die »Humoralpathologie«. Sie ist von hohem philosophischen Interesse, sie hat in ihrer alten Form bis in das 18. Jahrhundert hinein gelebt und lebt in verfeinerter Form auch heute noch. Außer der Euklidischen Geometrie hat keine wissenschaftliche Theorie der Griechen sich so gut gehalten wie sie.

Die Humoralpathologie gilt als Markenzeichen der Hippokratischen Medizin (was sie nicht ist) und lehrt in ihrer allgemeinsten Form, daß der Mensch gesund ist, wenn ganz bestimmte »Körpersäfte« (lat. *humores*), zwei bis vier an der Zahl, im Gleichgewicht sind. Eine ähnliche Gleichgewichtstheorie hatte schon Alkmaion von Kroton besessen, nur ging es bei ihm um die *isonomia* entgegengesetzter *Qualitäten* in *unbestimmter* Zahl (feucht – trocken, kalt – warm, bitter – süß usw.). Wir haben gesehen, wie diese Gleichgewichtstheorie der Qualitäten dem pythagoreischen Harmoniedenken entsprungen ist. Es braucht uns also nicht zu wundern, daß die Gleichgewichtstheorie der *humores* sich schon vor Hippokrates in einem Werk *Von der Siebenzahl* findet, das ganz und gar von pythagoreischem Geist (freilich nicht in seiner ansprechendsten Form) durchzogen ist. Das Hauptanliegen dieses seltsamen Büchleins ist es nämlich, uns die hegemoniale Macht der Sieben anzudemonstrieren (wobei der Autor keine Scheu vor Absurdem erkennen läßt). Eine Gesundheitstheorie, die auf *humores* basiert, aber dazu noch einige Gegensatzpaare des Alkmaion einarbeitet, bringt Philolaos von Kroton vor (auch er ein Pythagoreer),[53] der in den Jünglingstagen des Hippokrates »blühte«.

Was aber waren denn nun die »Säfte«, deren Gleichgewicht so wichtig sein sollte?

Hier schwankten die Alten lange, und es scheint, daß sie wieder einmal der pythagoreischen Zahlenmystik aufgesessen sind – diesmal dem Glauben an die Macht der sakralen *tetraktys*, der »Vierheit« –, als sie sich schließlich auf die *vier* Säfte *phlegma* (Schleim), gelbe Galle, schwarze Galle und Blut festlegten. Eine zählebige Kodifizierung dieser Theorie brachte der letzte große Arzt des Altertums, Galen, zustande, der 129 n. Chr. in Pergamon als Sohn eines Mathematikers und Architekten geboren wurde und im kaiserlichen Rom zu höchsten Ehren gelangte (was er für richtig hielt und sehr genoß). Vielleicht ist sein mathematischer Vater daran schuld, daß er die Heilkunde gründlich mit pythagoreischer Zahlenlehre durchtränkte. Nicht jedem Patienten wird das gut bekommen sein.

Vor Galen gründeten einige Autoren ihre Pathologie auf nur *zwei* Säfte, Phlegma und Galle;[54] in seiner Schrift *Von der heiligen Krankheit* kommt auch Hippokrates mit diesen beiden aus. Natürlich kennt er das Blut, aber es erscheint nicht als ein krankheitstragender Saft. Philolaos hat schon *drei* Säfte, »in denen die Ursachen der Krankheiten wohnen«: Galle, Blut und Phlegma.[55] Galle ist ein gelbliches Sekret; die *Vier*zahl der *humores* machte man voll, indem man der »gelben Galle« die »schwarze Galle« zugesellte. Dieser rätselhafte Saft mag das dunkle Blut sein, das im Erbrochenen bei Magenkrebs und im Stuhl bei Darmgeschwüren vorkommt. Die frühklassische Formulierung der Humoralpathologie mit *vier* Körpersäften findet man in der Schrift *Von der Natur des Menschen* (um 400 v. Chr.) des *Corpus Hippocraticum*, jener buntscheckigen Sammlung medizinischer Bücher von sehr verschiedenen Autoren (darunter auch Hippokrates) aus sehr verschiedenen Zeiten:

> Der Körper des Menschen enthält Blut, Schleim, gelbe und schwarze Galle; von diesen Säften hängen die Konstitution [*physis*] des Körpers, Krankheit und Gesundheit ab. Am gesundesten ist der Mensch dann, wenn ihre wechselseitige Mischung, Wirkung und Menge ausgewogen [*metrios*] und wenn sie am innigsten verbunden sind; krank aber, wenn einer der Säfte in zu großer oder zu geringer Menge vorhanden ist oder sich im Körper absondert und nicht mit allen vermengt ist. Wenn einer davon sich absondert und für sich allein bleibt, muß nicht nur die Stelle, die er leer läßt, krank werden, sondern auch diejenige, wo er hinfließt und sich ansammelt, weil die Überfüllung Schmerz und Beschwerde verursacht.[56]

Was wir in der Humoralpathologie vor uns haben, ist eine rohe Vorahnung biochemischer und endokrinologischer Aspekte der Humanphysiologie. Ohne entwickelte Chemie allerdings mußte diese »Biochemie« ins Leere laufen. Gerade die Medizin bedarf vieler Einzelwissenschaften. Im Mittelalter gehörte sogar die Astrologie zum Kanon der medizinischen Ausbildung.

Wie schon erwähnt, wurde die Humoralpathologie sehr früh mit der »Gegensatzpathologie« des Alkmaion angereichert: Den Säften wurden in verschiedener Weise die Qualitäten warm, kalt, feucht und trocken zugeordnet. Nach welchen Gesichtspunkten das geschah, können wir nicht mehr nachvollziehen. Bei Galen finden wir schließlich das folgende Schema:

Blut:	warm, feucht	*Phlegma*:	kalt, feucht
Gelbe Galle:	warm, trocken	*Schwarze Galle*:	kalt, trocken

Dem Philolaos war das Phlegma *warm* gewesen, denn, sagte er entwaffnend, *phlegma* komme von dem Verbum *phlegein* = glühen, verbrennen.[57] Das ist ein hübsches Beispiel für die nie endenden Versuche, der Natur mit linguistischen Mitteln beizukommen.

In Hippokrates' Schrift *Von der heiligen Krankheit* ist die Kälte des Phlegmas ein wichtiger pathogener Faktor. Wenn nämlich das kalte Phlegma zur Lunge oder zum Herzen herabströmt, kühlt es das warme Blut ab, die Adern schlagen gegen Herz und Lunge, und es tritt Atemnot (*asthma*) ein. Das dauert so lange, bis das Phlegma durchwärmt und in die Adern verteilt ist. Und so schreibt er denn zum Schluß (und greift damit den Anfang wieder auf):

> Wer es versteht, den Patienten durch Diät trocken und feucht, kalt und warm zu machen, der könnte wohl auch diese Krankheit [die Epilepsie] heilen, sofern er den rechten Augenblick [*kairos*] und das richtige Maß für die nützlichen Mittel erkennt – und zwar ohne Entsühnung und ohne Magie.[58]

Was wir hier vor Augen haben, ist eine völlig rationale – und *gewollt* rationale – Medizin. Sie muß deshalb nicht die »richtige« sein. Was ist schon »richtige Medizin«? War es die richtige Medizin, als der verdienstvolle italienische Anatom Morgagni 1761 in einem grundsoliden Werk mit der These hervortrat, Krankheiten entstünden nicht durch ein Ungleichgewicht der *humores*, sondern durch Veränderungen in den Organen? War die noch 1848 herrschende Theorie, die meisten Leiden würden hervorgerufen durch Venenentzündungen, die richtige Medizin? Beiden Theorien widersprach der berühmte Virchow und löste sie 1858 durch seine Zellularpathologie ab: Krankheiten beruhen auf Störungen der Zellfunktionen. Aber dann kamen zu Virchows Verdruß Pasteur und Koch mit ihrer Bakteriologie. Heute schlagen wir uns mit etwas ganz anderem als Bakterien herum: mit Viren. Die »richtige Medizin« wird so leicht nicht zu finden sein. Um so wichtiger, daß die Heilkunde rational und damit *offen* bleibt – was keineswegs gesichert ist: Ratio kann untergehen. Auch Hippokrates ist in den langen Jahrhunderten nach ihm mehrmals untergegangen.

Zur Rationalität des Hippokrates gehört auch seine scharfe Polemik gegen medizinische Gaukler und Scharlatane. Von ihnen gab es, wie zu allen Zeiten, auch zu seiner Zeit übergenug, und das nicht nur im Sakralbereich der therapierenden Seher und Entsühnungsartisten. In einer Epoche ohne Staatsexamina war es nicht schwer, sich als »Arzt« aufzuspielen – was nun aber zur Folge hatte, daß »die Heilkunst als Ganzes bei den Laien in schlechtem Geruch steht und man sogar glaubt, es gäbe gar keine«.[59] Deshalb Hippokrates' schneidende Warnungen vor pittoreskem Heilungsgetue und Schaubühnentherapien:

> Die Ärzte wenden sie ja vor allem an, weil sie so die große Menge verblüffen wollen. Denn für solche Leute ist es etwas Wunderbares, wenn sie einen Patienten an der Leiter aufgehängt oder geschüttelt sehen oder was dergleichen dazugehört [um eine Verkrümmung der Wirbelsäule zu korrigieren]. Und so etwas rühmt man dann immer wieder, und niemand kümmert sich mehr darum, was etwa bei dieser Hantierung herausgekommen ist, ob etwas Gutes oder Schlimmes. Jedoch sind die Ärzte, die solches praktizieren – wenigstens soweit ich gesehen habe – Ignoranten... Solche Verfahren [kennzeichnen] den Marktschreier.[60]

Es wird auch zu Hippokrates' Zeiten Scharlatane von der Sorte gegeben haben, die uns Johann Peter Hebel in seiner Kalendergeschichte *Der Zahnarzt* vorstellt, ein »Doktor Schnauzius Rapunzius von Trafalgar« mit seinem Spießgesellen, zwei landstreichende Menschenkenner, die einfältige Jahrmarktsbesucher mit Wunderpillen gegen Zahnschmerzen hereinlegen, Pillen, bei denen nur das Rohmaterial billig ist: Brotteig, Holzwurmmehl und rotes Papier (»denn eine schöne Farbe muß gewöhnlich bei jedem Betrug mithelfen«). Die beiden Globetrotter waren freilich immer noch harmloser als die Arzneimittelfälscher, von denen schon Galen berichtet: »Sie fälschen so geschickt, daß auch die Erfahrensten nicht dahinterkommen.«[61] Das Thema ist heute wieder lebensgefährlich aktuell.

Eine wirklich bedrohliche Konkurrenz für die unspektakuläre Gerstenschleimpraxis des Hippokrates war jedoch die schillernde und kurzweilige Tempelmedizin, die sich auf die Fabrikation von Wunderheilungen geworfen hatte. Hier ist vor allem Epidauros hervorzuheben, nicht nur, weil jeder Griechenlandtourist den heiligen Ort kennt, sondern weil es dort schon im 6. Jahrhundert einen ausgedehnten Kult des Asklepios gab, der seit dem 5. Jahrhundert alles andere dieser Art in den Schatten stellte. Seit dem 4. Jahrhundert wurde denn auch die Segenslokalität aufs großartigste ausgebaut; das berühmte Theater stammt aus dem 3. Jahrhundert. Epidaurus ist hinreißend schön in einer hügeligen Landschaft mit duftenden Kiefern gelegen, etwa zehn Kilometer vom Meer entfernt; es bot in seiner besten Zeit nicht nur Aussicht auf Heilung über Nacht, sondern auch auf Musik, Schauspiel, Gymnastik, Pferderennen und Kurklatsch während des Tags –: Es war eine nie wieder gesehene Kreuzung zwischen Lourdes und Baden-Baden.

Der Weg zur Heilung begann in Epidauros aufs bequemste mit dem Schlaf im Tempel. (Freilich mochte es mancher als belastend empfinden, daß man sich zuvor in Keuschheit geübt haben sollte.) Während dieser »Inkubation« konnte sich der Gott ganz persönlich und sehr herrlich offenbaren; manchmal ließ er sich auch vertreten. Eine solche Epiphanie mochte schlagartig zur Heilung führen, womit dann das Wunder fertig war; sie konnte sich aber auch in Zeichen und Orakeln erschöpfen, die man besser von dem zuständigen Tempelpriester deuten ließ: In der Regel liefen sie sehr prosaisch (und sehr vernünftig) auf Leibesübung, Diät und

Bäder hinaus. Es sind die letzteren, langwierigeren Therapien, die Epidauros den Charakter eines modernen Sanatoriums gegeben haben. Der exorbitante Ruhm des Ortes beruhte aber doch auf den Knall-und-Fall-Heilungen während des Tempelschlafs. Der Spötter Aristophanes hat sich nicht gescheut, auch darüber seine Witze zu reißen. In seiner Komödie *Plutos* (388 v. Chr.) schildert er ohne Respekt eine Inkubation. Die Heilungssuchenden haben sich schon zum Schlaf ausgestreckt, Karion (der Erzähler) sieht noch aus halbgeschlossenen Augen, wie ein Priester Kuchen und Feigen vom Opferaltar stibitzt, dann erscheint Asklepios und wendet sich, unbeeindruckt von einem üblen Leibeswind des Karion (»Ich furze keinen Weihrauch«), dem Plutos zu. Plutos ist der Gott des Reichtums; er ist, wie auch die Griechen wußten, auf beiden Augen blind: Geld trifft immer die Falschen. Asklepios wird von seiner Tochter Panakeia (= Allheilerin) assistiert und verfährt wie folgt:

> Dann setzt er sich zum Plutos hin, betastet
> Den Kopf ihm rings und nimmt ein reines Tuch
> Und wischt ihm ab die Wimpern; Panakeia
> Verhüllt ihm Kopf und Angesicht rundum
> Mit einem Purpurschleier. – Plötzlich schnalzt
> Der Gott, und aus dem Innern schossen vor
> Zwei ungeheure Schlangen...
> Die krochen unterm Schleier sacht hinauf
> Und leckten ihm die Wimpern, wie mir schien,
> Und eh' du, Frau, zehn Becher Wein verschluckst,
> Stand Plutos aufrecht da, und sehend war er![62]

Im heiligen Bezirk von Epidauros standen viele Inschrifttafeln, auf denen die Wundertaten des Asklepios gerühmt wurden. Die Wunder waren freilich nicht umsonst, und bei Zahlungsverzug ließ der Gott nicht mit sich spaßen. Auf einer dieser Tafeln steht nämlich:

> Hermon aus Thasos. Ihn, der blind war, heilte Asklepios. Als er aber darauf den Lohn für die Heilung nicht erstattete, machte ihn der Gott wieder blind. Als er kam und wieder im Tempel schlief, machte er ihn gesund.[63]

In Epidauros wurden Blinde sehend, Lahme gehend. Unglaubwürdig ist allerdings die Heilung eines Mannes, dessen Lunge von einer steckengebliebenen Pfeilspitze seit anderthalb Jahren so voll Eiter war, daß er 67 Becken damit hatte füllen können. Als aber der Geplagte im Tempel schlief, »hatte er ein Gesicht: Ihm träumte, der Gott nehme ihm die Pfeilspitze aus der Lunge. Als der Tag anbrach, kam er gesund heraus und trug die Pfeilspitze in seinen Händen.«[64]

Neben den Spektakeln von Epidauros nehmen sich die Heilverfahren des *pater medicinae* merkwürdig altbacken und dann auch wieder merkwürdig modern aus – immer aber glanzlos. Da geht es zunächst nur darum, Krankheiten durch eine vernünftige Lebensweise (*diaita*) erst gar nicht aufkommen zu lassen. Wir kennen dieses Programm schon von den Pythagoreern her: Seine Hauptingredienzien sind mäßige Ernährung und Leibesübungen; Hippokrates fügt noch ausdrücklich hinzu, in allem, was unsere Konstitution (*physis*) und unsere Gewohnheiten beträfe, sei jäher Wechsel streng zu vermeiden.[65] Diese Stelle muß Immanuel Kant gelesen haben, der seine Nachmittagsspaziergänge so pünktlich antrat, daß die Nachbarn ihre Uhren danach stellten; Kant ist achtzig Jahre alt geworden. Vielleicht sollte man den Büromenschen unserer Zeit aber noch den folgenden Hippokratischen Text vor Augen rücken:

Um es ein für alle Mal zu sagen: alle Teile des Körpers, die zu einer Funktion bestimmt sind, bleiben gesund, wachsen und haben ein gutes Alter, wenn sie mit Maß gebraucht und in den Arbeiten, an die jeder Teil gewöhnt ist, geübt werden. Wenn man sie aber nicht braucht, sondern untätig läßt, neigen sie eher zu Krankheiten, nehmen nicht zu und altern vorzeitig.[66]

Als der Verjüngungszauber der Hexenküche den Dr. Faust anwidert, empfiehlt ihm Mephisto ironisch ein anderes, dem Hippokrates nachempfundenes Mittel, »ohne Geld und Arzt und Zauberei zu haben«:

Begib dich gleich hinaus aufs Feld,
Fang an zu hacken und zu graben,
Erhalte dich und deinen Sinn
In einem ganz beschränkten Kreise,
Ernähre dich mit ungemischter Speise,
Leb mit dem Vieh als Vieh und acht es nicht für Raub,
Den Acker, den du erntest selbst zu düngen![67]

Faust reagiert unwillig (»Das bin ich nicht gewöhnt«) und hält sich an die bequeme Pharmakologie des Blocksbergs. Diese Reaktion ist zeitlos. Um sie aufzufangen, hat Hippokrates seine diätetischen Methoden denn auch nicht nur mit den bläßlichen Worten empfohlen, sie würden halt die Gesundheit bewahren, sondern als echter Grieche seinen Griechen versichert, sie würden sogar trainierende Athleten in Hochform bringen.[68]

Was aber wird der Arzt tun, wenn trotz aller *diaita* ein Mensch nun doch erkrankt?

Zunächst: Er wird schon vorher etwas therapeutisch sehr Wichtiges getan haben –: Er wird die gesamte physische, psychische und soziale Umwelt des Kranken studiert haben. Was Hippokrates in seiner Schrift *Über Lüfte, Wasser, Orte* hierzu sagt, ist heute noch so relevant wie damals. Beginnen wir mit der physischen Umwelt:

Sooft ein [Wander-]Arzt in eine ihm unbekannte Stadt kommt, muß er ihre Lage erwägen: wie sie zur Richtung der Winde und zum Aufgang der Sonne liegt... Ebenso die Wasserversorgung, ob die Einwohner sumpfiges, weiches Wasser trinken oder hartes aus felsigen Höhen oder salziges und herbes. Ferner, ob der Boden kahl und wasserarm oder dicht bewachsen und durchwässert ist, ob der Ort von Höhen umschlossen und drückender Hitze ausgesetzt oder, auf der Höhe liegend, kalt ist. Ebenso, welcher Lebensweise die Einwohner den Vorzug geben: ob sie den Trunk lieben, doppelte Mahlzeit am Tage und Müßiggang, oder Leibesübungen, Anstrengung und Essen ohne übermäßiges Trinken.[69]

Der Arzt muß »den Wechsel der Jahreszeiten, den Auf- und Untergang der Gestirne« kennen, er muß also auch einsehen, »daß die Astronomie nicht wenig zur Heilkunst beiträgt«.[70] Das ist eine ganz andere Forderung als die des Mittelalters nach *astrologischem* Hintergrundswissen in der medizinischen Praxis.

Über diese Dinge hinaus muß der Arzt aber auch einen Blick für die *politischen* und *sozialen* Verhältnisse eines Landes haben, denn sie formen die seelische Verfassung der Bewohner. (Wie wichtig sie für die Therapie ist, werden wir noch sehen.) Es ist der *Arzt* Hippokrates, der in seinem Umweltbuch die denkwürdigen Sätze schreibt (die man nur zu »entmilitarisieren« braucht, um die Hauptthesen von Adam Smith's *Wealth of Nations* in Händen zu haben):

Der größte Teil Asiens wird von Königen regiert. Wo aber die Menschen nicht Herr über sich selbst sind und sich nicht selbst die Gesetze geben [nicht *autonomoi* sind], sondern von Despoten regiert werden, da sorgen sie sich nicht um Waffentüchtigkeit, sondern nur darum, nicht als kriegerisch zu erscheinen... Von all ihren tüchtigen und tapferen Taten haben nämlich nur ihre Oberherren Nutzen und Gewinn, während sie selbst lediglich Gefahren und Tod davon ernten... Daher muß selbst dann, wenn einer von Natur aus tapfer und mutig ist, sein Denken infolge der Staatsverfassung völlig davon abgewendet werden. Ein schlagender Beweis hierfür ist dieses: die Griechen oder Barbaren in Asien, die nicht von Despoten regiert werden, sondern sich selbst ihre Gesetze geben und sich für sich selbst abmühen, sind die kriegerischsten von allen. Denn sie begeben sich in Gefahren nur in ihrem eigenen Interesse und ernten selbst den Preis für ihre Tapferkeit wie auch die Strafe für ihre Feigheit.[71]

Eine medizinische Nutzanwendung seiner ethnologischen und sozialen Beobachtungen gibt Hippokrates wenig später mit der Erklärung des seltsamen Phänomens, daß »bei den Skythen die meisten impotenten Männer vorkommen«. Aus lauter Angst, eines Tages selbst ohne Manneskraft dazustehen, schreiben die Skythen die Ursache dieser rätselhaften Fatalität einer erbosten Gottheit zu und versuchen nun, diese mit kultischen Kunstgriffen wieder zu besänftigen. Nun beoachtet aber Hippokrates, daß nur die *reichen* Skythen, die sich den Luxus des Reitens erlauben können, von dieser peinlichen Schwäche heimgesucht werden, nicht die pferdlosen Proleten. Also, sagt er sich, wird wohl die skythische Impotenz etwas mit dem Reiten zu tun haben – und wirklich stellt er einen rationalen Zusammenhang her, auf den wir aber nicht einzugehen brauchen.[72]

Erst *nach* seinen Umweltstudien tritt der Arzt ans Krankenbett. Dort soll er nicht nur auf ein, zwei, drei Symptome starren – er soll vielmehr alles und jedes berücksichtigen, was mit dem Kranken zu tun hat: Klima und örtliche Gegebenheiten (das haben wir gerade gehört), dann die *gemeinsame* Natur aller Menschen und die *individuelle* Konstitution des einzelnen Patienten, seine Lebensgewohnheiten, seine Tageseinteilung, seine Beschäftigungen, ferner Ausdrucksweise und Verhalten, Schlaf und Schlaflosigkeit, auch Träume (»Art und Stunde«), und natürlich alle Symptome im engeren Sinne, vom Aufstoßen bis zu den Winden (»ohne und mit Geräusch«).[73] Im sechsten der Epidemienbücher (wahrscheinlich nicht von Hippokrates selbst) lesen wir zu unserer (ungerechtfertigten) Überraschung sogar:

Bedeutung des Innenlebens: Bewußtsein, auf sich selbst gerichtet, abgewendet von Mitteln und Dingen; Empfindungen: Betrübnis, Freude, Furcht, Mut, Hoffnung, Abneigung.[74]

»Mut, Hoffnung« –: Hippokrates kannte die Heilkraft von Mut und Hoffnung und deshalb lag ihm daran, dem Patienten ermutigendes, hoffnungsvolles Vertrauen in den Arzt einzuflößen, allerdings nicht in Schamanenmanier mit Trommeln und Tänzen, sondern mit dem Mittel rationaler »Prognose« (die mehr ist als bloße »Vorausschau« und der Hippokrates eine ganz besondere Bedeutung beimaß):

Denn wenn der Arzt am Krankenbett von sich aus erkennt und ankündigt, was da ist, was geschehen ist und was eintreten wird, wenn er ferner auch noch darlegt, was die Kranken ihm verheimlichen, so wird man ihm größeres Vertrauen entgegenbringen, daß er den Zustand der Kranken durchschaue, und diese werden es dann wagen, sich der Behandlung des Arztes anzuvertrauen.[75]

Im Zeitalter der raschen Rezeptblockmedizin können wir uns kaum noch vorstellen, welche Rolle für Hippokrates das ausführliche Gespräch mit dem Kranken *und der Kranke selbst* spielten. Der Patient ist nicht einfach das passive Objekt der Heilkunst, er ist ein Teil von ihr und ein aktiver Mitheiler: »Die Heilkunst umfaßt dreierlei: die Erkrankung, den Kranken, den Arzt. Der Arzt ist der Diener der Heilkunst. Der Kranke muß zusammen mit dem Arzt sich gegen die Krankheit wehren.«[76] Noch mehr! Den heutigen Ruf nach dem »mündigen Patienten« hören wir schon in einer Schrift, die von Hippokrates selbst oder von seinem Schwiegersohn Polybos stammt:

Ein einsichtiger Mann, der erwägt, daß für die Menschen die Gesundheit von höchstem Wert ist, muß sich darauf verstehen, aus eigener Überlegung sich in Krankheitsfällen zu helfen. Er muß verstehen, was von den Ärzten gesagt und seinem Körper verordnet wird, und muß es beurteilen können. All das muß er verstehen, soweit es von einem Laien zu erwarten ist.[77]

Es ist dies eine der schönsten Stellen der antiken Literatur: voller Vernunft und ohne Pomp.

Die Hippokratische Therapie war in vollendet redlicher Weise *einfach*. Sie wollte nur erreichen, was bei dem damaligen Wissensstand erreichbar war: die Heilkraft der Natur zu unterstützen, und zwar behutsam. Dazu dienten so hausbackene Mittel wie frische Luft, Bettruhe, warme Umschläge, Bäder und Wassergüsse, Wein, Hydromel (Honig und Wasser), Oxymel (Honig und Essig), Massage (»Ein Arzt muß ja in vielem beschlagen sein, auch in der Massage«[78]), gelegentlich ein Aderlaß und vor allem die berühmte Gerstenschleimsuppe (*ptisan*), die »von der feinsten Gerste gemacht und so gut wie möglich gekocht werden soll«.[79] Der Kranke sollte nicht beunruhigt werden, um seine ganze Kraft gegen die Krankheit einsetzen zu können.

»Arzneien« wurden nur sehr sparsam verwendet; in Gebrauch waren hauptsächlich die schwarze Nieswurz als Abführmittel und die weiße als Brechmittel. (Im Mittelalter schützte die schwarze Nieswurz auch vor bösen Geistern und Zauberei; das hatte man aber nicht bei Hippokrates gelesen.) Anders als Faust, war Hippokrates kein Chemotherapeut vor der Chemotherapie.[80]

Den forscheren Heilkünstlern schien die behutsame Therapie des Hippokrates keine zu sein. Seine schlichte Unterstützung der Natur nannte der römische Modearzt Asklepiades (1. Jahrhundert v. Chr.) wegwerfend »eine Meditation über den Tod«.[81] Nach dem Ruhm zu urteilen – und ein anderes Kriterium haben wir nicht – scheint aber der zurückhaltende Hippokrates erfolgreicher geheilt zu haben als der draufgängerische Asklepiades.

Platon hielt nichts von der »modernen Medizin«, zu der auch die Hippokratische zählte; sie mache hypochondrisch und sei geradezu »eine Züchtung der Krankheiten«.[82] Ein Zimmermann könne mit langwieriger Diätetik, Umschlägen um den Kopf »und was dergleichen mehr ist«, nichts anfangen, solche Flausen hielten ihn nur von der Arbeit ab; was der wackere Mann brauche, sei ein Brech- oder Abführmittel oder eine Ruck-Zuck-Behandlung »mit Brennen und Schneiden«. Einen Diät-Doktor würde er einfach stehenlassen, würde zu seiner gewohnten Lebensweise zurückkehren – und was dann? Sehr einfach: »Wenn er gesund wird, lebt er weiter und tut seine Arbeit. Vermag das aber sein Leib nicht auszuhalten, so stirbt er eben und wird so von seinen Beschwerden befreit.«[83]

Vielleicht ist es der glänzendste Ruhmestitel des Hippokrates, den modernen naturwissenschaftlichen Geist geschaffen zu haben. Das große Thema dieses Geistes ist das Studium der *unverfälschten* Natur, der Natur *au naturel* ohne die Zutaten menschlicher Phantasmagorien – und das heißt auch, ein Studium im Geiste trockener Selbstverleugnung, ohne jene pompöse Rechthaberei, die den Menschen immer nur in sein enges und unaufgeräumtes Ego einsperrt. Durch Hippokrates ist die griechische Medizin weit über eine bloße Heilkunst hinaus das Vorbild aller empirischen Wissenschaften geworden. Goethe sagt es so:

Die Schriften, die uns unter dem Namen Hippokrates zugekommen waren, gaben das Muster, wie der Mensch die Welt anschauen und das Gesehene, ohne sich selbst hinein zu mischen, überliefern sollte.[84]

Die Krankenberichte des Hippokrates (wir haben schon einen kennengelernt) sind die besten Beispiele für das, was man noch in der Mitte des vorigen Jahrhunderts »Hippokratismus« nannte und als »vollkommene Beobachtung in der Heilkunde« beschrieb.[85] Sie sind auch die besten Beispiele für eine das eigene Ich auslöschende *und* erweiternde Objektivität. Ohne Selbstrechtfertigung wird von zahlreichen *gescheiterten* Therapien berichtet. Heilerfolge werden in knappsten Sätzen notiert: »Schließlich Krise zur Genesung«; »Dieser Kranke hatte keinen Rückfall, aber nach der Krise oft starkes Nasenbluten«.[86] Nicht die geringste Dekoration. Das ist nicht selbstverständlich. Galen benutzte seine Krankenberichte zur Selbstglorifizierung; der europaweit gefeierte Cardano stand ihm anderthalb Jahrtausende später nicht nach (um es sehr milde zu sagen): »Ich behaupte, daß niemand sich rühmen kann, einen geheilt zu haben, den ich als unheilbar entließ, während ich selbst eine große Menge von Kranken geheilt habe, die man völlig aufgegeben hatte.«[87]

Es ist bester naturwissenschaftlicher Geist, daß Hippokrates dauerhaft undogmatisch und offen ist. »Ich habe noch nie eine Verrenkung des Arms nach vorne gesehen. Aber auch das möchte ich nicht starr behaupten, so wenig wie das Gegenteil.«[88] Noch undogmatischer und offener: »Ich will nun darlegen, was zugunsten der entgegenstehenden Überlegung gesagt werden kann.«[89] (Anders Platon: Die Schriften Demokrits hätte er am liebsten allesamt verbrannt.[90]) Mit einem prachtvollen Mangel an Prätention berichtet Hippokrates sogar von einem eigenen *mißglückten* Heilversuch und bemerkt trocken: »Mit Absicht habe ich davon geschrieben. Denn auch solche Einsichten sind nützlich, wenn es sich erweist, daß ein Versuch mißlungen ist und warum er mißlungen ist.«[91] Bester naturwissenschaftlicher Geist ist die Bescheidenheit des *pater medicinae*: »Ich meinerseits kenne keine Methode, solchen Schäden beizukommen, es sei denn...«[92] In der Schrift *Über die alte Medizin*, die um 425 v. Chr. von Hippokrates oder einem hervorragenden Vertreter seiner Schule verfaßt wurde, heißt es: »Es ist mühsam, [das genaue Maß, das man einhalten müßte,] richtig zu erfassen... Den Arzt, der nur wenig fehlgreift, möchte ich aufrichtig loben; denn selten gelingt es, das genaue Maß aufzufinden.«[93] Das alles muß man mit den Expektorationen des wenig älteren Seher-Arztes Empedokles vergleichen, der seinem Jünger hexametrisch die volle Macht über Krankheit, Natur und Tod verheißt:

> Was für Mittel es gibt gegen Krankheit und drückendes Alter,
> Sollst du vernehmen; nur dir geb' ich Macht über all solche Mittel.
> Auch der rastlosen Winde Gewalt, die, über die Erde
> Fegend, die Felder verheeren, sollst du zur Ruhe verweisen.
> Wünschst du im Gegenteil Wind, so wird deinem Winke er folgen.
> Wandeln wirst du den dunkelen Regen in trockenes Wetter,
> Heilsam den Menschen, und wirst die dörrende Hitze des Sommers
> Wandeln in Ströme von Regen, die Bäume zu nähren vom Himmel.
> Und aus dem Hades erweckst du die Kraft des gestorbenen Mannes.[94]

An die Stelle der Wunderpharmaka und Totenerweckungen des »Vertrauten der Natur« (Hölderlin[95]) setzt das hippokratische Denken ein nüchternes Forschungsprogramm:

> Wir müssen die Kräfte der Körpersäfte, die Wirkungen eines jeden von ihnen auf den Menschen und ihre Beziehungen untereinander untersuchen.[96]

Das ist mühsam, noch schlimmer: Man kann sich dabei nicht einmal den entspannenden Selbstbetrug und das wohltuende Selbstlob verabreichen. Unkenntnis des Arztes nämlich rächt sich »wie beim Steuermann ... auf der Stelle«, und zwar unübersehbar: »Sie bringt den Tod.«[97] Mit diesen wenigen Worten wird das ganze Erfolgsgeheimnis der Naturwissenschaften verraten: die *von Menschen unbeeinflußbare* Erfolgskontrolle. Die flüssige Beredsamkeit des Gorgias konnte aus der Verführerin Helena eine Verführte machen, sie kann aber eine Therapie mit konstant tödlichem Ausgang nicht in ein vielversprechendes Heilverfahren umfälschen. In der Naturwissenschaft stößt die Macht der Zungenfertigkeit an ihre Grenzen.

Seinem ganzen Habitus nach ist Hippokrates ein *moderner* Naturwissenschaftler, ungleich moderner als etwa Cardano zweitausend Jahre später. Cardano hatte zwar »Erläuterungen zu den schwierigsten Schriften des Hippokrates, namentlich zu den authentischen« verfaßt,[98] man kann sich aber nichts Unhippokratischeres vorstellen als die folgende Selbsttherapie des berühmten Arztes und Mathematikers:

Ich ... habe sehr lange bis zum Überdruß an eiternden Geschwüren gelitten. Da las ich eines Tages in den nachgelassenen Papieren meines Vaters, wenn einer in der Morgenstunde des 25. März auf den Knien zur allerheiligsten Jungfrau flehe, sie möge ihren Sohn um irgendeine sittlich zulässige Gnade bitten, und dieser Bitte ein Vaterunser und den englischen Gruß anfüge, werde er erhalten, worum er bete. Ich achtete wohl auf Tag und Stunde und tat das Gebet. Und ich wurde auch wirklich, wenn auch nicht sofort, sondern erst am Fronleichnamsfest des gleichen Jahres, völlig von dem Übel befreit. Und lange Zeit später erinnerte ich mich daran, als ich an Podagra litt, und tat das Gebet wiederum ... Und das Gebet hatte Erfolg, ich wurde geheilt.[99]

Ein wenig verlegen fügt er hinzu: »Freilich hatte ich dabei auch ärztliche Mittel angewandt.«

Hippokrates hatte gegen medizinische Magie und medizinische Theologie gekämpft, gegen Quacksalber und Scharlatane. Blieb noch der Kampf gegen die Philosophie. »Hippokrates ... trennte die Medizin von der Philosophie«, schreibt im 1. Jahrhundert n. Chr. der Römer Celsus.[100] Aber das darf man nicht falsch verstehen.

Hippokrates ist ohne die »entzaubernde« ionische Naturphilosophie nicht zu denken, ich habe es schon gesagt. Sie erst hat ihm die geistigen Freiräume und die naturwissenschaftlichen Horizonte für seine eigene entzaubernde Medizin geschaffen. Aber noch konkreter: Es gibt »physikalische« Partien in seinem Werk, die sich lesen, als seien sie von Anaximander oder Anaximenes selbst geschrieben.[101] Seiner Ethnographie hat Hekataios vorgearbeitet. Die Hippokratische Medizin ist geradezu Frucht und Teil des ionischen Weltdenkens. Und doch hören wir Hippokrates grollen: »Die theoretisierenden Ärzte sind gerade diejenigen, die Fehler machen.«[102] Was war geschehen? Wer waren die »theoretisierenden Ärzte«?

Sie waren diejenigen, die sich zu fest in den spekulativen Gedanken der Milesier verbissen hatten (ohne noch auf deren konkrete Einzelforschung zu achten), die Welt habe eine *arche*, sie sei entstanden aus einem natürlichen Urstoff und alles, was ist, sei eine Modifikation dieses Ausgangsmaterials. Die Hypothese der einen, homogenen Ursubstanz führte rasch in die Schwierigkeiten, die wir schon kennen und die auch das geniale Verdünnungs-Verdichtungskonzept des Anaximenes nicht hatte beseitigen können. Der epochale Durchbruch gelang erst dem Seher-Arzt und Wandermagier Empedokles von Agrigent (etwa 500–430 v. Chr.), einem leidenschaftlichen Verehrer des halb- oder ganzgöttlichen Pythagoras. Empedokles brach revolutionär mit dem tief eingeschliffenen Monismus und postulierte *vier* »Wurzeln«: Erde, Wasser, Luft und Feuer. (Wir ahnen, daß wieder einmal die hochheilige *tetraktys* ihre Hand im Spiele gehabt hat.) Und nun spricht der volle pythagoreische Glaube an die Gestaltungskraft der Zahlen aus der These des dichtenden Arztes, jeder Stoff unserer Welt würde zu dem, was er ist, indem die »Elemente« (wie Aristoteles die

»Wurzeln« nannte) in einer *zahlenmäßig* determinierten Proportion in ihm zusammenkommen. Blut z. B. besteht nach Empedokles aus gleichen Teilen der vier Elemente, seine konstitutive Proportion ist also 1:1:1:1; Sehnen bestehen aus 2 Teilen Wasser, 1 Teil Erde und 1 Teil Feuer. Da es unendlich viele Zahlen gibt, gibt es auch unendlich viele Proportionen, man kann sich also tatsächlich *jedes* Ding dieser Welt nach der Proportionalmethode zusammengesetzt denken aus Erde, Wasser, Luft und Feuer –: Das war das geradezu Erlösende dieses neuen Gedankens. Wir wissen nicht, *wie* Empedokles auf die konkreten Proportionen von Blut, Sehnen usw. gekommen ist, er kann sie kaum anders als im Traum gefunden haben – was uns aber in ihnen entgegentritt, ist nichts weniger als die *Urform der chemischen Formel* (wie etwa NaCl oder H_2O). In der Tat unterscheidet sich die moderne Chemie von der Empedokleischen im Grunde nur dadurch, daß sie mehr und »bessere« Elemente als der sizilische Wundermann hat (und natürlich auch eine Theorie der Kräfte, die die Elementatome zu stabilen Molekülen zusammenbinden). Die »Chemie« des Empedokles gehört denn auch zu den wirkungsmächtigsten Konzeptionen der griechischen Wissenschaft und hat sich, in ihrer ursprünglichen Form, bis tief in die Neuzeit gehalten. Für viele Ärzte des Altertums war sie, wie ihr ärztlicher Erfinder selbst, ein berückendes Faszinosum.

Nur eben, daß sie zu ihrer Zeit nicht fruchtbar werden konnte. Denn die »Elemente« des Empedokles waren keine, und wie man auf ihre proportionalen Anteile in den Substanzen dieser Welt kommen konnte, blieb völlig im dunkeln. Wer sich hier nicht zügelte, verkam zum Spekulierer. War er überdies Arzt, so endete er als jener »theoretisierende Arzt«, von dem Hippokrates so wenig hielt.

Ein solcher tritt uns entgegen in dem Buch *Über Diät I* des *Corpus Hippocraticum*, geschrieben um 400 v. Chr. Sein Verfasser meint, der Arzt müsse als erstes die »allgemeine Natur des Menschen« kennen. Er enthüllt sie, indem er die primären Komponenten des Menschen nennt und dabei die Mitte zwischen Heraklit und Empedokles hält: Es sind die Komponenten des Kosmos, nach seiner Meinung Feuer und Wasser. Feuer hat »das Warme« und »das Trockene«, Wasser hat »das Kalte« und »das Feuchte«; Feuer und Wasser liegen miteinander im Streit. Der Leser ahnt, was ihm bevorsteht, und er hat recht: Jählings wird Medizin eine Unterabteilung der spekulativen Kosmologie. Wir sind mitten in der deutschen Romantik.

Die Vertreter einer »philosophischen Medizin« standen freilich auf schwankendem Boden. »Am besten erkennt man dies, wenn man sich ihre Diskussionen anhört ... Heute siegt der eine, morgen der andere und übermorgen der mit dem flinkesten Mundwerk.«[103] Überdies schienen die am heißesten diskutierten Fragen – etwa: ob und wie der Mensch eine »Einheit« sei – nicht die geringsten Aussichten auf bessere Therapien zu eröffnen, selbst dann nicht, wenn sie gelöst würden. (Was nicht der Fall war.)

Den massivsten Angriff gegen das neumodische Spekulieren in der Heilkunst trägt um 425 v. Chr. die Schrift *Über die alte Medizin* vor. Ihr Verfasser – Hippokrates oder ein markanter Hippokratiker – beginnt so scharf und schneidend wie bei Griechen üblich:

Alle, die [neuerdings] versucht haben, über die Medizin zu handeln, haben als Basis ihrer Darlegungen eine [bloße] Hypothese angenommen – Wärme, Kälte, Feuchtigkeit, Trockenheit oder was ihnen sonst noch einfiel – und haben die Ursachen für Krankheit und Tod [künstlich] auf ein oder zwei Faktoren eingeengt, immer dieselben in allen [noch so verschiedenen] Fällen. Diese Leute gehen mit ihren Neuerungen offensichtlich in die Irre ..., müssen aber am härtesten deshalb getadelt werden, weil sie in etwas irren, das eine Kunst [*techne*] ist, und zudem noch eine lebenswichtige ... Die Medizin bedarf aber keiner leeren Hypothesen, wie es bei den undurchdringlichen Geheimnissen der Fall ist, etwa bei den Dingen im Himmel oder unter der Erde, wo denn jeder Erklärer [*faute de mieux*] zu einer Hypothese greifen muß.[104]

Und nun fährt er mit Sätzen fort, die ihm Xenophanes oder Popper diktiert haben könnten:

Wenn jemand den Zustand dieser [über- oder unterirdischen] Dinge erforschen und darlegen sollte, wäre es weder ihm noch seinen Zuhörern klar, ob seine Ausführungen zuträfen oder nicht. *Denn es gibt keine Möglichkeit, den Wahrheitsgehalt seiner Aussagen zu prüfen.*[105]

Diese erkenntniskritische Meditation eines Mediziners ist ein Kronjuwel der griechischen Philosophie. Sie muß freilich in der Zeit nach Xenophanes »in der Luft gelegen« haben. Herodot z. B. sagt, daß derjenige, der die Nilschwelle mit Hilfe des Okeanos erklärt, von etwas *Unbekanntem* ausgeht und sich mit diesem Trick einer Widerlegung einfach entzieht.[106] Er selbst, Herodot, verfahre umgekehrt: »Ich erschließe das Unbekannte aus dem Bekannten.«[107] Ähnlich verlangt Anaxagoras, das *Unsichtbare* aus dem *Sichtbaren* zu erklären.[108] Das sind zentrale Gedanken der »griechischen Aufklärung«, einer bruchlosen Fortsetzung der ionischen. Nur sind sie eben zu ernüchternd, um den »Schwärmern« (Kant) leicht einzugehen.

Unser herber Autor gewinnt nun weitere wissenschaftstheoretische Gedanken durch einen Blick auf die erfreuliche Entwicklung der Medizin:

Die Medizin ... hat sowohl ein Prinzip wie auch eine Methode gefunden, mit deren Hilfe sie im Laufe einer langen Zeit viele hervorragende Entdeckungen gemacht hat. Die volle Klärung [aller Fragen] wird gelingen, wenn der Forscher kompetent ist, *seine Untersuchungen in Kenntnis der schon gewonnenen Resultate durchführt und diese zu seinem Ausgangspunkt macht.* Wer anders verfährt und dann behauptet, er habe etwas herausgefunden, täuscht sich und andere.[109]

Hier haben wir schon den Gedanken, der im 17. Jahrhundert wieder entdeckt wurde –: daß Wissenschaft ein kumulativer Prozeß ist, in dem Schritt um Schritt, Schrittchen um Schrittchen, aus Sicherem Sicheres gewonnen wird. (Daran ändern auch die »wissenschaftlichen Revolutionen« nichts.) Nietzsche hatte dies vor Augen, als er schrieb:

Es ist das Merkmal einer höheren Kultur, die kleinen unscheinbaren Wahrheiten, welche mit strenger Methode gefunden wurden, höher zu schätzen als die beglückenden und blendenden Irrtümer, welche metaphysischen und künstlerischen Zeitaltern und Menschen entstammen. Zunächst hat man gegen erstere den Hohn auf den Lippen, als könne hier gar nichts Gleichberechtigtes gegeneinander stehen: so bescheiden, schlicht, nüchtern, so scheinbar entmutigend stehen diese, so schön, prunkend, berauschend, ja vielleicht beseligend jene da. Aber das Mühsam-Errungene, Gewisse, Dauernde und deshalb für jede weitere Erkenntnis noch Folgenreiche ist doch das Höhere.[110]

Der Verfasser der *Alten Medizin* führt nun aus, daß die Heilkunst wie von selbst wegen der »vielen furchtbaren Krankheiten« entstanden ist, die in dem wenig paradiesischen Urzustand wüteten. (Einer »Idee« oder »Utopie« der Gesundheit bedurfte es nicht: Wer Magenschmerzen hat, weiß, daß er sie lieber *nicht* hätte.) Die wissenschaftliche Methode der Medizin war, so sagt er uns, die des gesunden Menschenverstandes: Beobachtungen und immer genauere Beobachtungen, Versuche und immer ausgefeiltere Versuche. (»Und indem sie diese Versuche mit Nahrungsmitteln ausdehnten, ...«[111] Auch in anderen Schriften des *Corpus Hippocraticum* finden wir Hinweise auf Experimente.) *In summa*: Die Medizin ist eine empirisch-experimentelle Wissenschaft, dazu, wie schon gesagt, eine mit Erfolgskontrolle: »Fehlgriffe und Unkenntnis rächen sich beim Arzt wie beim Steuermann nicht erst hinterher, sondern auf der Stelle.«[112] Der Arzt weiß deshalb besser als der Metaphysiker, wo er mit seinen Theorien steht. Das alles erzeugt einen *Erkenntnisoptimismus*, als sei man schon im 17. Jahrhundert: Man kann (so glaubt der Verfasser) die Medizin durch vernünftige Überlegungen (*logismoi*) aus dem völligen Nichtwissen bis in die Nähe der größten Genauigkeit führen und muß deshalb ihre Entdeckungen bewundern; »sie sind zuverlässig, richtig und nicht zufällig.«[113]

Die empirisch-experimentelle Medizin mit Erfolgskontrolle – das ist jene glorreiche »alte« Medizin, die unser Autor gegen die Neuerer verteidigt, die »die Heilkunst auf

Grund einer [leeren] Hypothese erforschen«.[114] *Hypothesis* bedeutet eigentlich »feste Unterlage«, »feste Grundlage« – von Hypothesen so wegwerfend zu reden, wie es hier geschieht, gar von *leeren* Hypothesen zu reden, ist bereits eine Revolte. Es ist eine, die Schule gemacht hat. Für uns Heutige ist eine »Hypothese« eine eher windige Sache, und das war sie auch für Newton, als er an einer berühmten Stelle seiner *Principia* versicherte: »Ich erdichte keine Hypothesen.«[115] Seinen Verzicht auf Dichtung begründet er an derselben Stelle so:

Alles nämlich, was nicht aus den Erscheinungen folgt, ist eine Hypothese, und Hypothesen, seien sie nun metaphysische oder physische, mechanische oder diejenigen der verborgenen Eigenschaften [*qualitates occultae*; das waren die Zugochsen der scholastischen Philosophie] dürfen nicht in die Experimentalphysik aufgenommen werden. In dieser leitet man die Sätze aus den Erscheinungen ab und verallgemeinert sie durch Induktion. (Vgl. Herodot und Anaxagoras.)

Nicht anders meint es der Verfasser der *Alten Medizin*. Er hält nichts von der »Hypothese«, es gäbe ein Warmes, Kaltes, Trockenes oder Feuchtes als Krankheitsursache (das geht u.a. gegen Alkmaion und den Verfasser des Buches *Über Diät I*), und dekuvriert die »Leere« dieser Hypothese mit griechischer Erbarmungslosigkeit:

Ich frage mich, auf welche Weise denn diejenigen, die jene Lehre vertreten und in ihrem Sinne die Kunst [der Medizin] auf eine Hypothese zurückführen, die Menschen zu heilen versuchen und zwar in einer Weise, die ihrer Hypothese entspricht. Sie kennen ja kein selbständiges und mit nichts anderem vermischtes Warmes, Kaltes, Trockenes oder Feuchtes. Sie verfügen doch nur über die allgemein bekannten Speisen und Getränke. Ebendarum schreiben sie [künstlich] dem einen Wärme, dem anderen Kälte, Trockenheit oder Feuchtigkeit zu, da eine Vorschrift, der Kranke solle »ein Warmes« zu sich nehmen, undurchführbar wäre. Er würde sogleich fragen: welches? Daher sind entweder ihre Lehren eitles Gerede, oder sie müssen zu etwas Bekanntem Zuflucht nehmen.[116]

Das sind einfache Gedankengänge. Man muß sie nur anwenden! Als Einstein über gewisse Schwierigkeiten der

Elektrodynamik nachdachte, kam ihm der Gedanke, man müsse bei dem nie ausgeleuchteten Begriff der »Gleichzeitigkeit« zweier Ereignisse an verschiedenen Orten kindlich-einfach fragen. »Wie fange ich es überhaupt an, die »Gleichzeitigkeit« *festzustellen*? (»Wie fange ich es überhaupt an, dem Kranken »ein Warmes« *zuzuführen*?«) Die Frage war nicht leer, weil Signale – die einzige Verbindung räumlich getrennter Orte – immer eine gewisse »Überbrückungszeit« benötigen. Einsteins Antwort bildet den ersten Paragraphen seiner Speziellen Relativitätstheorie von 1905.[117] Aus ihr folgerte er noch im gleichen Jahr, daß Masse nichts anderes sei als hochkonzentrierte Energie ($E = mc^2$), und dank dieser Erkenntnis konnte man wenige Jahrzehnte später die Kernspaltung des Urans physikalisch verstehen und die Atombombe bauen. Die ironische Frage in der *Alten Medizin*, wie man es denn *praktisch* anstellen solle, dem Kranken »ein Warmes« zuzuführen, ist eine der explosivsten Fragen, die es überhaupt gibt. Sie läßt »Hypothesen« explodieren und sprengt damit neue Wege frei – die freilich auch zum Bösen führen können. (Das können aber auch so angenehme Dinge wie Küchenmesser und Menschenliebe.)

Der antiphilosophische Verfasser der *Alten Medizin* ist in Tat und Wahrheit ein großer Philosoph: Er ist lange vor dem »Positivismus« schon dessen Begründer. Adolf Harnack, der bedeutende Kirchenhistoriker und Mitinitiator der Kaiser-Wilhelm-Gesellschaft (heute Max-Planck-Gesellschaft) soll einmal gesagt haben: »Man klagt darüber, daß unsere Generation keine Philosophen habe. Mit Unrecht: die Philosophen sitzen jetzt nur in der anderen Fakultät, sie heißen Planck und Einstein.«[118] Im 5. Jahrhundert v. Chr. saßen einige der wichtigsten Philosophen in der Fakultät für Medizin.

Der Verfasser des Buches *Über Diät I* hatte gemeint, der Arzt müsse als erstes »die allgemeine Natur des Menschen« kennen. Platon ließ etwas später den Sokrates sagen, es komme ihm, Sokrates, lächerlich vor, sich mit der Außenwelt zu befassen, solange er noch nicht die delphische Forderung erfüllt habe, sich selbst zu erkennen.[119] Der Verfasser der *Alten Medizin* kehrt diese Sichtweise radikal um. In einem der wichtigsten Abschnitte seines Buches schreibt er mit neuzeitlichem Zungenschlag:

Einige Ärzte und Philosophen behaupten, es wäre unmöglich, in der Heilkunst etwas zu erkennen, wenn man nicht vorher wisse, was der Mensch eigentlich sei, wie er zuerst entstanden und woraus er ursprünglich aufgebaut sei... Solche Behauptungen berühren das Gebiet der Philosophie, wie sie Empedokles lehrt oder andere, die über die Natur der Dinge geschrieben haben. Ich glaube indessen, daß eine solche Naturlehre, wie sie Ärzte oder Philosophen in Wort und Schrift vortragen, weniger zur Heilkunst als zur Literatur gehört. *Eine genaue Kenntnis der Natur läßt sich meiner Ansicht nach nirgend anderswoher als aus der Heilkunst selbst gewinnen*... Bis dahin ist der Weg freilich noch weit.[120]

In diesen Sätzen wird die Medizin zu einer *autonomen* Wissenschaft erklärt; sie wird »von der Philosophie getrennt« (Celsus).

Noch schärfer merkt später Aristoteles an, die Betrachtung der Idee reiche nicht aus, um einen Kranken zu heilen.[121] In der *Alten Medizin* heißt es, man müsse erforschen, wie *jeder einzelne Faktor* auf den Menschen einwirke. Andernfalls könne man »diese Wirkungen weder erkennen noch mit Erfolg lenken«.[122] Gegenstand der medizinischen Forschung ist hier nicht der unerforschbare »Mensch an sich«, Gegenstand sind die erforschbaren *Beziehungen* zwischen seinen Organen, zwischen ihm und den Umweltfaktoren. In seiner Schrift *Über Lüfte, Wasser, Orte* sagt Hippokrates denn auch kein Wort über »den Menschen«, er zeigt vielmehr, wie die physische, politische und soziale Außenwelt auf ihn *wirkt*. In das »Wesen« dringt kein Menschenblick, »Beziehungen« aber sind uns zugänglich, nicht zuletzt deshalb, weil wir sie experimentell beeinflussen und in vielen Fällen gemäß der Anweisung des Pythagoras zahlenmäßig präzisieren können. Die Erfolgsgeschichte der

Naturwissenschaften beginnt mit dem bescheidenen *und* epochalen Entschluß der Hippokratischen Schule, das »Wesen« beiseite zu lassen und sich auf »Beziehungen« und »Wirkungen« zu werfen. In gleichem Geist setzt Newton das »Wesen« der Schwerkraft ausdrücklich hintan und sagt: »Es genügt, daß die Schwerkraft ... *nach den von uns dargelegten Gesetzen wirke*, und daß sie alle Bewegungen der Himmelskörper und des Meeres zu erklären imstande sei«.[123]

Wesensschau ist die Sache weniger erlesener Geister, die denn auch sehr wohl um ihre Erlesenheit wissen und mit den Unerlesenen wenig zimperlich umgehen. »Esel mögen Spreu lieber als Gold«, urteilt kurzangebunden Heraklit.[124] Platon verbannt die Eselsmenschen an einen passenden Ort: in eine finstere Höhle; das Licht (der Wahrheit) tut diesen Troglodyten weh.[125] Die *Alte Medizin* geht mit dem »einfachen Mann« schonender um:

> Meiner Meinung nach ist es besonders notwendig, in der Medizin Dinge zu behandeln, die dem Mann aus dem Volk [dem *demotes*] vertraut sind. Denn der Gegenstand der [medizinischen] Forschung ist einzig und allein das Leiden ebendieses Mannes aus dem Volk, wenn er von Krankheiten oder Schmerzen geplagt wird. Für ihn ist es nicht leicht, selbst herauszufinden, wie seine Leiden entstehen und vergehen und warum sie sich bessern oder verschlimmern. Wenn aber ein anderer diese Dinge entdeckt hat und sie erklärt, ist es einfach für ihn ... Wenn es dem Arzt jedoch nicht gelingt, vom Laien verstanden zu werden, ... hat er die Wirklichkeit verfehlt.[126]

Und dann fügt der Verfasser mokant hinzu: »Auch aus diesem Grunde braucht die Medizin keine Hypothesen.« Irgendwann in seinem Leben muß er einmal mit einem hochgemuten Wesens- und Hypothesenschauer hart aneinandergeraten sein.

Der Leser wird vielleicht schon etwas unruhig eingewandt haben, daß doch auch die moderne Naturwissenschaft Hypothesen aufstelle. Er hat recht, aber diese Hypothesen sind nicht die Hypothesen, die unser kritischer Mediziner angreift. Es sind »Arbeitshypothesen«, die eine *vorläufige* Ordnung in ein rohes Datenmaterial bringen oder eine *vor-*

läufige Untersuchungsrichtung skizzieren. Mit solchen Hypothesen versucht man mal sein Glück, mehr nicht. (Die meisten beschließen ihr Leben denn auch ruhmlos im Papierkorb.) Auch die Humoralpathologie ist eine solche überprüf- und revidierbare Arbeitshypothese und *ist* inzwischen revidiert worden. Ganz anders steht es mit den Hypothesen, die als »feste Grundlagen« im Glanze letzter Wahrheiten einherkommen, in einem Glanz, der so glänzend ist, daß er den Hypothesenschmied selbst verblendet und versteinert: Er weiß nun Bescheid und darf hinfort geistig ebenso bewegungslos sein wie ein Podiumsdiskutant. In der Regel (nicht immer) haben es solche Hypothesen an sich, daß sie *ihrer Natur nach* einer Verifikation oder Falsifikation gar nicht fähig sind. Es sind gerade diese Hypothesen, die der Verfasser der *Alten Medizin* sehr zu Recht »leere Hypothesen« und »eitles Gerede« nennt.[127] Bekümmert stellt man fest, daß ausgerechnet dieser glitzernde Flitterkram sich sehr gut absetzen läßt, heute wie ehedem, besser noch als die Zahnschmerzpillen des Doktor Schnauzius Rapunzius aus Trafalgar. Warum? Weil der Mensch sich mit diesem Kram einen Besitz für immer und ewig erwirbt, nämlich eine »Wahrheit«, die nicht abgetrieben werden kann, weil sie in einem billigen Sinne »unwiderlegbar« ist. Diamanten sind vergänglicher als solche Wahrheiten.

Das ärztliche Ethos des Hippokrates hat seine Kodifizierung in einem der kostbarsten Dokumente des griechischen Geistes gefunden, im »hippokratischen Eid«. Er ist sprichwörtlich geworden; Brecht läßt seinen Galilei sich nach einem hippokratischen Eid für Naturwissenschaftler sehnen, »ihr Wissen einzig zum Wohle der Menschheit anzuwenden«.[128] Brecht sagt freilich nicht, was denn »das Wohl der Menschheit« sei. Für ihn war es vielleicht, was es heute für niemanden mehr ist: ein weltweit real existierender Sozialismus. Der Streit um »das Wohl« bricht gerade in unseren Tagen große Stücke aus dem hippokratischen Eid der Ärzte heraus; das läßt ahnen, welch eine pompöse Totgeburt ein hippokratischer Eid der Naturwissenschaftler wäre.

Der hippokratische Eid regelt zunächst ganz nüchtern die Altersversorgung des Arztes in einer rentenlosen Zeit: Der Schüler muß den Meister unterhalten. Es folgen einige weitere Sozialreglements, dann erst kommt das ethische Kernstück:

Meine Verordnungen werde ich treffen zu Nutz und Frommen des Kranken nach bestem Vermögen und Urteil, sie schützen vor allem, was ihnen Schaden und Unrecht zufügen könnte.

Nie werde ich, auch nicht auf eine Bitte hin, ein tödlich wirkendes Gift verabreichen oder auch nur einen Rat dazu erteilen. Gleicherweise werde ich niemals einer Frau ein fruchtabtreibendes Zäpfchen geben.

Heilig und rein werde ich mein Leben bewahren und meine Kunst.

Auch werde ich den Blasenstein nicht operieren, sondern dies denen überlassen, deren Beruf dies ist.

In welches Haus ich eintrete, eintreten will ich zu Nutz und Frommen der Kranken, mich fernhalten von selbstverschuldetem Unrecht und jeder Schädigung, insbesondere von Werken der Wollust an den Leibern von Frauen und Männern, Freien und Sklaven.

Was ich bei der Behandlung sehe oder höre oder außerhalb der Behandlung im Verkehr mit den Menschen, soweit man es nicht ausplaudern darf, werde ich verschweigen, da hier Schweigen Pflicht ist.[129]

Der hochfliegende Ideenkünstler Platon dachte über die Pflichten des Arztes merklich anders als der positivistische Erdenkloß Hippokrates:

Heilkunst und Justiz sollen den an Leib und Seele wohlgeratenen Bürgern ihre Pflege angedeihen lassen, nicht aber den anderen; sondern wer einen übel geratenen Körper hat, den werden sie sterben lassen, wer aber eine mißratene Seele, den werden sie sogar umbringen.[130]

Unsere Zeit hat diese Philosophie in Aktion gesehen, in Ost und West.

Welt aus Atomen, Leben im Lachen:

DEMOKRIT VON ABDERA

> Eine Höhe, wie die in der Gesinnung eines Demokrit, Hippokrates und Thukydides, ist nicht zum zweiten Mal erreicht worden.
>
> FRIEDRICH NIETZSCHE

Das griechische Kernforschungszentrum in Athen heißt *Demokritos*. Die griechische Zehndrachmenmünze zeigt auf der Vorderseite den bärtig-eindrucksvollen Kopf Demokrits, auf der Rückseite ein Atommodell, das freilich das Bohrsche aus dem Jahre 1913 ist: ein Atomkern mit drei Elektronen, die ihn auf elliptischen Bahnen umkreisen. Die unmittelbar benachbarten Münzen (5 Drachmen und 20 Drachmen) tragen die Köpfe des Aristoteles bzw. des Perikles –: Münzmäßig befindet sich Demokrit in bester Gesellschaft. Die Griechen wissen, was sie an ihm haben.

Der »wunderbare Mann« (so nennt ihn im 2. Jahrhundert n. Chr. ohne Spott der Spötter Lukian[1]) wurde im gleichen Jahr wie Hippokrates, 460 v. Chr., in Abdera geboren. Er scheint vom Stamme des Odysseus gewesen zu sein; jedenfalls ließ er sich sein Erbteil vorzeitig auszahlen und begann eine Odyssee des Wissensdurstes. Es heißt, »er sei nach Ägypten gereist, um von den Priestern sich in der Geometrie unterweisen zu lassen [wie Thales und Pythagoras], und zu den Chaldäern nach Persien [wegen der Astronomie und Magie] und ans Rote Meer. Auch mit den Gymnosophisten in Indien [asketische Brahmanen, sehr nackt und sehr prophetisch] soll er Umgang gehabt haben und auch nach Äthiopien gekommen sein.«[2] Als er wieder in Abdera eintraf, war er in allen Wissenschaften beschlagen und völlig bankrott. Die Stadtväter ließen durchblicken, er könne wegen gesetzwidriger Verschleuderung des väterlichen Vermögens kaum auf ein ehrliches Begräbnis hoffen. Um ihnen zu beweisen, daß er sein Geld für gute Zwecke und gemäß den Richtlinien der DFG ausgegeben habe, las er den Abderiten seine *Große Weltordnung* vor. Uns klingt das befremdlich; wir kennen Dichter-, aber keine Wissenschaftlerlesungen. Demokrit muß bei dieser Gelegenheit sehr beeindruckend gewesen sein. Die Abderiten gaben ihm die gewaltige Summe von 500 Talenten, ehrten ihn mit Standbildern, und statt ihn nach dem Tode dürftig und nur hygienehalber zu verscharren, richteten sie ihm ein Staatsbegräbnis aus.[3] Das alles mag so gewesen sein, aber glaubwürdiger scheint mir doch die seltener erzählte Geschichte, daß Hippokrates den Demokrit durch ein beträchtliches Geldgeschenk aus der Klemme befreit habe.[4] Wir wissen aus den Krankenberichten des *pater medicinae*, daß er tatsächlich in Abdera gewesen ist. Die beiden Forscher waren Brüder im Geiste der Wissenschaft, sie waren beide »in die Philosophie verliebt«.[5] Darüber hinaus verstand es Demokrit, den passionierten Naturbeobachter Hippokrates durch seine eigene Beobachtungsgabe zu beeindrucken. Wie Sherlock Holmes einmal an einer Tabakspfeife abgelesen hat, daß ihr Besitzer ein muskulöser Linkshänder mit starken Zähnen, nachlässigem Betragen und gutgefülltem Beutel sei,[6] so deduzierte Demokrit dem Hippokrates vor, die Milch, die man ihnen gerade gebracht hatte, sei von einer schwarzen Ziege, die das erstemal Junge gehabt habe.[7] Hippokrates wird so verblüfft gewesen sein wie später sein Kollege Dr. Watson, und Demokrit wird ihm mit Holmes'scher Süffisanz gesagt haben: *»Elementary, my dear doctor, quite elementary.«* Vieles spricht dafür, daß ein Mann wie Hippokrates einen Mann wie Demokrit wieder flott gemacht hat.

Über sich selbst soll Demokrit in vollmundiger Odysseusmanier (»Mein Ruhm erreichte den Himmel«[8]) gesagt haben:

Ich aber bin von meinen Zeitgenossen am meisten auf der Erde herumgekommen, wobei ich am weitgehendsten forschte, und habe die meisten Himmelsstriche und Länder gesehen und die meisten gelehrten Männer gehört; und in der Zusammensetzung der Linien mit Beweis hat mich noch keiner übertroffen.[9]

In Athen mußte er freilich feststellen, daß ihn dort niemand kannte.[10]

Demokrit scheint wie ein antiker Leibniz das gesamte Wissen seiner Zeit innegehabt zu haben. Seine Mitbürger nannten ihn (immer den Sport vor Augen) einen *pentathlos* (Fünfkämpfer) der Philosophie, weil er nicht nur Physik, Mathematik und Ethik beherrschte, sondern auch alles, was zur allgemeinen Bildung gehörte, »wozu noch die volle Bekanntschaft mit den technischen Disziplinen kam«.[11] Von Leibniz wird berichtet, er habe »in einem fort studiert«, von Demokrit gilt dasselbe, und er hat denn auch immer wieder das Hohelied der Arbeit gesungen (»Die schönen Dinge erarbeitet sich das Lernen nur durch Mühen.«[12] »Weder Kunst [*techne*] noch Wissenschaft kann man erwerben, wenn man nicht gründlich lernt.«[13]). Wir wollen gerne glauben, daß er »Tag und Nacht schrieb«, aber es befremdet doch, daß er dies des öfteren in einem Grabgewölbe getan haben soll. Dort suchten ihn eines Nachts schwarzgekleidete junge Leute mit Totenkopfmasken auf und tanzten um ihn herum, damit ihm recht gründlich das Blut in den Adern gefröre. Er aber war so in seine Arbeit vertieft, daß er gar nicht aufblickte, sondern nur knurrte: »Hört mit dem Unsinn auf!«[14] An Gespenster glaubte er ohnehin nicht.

Bei einem Junggesellen hat häufiger Aufenthalt in Grabgewölben rasch fatale Folgen im Ökonomischen. Horaz vermeldet denn auch, auf Demokrits Pflanzungen sei das Vieh herumgetrampelt, während der Geist des Forschers »über die Lande entschwebte«.[15] Cicero berichtet ähnlich Trübseliges von den Äckern des Mannes, der immerhin ein Buch über Landwirtschaft geschrieben hat.[16]

Aristoteles rühmt Demokrit nach, er habe über alles nachgedacht, und zwar tiefschürfend.[17] Noch aufschlußreicher ist eine kleine Anekdote über den Abderiten; sie wirft ein helleres Licht auf die Bohrkraft des griechischen Geistes als die Dialoge Platons. Eine Gurke, die Demokrit eines Tages verspeiste, schien ihm einen merkwürdig honigartigen Geschmack zu haben. Seine Dienstmagd sollte ihn sofort zu dem Garten führen, wo sie die Gurke gekauft hatte. »Ich muß die Erklärung für die Süße finden, und ich werde sie finden, wenn ich den Garten sehe.« Der Forscher fühlte sich dann freilich nicht wenig frustriert, als ihm die Magd mit leichtem Lächeln bedeutete, die Honigsüße komme einfach daher, daß sie die Gurke versehentlich in einen Honigtopf gesteckt habe.[18]

Eine seltsam süße Gurke ist ein unscheinbares Ding. Nur eben, daß die Naturwissenschaft auf ihrem windungsreichen Weg mehr als einmal von solchen Nichtigkeiten revolutionierende Anstöße empfangen hat. In einem Brief vom 16. November 1800 gibt Heinrich von Kleist seiner Verlobten eine ganze Liste kleiner Anlässe mit großen wissenschaftlichen Folgen. Zum Schluß erzählt er von einem Mann, der schon lange in einer Festung an der holländischen Grenze eingekerkert war, mangels einer besseren Beschäftigung die Spinngewebe seiner Zelle studierte, dabei auf eine neue meteorologische Voraussagetechnik verfiel, nun als Wetterprophet den General Pichegru bei plötzlich einfallendem Tauwetter von einem überstürzten Rückzug aus dem eisbedeckten Holland zurückhielt – »und Holland ward erobert. Diese Beispiele mögen hinreichend sein, Dir, mein liebes Mädchen, zu zeigen, daß nichts in der ganzen Natur unbedeutend und gleichgültig und jede Erscheinung der Aufmerksamkeit eines denkenden Menschen würdig ist.«

Faust hat sich (ergebnislos) mit Geistern eingelassen, um zu erkennen, »was die Welt im Innersten zusammenhält«. Von Demokrit wird etwas ungleich Schauerlicheres erzählt. Er soll sich freiwillig seines Augenlichtes beraubt haben, indem er in einen Spiegel blickte, der das Sonnenlicht reflektierte – und dies, »weil er glaubte, sein Sinnen und Nachdenken bei der Betrachtung des Weltbaues werde reger und vollkommener sein, wenn er alle seine Gedanken von den Zerstreuungen durch den Anblick der Außenwelt und von jeder möglichen Behinderung durch die Augen befreit habe«.[19] Tertullian (geb. etwa 160 n. Chr.), der grimmige Theologe des frühen Christentums, sieht die Sache anders, eben so, wie er sie versteht: Demokrit habe sich selbst geblendet, weil er Frauen nicht ohne Begehrlichkeit habe ansehen können und darunter gelitten habe, wenn er sie nicht habe besitzen können. »Durch diese Selbstbestrafung gesteht er seine Zügellosigkeit ein.«[20] Der humane Plutarch lehnt die makabre Blendungsgeschichte rundweg ab.[21] Auch ohne sie tritt uns übrigens Faustisches genug in Demokrits eigenem Satz entgegen, er wolle lieber eine einzige ursächliche Erklärung finden, als König der Perser werden.[22] Das paßt zur Sache mit der honigsüßen Gurke, es paßt auch zu seiner Bereitschaft, seine Meinung zu revidieren, »ohne Unbehagen oder Schmerz, sogar mit Vergnügen«.[23] In unserer Zeit überschwappender Infallibilitäten hört sich das sehr sonderbar an.

Ich habe schon von Thales' erfolgreicher Spekulation mit Ölpressen erzählt, die beweisen sollte, »daß es für den Philosophen leicht ist, reich zu werden, wenn er nur wolle«.[24] Eine fast gleichlautende Geschichte gibt es über Demokrit. Da er dank seiner Wissenschaft, die den guten Leuten kaum ganz geheuer gewesen ist, einen starken Preisanstieg für Olivenöl voraussah (solche Prognosekraft durfte man einem Manne, der in Grabgewölben meditierte, recht wohl zutrauen), kaufte er das ganze Öl der Gegend auf, übrigens »zur Überraschung derjenigen, die wußten, daß er am meisten Armut und Ruhe für die Forschung schätzte«. Als er nun durch dieses Manöver mit einem Schlag reich geworden war, gab er den geprellten Gutsbesitzern die schnellen Drachmen umgehend wieder zurück; es hatte ihm nur daran gelegen zu beweisen, daß er »leicht reich werden könne, wenn er nur wolle«.[25] Vor Geld und der unheimlichen Dynamik der sich selbst nährenden Gier nach Geld hat Demokrit mehr als einmal gewarnt: »Wenn Geldgier nicht im Genughaben ihre Grenze findet, ist sie schlimmer als äußerste Armut. Denn größere Begierden erwecken größere Bedürfnisse.«[26]

Demokrit war nicht nur ein großer »Physiker«, er war auch ein großer Schriftsteller. Plutarch nennt die Ausdrucksweise des Abderiten »wunderbar und großartig«;[27] Cicero attestiert ihm einen eleganten, lebendigen und klaren Stil, stellt ihn mit Platon in eine Reihe und hebt ihn positiv von Heraklit ab: »Heraklit ist sehr dunkel, Demokrit überhaupt nicht.«[28] Es gibt bei Demokrit Sätze, die aus der Feder eines La Rochefoucauld geflossen sein könnten. Einige Proben:

Menschen, die vor dem Tode fliehen, laufen ihm nach.
Toren sehnen sich nach langem Leben ohne Freude am Leben.
Die Gier nach dem Mehr verliert das Vorhandene.
Beischlaf ist ein kleiner Schlaganfall.
Wer den, der sich einbildet, Verstand zu haben, zu Verstand bringen will, läuft ins Leere.
Das verwahrloste Leben ist ein langdauerndes Sterben.
Alter ist eine Verstümmelung bei ganzem Leib: Alles hat es, und allem fehlt etwas.
Es ist unvermeidlich, Fehler zu begehen, aber nicht leicht, Verzeihung für sie zu erhalten.[29]

Als der Philosoph, den die Antike »den lachenden« nannte, neunzig Jahre alt geworden war und spürte, daß seine Geisteskräfte nachließen, gab er sich selbst einen gelinden Tod –: Er aß nicht mehr.[30]

Das griechische Kernforschungszentrum heißt, wie gesagt, *Demokritos*. Es könnte auch *Leukippos* heißen. Leukipp wurde in Milet geboren, wohl zwischen 480 und 470 v. Chr., und mit diesem souveränen Geist kehren wir wieder in die Stadt zurück, von der wir ausgegangen sind. Leukipp verkörpert noch einmal vollendet den kristallenen Rationalismus Milets, durch Leukipp wäre »die liebesselige Seestadt« der Geburtsort der Atomistik geworden – wenn, ja wenn der junge Mann nicht wegen der aristokratischen Revolution von 450 nach Elea in Süditalien ausgewandert wäre. Dort haben ihn Parmenides und Zenon mit mäßigem Erfolg in die Lehre von dem einen, undifferenzierten, unbeweglichen und kugelrunden Sein eingeweiht, die Aristoteles »Wahnsinn« (*mania*) genannt hat.[31] Leukipp unterdrückte ein milesisches Lachen und zog nach Abdera. Dort gründete er eine Philosophenschule, gewann Demokrit als Mitarbeiter und ließ die Atome in einer Stadt zur Welt kommen, von der es später hieß, in ihr würden die Trottel geboren.[32]

Das *atomon* ist das »Unzerschneidbare«, »Unteilbare«. Atome sind notwendigerweise unwahrnehmbar klein (denn alles Wahrnehmbare ist ja teilbar) und unterscheiden sich voneinander nur durch ihre Gestalt (darin einbegriffen Größe). Sie sind so sehr bloß *Gestalt*, so sehr und so vollständig allein durch *Geometrie* bestimmt, daß sie auch »Formen« genannt werden. Es gibt unzählig viele »Formen«, und soweit wir etwas von dem wissen, was Leukipp und Demokrit zu wissen glaubten, müssen die Gestalten der Atome sehr bizarr gewesen sein: rund, eckig, dünn, dick, spitz, stumpf, mit und ohne Einbuchtungen, mit und ohne Ausbuchtungen, mit und ohne Henkel, Haken und Ösen –: Paul Klee und Joan Miró hätten sich nicht satt an ihnen sehen können (wenn sie nur sichtbar gewesen wären). Die Atome bestehen alle aus ein und demselben Stoff, einem Urstoff, über den wir nichts Näheres erfahren und auch nicht zu erfahren brauchen (das werden wir sogleich sehen). Dieser Urstoff ist eine Neuauflage der milesischen *arche*. Seine Zersplitterung in Atome löst nun aber brillant das quälende Hauptproblem der Milesier – wie denn aus dem Einen das Viele, aus dem Homogenen das Heterogene entstehen könne. Sehr einfach, sagen die Atomisten: Die Atome schwirren im leeren Raum umher, sie stoßen aufeinander, »die einen prallen voneinander ab, wie es sich gerade trifft, andere dagegen verflechten sich miteinander infolge der Symmetrie ihrer Formen, Größe, Lage und Anordnung und bleiben zusammen; auf diese Weise erfolgt die Entstehung der zusammengesetzten Körper«.[33] Die materiellen Verhakungen ersetzen in Abdera die immateriellen »Bindungsenergien« der heutigen Chemie.

In der Atomistik vereinigt sich der *arche*-Gedanke des Thales mit der *Geometrie* des Thales, der materielle Urstoff mit den reinen Formen. Die Atomistik ist denn auch die Vollendung der milesischen Spekulation. Faszinierend wird immer sein, wie schon auf einer ganz frühen Stufe das *mathematische* Denken eingreift, um die Fülle der Erscheinungen zu konstruieren: bei Anaximenes mit der quantitativen Verdichtungs-Verdünnungs-Theorie, bei Empedokles mit den Proportionalformeln für die Stoffe dieser Welt, bei den Atomisten mit der überragenden Rolle der geometrischen Gestalt. Es ist, als stünde von Anfang an über der »Physik« die pythagoreische Erkenntnis: »Alles ist Mathematik.«

So hat es wohl auch Aristoteles empfunden. In einem Text, der ahnen läßt, wie sehr das Hauptproblem des milesischen Monismus auch die Atomisten bewegte und wie sehr ihr Lösungsversuch vom Geist des mathematisierenden Pythagoras durchzogen war, sagt er:

> [Leukipp und Demokrit] behaupten, es entstände weder aus Einem Vieles noch aus Vielem Eines, sondern infolge der Verflechtung und Verklammerung [der Atome] würden alle Dinge hervorgebracht. Denn in gewissem Sinne machen auch diese Philosophen sämtliche Dinge zu Zahlen und aus Zahlen.[34]

Dem Diogenes Laertios ist Demokrit sogar ein »Nacheiferer« des Pythagoras.[35]

Was wir »Element« nennen, heißt bei Aristoteles *stoicheion*. Dasselbe Wort *stoicheion* bedeutet auch »Buchstabe«. Buchstaben sind die Elementarbausteine eines Textes (*textum* = Gewebe, Gefüge). Aristoteles meint, für die Atomisten sei ein Ding etwas wie ein Text mit den Atomen als Buchstaben:

[Leukipp und Demokrit behaupten], daß die Unterschiede [der Atome] die Ursachen der übrigen Dinge seien. Diese Unterschiede seien dreifältig: Gestalt, Anordnung und Lage. [Die beiden letzten treten nur in Erscheinung, wenn Atome sich miteinander »verflechten«.] ... Beispielsweise unterscheidet sich das A vom N durch die Gestalt, das AN vom NA durch die Anordnung, das Ξ vom H durch die Lage. [Ξ war zur Zeit des Aristoteles das Zeichen für Z (*zeta*).][36]

Auf den Urstoff selbst, aus dem Atome bestehen, kommt es nicht an: Alles ist aufgelöst in pure Geometrie – in die Geometrie von Gestalt, Anordnung und Lage.

An anderer Stelle vertieft Aristoteles noch die Analogie zwischen Atomistik und Literatur. Er gibt als Meinung des Leukipp und Demokrit wieder, daß ein Ding »überhaupt ein anderes zu sein scheine, wenn nur [ein einziges Atom] seinen Platz verändert. Entsteht doch aus denselben Buchstaben die Tragödie so gut wie die Komödie.«[37]

Die Atomisten konnten noch gar nicht wissen, wie recht sie damit hatten. Rohrzucker etwa hat die Formel $C_{12}H_{22}O_{11}$; verändert man ein wenig das »Mischungsverhältnis« der drei Bestandteile C (Kohlenstoff), H (Wasserstoff) und O (Sauerstoff) und fügt noch ein einziges Atom Stickstoff (N) hinzu, so erhält man $C_9H_{21}O_2N$, und das ist etwas ganz anderes als Zucker: Es ist Muskarin, ein Fliegenpilzgift. (Die in den chemischen »Strukturformeln« so wichtige *Anordnung* der Atome habe ich notgedrungen beiseite gelassen.)

Das Zusammentreten der Atome erzeugt ein Etwas, ein »Ding«, das irgendwie auf unsere Sinnesorgane wirken kann; das Ergebnis dieses Wirkens – besser: des *Zusammen*wirkens von Ding *und* Sinnesorgan – sind Empfindungen wie Farbe, Geschmack, Geruch. Man muß sich freilich davor hüten, dem »Ding an sich« solche Qualitäten zuzuschreiben; denn unsere eigenen Sinne sind ja an ihrer Hervorbringung beteiligt. Demokrit sagt es so:

Nur der landläufigen Redeweise nach gibt es Farbe, Süßes, Bitteres; in Wahrheit aber gibt es nur Atome und den leeren Raum.[38]

Folgerung: Wir können gar nicht erkennen, »wie in Wirklichkeit ein jedes ist«.[39] Dialektisch-vertrackt steht unser Erkenntnisapparat unserer Erkenntnis im Wege – als ob wir ständig eine Brille mit grünen Gläsern trügen und so »erkennen« würden, alles sei grün. In lobenswürdiger Inkonsequenz hat sich Demokrit jedoch durch seine Erkenntnisskepsis nicht von seinem Erkenntnisstreben abbringen lassen.

Die Atome bewegen sich. Sie *müssen* sich bewegen, um zusammentreffen und sich zu einem Ding »verflechten« zu können oder auch, um durch Beschuß ein Ding zerstören zu können. Wo und warum bewegen sie sich? Nach Cicero meinte Demokrit,

die Atome bewegten sich im unendlichen leeren Raum, in dem es kein Oben und Unten, kein Mitten und kein Ende gibt... Und diese Atombewegung müsse man sich als anfangslos, von Ewigkeit her bestehend, vorstellen.[40]

In diesem Text ist jedes Wort revolutionär. Der philosophische Berserker Parmenides hatte verkündet, die Welt sei *endlich*, und *»Leeres« gäbe es nicht*. Zum Beweis der zweiten Behauptung führte er den folgenden Schluß ins Feld: »Seiendes« ist immer materiell (wer ihm diesen Einfall zugab, war schon verloren), das materiefreie »Leere« ist also ein »Nichtseiendes«, Nichtseiendes aber ist nicht (wer wollte *das* bestreiten?) – und dann ist eben auch das Leere nicht. Auch Aristoteles hat »das Leere« abgelehnt, womit es für zwei Jahrtausende ausgespielt hatte. Statt zu forschen, dichtete man die Moritat vom *horror vacui*, von der schlotternden Angst der Natur vor dem greulichen Leeren. Es war denn auch eine *philosophische* Revolution, als der zwanzigjährige Pascal 1643 seine Luftdruckmessungen machte und daraus den Schluß zog, das Leere (*le vide*) sei keineswegs unmöglich, und die Natur fliehe nicht mit so viel Schrecken vor ihm *que plusieurs se l'imaginent.*[41] Die Wissenschaft hatte wieder Anschluß an Demokrit gefunden.

Vollends sensationell war die Behauptung, im unendlichen Raum gäbe es weder Oben noch Unten. Das konnte nicht sein, das widersprach dem gesunden Volksempfinden, später dem Aristoteles. Die Sache nahm erst mit Newton eine Wende zum Besseren; bei ihm hat jeder Stern sein *individuelles* »Unten« (die Richtung zu seinem Gravitationszentrum), ein *universelles* »Unten« kann es also gar nicht geben. (Entsprechend für das »Oben«.)

Und schließlich die *Anfangslosigkeit* der Atombewegung – und damit auch die Weigerung, irgend etwas über ihren *Ursprung*, ihre *Ursache* zu sagen! Für Aristoteles ist das ätiologische Fahnenflucht.[42] Er selbst hatte alle Bewegung ausgehen lassen von einem »unbewegten Beweger«. Diese Kunstfigur, eine physikalische Aufbereitung des starren xenophantischen Gottes, der alles »mit Geisteskraft erschüttert«,[43] brachte zwar sein Denken zur Ruhe, mehr aber leistete sie nicht. Man kann ja immer noch fragen, wie es denn zu dem unbewegten Beweger gekommen ist. Die Frage ist unfromm, aber nicht unzulässig.

Demokrit *erklärte* nicht die »anfangslose, von Ewigkeit her bestehende« Bewegung der Atome, sondern *statuierte* sie (als ein Prinzip, ein Axiom). Dem Aristoteles sagt das keineswegs zu:

> Wenn man den Umstand, daß etwas *immer* so ist oder *immer* so geschieht, sogleich für ein zureichendes Erklärungsprinzip hält, ist das nicht rechtgetan; so macht es freilich Demokrit, daß er die Naturprinzipien einfach darin bestehen läßt, daß all das ja auch schon früher immer so geschehen sei. Sobald etwas *zu aller* Zeit stattfindet, verlangt er keine Angabe eines Prinzips mehr.[44]

So macht es freilich auch Newton. Der Grübler von Cambridge eröffnet seine *Philosophiae naturalis principia mathematica* mit einigen Definitionen, und dann stellt er *fast kommentarlos* drei »Grundsätze der Bewegung« hin – er erläutert sie nur mit einigen kärglichen Beispielen, die verhalten andeuten, »daß all das ja auch schon früher immer so geschehen sei«. Das naturwissenschaftliche Verfahren in seiner reinen Form besteht eben darin, eine Ausgangsthese zu *setzen* und kontrollierbare Schlüsse aus ihr zu ziehen (und die Ausgangsthese zu verwerfen, falls die Schlüsse nicht erfahrungsfest sind).

Aristoteles' Kritik an Demokrit ähnelt der Kritik des Descartes an Galilei: »Niemals erklärt er eine Sache vollständig; das zeigt, daß er die Dinge nicht ordnungsgemäß [*par ordre*] untersucht und daß er, *ohne die ersten Gründe der Natur zu betrachten*, nur die Gründe partikulärer Effekte untersucht und daß er so ohne Fundament gebaut hat.«[45] Die Physik des Descartes ist vergessen, die des Galilei hat Epoche gemacht.

Demokrit brauchte die Bewegung der Atome, und deshalb brauchte er »das Leere« als Bewegungsraum. Parmenides hatte gesagt: »Es gibt kein Leeres – also kann es keine Bewegung geben.« Demokrit sagte: »Es gibt Bewegung – also muß es ein Leeres geben.« Die Parmenideische Leugnung jeglicher Bewegung nannte Aristoteles mit griechischer Direktheit »die Ausgeburt eines kranken Geistes«.[46]

Bewegung der Atome ist bei Leukipp und Demokrit gewissermaßen das kreative *und* destruktive Ur-Agens. Hermann von Helmholtz, zu seiner Zeit der »Papst der Physik«, sagte 1869 wie mit einem Blick auf die frühen Atomisten:

> Ist aber Bewegung die Urveränderung, welche allen Veränderungen in der Welt zugrunde liegt, so sind alle elementaren Kräfte Bewegungskräfte und das Endziel der Naturwissenschaften ist, die allen Veränderungen zu Grunde liegenden Bewegungen und deren Triebkräfte zu finden, also sich in Mechanik aufzulösen.[47]

Die alten Atomisten waren die ersten, die dieses »Endziel der Naturwissenschaften« anstrebten. Inzwischen sind wir weit über den »mechanistischen« Standpunkt hinausgelangt. Nicht die Mechanik materieller Körper, sondern die Struktur immaterieller »Felder« steht im Mittelpunkt der Physik. Von einem »mechanistischen Weltbild der Physik« sollte niemand mehr reden.

Wir müssen noch einmal zu Parmenides zurückkehren, denn seine Lehre hat vielleicht mit der Frage zu tun, wie denn die Atomisten auf die Atome gekommen sein können.

In Elea war das Sein *kompakt*, ohne Hohl- und Zwischenräume, hart und fest zusammenhängend – also unzerschneidbar, ein großes *atomon*. So etwas ging nur wenigen ein; die meisten lachten darüber. Zenon, »ein treuer Hörer des Parmenides und sein Geliebter«,[48] wollte den Lachern »mit doppelter Münze heimzahlen«,[49] indem er ihren Kinderglauben an die Teilbarkeit des Seins nun seinerseits lächerlich machte. Ich bringe jetzt eine Argumentation, die uns nicht von dem »Gegensatzredner«[50] überliefert, aber ganz in seinem Geist gehalten ist; man findet sie bei Aristoteles.[51]

Der Gedankengang verläuft etwa folgendermaßen. Wenn man einen Körper *einmal* teilen kann, dann wird man ihn wohl auch *beliebig oft* teilen können. Man denke sich nun eine unendliche Teilung restlos durchgeführt. »Was wird übrig sein?« Nun, kein Teilstück kann noch ausgedehnt sein, sonst hätte man es ja weiter teilen können. Die Teilstücke sind also entweder absolut nichts, und der ursprüngliche Körper »wäre entstanden und würde bestehen aus nichts« (absurd!), oder die Teilstücke sind ausdehnungslose Punkte – aber die Zusammensetzung von Ausdehnungslosem (so Aristoteles) kann nichts Ausgedehntes ergeben. Also (wie jetzt Zenon mit sardonischem Lachen sagen würde) ist selbst eine *einmalige* Teilung unmöglich. Wer dennoch gegen jede gesunde Philosophie ein Holzstück mit dem Beil zerspaltet, muß selbst zusehen, wie er mit seinen trügerischen Sinnen zurechtkommt.

Rein mathematisch gesehen haben wir es hier mit dem

Problem zu tun, wie man sich ein Kontinuum (von lat. *continuus* = zusammenhängend) aufgebaut zu denken habe. Das Problem war schon mit der Entdeckung inkommensurabler Strecken virulent geworden. Sie zeigte nämlich, daß eine geometrische Strecke nicht aus ausgedehnten Elementarstücken bestehen, daß sie, grob gesagt, keine Perlenschnur sein kann. Denn in diesem Falle würden sich zwei Strecken zueinander verhalten wie die Anzahlen ihrer Perlen – nach Hippasos von Metapont taten das aber Seite und Diagonale eines Quadrates gerade nicht. Wenn man nun aber (was blieb sonst übrig?) eine Strecke aus größenlosen Punkten bestehen ließ, dann – s. bitte oben! Das Problem des mathematischen Kontinuums schleppte sich durch die Jahrhunderte, es wurde von Philosophen, Theologen und natürlich auch von Mathematikern (auch von Demokrit) hingebungsvoll studiert, aber erst 1883 von Georg Cantor, dem Dompteur des Unendlichen, gelöst. Cantors Theorie des Unendlichen geriet ihrerseits in Schwierigkeiten: Man stieß, wie einer der größten Mathematiker dieser Zeit, Henri Poincaré, 1908 mit Unbehagen anmerkte, auf »gewisse Paradoxien, gewisse offensichtliche Widersprüche, die einen Zenon von Elea entzückt hätten«.[52] Womit wir nun wieder bei dem unverwüstlichen »Gegensatzredner« angelangt sind.

Die fatalen Konsequenzen einer Teilung ins Unendliche wird Leukipp während seines Aufenthaltes in Elea erfahren haben. Er mag daraus den Schluß gezogen haben, daß eine mathematisch denkbare unendliche Teilung *realiter* eben *nicht* möglich sei, daß vielmehr das Teilen schließlich bei unteilbaren Partikeln – Atomen – zum Stillstand kommen müsse.[53] Diese Atome sind gewissermaßen das kompakte, unzerlegbare Sein des Parmenides, ins Winzige verkleinert und unendlich vervielfacht. Das alles mag so gewesen sein – und doch darf man den Einfluß Eleas auf Leukipp nicht überschätzen, denn die ersten Andeutungen eines Atomismus finden sich bereits bei Anaxagoras und Empedokles, sie lassen sich sogar schon bei Anaximenes und Heraklit ahnen.[54] Die Atomisten wurden weitaus mehr von der großen

Frage der ionischen »Physik« bewegt, wie denn die vielfältige Welt aus der einen *arche* hatte entstehen können, als von der skurrilen Spekulation des Parmenides. Was nicht hindert, daß die logischen Kunststücke Zenons einen *letzten* Anstoß in Richtung Atomistik gegeben haben können. Aber darüber darf man nicht vergessen, daß Leukipp in dialektischer Inversion (oder in Zenonischem Widerspruchsgeist) durch das Studium der Parmenideischen Theorie eigentlich nur zu einer in allen entscheidenden Punkten diametral entgegengesetzten Ansicht gekommen ist. Das in unendlich viele Atome zerspaltene Sein, der leere Raum, die unaufhörliche Bewegung, das unablässige Werden und Vergehen – das alles war nicht Parmenideisch, es war viel eher Heraklitisch. Das Verhältnis zwischen Leukipp und Parmenides muß eine Katastrophe gewesen sein.

Aus den unendlich vielen Atomen im unendlichen Raum entstehen unzählige Welten, und Demokrit soll gelehrt haben, »die einen seien noch im Wachsen, die anderen ständen auf der Höhe ihrer Blüte; andere seien im Schwinden begriffen, und an der einen Stelle entständen sie, an der anderen schwänden sie. Sie gingen aber durch einander zugrunde, wenn sie aufeinanderstießen.«[55] Man ahnt Anaximanders Pinselstrich in Demokrits kosmischem Fresko. Dieses dramatische Gemälde kommt unserer Vorstellung von einem brodelnden Universum weit besser entgegen als die sedative Astronomie des Aristoteles mit ihrer betulichen Lehre, oberhalb des Mondes gäbe es weder Entstehen noch Vergehen, eine Idee, die ihre Kraft erst verlor, als Tycho Brahe eine *Nova*, einen neuen Stern, beobachtete, der am 11. November 1572 aus dem Nichts heraus in dem angeblich unveränderlichen Bereich jenseits des Mondes aufgetaucht war. Fünf Jahre später war es dann endgültig um das supralunare Biedermeier geschehen, als (wieder einmal) Tycho Brahe den Kometen von 1577 in ihm unterbrachte, einen jener unheimlichen Irrläufer, die bisher nur im sublunaren Elendsraum von *generatio* und *corruptio* ihr Unwesen hatten treiben dürfen. Es waren die neuen Meß- und Beobachtungsinstrumente, die den Weg zu Demokrit bahnten: Sie räumten die Vor-Urteile weg, von denen er noch frei gewesen war.

Mancher der Alten sah im Entstehen der Welten aus wirbelnden Atomen nur den blinden Zufall am Werk, einen Zufall ohne Vorsehung, ohne Sinn und Notwendigkeit. Cicero redet denn auch mit eiferndem Tadel von dem, was er die »Schändlichkeiten« des Leukipp und Demokrit nennt.[56] Von den Denkern der Christenheit darf man nichts Schonenderes erwarten. Dem Bischof Dionysios von Alexandria (3. Jahrhundert) ist Demokrit ein törichter Mann, »der für die größte Weisheit die Beobachtung der planlos und sinnlos geschehenden Dinge hält und den Zufall zum Herrn und König der Welt und der göttlichen Dinge macht«.[57] Dante hält den Abderiten ohne mäßigenden Zusatz für einen, »der Zufall sieht in allem«.[58] Diesen würdigen Männern wird Demokrit ein zufallssüchtiger Dadaist gewesen sein, der zur Herstellung der Welten eine ähnliche Anweisung hätte geben können wie der Erzdadaist Tristan Tzara zur Herstellung eines Gedichts:

> Nehmen Sie eine Zeitung, nehmen Sie eine Schere. Wählen Sie in der Zeitung einen Artikel aus, der die Länge hat, die Sie Ihrem Gedicht geben wollen. Schneiden Sie den Artikel aus. Schneiden Sie darauf jedes Wort dieses Artikels aus und stecken Sie die Worte in eine Tüte. Schütteln Sie sachte. Ziehen Sie darauf die Zettel einen nach dem anderen heraus und ordnen Sie sie in der Reihenfolge. Kopieren Sie gewissenhaft. Das Gedicht wird Ihnen gleichen. Und Sie stehen als Schriftsteller von unübertreffbarer Originalität und bezaubernder Sensibilität da, wenn auch vom großen Publikum unverstanden.[59]

Die Atomisten hat schon das kleine Publikum der theologisierenden Denker nicht verstanden, die nur dort den Zufall ausgeschaltet sahen, wo eine göttliche *providentia* am Werke war. Eine planende Vorsehung gibt es bei Leukipp und Demokrit nun freilich nicht, noch nicht einmal naturimmanente *Zweck*ursachen,[60] statt dessen gibt es viel Kausalität (und überhaupt keinen Zufall). Das einzige erhaltene Fragment Leukipps statuiert im feierlichen Tone Heraklits:

Nichts entsteht zufällig, alles geschieht aus Logos und Notwendigkeit.[61]

Nicht weniger feierlich soll Demokrit gelehrt haben,

von Ewigkeit her sei alles, was geschehen sei, was jetzt ist und künftig sein wird, in der Notwendigkeit schon vorher enthalten.[62]

In diesen Marmorsätzen wird endgültig und zukunftsmächtig der große griechische Gedanke einer strengen Kausalordnung ausgeformt, die eine autonome Natur sich selbst gibt. Es ist ein emanzipatorischer Gedanke, der von Willkürmächten und magischen Potenzen befreit; es ist ein unendlich fruchtbarer Gedanke, weil er das Denken vom Unerforschlichen weg auf Erforschbarkeiten lenkt (so aber auch das rasante Zinseszinswachstum des Wissens auslöst, das heute nicht wenige beklagen).

Von Tzaras flottem Text hätten Leukipp und Demokrit denn auch weniger gehalten als von den getragenen Sätzen des »französischen Newton« Laplace (1814):

Wir müssen also den gegenwärtigen Zustand als die Wirkung seines früheren und als die Ursache des folgenden Zustandes betrachten. Eine Intelligenz, welche für einen gegebenen Augenblick alle in der Natur wirkenden Kräfte sowie die gegenseitige Lage der sie zusammensetzenden Elemente kennte und überdies umfassend genug wäre, um diese Größen der [mathematischen] Analyse zu unterwerfen, würde in derselben Formel die Bewegungen der größten Weltkörper wie des leichtesten Atoms umschließen; nichts würde ihr ungewiß sein und Zukunft wie Vergangenheit würden ihr offen vor Augen liegen.[63]

Im Zeitalter der Heisenbergschen Unbestimmtheitsrelation denken wir zwar etwas anders als Laplace, aber das tut jetzt nichts zur Sache.

Demokrit hat sich nicht damit begnügt, die Atomtheorie als eine »Großtheorie« hinzustellen und dann zum allfälligen Anstaunen stehenzulassen. Er hat sie ganz im Gegenteil auf eine Vielzahl »kleiner« Phänomene angewandt, die ihm, wie den ionischen »Physikern« vor ihm, von höchstem Interesse waren: auf die Mischung von Stoffen, auf die Verdampfung, auf das spezifische Gewicht, auf die Erklärung der Farben und der Sinneseindrücke (ist es nicht seltsam, daß ein weit entfernter Gegenstand überhaupt auf unsere Augen wirken kann?), auf die magnetische Anziehung (ist es nicht höchst seltsam, daß der Magnetstein wie mit unsichtbaren Händen nach dem Eisen greift?) usw., usw. Ein Wort zum Magnetismus muß genügen.

Schon Thales hat die anziehende Kraft des Magnetsteins gekannt,[64] aber nichts Rechtes damit anfangen können. Nach Aristoteles ist er nur bis zu dem Satz gelangt, der Magnetstein bewege das Eisen, weil er eine bewegende Kraft (*psyche*) habe.[65] Das erinnert an die Antwort des Baccalaureus in Molières Antimedizinerkomödie *Der eingebildete Kranke* auf die Frage, warum das Opium einschläfere –: Es habe halt eine einschläfernde Kraft (großer Beifall der Hohen Fakultät).[66] Ich glaube nicht, daß Thales sich so baccalaureusmäßig geäußert hat. Es hätte ihm ja auffallen müssen, daß die bewegende Kraft des Magnetsteins nur *Eisen* bewegt, wodurch die Rätselhaftigkeit der Sache stark erhöht wird, und der aufmerksame *sophos* hätte dies gewiß als ein Problem vermerkt. Thales wird sich über den Magneten ausgeschwiegen haben – einfach deshalb, weil er bei ihm mit seiner Wasser-*arche* nichts ausrichten konnte. Mit Demokrit stand es anders. Mit den Atomen in der Hand konnte er wenigstens einen Lösungs*versuch* unternehmen. Der Versuch ist gescheitert; aber wir dürfen nicht vergessen, daß die Erklärung des Magnetismus erst im 20. Jahrhundert gelungen ist – erst mittels einer Atomtheorie, die sehr viel ausgefeilter ist, als Demokrit sich hätte träumen lassen können. Und doch ist sein Versuch interessant, weil er auf etwas hindeutet, das uns heute ein Urphänomen der Natur ist: das

Kraftfeld. Alexander von Aphrodisias, ein Aristoteleskommentator gegen Ende des 2. Jahrhunderts n. Chr., berichtet darüber folgendermaßen. Demokrit habe angenommen, daß von den Körpern »Ausflüsse« ausgehen und daß Ähnliches sich zum Ähnlichen hinbewege (»als ob die in den Dingen liegende Ähnlichkeit eine gewisse Vereinigungskraft auf sie ausübe«, heißt es in dem Demokritfragment 164 in anderem Zusammenhang). Demokrit nimmt nun an,

> daß der Magnet und das Eisen aus ähnlichen Atomen bestehen, jedoch der Magnet aus feineren, und daß dieser lockerer und reicher an Hohlräumen als jenes sei, und daß sich deshalb die Atome des Magneten, die leichter beweglich wären, schneller auf das Eisen zu bewegten (denn die Bewegung erfolge in der Richtung auf das Ähnliche) und daß sie, indem sie in die Poren des Eisens eindringen, die in diesem enthaltenen Atome in Bewegung setzen, indem sie infolge ihrer Feinheit zwischen diesen hindurchgehen. Die Atome des Eisens aber, einmal in Bewegung gesetzt, bewegten sich ausströmend nach außen und auf den Magneten zu, infolge der Ähnlichkeit [seiner Atome] und weil er mehr Hohlräume enthalte. Indem das Eisen nun seinen Atomen folge, bewege es sich infolge der auf *ein* Mal erfolgenden Ausscheidung [der Atome] und ihrer Bewegung auch selber auf den Magneten zu. Der Magnet bewegt sich aber seinerseits nicht auf das Eisen zu, weil das Eisen nicht ebensoviel Hohlräume hat wie er.[67]

Die Beobachtung, die am Schluß steht, ist eine der Grundlagen des Ganzen – und sie ist falsch: Wenn man das Eisen festhält, bewegt sich der Magnet sehr wohl auf es zu. Durch die angebliche Unsymmetrie im Bewegungsverhalten kommt eine Unsymmetrie in die Erklärung der magnetischen Anziehung, die dem Phänomen selbst fremd ist. Interessanter aber ist etwas anderes. *Die magnetische Wirkung wird nicht als eine »Fernwirkung« gesehen*, bei der ein Agens ohne Vermittlung und ohne Zeitaufwand (also unbegreifbar) vom »Sender« zum »Empfänger« springt – *sie ist eine »Nahewirkung«*, die sich Schritt um Schritt von Ort zu Ort (und damit einsehbar) fortpflanzt, nämlich mittels der »Ausflüsse«. »Fernwirkung« ist die ureigene Domäne der Magier, deren Abrakadabras instantan und wirkungsmächtig von Babylon nach Äthiopien springen. Der Nahewirkungsgedanke ist der Kern der Feldtheorie, wie sie im 19. Jahrhundert von Faraday und Maxwell geschaffen wurde, und die »Ausflüsse« ähneln verblüffend den magnetischen Kraftlinien, die Faraday als erster durch ein so preiswertes Mittel wie Eisenfeilspäne sichtbar gemacht hat. Die Kraft des Magneten verläuft längs dieser Linien, und Faraday hielt es für wahrscheinlich, »daß die magnetische Wirkung durch Vermittlung dazwischenliegender Teilchen in die Ferne fortgepflanzt werde«.[68] Dem Abderiten wären diese Gedanken sehr einleuchtend gewesen.

Sie waren aber noch zu Faradays Zeit keineswegs selbstverständlich. Die Newtonsche Gravitationstheorie hatte nämlich (halb mit, halb gegen Newton) in einer Art physikalischer Palastrevolution die Fernwirkung auf den Thron gebracht – trotz des leidenschaftlichen Protests der Leibniz und Huygens, die darauf beharrten, daß Körper nur durch *Stöße* auf Körper wirken können. (»Demokrit erklärte als die einzige Art der Bewegung die durch Stoß«, sagt übrigens ein antiker Kommentator.[69]) Der Streit um Fern- und Nahewirkung scheint im 18. Jahrhundert ein Unterhaltungsstoff auf Picknicks und Parties gewesen zu sein; mit Goethes Gedicht *Wirkung in die Ferne* (1808) drang er sogar in die Poesie ein: Die Königin schickt ihren Pagen ans Ende des Schlosses, um einen Beutel zu holen; eine Hofdame neben der Königin befleckt sich ihr Kleid mit Sorbett, die schöne Frau eilt hinweg, begegnet dem schönen Pagen, der Leser erwartet nun, daß die beiden sich küssen, das tun sie auch, dabei wird natürlich das Westchen des Pagen vom Sorbettflecken der Hofdame befleckt, die Königin bemerkt das Malheur nach der Rückkehr des Pagen –

> Und sie die Hofmeisterin rufen läßt:
> »Wir kamen doch neulich zu Streite,
> Und Ihr behauptet steif und fest,

Nicht reiche der Geist in die Weite;
Die Gegenwart nur,
Die lasse wohl Spur,
Doch niemand wirkt in die Ferne,
Sogar nicht die himmlischen Sterne.«

Die synchronen Flecken sind der Königin Beweis genug für Fernwirkung, und dankbar schenkt sie dem Pagen eine neue Weste.[70]

Achtzig Jahre nach diesem Gedicht entdeckte Heinrich Hertz die elektromagnetischen Wellen, und um die Fernwirkung war es geschehen –: Die Stunde der demokritisch gestimmten Hofmeisterin war gekommen.

Wie sehr Demokrit auf *Nahe*wirkung setzte, zeigt übrigens auch seine Theorie des Sehens. Von dem gesehenen Gegenstand geht »ein beständiger Strom« (nach manchen Übersetzern »eine kontinuierliche Welle«) von »Bildchen« dieses Gegenstandes aus, die *eidola* dringen ins Auge ein – und so kommt das Sehen zustande.[71] Auch Empedokles war »Nahewirkungstheoretiker«, wie aus der erstaunlichsten Intuition dieses erstaunlichen Mannes hervorgeht: daß Licht sich mit *endlicher* Geschwindigkeit ausbreitet.[72] (Übrigens reisen auch Homers Götter nur mit *endlicher* Geschwindigkeit.) Nahewirkungstheorien sind das natürliche Ergebnis des griechischen Bestrebens, Dinge und Prozesse rational verstehen zu wollen und nicht unter leeren Worten oder magischen Operationen irrational verkommen zu lassen.

So also steht nun Demokrit vor uns: nüchtern, wissenschaftlich, mit großem Interesse an kleinen Problemen (süßen Gurken etc.) – ein Hippokrates der »Physik«. Man wird denn also vermuten, daß »der lachende Philosoph« besonders herzlich gelacht hätte über die Sturm-und-Drang-Vision vom genialischen Dichter, der einen tüchtigen Schuß Wahnsinn im Blute hat und dem, so Klopstock, das Lied wie ein trunkener Dionysos »frei aus der schaffenden Seele taumelt«.[73] Mit dieser Taumel- und Trunkenheitsapotheose war Klopstock keineswegs originell. Schon Platon hat sich herzhaft zugunsten einer kreativen *mania* der Dichter ausgesprochen:

Wer zu den Toren der Dichtkunst kommt ohne den Wahnsinn, der von den Musen stammt, und überzeugt ist, daß er allein dank der Kunstfertigkeit [*techne*] ein rechter Dichter werden könne, der ist selber der Weihen bar, und auch die Dichtkunst dessen, der bei gesundem Verstande ist, wird von dem des Wahnsinnigen völlig in den Schatten gestellt.[74]

Irrationale Herrlichkeiten in der Manier der Klopstock und Platon wird man nicht von einem Demokrit erwarten, der ein Buch über Agronomie geschrieben und darin empfohlen hat, Weinberge nach *Norden* anzulegen, weil so zwar die Qualität geringer, der Ertrag aber größer würde.[75] Nun will es aber die Geistesgeschichte, dieser Harlekin, daß ausgerechnet der Atomist und Ökonomist aus Abdera zum wenigsten der Großvater des *Sturms und Drangs* ist. Neben seinem trockenen Rat, die Gärten nicht zu ummauern (das ginge zu sehr ins Geld), steht nämlich seine alle *ratio* und *oikonomia* in den Wind schlagende Meinung,

niemand könne ohne Seelenbrand und ohne einen gewissen Anhauch von Wahnsinn ein guter Dichter sein.[76]

Das ist nicht beiläufig auf der Agora beim Kauf von Käse und Feigen hingeplaudert – das findet sich bei ihm mehrfach, das hat er gemeint. Clemens von Alexandria (spätes 1. Jahrhundert n. Chr.) hat uns z. B. den folgenden Ausspruch Demokrits überliefert:

Was ein Dichter mit Enthusiasmus [d. h. mit dem *theos* (Gott) in ihm] und mit heiligem Anhauch schreibt, das ist gewiß schön.[77]

Und über Homer soll dieser Materialist und Rationalist gesagt haben, dem Manne aus Smyrna sei ein göttliches Wesen zuteil geworden, denn ohne göttliche und dämonische Begabung sei es unmöglich, Verse von solcher Schönheit und Weisheit zu schreiben.[78] Demokrit hatte zu Homer offenbar ein glücklicheres Verhältnis als Heraklit und Platon.

Die Geistesgeschichte ist von Kopf bis Fuß boshaft. Nicht irgendein erdenschwerer Kaninchenzüchter, sondern ausgerechnet ein *Dichter*, ausgerechnet der gefeierte Horaz, reißt respektlose Witze über die genialischen Dichter, die ausgerechnet der Rationalist Demokrit so überschwenglich gepriesen hatte:

Genie ist glückverheißender als der mühselige Kunstfleiß; so meint Demokrit und will geistig gesunde Dichter vom Helikon verweisen. Die Folge ist: Manch einer mag Nägel und Bart nicht stutzen lassen; er sucht die Einsamkeit und meidet die Bäderhallen. Sein Wert und Name als Dichter ist ja gesichert, wenn er seinen Kopf in der völligen, durch dreifache Nieswurzzufuhr nicht heilbaren Verrücktheit erhält und niemals ihn dem Bartscherer Licinus in Pflege gibt. Ich Tor, wie schade ich mir mit der gewohnten Gallenkur zur Zeit des Vorfrühlings: Kein anderer würde bessere Gedichte machen![79]

Demokrit hat Homer innerlich nahegestanden, ich habe es schon angedeutet. Im Tiefsten hat dies zu tun mit ihrer distanzierten Haltung zur Unsterblichkeit der Seele. Homers *psyche* ist mit Mühe »ein flatterndes Traumbild«, dem der Dichter nur aus Gutmütigkeit noch eine stark herabgesetzte Fortexistenz nach dem Tode zugesteht. Vom Jenseits ist also nichts zu hoffen – aber auch nichts zu fürchten! In diesem Homerischen Geiste tut Demokrit die abschließenden Schritte, und dabei hilft die Atomistik. Die *psyche* läßt er nämlich aus extrem kleinen, kugelförmigen und folglich sehr beweglichen Atomen bestehen; der Tod ist das Entweichen dieser mobilen Seelenatome aus dem Körper (»infolge ihrer Herausdrängung durch die umgebende Luft«) – und so ist denn die Seele *vergänglich*, mit dem Körper geht auch sie zugrunde[80] –: Sie zerstreut sich im Weltall. Demokrit bringt Homers Diesseitigkeit auf den Begriff, indem er schreibt:

Einige Menschen, die nichts von der Auflösung der sterblichen Natur wissen, quälen sich im Bewußtsein der schlechten Handlungen, die sie in ihrem Leben begangen haben, ihr Leben lang in Angst und Unruhe und erdichten sich Märchen über die Zeit nach dem Tode.[81]

Nicht etwa, daß Demokrit nun dem Menschen eine Lizenz zum Lotterleben gäbe. Ganz im Gegenteil –: Er lehrt eine Ethik, die manchmal bis in die Worte hinein an die Kantische erinnert:

Nicht aus Furcht, sondern aus Pflicht soll man sich von fehlerhaften Handlungen fernhalten.[82]

Wohltätig ist nicht, wer auf Erwiderung schaut, sondern wer aus freiem Antrieb wohlzutun gewillt ist.[83]

Vor sich selbst muß sich vor allem schämen, wer Schamloses tut.[84]

Gut ist noch nicht Nicht-Freveln, sondern es noch nicht einmal wollen.[85]

Kant: »Es ist überall nichts in der Welt... zu denken möglich, was ohne Einschränkung für gut könnte gehalten werden, als allein ein *guter Wille*.«[86] Als einzige moralische Triebfeder läßt er die »Achtung für Pflicht« zu – »diese ernste, heilige Vorschrift, die es nicht unserer eiteln Selbstliebe überläßt, mit pathologischen Antrieben (sofern sie der Moralität analogisch sind) zu tändeln und uns auf *verdienstlichen* Wert was zugute zu tun«.[87] Kant selbst hätte sich über diese Parallelitäten zu Demokrit am wenigsten verwundert. »Wer wollte aber auch«, schreibt er einmal, »einen neuen Grundsatz aller Sittlichkeit einführen und diese gleichsam zuerst erfinden? gleich als ob vor ihm die Welt in dem, was Pflicht sei, unwissend oder in durchgängigem Irrtume gewesen wäre.«[88] Die Schwierigkeit mit der Moral ist ja weniger ihre Theorie als ihre Praxis; es führt eben mancherlei Unbequemlichkeiten mit sich, ein guter Mensch zu sein. Deshalb sagt Demokrit ausdrücklich: »Tüchtige Werke und Taten, nicht Worte soll man erstreben«,[89] und deshalb heißt es im Jakobusbrief (1, 22): »Seid aber Täter des Worts und nicht Hörer allein, sonst betrügt ihr euch selbst.«

Wie Kant braucht auch Demokrit keinen Gott für seine Ethik. Er macht das ohne Worte ab, während Kant ausdrücklich bestreitet, »daß die Annehmung des Daseins Gottes *als eines Grundes aller* [*sittlichen*] *Verbindlichkeit überhaupt* notwendig sei«.[90] Im übrigen hätte Demokrit nicht wenig Mühe gehabt, moralstiftende Götter herbeizuschaffen. Nicht nur, daß Homers Olympier dazu nicht tauglich waren – dem Demokrit selbst waren die Götter so ziemlich abhanden gekommen. Nach Sextus Empiricus soll er recht profane Gedanken über den Ursprung des Götterglaubens gehegt haben:

Als die Menschen der Vorzeit die Vorgänge in der Höhe sahen, wie Donner und Blitz, das Zusammentreffen von Sternen und die Verfinsterungen von Sonne und Mond, da ließ ihre Angst sie denken, göttliche Wesen seien die Urheber dieser Erscheinungen.[91]

Und Cicero klagt gar, Demokrit hebe »die Gottheit so völlig auf, daß keine Vorstellung mehr von ihr bleibt«.[92] Das Klima in Protagoras' Abdera scheint Göttern nicht zuträglich gewesen zu sein.

Der Mensch ohne Jenseits muß sich *nolens volens* im Diesseits einrichten. Er kann das als wölfischer Einzelgänger tun (*homo homini lupus*) oder als Glied einer gesetzlich geordneten Gesellschaft, dem Gegensatz zum wüsten Urzustand. Demokrit wird von diesem Urzustand eine ähnlich unvorteilhafte Meinung gehabt haben wie Xenophanes, Protagoras und Hippokrates. Der Mensch ist ihm ein Wesen, das sich unter unsäglichen Anstrengungen aus dem urtümlichen Elend glücklich herausgearbeitet hat.[93] Entschieden stellt sich Demokrit auf die Seite des *neuen* Zustandes, den des demokratisch verfaßten Zivilisationsstaates. »Ein wohlverwaltetes Gemeinwesen ist die größte Stütze, und hierin ist alles enthalten; ist dieses gesund, so bleibt alles gesund; geht dieses zugrunde, so geht alles zugrunde.«[94] Und in einem der schönsten Sätze der antiken Literatur sagt er:

Die Armut in einer Demokratie ist dem gepriesenen Glück bei den Fürsten um soviel mehr vorzuziehen wie Freiheit der Knechtschaft.[95]

Demokrits Pflicht- und Gewissensethik läßt sich am besten verstehen als Versuch, dem neuen Zustand eine *verinnerlichte* und damit *zuverlässige* Grundlage zu geben:

Als stärkerer Mahner zur Tugend wird sich erweisen, wer Aufmunterung und überzeugendes Wort, als der, welcher Gesetz und Zwang anwendet. Denn im Geheimen wird wahrscheinlich fehlen, wer sich am Unrechttun nur vom Gesetz gehindert sieht; wer dagegen durch Überzeugung zur Pflicht geführt ist, wird wahrscheinlich weder im Geheimen noch öffentlich einen Fehltritt tun. Darum: Wer mit Verständnis und Erkenntnis recht handelt, wird zugleich mannhaft und geradsinnig.[96]

Das ist die genaue Gegenposition zu Antiphons kundenfreundlicher Empfehlung des Sündigens im geheimen.

Der Mensch ohne Jenseits muß im Diesseits mit *eigenen* Kräften zurechtkommen – und eben deshalb muß er Kraft und Tüchtigkeit haben. Mit lebensgläubigem Optimismus, mit dem Optimismus des Protagoras und eines energiegeladenen Jahrhunderts, unterstellt Demokrit, der Mensch könne sich diese notwendige Tüchtigkeit selbst verschaffen: »Mehr Leute werden durch Übung [durch *askesis*, das Training des Athleten] tüchtig als aus Anlage.«[97] Der tüchtige Mensch braucht nicht einmal vor dem zu kapitulieren, was die Griechen *tyche* und die Römer *fortuna* nannten. *Tyche* ist der »Zufall«, das launische Glück, *tyche* steht für die unbeherrschbaren Wechselfälle des Lebens. Homer kennt diese entmannende *tyche* noch nicht, die um so höher stieg, je tiefer das Griechentum sank; Demokrit geht mit ihr hart ins Gericht:

Die Menschen haben sich von der *tyche* ein Bild zur Beschönigung ihrer eigenen Unberatenheit gemacht. Denn nur in seltenen Fällen stellt sich die *tyche* der Klugheit entgegen: Das meiste im Leben richtet ein wohlverständiger Scharfblick ins Grade.[98]

Es ist, als höre man Machiavelli über *virtù* und *fortuna* reden oder Friedrich den Großen seinen (scheinbar) paradoxen

Satz sagen: »Ich kann keine Officiers ohne *fortune* gebrauchen.«

An Hamlet hätte Demokrit keinen Gefallen gehabt; er hätte ihm zugerufen: »Das fortwährende Zaudern läßt die Taten nicht zur Vollendung kommen.«[99] An uns Heutige hingegen hat er mit seinem Satz gedacht: »Den Toren ist nicht die Vernunft, sondern das Unglück Lehrmeister.«[100] Am Ende des 20. Jahrhunderts dämmert es einem, daß die Menschheit nur aus Katastrophen lernt und daß man froh sein muß, wenn schon eine *mittlere* Katastrophe zur Fortbildung ausreicht.

Der tiefe und mächtige Hintergrund des Demokritischen Lebensgefühls ist das grandiose Bild eines Universums mit unzähligen Welten, die in gewaltigen Prozessen entstehen und vergehen nach dem Gesetz der Notwendigkeit. In dem Riesengemälde ist unsere Erde nur ein Stern unter Sternen, ausgezeichnet durch nichts. Auf diesem Fleckchen im unendlichen Raum leben Eintagsfliegen, die sich Menschen nennen und sich selbst viel zu wichtig nehmen – sonderlich, wenn sie mit maliziösem Eifer sich gegenseitig das Leben verkümmern. Zu den Mikrodimensionen unseres Daseins paßt es besser, Eintracht zu wahren, einander zu helfen und so mit einigem Anstand durch ein kurzes Leben zu kommen.[101] Es paßt besser zu diesen kleinen Dimensionen, über die menschlichen Dinge zu lachen, als heraklitmäßig über sie zu weinen. »Demokrit lachte über alles, als schätze er alle menschlichen Dinge als lächerlich ein«, berichtet der heilige Bischof Hippolytos (3. Jahrhundert).[102] Horaz, den es selbst oft lächerte, vermutet mit starken Gründen, »Demokrit würde lachen, wenn er zur Erde zurückkehrte« und die kolossalen Haupt- und Staatsaktionen auf dem römischen Theater und dazu noch den leibhaftigen römischen Pöbel besichtigen könnte.[103] Zwar wird es nicht so gewesen sein, daß »ein *unaufhörliches* Lachen Demokrit erschütterte«,[104] aber er muß immerhin so zuverlässig gelacht haben, daß ihn das Altertum nicht nur verehrungsvoll die »Weisheit« (*Sophia*), sondern auch (vielleicht noch verehrungsvoller) den »Lacher« genannt hat, »weil er über die nichtigen Mühen der Menschen lachte«.[105] Demokrit lacht das »unauslöschliche Lachen« der Götter Homers, aber doch nicht ganz –: Seinem Lachen ist etwas von König Lear beigemischt, etwas von jenem Lear, der seiner Tochter Cordelia das stille Leben im Kerker schmackhaft machen will:

> ..., so wolln wir leben,
> Beten und singen, Märchen uns erzählen
> Und über goldne Schmetterlinge lachen;
> Wir hören armes Volk vom Hofe plaudern
> Und schwatzen mit, wer da gewinnt, verliert;
> Wer in, wer aus der Gunst; und tun so tief
> Geheimnisvoll, als wären wir Propheten
> Der Gottheit; und so überdauern wir
> Im Kerker Ränk und Spaltungen der Großen,
> Die ebben mit dem Mond und fluten.[106]

Nein, bloß perlend und champagnerlaunig kann das Lachen eines Mannes nicht gewesen sein, der den Dostojewskisatz geschrieben hat: »Wenn du dein Inneres öffnest, wirst du darin eine reiche Vorratskammer von bösen Trieben verschiedenster Art und vielen schlimmen Leidenschaften finden.«[107]

Man muß sehr hoch gestiegen sein und vieles hinter sich gelassen haben, um so lachen zu können, wie Demokrit gelacht hat. Man muß sehr ernst geworden sein, um den Ernst der Krämer in assortierten Wichtigkeiten nicht mehr ernst zu nehmen, den Ernst jener »Schwindler und Scheinhelden, die alles mit dem Munde, aber nichts in Wirklichkeit tun«.[108] Demokrits Lachen ist ein *amaro*, ein Magenbitter der Seele.

Die »Seele« ist hierbei nicht die *psyche*, sondern der *thymos*. Bei Homer ist er der Sitz von Freude, Gefallen, Liebe, Mitleid und Zorn; er ist die motorische Energie des Menschen.[109] Das Wörterbuch übersetzt *thymos* u. a. mit Gemüt, Lebenskraft, Mut, Geist und Seele, auch mit Herz (als Sitz der Empfindungen). Es ist etwas irrational Kraftvolles im *thymos*, und deshalb ist es »schwer, gegen ihn anzukämpfen; aber Sache des wohlüberlegenden Mannes ist es, den Sieg davonzutragen« (Demokrit[110]). Um so besser, wenn man von vornherein einen »guten *thymos*« hat und sich so im Zustande der *euthymia* befindet. Das Wörterbuch sagt, *euthymia* sei Fröhlichkeit, gute Laune, Heiterkeit; Demokrit sagt, sie sei viel mehr: Die »Wohlgemutheit« sei überhaupt das höchste Gut, mit ihr besitze man die wahre Glückseligkeit, die *eudaimonia* (den »guten Dämon«); die *euthymia* sei auch *athambia*, das wundervolle Frei-Sein von Furcht und Schrecken, die Stille der Seele, wenn ihr ist wie dem glatten Meer in der Septembersonne. Und wenn man denn schon das Wort »Heiterkeit« hereinbringen wolle (wogegen er als »lachender Philosoph« nichts einwenden könne), dann in dem schönen Sinne, in dem Goethe so gerne von einem »heiteren und freien Gemüt« gesprochen habe. Cicero habe im übrigen nicht unrecht mit seinem Satz, er, Demokrit, habe die Wohlgemutheit durch die Erforschung der Natur erlangen wollen.[111] In der Tat sei ihm das alchemistische Kunststück geglückt, *kosmologia* in *euthymia* zu transmutieren. Als Verehrer des Pythagoras[112] wolle er zum Schluß noch sagen, daß ihn dabei einer der schönen Sinnsprüche des Magiers von Kroton nicht wenig inspiriert habe:

Stille schaun die Natur, sich gleich in allem und allem,
Nichts Unmögliches hoffen und doch dem Leben genug sein.[113]

ANMERKUNGEN

Homer

1 Herodot 1, 142
2 Od. 11, 220 ff.
3 Platon: Staat 606e
4 Heraklit B 42
5 Il. 4, 525 f.
6 Xenophanes B 11
7 Il. 21, 388–426
8 Jacob Burckhardt: Griechische Kulturgeschichte, München 1977. Dort Band II, S. 27
9 S. die kleine Sherlock Holmes-Geschichte von Arthur Conan Doyle *Silver Blaze* [deutscher Titel gelegentlich *Das verschwundene Rennpferd*]
10 Herodot 1, 216 und 4, 71 f.
11 Herodot 2, 78
12 Od. 4, 231 f.
13 Il. 23, 175 f.
14 Il. 19, 259 f.; Od. 4, 563 ff.
15 Il. 6, 208 und 11, 784
16 Od. 9, 5 ff.
17 Göttliche Komödie, Hölle, 4. Gesang
18 Il. 6, 146 ff.
19 Od. 18, 130 ff.
20 Od. 13, 59 f.
21 Ernst Bloch: Geist der Utopie, München und Leipzig 1918, S. 419
22 Il. 14, 246
23 Il. 14, 201 und 302
24 Aristoteles: Metaphysik 983b; Plutarch: Isis und Osiris 34
25 Il. 1, 545 f.
26 Il. 20, 438 ff.
27 Il. 12, 17 ff.

28 Il. 2, 411 ff. und 18, 239 f.
29 Josua 10, 12 f.
30 Il. 19, 418
31 Heraklit B 94
32 Thomas Mann: Gesammelte Werke, Frankfurt/M. 1974. Dort Bd. XI, S. 801 f.
33 Il. 8, 39 f.
34 Il. 18, 106
35 Il. 23, 777
36 Il. 19, 325
37 Il. 19, 24 ff.
38 Il. 24, 618 ff.
39 Il. 13, 636
40 Friedrich Schiller: Das Geheimnis der Reminiszenz
41 Il. 8, 555 ff.
42 Il. 5, 87 ff.
43 Aristoteles: Politik 1256b
44 Zitiert nach John Toland: Adolf Hitler, Bergisch-Gladbach 1977, S. 93
45 Hippokrates: Über Gelenke 8
46 Il. 8, 338 ff.
47 Il. 13, 279 ff.
48 Arthur Conan Doyle: Im Zeichen der Vier, 1. Kapitel
49 Il.: 7, 244; 8, 306 f.; 9, 7; 21, 12 f.; 14, 415. Od.: 19, 432; 14, 477; 5, 432 f.
50 Il. 5, 305 ff.
51 Werner Heisenberg: Gesammelte Werke, Abteilung C, Band II, München 1984, S. 38
52 Physiologus, übersetzt und herausgegeben von Ursula Treu, Hanau 1987, S. 6f.
53 Il. 23, 315; 13, 734
54 Il. 9, 443
55 Od. 8, 175 ff.
56 Od. 8, 167 ff.
57 Od. 1, 66; Il. 2, 169
58 Il. 11, 514
59 Il. 4, 213 ff. S. auch Il. 11, 844 ff.
60 Herodot 2, 111
61 Kurt von Fritz: Der gemeinsame Ursprung der Geschichtsschreibung und der exakten Wissenschaften bei den Griechen. Phil. nat. II (1952), S. 200–223
62 Od. 8, 479 ff.

63 Od. 1, 346f.; Od. 1, 371; Od. 3, 267f.; Il. 6, 357f.; Od. 8, 579f.
64 Il. 1, 105ff.; Od. 1, 415f.; Od. 2, 177ff.; Od. 2, 201f.; Il. 12, 237ff.; Od. 22, 310–377
65 Hermann Fränkel: Dichtung und Philosophie des frühen Griechentums, 3. Aufl. München 1969, S. 90f. Wilhelm Nestle: Vom Mythos zum Logos, 2. Aufl. Stuttgart 1975, S. 33f.
66 Il. 6, 160ff.
67 Il. 13, 115
68 Od. 1, 205
69 Od. 11, 337
70 Od. 2, 382 und 7, 51f.
71 Od. 10, 539
72 Od. 12, 189ff.
73 Od. 13, 291ff.
74 Od. 2, 117
75 Od. 23, 72
76 Epicharmos B 13
77 Od. 23, 166f.
78 Diogenes Laertios VIII, 21
79 Maximen und Reflexionen 662
80 Od. 22, 287
81 Il. 17, 645ff.

Thales von Milet

1 Apollonhymnus 150ff.
2 Xenophanes B 3
3 Pindar: Fr. 185 (Werner)
4 Aristoteles: Politik 1310b
5 Herodot 6, 86
6 Maximen und Reflexionen 298
7 Od. 7, 127 und 8, 489
8 Od. 13, 59f.; Aphroditehymnus 244
9 Fr. 67 D
10 Gesetze 665a
11 Archilochos, 2. Aufl. München 1979, S. 135
12 Fr. 6 D
13 Apollonhymnus 180
14 de re publica II, 4, übersetzt von K. Ziegler
15 Herodot 6, 12
16 Herodot 1, 60
17 Herodot 3, 60

18 Il. 18, 373ff. und 417ff.; Od. 7, 91ff.
19 Od. 7, 36 und 8, 557ff.
20 Wilhelm Capelle: Die Vorsokratiker, 4. Aufl. Stuttgart 1968, S. 66
21 Aristoteles: Politik 1274b
22 Diogenes Laertios I, 25
23 Platon: Timaios 22b-c
24 Die Sieben Weisen, 4. Aufl. München 1971, S. 13; Diogenes Laertios I, 26 und 36
25 Il. 24, 49; Od. 4, 543f. und 4, 837
26 Metaphysik 983b
27 Heraklit B 38; Xenophanes B 19; Augustinus: Gottesstaat 8, 2
28 Fr. 74 D
29 Allgemeine Zeitung Bingen vom 13. Juli 1991
30 Thales A 17a
31 Herodot 7, 37
32 Herodot 2, 53
33 Thales A 17b
34 Thales A 17a
35 Diogenes Laertios II, 8
36 Friedrich Schiller: Die Götter Griechenlands
37 Diogenes Laertios I, 24
38 Thales A 15
39 Aristoteles: Vom Himmel 294a–b
40 Herodot 2, 20
41 Herodot 2, 22
42 Il. 2, 486; 10, 224ff. Vgl. auch Platon: Protagoras 348c–d
43 Herodot 2, 109
44 Aristoteles: Metaphysik 981b
45 B. L. van der Waerden: Erwachende Wissenschaft, 2. Aufl. Basel und Stuttgart 1960, S. 143ff.
46 Epinomis 987e
47 Otto Neugebauer: The exact sciences in antiquity, Providence, Rhode Island 1957, S. 48
48 Aristoteles: Metaphysik 998a
49 Platon: Staat 510d–e
50 Friedrich Hölderlin: Hyperion. In Manfred Schneider (Hrsg.): Hölderlins Werke, Stuttgart und Weil der Stadt 1947. Dort Bd. I, S. 90
51 Od. 5, 272f.
52 Diogenes Laertios I, 27
53 Platon: Staat 600a
54 Cardanos Lebensbeschreibung, übertragen von Hermann Hefele, Jena, S. 160 und 189

55 Platon: Theaitetos 173c-174b
56 Aristoteles: Politik 1259a
57 Diogenes Laertios I, 25
58 Diogenes Laertios I, 39
59 Alkaios, 2. Aufl. München 1963, S. 91
60 *maxima res parvis lineis repperit*; der Sinn dieser Worte ist nicht ganz klar und die Übersetzung nicht über jeden Zweifel erhaben.
61 Thales A 19. Das »göttliche Zahlenverhältnis« ist das schon erwähnte Verhältnis 1:720.
62 Faust II, Vers 7856
63 Abwandlung des Hamletschen Ausspruchs über seinen Vater: »Ich werde nimmer seinesgleichen sehn.« Hamlet, 1. Akt, 2. Szene

Die Milesier Anaximander, Anaximenes und Hekataios

1 Aristoteles: Physik 204b
2 Erste Olymp. Ode, 1
3 Anaximander B 1
4 Wilhelm Meisters Wanderjahre. Artemis Gedenkausgabe, Zürich 1950, Bd. 8, S. 328
5 Diogenes Laertios VIII, 70
6 Aristoteles: Physik 208a
7 Aristoteles: Physik 208a
8 Aristoteles: Physik 203b
9 Anaximander A 9
10 Johann Nestroy: Judith und Holofernes, 3. Szene
11 Theognis 605f.
12 Ich schließe mich hier Werner Jaeger an: Paideia. Bd. I, 3. Aufl. Stuttgart 1954, S. 217f.
13 Physik 203b
14 Friedrich Nietzsche: Die Philosophie im tragischen Zeitalter der Griechen, Teil 4. In: Friedrich Nietzsche: Werke in drei Bänden, hrsg. von Karl Schlechta, 8. Aufl. München 1977. Dort Bd. III, S. 367
15 Anaximander A 9
16 Aristoteles: Vom Himmel 295b
17 Anaximander A 10, 11, 21, 22; bei A 22 muß man den Durchmesser der Mondfelge abziehen.
18 Anaximander A 2
19 Anaximander A 17
20 Anaximander A 17

21 Anaximander A 27
22 Anaximander A 30
23 Anaximander A 11
24 Anaximander A 10
25 1. Mose 1, 20–24
26 Das dürfen wir annehmen; dem rund dreißig Jahre jüngeren Xenophanes werden die Muschelkenntnisse ausdrücklich zugeschrieben, in einer Stadt wie Milet werden sie Allgemeingut gewesen sein.
27 S. die kleine Sherlock Holmes-Geschichte von Arthur Conan Doyle: *A Case of Identity*
28 These III der Habilitationsschrift *Dissertatio Philosophica de Orbitis Planetarum*
29 Iwan Turgenjew: Romane, München, S. 345
30 Anaximenes A 1
31 Anaximenes B 2
32 Dialog über die beiden hauptsächlichsten Weltsysteme, Stuttgart 1982, S. 117
33 Die Entdeckung des Geistes, 2. Aufl. Hamburg 1948, S. 33
34 Anaximander A 21
35 Fr. 174 (Werner)
36 Plutarch: Perikles 32
37 Gesetze 966e–967a; s. auch 821a
38 Gottesstaat VIII, 2
39 Perikles 6
40 Herodot 2, 143
41 Herodot 4, 36
42 Dichtung und Philosophie des frühen Griechentums, 3. Aufl. München 1969, S. 391 f.
43 Herodot 5, 36
44 Politik 1267b

Pythagoras von Samos

1 Diogenes Laertios VIII, 12
2 Diogenes Laertios VIII, 24 und 23
3 Bertrand Russell: History of Western Philosophy, London 1961, S. 49
4 Heraklit B 40, B 81
5 Iamblichos: Vita Pyth. 91 f.
6 Iamblichos: Vita Pyth. 18 f.
7 Heraklit B 129

8 Iamblichos: Vita Pyth. 20
9 Il. 6, 132ff.; Heraklit B 14 und 15
10 Theognis 53ff. und 661ff.
11 Pindar: Fr. 207 (Werner)
12 Herodot 4, 94
13 Platon: Staat 608d
14 2. 01. 67; Fr. 109 (Werner)
15 Platon: Staat 364b–365a
16 Euripides: Hippolytos 948ff., übers. v. Richard Kannicht
17 Iamblichos: Vita Pyth. 151; Diogenes Laertios VIII, 8 und Herodot 2, 81
18 Iamblichos: Vita Pyth. 37–49
19 Iamblichos: Vita Pyth. 50
20 Iamblichos: Vita Pyth. 56
21 Iamblichos: Vita Pyth. 86
22 Iamblichos: Vita Pyth. 95–100
23 Iamblichos: Vita Pyth. 195; Diogenes Laertios VIII, 22
24 Iamblichos: Vita Pyth. 153
25 Diogenes Laertios VIII, 19 und 11; Porphyrios: Vita Pyth. 18; in Pythagoras A 8a; Iamblichos: Vita Pyth. 9 und 36
26 Iamblichos: Vita Pyth. 1
27 Diogenes Laertios VIII, 14
28 Iamblichos: Vita Pyth. 66
29 Diogenes Laertios VIII, 6
30 Iamblichos: Vita Pyth. 177
31 Diogenes Laertios VIII, 46
32 »Die Partei, die Partei, die hat immer recht« ist das in drei Strophen repetierte Kernstück des Liedes mit der passenden Überschrift »Die Partei« von Louis Fürnberg aus dem Jahre 1949. S. das Liederbuch *Mit Gesang wird gekämpft*, Berlin 1967, S. 13ff. Dort auch die Noten für die Singsang-Kämpfer.
33 Iamblichos: Vita Pyth. 220
34 Iamblichos: Vita Pyth. 60, 61; Aelianus: Varia historia 2, 26; Iamblichos: Vita Pyth. 112 und 135. Die Wundertaten des Pythagoras – meine Aufzählung ist keineswegs erschöpfend – hat Walter Burkert systematisch zusammengestellt in: Weisheit und Wissenschaft, Nürnberg 1962, S. 118–121.
35 Iamblichos: Vita Pyth. 135
36 Iamblichos: Vita Pyth. 44, 58 und 159
37 Porphyrios: Vita Pyth. 19; in Pythagoras A 8a
38 Iamblichos: Vita Pyth. 179
39 Iamblichos: Vita Pyth. 85, 266 und 82

40 Diogenes Laertios VIII, 26
41 Philolaos A 16
42 Iamblichos: Vita Pyth. 82, 203 und 175
43 Iamblichos: Vita Pyth. 30
44 »Goldene Verse des Pythagoras« 63 und 66. In: Antike Lyrik, hrsg. von Carl Fischer, München 1964, S. 400
45 Iamblichos: Vita Pyth. 100
46 Platon: Staat 600b
47 Iamblichos: Vita Pyth. 188 und 187
48 Iamblichos: Vita Pyth. 205
49 Iamblichos: Vita Pyth. 48, 204, 155, 51 und 232
50 Porphyrios: Vita Pyth. 19; in Pythagoras A 8a
51 Iamblichos: Vita Pyth. 229. Der Text ist geringfügig gekürzt.
52 Iamblichos: Vita Pyth. 234–236
53 Diogenes Laertios VIII, 10
54 Iamblichos: Vita Pyth. 168
55 Iamblichos: Vita Pyth. 108 und 168
56 Xenophanes B 7
57 Iamblichos: Vita Pyth. 186; Porphyrios: Vita Pyth. 7; in Pythagoras A 9
58 Diogenes Laertios VIII, 23 und 28
59 Aristoteles: Politik 1254b
60 Iamblichos: Vita Pyth. 63
61 Empedokles B 129
62 Diogenes Laertios VIII, 23
63 Diogenes Laertios VIII, 23 und 9
64 »Goldene Verse des Pythagoras« 30. In: Antike Lyrik, hrsg. von Carl Fischer, München 1964, S. 399
65 Diogenes Laertios VIII, 8
66 Platon: Staat 500b–d
67 Wilhelm von Humboldt: Werke IV, Darmstadt 1982, S. 258
68 Zitiert nach John Burnet: Die Anfänge der griechischen Philosophie, Leipzig 1913, S. 72
69 Kurt von Fritz: Der gemeinsame Ursprung der Geschichtsschreibung und der exakten Wissenschaft bei den Griechen. Phil. Nat. II (1952), S. 203
70 Äschylos: Agamemnon 177
71 Iamblichos: Vita Pyth. 228
72 Iamblichos: Vita Pyth. 74
73 2. Samuel 24, 1
74 Iamblichos: Vita Pyth. 111
75 Platon: Staat 401d

76 Zitiert nach: Die Anfänge der Philosophie, hrsg. von Ernst Howald, Zürich 1949, S. 28
77 C. Jan: Musici scriptores Graeci, Leipzig 1895, S. 116
78 Aristoteles: Metaphysik 985b–986a
79 Diogenes Laertios VIII, 48; Iamblichos: Vita Pyth. 162
80 Iamblichos: Vita Pyth. 82 und 162; Stobaios: Eklogen I, 1, 6
81 Iamblichos: Vita Pyth. 146
82 Aristoteles: Metaphysik 985b
83 Philolaos B 4
84 Zitiert nach Karl Menninger: Zahlwort und Ziffer, Göttingen 1958, Impressumsseite
85 In: Helle Zeit – Dunkle Zeit, hrsg. von Carl Seelig, Braunschweig 1986, S. 92
86 Iamblichos: Vita Pyth. 59
87 S. dazu Henning Genz: Symmetrie – Bauplan der Natur, München 1987, S. 231, 253
88 Hippolytos: Refutatio VI, 2. Eine andere Form etwa bei Iamblichos: Vita Pyth. 162. Eine Zusammenstellung aller Lesarten und ihrer Quellen findet man bei Armand Delatte: Etudes sur la littérature pythagoricienne, Paris 1915, S. 249–268
89 Aristoteles: Vom Himmel 293a
90 Zitiert nach Armin Hermann: Weltreich der Physik, Esslingen 1980, S. 226
91 S. etwa Harro Heuser und Hellmuth Wolf: Algebra, Funktionalanalysis und Codierung, Stuttgart 1986. Das dort auf S. 44 gegebene Beispiel 4, eine erste Orientierung, ist auch dem mathematischen Laien verständlich; die Symbole 0 und 1 dürfen durch »gerade« bzw. »ungerade« ersetzt werden.
92 Aristoteles: Analytica prior 41a; Bartel L. van der Waerden: Die Pythagoreer, Zürich und München 1979, S. 398f. Kurt von Fritz meint, Hippasos habe die Inkommensurabilität nicht an der Diagonale des Quadrats, sondern an der des regulären Fünfecks entdeckt: The Discovery of Incommensurability by Hippasos of Metapontum. Annals of Math. 46 (1945), S. 242–264.
93 Iamblichos: Vita Pyth. 88 und 246f.
94 S. dazu Bartel L. van der Waerden: Die Pythagoreer, Zürich und München 1979, S. 340, 360ff. und 470
95 Platon: Gesetze 819d und 820c
96 Iamblichos: Vita Pyth. 70, 74, 93 und 228
97 Jean-Jacques Rousseau: Les Confessions. Œuvres complètes I, Bibliothèque de la Pléiade, Paris 1959, S. 322
98 Diogenes Laertios VIII, 27

99 Diogenes Laertios VIII, 35
100 Geminos: Einführung in die Phänomene, übers. v. C. Manitius, Leipzig 1898, S. 11
101 Aristoteles: Vom Himmel 293a
102 Aristoteles: Vom Himmel 293a
103 Philolaos A 16
104 Zitiert nach Wilhelm Capelle: Die Vorsokratiker, Stuttgart 1968, S. 472
105 Archimedes: Die Sandzahl. In: Werke, Darmstadt 1983, S. 349
106 Simplikios: Kommentar zur Physik des Aristoteles, S. 732 Diels (Fr. 88 Wehrli)
107 Friedrich Nietzsche: Also sprach Zarathustra, 3. Teil, Vom Gesicht und Rätsel 2
108 Porphyrios: Vita Pyth. 19; in Pythagoras A 8a
109 Iamblichos: Vita Pyth. 37 und 229 (Schlußsatz)
110 Iamblichos: Vita Pyth. 46
111 Platon: Gorgias 507e–508a
112 Iamblichos: Vita Pyth. 139
113 Cardanos Lebensbeschreibung, übertr. von Hermann Hefele, Jena, S. 11
114 William K. C. Guthrie: A History of Greek Philosophy I, Paperback ed. Cambridge 1988, S. 416
115 Iamblichos: Vita Pyth. 256f.
116 Iamblichos: Vita Pyth. 255
117 Iamblichos: Vita Pyth. 259f.
118 Diogenes Laertios VIII, 40
119 Polybios II, 39
120 Iamblichos: Vita Pyth. 252f.
121 S. das Kapitel »Pythagoreische Schule E« bei Diels-Kranz
122 Novalis: Heinrich von Ofterdingen. Erster Teil, zweites Kapitel

Xenophanes von Kolophon

1 Herodot 1, 136
2 Xenophanes B 8, übers. von Otto Apelt
3 Mimnermos I, 1 und II, 4
4 Xenophanes B 21
5 Xenophanes B 3
6 Xenophanes B 11
7 Xenophanes B 14
8 Xenophanes B 16
9 Xenophanes B 15

10 Ludwig Feuerbach: Vorlesungen über das Wesen der Religion, Berlin 1984, S. 24. Dieselbe These, nur weniger pointiert, hatte Feuerbach schon 1841 in seinem *Wesen des Christentums* ausgesprochen. S. dort das 2. Kapitel.
11 Karl Marx: Die Frühschriften, hrsg. von Siegfried Landshut, Stuttgart 1971, S. 340 (Vierte These über Feuerbach)
12 Xenophanes B 23–26
13 Xenophanes A 35
14 Xenophanes B 23
15 Äschylos: Die Schutzflehenden 100–103, übers. von O. Werner
16 Xenophanes A 35
17 Xenophanes A 35
18 Brief an F. H. Jacobi vom 6. Jan. 1813
19 Arthur Schopenhauer: Sämtliche Werke, Cotta-Insel, Bd. 4, S. 143
20 John Burnet: Die Anfänge der griechischen Philosophie, Leipzig und Berlin 1913, S. 112
21 Xenophanes B 1
22 Xenophanes A 13
23 Cicero: Über die Weissagung I, 3, 5
24 Diogenes Laertios IX, 18
25 Diogenes Laertios IX, 19
26 Xenophanes B 1
27 Aristoteles: Über die Seele 411a
28 Cicero: Über die Weissagung I, 3, 5
29 Od. 8, 147f.
30 Iamblichos: Vita Pyth. 35
31 Herodot 6, 70
32 Herodot 3, 137
33 Plutarch: Pelopidas 34
34 Gellius: Attische Nächte 3, 15
35 Iamblichos: Vita Pyth. 49
36 1. Kor. 9, 24f.
37 Xenophanes B 2, übers. von Ernst Heitsch
38 Zitiert nach Karl Marx: Die Frühschriften, hrsg. von Siegfried Landshut, Stuttgart 1971, S. 336
39 Xenophanes B 1
40 Xenophanes A 42
41 Xenophanes B 18
42 Theogonie 548
43 Werke und Tage 201
44 Werke und Tage 112ff.

45 Äschylos: Der gefesselte Prometheus 442 ff.
46 Xenophanes B 4
47 S. etwa Xenophanes A 13, 20, 35
48 Xenophanes B 32
49 Xenophanes A 39
50 Xenophanes A 33
51 Diogenes Laertios IX, 18
52 Heraklit B 40
53 Xenophanes B 38
54 Xenophanes A 49
55 Artemis-Gedenkausgabe, Zürich 1950, Bd. 9, S. 650
56 Xenophanes B 34
57 Xenophanes A 25

Heraklit von Ephesos

1 Heraklit B 121
2 Heraklit B 125a
3 Heraklit B 14
4 Apostelgeschichte 19, 24–34
5 Aristoteles: Politik 1253a
6 Diogenes Laertios IX, 1
7 Heraklit B 58
8 S. die Titelvignette in Diels-Kranz: Vorsokratiker II
9 Diogenes Laertios IX, 12
10 Heraklit B 40, 42, 56, 57, 81, 106, 129
11 Heraklit B 104
12 Heraklit B 104, 49, 29, 87
13 Diogenes Laertios IX, 5
14 Diogenes Laertios IX, 14
15 Herodot 3, 82
16 Heraklit B 33
17 Diogenes Laertios IX, 19
18 Schiller: Demetrius, 1. Akt
19 Diogenes Laertios IX, 6; Cicero: Vom Wesen der Götter III, 35
20 Heraklit A 1a; Diogenes Laertios IX, 7
21 Aristoteles: Rhetorik 1407b; in Heraklit A 4
22 Heraklit B 62, übers. von Bruno Snell
23 Heraklit B 76, übers. von Bruno Snell
24 Diogenes Laertios IX, 16
25 Diogenes Laertios IX, 15
26 Heraklit B 92, übers. von Bruno Snell

27 Heraklit B 18, übers. von Hermann Fränkel
28 Heraklit B 49a
29 Heraklit B 58
30 Heraklit B 26
31 Heraklit B 48
32 Heraklit B 81
33 Heraklit B 81, Scholion
34 Zitiert nach Tony Rothman: Science à la mode, Princeton, New Jersey 1989, S. 76f.
35 Hermann Fränkel: Dichtung und Philosophie des frühen Griechentums, 3. Aufl. München 1969, S. 452
36 Heraklit B 40 und B 35
37 Heraklit B 48
38 Anaximander A 17
39 Aristoteles: Vom Himmel 298b
40 Anaximander A 9 und B 1
41 Philolaos A 16; Ovid: Metamorphosen XV, 252f.
42 Epicharm B 2
43 Plutarch: Vom E am Delphischen Tempel 392b
44 Platon: Theaitetos 152e
45 Aristoteles: Physik 253b
46 Platon: Kratylos 402a; Heraklit B 12
47 Heraklit B 49a
48 Aristoteles: Metaphysik 1010a
49 Platon: Theaitetos 179e–180b
50 Platon: Theaitetos 180c
51 Fr. 70 (Diehl), übers. von H. Fränkel
52 Zitiert nach Handbuch der Kirchengeschichte II/1, Freiburg-Basel-Wien 1973/1985, S. 125
53 Heraklit B 10
54 Diogenes Laertios IX, 7; Heraklit A 8
55 Heraklit B 51
56 Heraklit B 42
57 Heraklit B 8
58 Heraklit B 80
59 Heraklit B 53
60 Heraklit B 53
61 Il. 18, 107f.-
62 Aristoteles: Eudemische Ethik 1235a; in Heraklit A 22
63 Heraklit A 6
64 Heraklit B 42
65 Heraklit B 24

66 Artemis-Gedenkausgabe, Zürich 1950, Bd. 22, S. 390
67 Adam Smith: Der Wohlstand der Nationen, München 1988, S. 582
68 Heraklit B 125
69 Otto Blumenthal (Hrsg): Das Relativitätsprinzip, Darmstadt 1982, S. 55
70 Isaac Newton: Abhandlung über die Quadratur der Kurven. Teilweise abgedruckt in Oskar Becker: Grundlagen der Mathematik in geschichtlicher Entwicklung, 2. Aufl. Freiburg und München 1964. S. dort S. 155
71 Heraklit B 12
72 Aristoteles: Vom Himmel 298b
73 Parmenides B 6
74 Diogenes Laertios IX, 7
75 Aristoteles: Eudemische Ethik 1235a
76 Heraklit B 84b
77 Heraklit A 8
78 Heraklit B 94
79 Heraklit B 28
80 Anaximander B 1
81 Aristoteles: Metaphysik, erster Satz
82 Heraklit B 115
83 Sextus Empiricus: Gegen die Mathematiker VII, 126–130
84 Heraklit B 113
85 Heraklit A 8
86 Heraklit A 8
87 Faust I, 1237 f.
88 Martin Heidegger: Logos. In: Vorträge und Aufsätze, 5. Aufl. Pfullingen 1954. Dort S. 207 f.
89 Heraklit B 64
90 Heraklit B 30
91 Heraklit B 90
92 Heraklit B 58
93 Fjodor M. Dostojewski: Die Dämonen, Zürich 1948, S. 755 f.
94 Heraklit B 118
95 Heraklit B 117
96 Brief an die Ephesier 5, 18
97 Heraklit B 101
98 Sextus Empiricus: Gegen die Mathematiker VII, 131
99 Heraklit B 114
100 Heraklit B 1
101 Heraklit B 19

102 Heraklit B 2
103 Heraklit B 72
104 Heraklit B 9
105 Heraklit B 83
106 Heraklit B 124
107 Heraklit B 52
108 König Lear, 4. Akt, 1. Szene
109 Heraklit B 20
110 Heraklit B 138
111 Il. 1, 601 f.
112 Heraklit B 4
113 Heraklit A 21
114 Od. 10, 183
115 Heraklit B 85
116 Heraklit B 102
117 Hölderlin: Hyperion; vorletzte Sätze

Protagoras von Abdera

1 Plutarch: Die eingegangenen Orakel 419c
2 Apostelgeschichte 17, 16
3 Apostelgeschichte 17, 21
4 Apostelgeschichte 17, 28
5 1. Korinther 3, 19
6 Thukydides II, 65
7 Plutarch: Perikles 8
8 Die Wolken 331 ff. und 1305 ff.
9 Fünfte Isthmische Ode 28
10 Protagoras A 3; Diogenes Laertios IX, 52
11 Platon: Protagoras 319a
12 Platon: Der Sophist 223b
13 Memorabilien I, 6, 13
14 Platon: Protagoras 315a–b
15 Platon: Protagoras 316c–d
16 Protagoras B 4
17 Xenophanes B 34
18 Herodot 2, 3
19 Immanuel Kant: Kritik der reinen Vernunft I, 3. Hauptstück, 3. Abschnitt
20 Euripides: Die Bakchen 200
21 Euripides: Die Bakchen 201 ff.
22 Schiller: Wilhelm Tell IV, 2

23 Platon: Protagoras 338e–339a
24 Goethe: Rezensent, Artemis-Gedächtnisausgabe, Zürich 1950, Bd. 1, S. 402
25 Protagoras A 25
26 Diogenes Laertios IX, 52
27 Diogenes Laertios IX, 51; Seneca: Briefe an Lucilius 88, 43
28 Diogenes Laertios IX, 52
29 Protagoras A 21
30 Mt. 5, 37
31 Wilhelm Meisters Lehrjahre, 5. Buch, Anfang des 3. Kapitels
32 Plutarch: Perikles 24
33 Äschylos: Die Schutzflehenden 1039f.
34 Heinrich Heine: Kobes I. In: Werke, München, Band I, S. 685
35 Protagoras B 1
36 Platon: Theaitetos 152a. S. auch Platon: Kratylos 385e–386; Aristoteles: Metaphysik 1062b; Sextus Empiricus: Grundzüge des Pyrrhonismus I, 216
37 Platon: Theaitetos 161c
38 Vgl. Platon: Theaitetos 166d-167d und Aristoteles: Metaphysik 1062b
39 Shakespeare: Was ihr wollt I, 5
40 Platon: Theaitetos 167a
41 Gorgias B 11 (14)
42 Antiphon B 57 und B 49
43 Antiphon A 6
44 Od. 4, 220ff.
45 Platon: Theaitetos 167c
46 Diogenes Laertios IX, 55
47 Platon: Protagoras 320e
48 Platon: Protagoras 322a
49 Platon: Protagoras 322b–c
50 Platon: Protagoras 322d
51 Platon: Protagoras 323c
52 Aristoteles: Nikomachische Ethik 1103a
53 Protagoras 325c–d
54 Platon: Protagoras 326d
55 Platon: Protagoras 328b
56 Platon: Protagoras 322d–323a
57 Platon: Protagoras 327c–e
58 Jean-Jacques Rousseau: De l'inegalité parmi les hommes. In Œuvres complètes. Bibliothèque de la Pléiade, Paris 1964. Dort Bd. III, S. 171

59 In Georges Gedichtzyklus *Das neue Reich*
60 Platon: Theaitetos 167b–c
61 Platon: Protagoras 334b
62 Xenophanes B 18
63 Sophokles: Antigone 332–375
64 Über die alte Medizin (Corpus Hippocraticum) 3
65 Herodot 1, 25
66 Plutarch: Perikles 27
67 Isokrates: Panegyrikos 38
68 Immanuel Kant: Idee zu einer allgemeinen Geschichte in weltbürgerlicher Absicht. »Fünfter Satz«
69 Thukydides II, 37
70 Herodot 3, 38
71 Herodot 1, 131 und 2, 91
72 Plutarch: Lykurgos 6
73 Platon: Gesetze 886e
74 Plutarch: Perikles 6
75 Diogenes Laertios II, 16f. S. auch Archelaos A 2
76 Xenophon: Memorabilien IV, 4, 13
77 Xenophon: Memorabilien IV, 4, 14
78 Aristophanes: Die Wolken 1421ff.
79 Sophokles: Antigone 456f.
80 Platon: Protagoras 337d
81 Antiphon B 44, Fr. A
82 Sigmund Freud: Das Unbehagen in der Kultur. Kapitel III
83 Sigmund Freud: Das Unbehagen in der Kultur. Kapitel III
84 Platon: Staat 338c
85 Platon: Staat 338e
86 Platon: Staat 344b
87 Platon: Gorgias 483d
88 Platon: Gorgias 484a–b
89 Aus einem Schreiben Speers an Hitler. Zitiert nach Joachim C. Fest: Hitler, Frankfurt/M. – Berlin – Wien 1973, S. 999
90 John Locke: Second Treatise on Civil Government, 136
91 Aristoteles: Politik 1269a
92 Machiavelli: Der Fürst III, 3
93 Platon: Protagoras 326b
94 Platon: Protagoras 327b
95 Platon: Theaitetos 167c
96 Diogenes Laertios IX, 52

Hippokrates von Kos

1 2 Chron. 16, 12 f.
2 Robert Halsband: The Life of Lady Mary Wortley Montagu, Oxford 1956, S. 110
3 A. D. White: A History of the Warfare of Science with Theology, New York 1899, Bd. II, S. 63
4 Herodot 4, 68
5 Herodot 1, 197
6 Od. 4, 231 f.
7 Herodot 2, 84
8 Herodot 3, 1
9 Herodot 2, 77
10 Herodot 3, 130
11 Herodot 3, 132
12 Herodot 3, 129
13 Herodot 3, 125
14 Iamblichos: Vita Pyth. 82
15 Iamblichos: Vita Pyth. 97
16 Iamblichos: Vita Pyth. 163
17 Iamblichos: Vita Pyth. 163
18 Iamblichos: Vita Pyth. 164
19 Iamblichos: Vita Pyth. 111 und 114
20 Iamblichos: Vita Pyth. 208
21 Iamblichos: Vita Pyth. 109
22 Aristoteles: Metaphysik 986a
23 Alkmaion A 10
24 Alkmaion A 10, A 5, A 8
25 Xenophanes B 34
26 Alkmaion B 1
27 S. etwa Hippokrates: Regime in akuten Krankheiten 1
28 Friedrich Nietzsche: Menschliches, Allzumenschliches I, 162
29 Aristoteles: Metaphysik 986a
30 Iamblichos: Vita Pyth. 82
31 Iamblichos: Vita Pyth. 196
32 Diogenes Laertios VIII, 83
33 Alkmaion B 4
34 Herodot 3, 131
35 Od. 17, 382 ff.
36 Aristoteles: Politik 1326a
37 Dante: Göttliche Komödie, 29. Gesang des *Fegfeuers*
38 Empedokles B 112, übers. von W. Kranz
39 Epidemien III, Kapitel I, 8. Fall, übers. von Wilhelm Capelle

40 Thukydides II, 49. Übers. von Georg Peter Landmann. Diese Übersetzung (Zürich 1976) wird auch weiterhin benutzt.
41 Thukydides I, 21
42 Thukydides I, 22
43 Über Gelenke 78
44 Thukydides II, 47
45 Von der heiligen Krankheit 1
46 Von der heiligen Krankheit 1
47 Von der heiligen Krankheit 1
48 Von der heiligen Krankheit 3
49 Von der heiligen Krankheit 14
50 Von der heiligen Krankheit 11
51 Von der heiligen Krankheit 11
52 Von der heiligen Krankheit 15
53 Philolaos A 27
54 Über Krankheiten I, Kapitel 2. Diese Schrift gehört zwar dem *Corpus Hippocraticum* an, stammt jedoch nicht von Hippokrates selbst, sondern dürfte auf die Schule von Knidos zurückgehen.
55 Philolaos A 27
56 Von der Natur des Menschen 4
57 Philolaos A 27
58 Von der heiligen Krankheit 18
59 Regime in akuten Krankheiten 8
60 Über Gelenke 42. S. dort auch 44.
61 Galen: Über Gegengifte 2
62 Aristophanes: Plutos 728ff.
63 W. Müri (Hrsg): Der Arzt im Altertum, München und Zürich 1986, S. 435
64 W. Müri a. a. O., S. 437
65 Regime in akuten Krankheiten 35
66 Über Gelenke 58
67 Faust I, 2352ff.
68 Regime in akuten Krankheiten 9
69 Über Lüfte, Wasser, Orte 1
70 Über Lüfte, Wasser, Orte 2
71 Über Lüfte, Wasser, Orte 16
72 Über Lüfte, Wasser, Orte 22
73 Epidemien I, 23
74 Epidemien VI, 8
75 Prognostikon 1
76 Epidemien I, 11
77 Peri pathon (de affectionibus) 1

78 Über Gelenke 9
79 Regime in akuten Krankheiten 15
80 Faust I, 1050ff.
81 Zitiert nach W. S. Jones (Hrsg.): Hippocrates, Vol. I, London 1984, S. XVIII, Fußnote 1
82 Platon: Staat 406a
83 Platon: Staat 406d-e
84 Dichtung und Wahrheit, Artemis-Gedenkausgabe, Zürich 1950, Bd. 10, S. 718
85 Kritisch-etymologisches medicinisches Lexikon 1844
86 Epidemien I, Fälle 6 und 7
87 Cardanos Lebensbeschreibung, übertragen von Hermann Hefele, Jena S. 132
88 Über Gelenke 1
89 Regime in akuten Krankheiten 37
90 Diogenes Laertios IX, 40
91 Über Gelenke 47
92 Über Gelenke 48
93 Über die alte Medizin 9
94 Empedokles B 111; übers. von Otto Apelt
95 Friedrich Hölderlin: Der Tod des Empedokles (erste Fassung), 1. Akt
96 Über die alte Medizin 24
97 Über die alte Medizin 9; Regime in akuten Krankheiten 43
98 Cardanos Lebensbeschreibung, übertragen von Hermann Hefele, Jena, S. 160
99 Cardanos Lebensbeschreibung, übertragen von Hermann Hefele, Jena, S. 111f.
100 Celsus: De medicina, Prooemium 8
101 S. etwa Über Lüfte, Wasser, Orte 2–8; Von der heiligen Krankheit 16
102 Über Frakturen 1
103 Über die Natur des Menschen 1
104 Über die alte Medizin 1
105 Über die alte Medizin 1. Hervorhebung von mir. Vgl. auch Xenophanes B 34
106 Herodot 2, 23
107 Herodot 2, 33
108 Anaxagoras B 21a
109 Über die alte Medizin 2. Hervorhebung von mir
110 Friedrich Nietzsche: Menschliches, Allzumenschliches I, 3
111 Über die alte Medizin 3, 5 und 7

112 Über die alte Medizin 9
113 Über die alte Medizin 12
114 Über die alte Medizin 13 und 1
115 Isaac Newton: Mathematische Prinzipien der Naturlehre, Darmstadt 1963, S. 511
116 Über die alte Medizin 15
117 Albert Einstein: Zur Elektrodynamik bewegter Körper. Ann. d. Phys. 17 (1905), »§ 1. Definition der Gleichzeitigkeit.«
118 P. A. Schilpp (Hrsg.): Albert Einstein als Philosoph und Naturforscher, Braunschweig 1983, S. 37
119 Platon: Phaidros 229e
120 Über die alte Medizin 20. Hervorhebung von mir
121 Nik. Ethik 1097a
122 Über die alte Medizin 21
123 Isaac Newton: Mathematische Prinzipien der Naturlehre, Darmstadt 1963, S. 511. Hervorhebung von mir
124 Heraklit B 9
125 Platon: Staat 514a–515e
126 Über die alte Medizin 2
127 Über die alte Medizin 1 und 15
128 Bertolt Brecht: Leben des Galilei, 14
129 Übers. von Karl Deichgräber in H. Flashar (Hrsg.): Antike Medizin, Darmstadt 1971, S. 98f.
130 Platon: Staat 409e–410a

Demokrit von Abdera

1 Philopseudes 32
2 Diogenes Laertios IX, 35
3 Diogenes Laertios IX, 39; Athenaios: Deipnosophistai 168b
4 Philon: Über die Vorsehung; in Demokrit A 14
5 Philon: Über die Vorsehung; in Demokrit A 14
6 Arthur Conan Doyle: The yellow face
7 Diogenes Laertios IX, 42
8 Od. 9, 20
9 Demokrit B 299. Dieses Fragment hat Clemens von Alexandria überliefert, aber Diels zweifelt seine Echtheit an.
10 Diogenes Laertios IX, 36
11 Diogenes Laertios IX, 37
12 Demokrit B 182
13 Demokrit B 59
14 Lukian: Philopseudes 32

15 Horaz: Epistulae I, 12, 12 f.
16 Cicero: De finibus V, 29, 87
17 Aristoteles: Vom Werden und Vergehen 315 b
18 Plutarch: Quaestiones convivales I, 10, 628 c
19 Aulus Gellius: Attische Nächte X, 17
20 Tertullian: Apologeticum 46
21 Plutarch: De curiositate 521 d
22 Demokrit B 118
23 Plutarch: De virtute morali 448 a
24 Aristoteles: Politik 1259 a
25 Plinius: Naturalis historia XVIII, 273
26 Demokrit B 219
27 Plutarch: Quaestiones convivales V, 7, 683 a
28 Cicero: De oratore I, 11, 49; orator 20, 67; de divinatione II, 64, 133
29 Demokrit B 203, 201, 224, 32, 52, 160, 296, 253
30 Diogenes Laertios IX, 43; Lukrez: De rerum natura III, 1039 ff.
31 Aristoteles: Vom Werden und Vergehen 325 a
32 Scholion zu Juvenals *Satiren* X, 47; s. Demokrit A 21
33 Simplikios in seinem Kommentar zu Aristoteles' *Vom Himmel*; s. Leukippos A 14
34 Aristoteles: Vom Himmel 303 a
35 Diogenes Laertios IX, 38
36 Aristoteles: Metaphysik 985 b
37 Aristoteles: Vom Werden und Vergehen 315 b; zur Rolle des einzelnen Atoms s. auch Demokrit A 38
38 Demokrit B 125
39 Demokrit B 8. S. auch B 7, 9 und 10
40 Cicero: De finibus I, 6, 17
41 Blaise Pascal: Œuvres complètes, Bibliothèque de la Pléiade, Paris 1954, S. 363
42 Aristoteles: Metaphysik 985 b und 1071 b; Vom Himmel 300 b
43 Xenophanes B 25
44 Aristoteles: Physik 252 a. Hervorhebungen von mir
45 Brief Descartes' an Mersenne vom 11. Oktober 1638 in: Œuvres et lettres, Bibliothèque de la Pléiade, Paris 1953, S. 1024 f. Hervorhebung von mir
46 Aristoteles: Physik 253 a
47 Hermann von Helmholtz: Über das Ziel und die Fortschritte der Naturwissenschaft (1869). In: Vorträge und Reden, Bd. 1, Braunschweig 1903, S. 379
48 Diogenes Laertios IX, 25

49 Platon: Parmenides 128d
50 Diogenes Laertios IX, 25
51 Aristoteles: Vom Werden und Vergehen 316a
52 Bull. des Sci. Math. 32 (1908), S. 190
53 Leukipp A 13
54 S. dazu John Burnet: Die Anfänge der griechischen Philosophie, Leipzig 1913, S. 302f.
55 Demokrit A 40
56 Cicero: Vom Wesen der Götter I, 66
57 Demokrit B 118
58 Dante: Göttliche Komödie, Hölle, 4. Gesang
59 Zitiert nach: Propyläen Geschichte der Literatur, Frankfurt/M. und Berlin 1988, Bd. IV, S. 447
60 Aristoteles: Von der Entstehung der Tiere 789b
61 Leukipp B 2
62 Demokrit A 39
63 Pierre-Simon de Laplace: Philosophischer Versuch über die Wahrscheinlichkeit, Leipzig 1932, S. 1f.
64 Diogenes Laertios I, 24
65 Aristoteles: Über die Seele 405a
66 Molière: Der eingebildete Kranke, Schlußspiel, erster Ballettauftritt
67 Demokrit A 165; vgl. auch Empedokles A 89
68 Michael Faraday: Experimentaluntersuchungen über Elektrizität, XIV. Reihe, Leipzig 1902, S. 22
69 Demokrit A 47
70 Goethe: Wirkung in die Ferne, Artemis-Gedenkausgabe, Zürich 1950, Bd. 1, S. 140f.
71 Leukipp A 29
72 Empedokles A 57
73 Friedrich Gottlieb Klopstock: Auf meine Freunde
74 Platon: Phaidros 245a
75 Demokrit B 27
76 Cicero: De oratore II, 46, 194
77 Demokrit B 18
78 Demokrit B 21
79 Horaz: De arte poetica 295ff.
80 Aristoteles: Von der Seele 405a; Von der Atmung 472a; Demokrit A 109
81 Demokrit B 297
82 Demokrit B 41; s. auch B 42 und B 181
83 Demokrit B 96

84 Demokrit B 84; s. auch B 264
85 Demokrit B 62
86 Immanuel Kant: Grundlegung zur Metaphysik der Sitten, erster Satz des ersten Abschnitts
87 Immanuel Kant: Kritik der praktischen Vernunft, Leipzig 1951, S. 100
88 Immanuel Kant: Kritik der praktischen Vernunft, Leipzig 1951, S. 8 (Anmerkung)
89 Demokrit B 55
90 Immanuel Kant: Kritik der praktischen Vernunft, Leipzig 1951, S. 144
91 Sextus Empiricus: Gegen die Mathematiker IX, 24; in Demokrit A 75
92 Cicero: Vom Wesen der Götter I, 29; in Demokrit A 74
93 Vgl. Demokrit B 144 und 154 und den schon mitgeteilten Bericht A 75 des Sextus Empiricus
94 Demokrit B 252
95 Demokrit B 251
96 Demokrit B 181
97 Demokrit B 242
98 Demokrit B 119
99 Demokrit B 81
100 Demokrit B 76
101 Demokrit B 285 und B 255
102 Demokrit A 40
103 Horaz: Epistulae II, 1, 194ff.
104 Juvenal: Satiren X, 33; Hervorhebung von mir
105 Demokrit A 2
106 König Lear, 5. Aufzug, 3. Szene
107 Demokrit B 149
108 Demokrit B 82
109 Bruno Snell: Die Entdeckung des Geistes, 2. Aufl. Hamburg 1948, S. 27
110 Demokrit B 236
111 Cicero: De finibus V, 29, 87
112 Diogenes Laertios IX, 38
113 Die Anfänge der abendländischen Philosophie, hrsg. von Ernst Howald, Zürich 1949, S. 25; die Übersetzung ist von Goethe.

ÜBERSETZUNGEN

Die folgenden Übersetzungen, soweit in den Amerkungen noch nicht angegeben, wurden benutzt oder zu Rate gezogen.

Äschylos: Oskar Werner, 4. Aufl. München und Zürich 1988
Aristophanes: Ludwig Seeger (zwei Bände), Zürich 1952, 1953
Aristoteles: Metaphysik: Franz F. Schwarz, Stuttgart 1970
Nikomachische Ethik: Olof Gigon, Zürich 1951
Physik: Hans Wagner, 3. Aufl. Berlin 1979
Politik: Olof Gigon, Zürich 1955
Vom Himmel: Olof Gigon, Zürich 1950
Über die Seele: Willy Theiler, Berlin 1986
Augustinus (Vom Gottesstaat): Wilhelm Thimme (zwei Bände), Zürich 1955
Aulus Gellius: Fritz Weiss (zwei Bände), Darmstadt 1975
Cicero: Gespräche in Tusculum: Olof Gigon, München 1951
Orator: Bernhard Kytzler, 2. Aufl. München 1980
Vom höchsten Gut (de finibus): Alexander Kabza, München 1960
Vom Wesen der Götter: Wolfgang Gerlach und Karl Bayer, München 1978
Vom Staat: Konrat Ziegler, 3. Aufl. Darmstadt 1984
Von der Weissagung: Raphael Kühner, München (ohne Jahresangabe)
Diogenes Laertios: Otto Apelt (zwei Bände), Berlin 1955
Euripides: J. J. Donner, bearbeitet von Richard Kannicht (zwei Bände), Stuttgart 1958
Heraklit: Bruno Snell, 9. Aufl. München und Zürich 1986
Herodot: August Horneffer, 4. Aufl. Stuttgart 1971
Hesiod: Walter Marg, Zürich und Stuttgart 1970
Hippokrates (Fünf auserlesene Schriften): Wilhelm Capelle, Zürich 1955

Homer: Ilias: Thassilo von Scheffer, Wiesbaden (ohne Jahresangabe)
Hans Rupé, 9. Aufl. München und Zürich 1989
Odyssee: Thassilo von Scheffer, Wiesbaden (ohne Jahresangabe)
Anton Weiher, 9. Aufl. München und Zürich 1990

Homerische Hymnen: Anton Weiher, 3. Aufl. München 1970

Horaz: Nach Kayser, Nordenflycht und Burger, hrsg. von Hans Färber, München 1964

Iamblichos (Pythagoreisches Leben): Michael von Albrecht, Zürich 1963

Ovid (Metamorphosen): Erich Rösch, 5. Aufl. München 1972

Pindar: Oskar Werner, München (ohne Jahresangabe)

Platon: Rudolf Rufener (sieben Bände), Zürich und Stuttgart 1958ff.

Plutarch (Biographien): Konrat Ziegler (sechs Bände), Zürich und Stuttgart 1954ff.

Sophokles: Wilhelm Willige, überarbeitet von Karl Bayer, 2. Aufl. München und Zürich 1985
Heinrich Weinstock, 2. Aufl. Stuttgart 1953

Thukydides: Georg Peter Landmann, 2. Aufl. Zürich und München 1976

Vorsokratiker: Hermann Diels und Walther Kranz (zwei Bände), 12. bzw. 11. Nachdruck der 6. Aufl. Hildesheim 1985
Wilhelm Capelle, 4. Aufl. Stuttgart 1968

Xenophanes: Ernst Heitsch, Zürich und München 1983

Xenophon (Memorabilien): Rudolf Preiswerk, Zürich 1953

Lust an der Geschichte

Leben im antiken Griechenland

Ein Lesebuch. Herausgegeben von Rolf Rilinger.
516 Seiten. Serie Piper 850

Von Geschichtsschreibern wie Herodot über Redner wie Demosthenes bis zu Philosophen und Dramatikern wie Euripides und Aristophanes werden Texte klassischer griechischer Autoren versammelt, die uns Heutigen zeigen, wie die griechische Antike gewesen ist – in Arbeit und Freizeit, in Kult und Krieg, in der großen Politik. So stellt dieses Lesebuch eine nicht nur für Humanisten spannende Einführung in die Welt des klassischen Griechenland dar.

Leben im Alten Rom

Ein Lesebuch. Herausgegeben von Rolf Rilinger.
410 Seiten. Serie Piper 1005

Wie lebten die »alten Römer«? Von der Wiege bis zur Bahre wird in diesem neuen Band der Reihe »Lust an der Geschichte« das Leben im antiken Rom durch Quellentexte beschrieben. Freundschaft, Spiele, Beruf, Erziehung, Liebe und Ehe – dies sind nur einige der Themen dieses informativen und anregenden Lesebuchs, in dem bekannte Autoren wie Livius oder Seneca ebenso zu Wort kommen wie unbekannte Zeitgenossen.